JN406446

지도 너머 이야기를 걷다

김동현의 인문기행

초판 발행 2025년 11월 7일

저자 김동현
편집 조연우 김용진
교정교열·본문디자인 조연우
인쇄 (주)아트가인쇄

펴낸이 김동현 펴낸곳 도서출판 뉴스타파
출판등록 2020년 8월 24일 제2020-000128호
주소 (04625) 서울시 중구 퇴계로 212-13 뉴스타파함께센터 2층
전화 02-6956-3665
이메일 yunoo@newstapa.org

ISBN 979 11 989332 5 6 (03980)

도서출판 뉴스타파는 뉴스타파함께재단이 만든 출판 브랜드입니다.
세상에 필요한 이야기를 나누는 책을 만듭니다.

지도 너머 이야기를 걷다

김동현의 인문기행

호기심의 갈증을 두 발로 해소하다

당사자에게는 감동적이고 흥분되는 일이지만, 듣는 사람에게는 별로인 것이 여행에 관한 이야기라는 말이 있다. 그래도 여행기를 남기고 싶은 것은 3백만 년 인류 역사 중 정착 생활은 고작 1만 년에 불과하므로 우리는 이동 생활, 즉 여행을 통해 변화와 지혜를 체득하는 DNA를 갖고 있기 때문이다. 재미는 있지만 의미가 없는 것이 오락이라면, 재미는 없어도 의미가 있는 것이 노동이며, 재미도 있고 의미도 있는 것이 여행이라고 한다. 따라서 여행은 호사가의 낭만이 아니라, 좁은 우물에 갇혀 있던 시선을 높고 넓게 펼쳐줌으로써 졸고 있는 영혼을 깨우는 것이다. 우연히 만난 단 하나의 풍경이나 장면이 종종 우리를 깨우고 삶을 새롭게 하기 때문에 우리는 틈틈이 여행을 떠나고 극장을 찾는다. 프랑스혁명의 사상적 배경이 된《에밀》의 작가 루소는 소년 에밀에게 2년간 여행을 시킴으로써 세상살이를 교육한다.

미국 남북전쟁을 다룬 마거릿 미첼의 소설《바람과 함께 사라지다》도입 부분에 남부 엘리트들이 가까운 시일 안에 누릴 전쟁의 승리에

도취되어 큰소리치는 장면이 나온다. 마침 남부 출신이면서 북부 쪽 사람과 장사를 하며 큰돈을 번 레트 버틀러에게 이들은 "북부에 자주 왕래해서 그쪽 사정을 잘 알 텐데 어떻게 생각하느냐"고 묻는다. 이에 버틀러는 "우리 남부가 가진 것은 면화와 흑인 노예와 헛된 오만함뿐이다"면서 세상 물정도 모르고 방구석에 앉아 망상에 젖어있는 남부 지배층을 비웃는다. 남북전쟁은 남부 연합군이 북부 연방군의 섬터 요새를 먼저 공격하며 시작되었고, 2차대전도 히틀러나 일본이 선제공격했지만 모두 패배로 끝났다. 세상물정을 몰랐기 때문에 오판한 것이다.

여행은 놀러만 다니는 것이 아니라 세상을 바로 보는 좋은 기회이다. '역사의 아버지'로 불리는 헤로도토스는 "직접 경험하지 않고 멀리서 바라보는 것은 아무 의미가 없다"면서 페르시아 구석구석을 누비며 보고 듣고 경험하고 탐구하여《역사》라는 전쟁사를 남겼다. 건축 황제로 불리는 로마의 하드리아누스는 평생 순방 여행을 통해 현지 사정에 맞는 정책을 수립함으로써 로마제국의 안정과 번영을 이끌었다. 고등학교 학력으로 한때 권투선수였던 일본의 안도 다다오는 건축계의 노벨상인 프리츠커상을 수상하고 "나는 여행 속에서 건축가가 되었다"고 말했다. 케네디 대통령도 하버드대 초년생인 20세 때 60일간 유럽 여행을 하면서 국제 정세와 외교 문제에 관심을 갖게 되었고 자신의 진로를 대통령으로 결정했다고 한다.

유럽은 신교와 구교 국가 간 30년 전쟁이 끝난 17세기 후반부터 영국을 시작으로 귀족 자제들의 장기 여행인 그랜드 투어를 시작하였다. 르네상스의 본거지인 이탈리아가 가장 선호하는 목적지였으며 안목을 넓히는 교육 여행이었기에 훌륭한 스승을 모시고 떠나는 경우가 많았다. 애덤 스미스나 존 로크, 토머스 홉스 등은 인기 가이드 스승이라 귀족 가문이나 신흥 부자가 대를 이어 이들을 초빙했다. 1763년 영국 재무장관 타운센드는 글래스고대학의 애덤 스미스 교수에게 여행 경비와 교수 월급의 2배, 그리고 평생 연금을 조건으로 아들과 장기 여행을 떠나도록 했다.

바이마르 공국의 고위 관리였던 볼프강 폰 괴테는 1786년부터 3년 가까이 이탈리아 여행을 하고 큰 감명을 받아 그의 삶과 예술에 결정적인 전환을 가져왔다. 괴테는 《이탈리아 기행》에서 "로마에 오기 전까지 나는 진정한 나 자신이 아니었다"고 고백했으며 아들에게도 이탈리아 여행을 권유했다. 아들 아우구스트가 아버지 뜻에 따라 예술 탐구 여행 중 사망하자 "그나마 아들이 로마에서 죽은 것이 위안이 된다"면서 묘지도 로마로 지정할 정도였다. 괴테가 "여행은 정신을 젊게 만들고 노년이 찾아오는 것을 늦춘다"고 주장했듯이 그는 장수하면서 오히려 역동적인 삶을 보여 주었다.

중세 때는 여행이 만병통치약으로 권장되기도 했다. 새로운 풍물과 신선한 공기를 접하는 여행은 일상의 스트레스를 해소해 줄 뿐만 아니라 마차를 타고 가면 오장육부가 흔들려 건강해진다는 것이다. 아리스토텔레스처럼 걸으면서 수업하는 것을 소요학파라고 하는데, 움직일 때 뇌세포가 생성되면서 기억력과 집중력, 창의력이 향상된다는 것이 의학적으로 밝혀진 바 있다.

인류 역사상 가장 여행을 많이 한 사람은 14세기 모로코 탕헤르 출신 이슬람 율법학자인 이븐 바투타가 아닌가 한다. '이슬람의 마르코 폴로'라고 불리는 그는 약 30년간 아프리카와 중동, 중앙아시아, 인도, 중국, 몰디브, 스페인 등 12만km 이상을 걸어다니면서 각국의 정치, 문화, 풍습 등을 기록하여《리흘라》에 담았다. 그가 한반도까지 오지는 않았지만 원나라의 수도 대도大都, 북경에서 아랍 상인과 교류하면서 고려 특산물인 인삼에 대한 기록을 남겼다.

관광과 여행은 의미가 약간 다르다. 관광은 "나라의 빛나는 풍광과 문물을 본다"는 《시경》의 관국지광觀國之光에서 온 말이다. 여행은 새로운 풍광을 볼 뿐만 아니라, 호기심을 갖고 나만의 새로운 안목으로 세상을 보는 것이다. 세상을 향한 호기심의 갈증을 풀어주는 것은 물이 아니라 두 발이다. 그래서 황혼기에 접어들면 '물건을 살까 말까' 할 때는 사지 말고 '어디로 갈까 말까' 할 때는 가는 것이 좋다. 세상과 자유롭게 교감하면서 사유와 깨달음까지 얻는 여행의 즐거움을 내려놓고 집안에서 TV나 여행책을 통해 '누워서 여행하는' 와유臥遊의 날이 조만간 찾아오기 때문이다.

여행은 교육과 마찬가지로 나를 변화시키는 배움의 과정이다. 여행은 낯선 곳에서 나를 만나는 자기 발견의 기회다. '여행자의 성서'로 통하는 《Lonely Planet》의 저자 토니 휠러는 "여행의 진수는 사람을 만나는 것이고 최종 단계는 자기 자신을 만나는 것"이라고 했다. 여행길에서 자신을 발견하고 재창조하는 과정을 체득하고 귀가할 때는 '새로운 시작'이라는 귀중한 선물을 갖고 올 수 있다. 집에 있는 똘똘이보다 싸돌아다니는 멍청이가 낫다고 하지 않던가.

독서광이던 중국 마오쩌둥 주석은 "글자가 없는 책도 읽어라"라고 수시로 후배들에게 강조했다. 낯선 곳에 한 번 다녀오는 것은 자연의 책 한 페이지를 읽는 것과 같으므로 무자서無字書를 가까이 하라는 말이다. 서유기에서도 삼장법사가 인도에서 받아온 불경이 처음에는 백지로 된 경전이었으며 다시 가져온 것도 일부 훼손되어 있는데, 글자로 전하는 것은 한계가 있다는 뜻이다.

인터넷이나 AI는 각종 지식을 제공하지만 여행과 독서를 통한 교양과 경험의 인문학은 지혜를 제공한다. 이 지혜가 우리의 삶을 풍요롭고 아름답게 하여 건전한 사회를 만들고 사람 향기가 널리 퍼지도록 한다.

나는 여행할 때마다 새로운 사실과 느낌을 메모하는 습관을 지켜 왔다. 메모는 쇠퇴해 가는 기억력을 보좌하기 위해 뇌의 분실을 마련하는 것이다. 아무리 명석한 두뇌라도 무딘 연필을 당할 수는 없다고 하지 않던가. 여기에 새로운 정보와 인문 교양을 곁들이면 금상첨화이다. 언젠가 모로코에서 보름 동안 적립한 여행 수첩을 분실했을 때 여권이나 지갑을 잃은 것 이상으로 속상하던 기억이 아직도 생생하다. 나는 그동안 여행을 하면서 서투른 솜씨지만 사진 욕심도 제법 냈는데 휴대전화를 몇 번 교체하며 상당 부분이 사라져서 막상 책을 발간하려고 하니 아쉬움이 많다.

끝으로 나의 여행기를 꼼꼼히 읽고 수정 편집해 준 조연우 출판기획가와, 여행길마다 그림자처럼 따라다니며 뒷바라지를 해 준 아내 조은주에게 감사한 마음을 오래 간직하고자 한다.

2025년 늦가을 서울 구룡산 자락에서

한산韓山 김동현 hansan462@naver.com

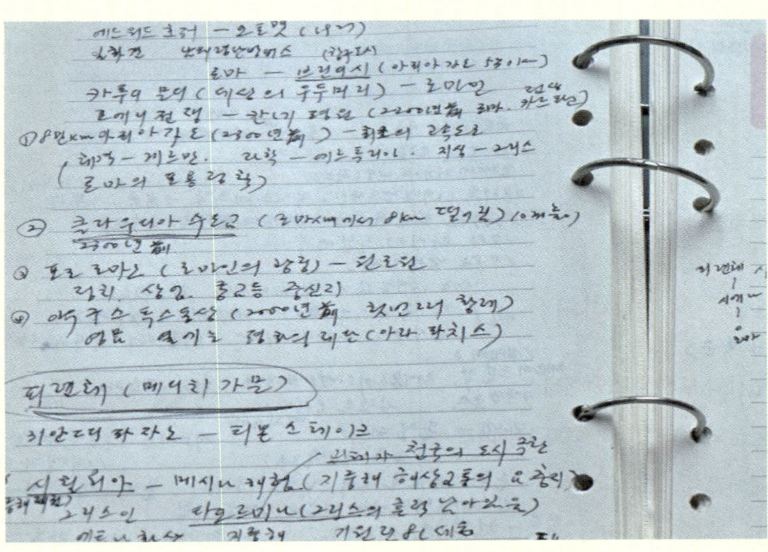

필자의 여행 수첩

목차

호기심의 갈증을 두 발로 해소하다 4

1장 아메리카 13

천사의 도시 로스앤젤레스 14

환상의 캘리포니아 루트 1을 따라 30

에메랄드 시티, 시애틀 46

Big Easy, 뉴올리언스 57

기업 친화 도시, 애틀랜타 64

세계의 수도 뉴욕 79

2장 유럽 113

안개 속의 제국, 런던 114

모든 길은 로마로 통한다 143

열악한 환경의 찬란한 꽃, 베네치아 176

지중해의 빵 바구니 시칠리아 206

3장 아시아 251

신화와 역사가 공존하는 튀르키예 252

페르시아를 간직한 이란 296

하늘나라, 천축국 인도 337

안개도시 중경 346

료마의 길, 시코쿠를 가다 355

한일 우호의 선구자를 찾아 365

작지만 강한 나라 싱가포르 375

죄수들이 세운 유토피아, 시드니 384

카투이 은혜 ([illegible])

[illegible] — 한니 [illegible]

[illegible] ([illegible]) [illegible]

(테주 — 게스만 [illegible])

(로마의 [illegible])

② [illegible] ([illegible])

① 포르나라 ([illegible]) — [illegible]

② [illegible]

[illegible] (베네치 가을)

[illegible] — [illegible]

[illegible] — 베니스 [illegible] ([illegible])

[illegible] 사

[illegible] 한

([illegible])

[illegible]

[illegible] ([illegible])

[illegible]

1장

아메리카

천사의 도시 로스앤젤레스

미국의 도시 대부분이 청교도 희생 위에 건설된 데 비해 로스앤젤레스는 히스패닉 문화권인 멕시코인의 도시였다. 18세기 초 스페인이 이 지역을 정복하고 '포르치운쿨라강에 있는 천사들의 여왕인 성모마리아의 마을'이라는 기다란 이름을 붙였으나 뒤이어 멕시코가 지배하면서 '천사들의 도시'로 간소화했다가 1848년 미국 영토로 편입되며 로스앤젤레스LA로 정착했다.

LA의 발상지라고 할 수 있는 다운타운의 유니언역 건너편 올베라 거리는 멕시코 민속촌 같은 분위기다. LA 원주민은 도토리를 주식으로 했다고 알려진다. 우리처럼 도토리의 텁텁한 탄닌 성분을 우려낸 후 갈아서 죽을 쑤어 먹은 것이다. LA 중앙도서관은 단순한 도서관을 넘어 캘리포니아 역사와 원주민 문화까지 반영한 상징적 건물로 책상과 의자, 서가의 각종 장식에 도토리 문양을 새겼다. 원주민에게 도토리는 '생명의 열매'이므로 이 땅의 첫 주인을 기억하자는 뜻이다.

로스앤젤레스의 랜드마크

건축물이 관광명소가 되는 빌바오 효과의 창시자 프랭크 게리가 설계한 디즈니 콘서트홀은 음악을 싣고 항해하는 범선의 돛 모양을 하고 있다. (사진 출처: LA Phil 유튜브 화면 캡처)

LA의 랜드마크 건축물 중 하나는 2003년에 완공한 LA 필하모닉의 전용 공간인 월트 디즈니 콘서트홀이라고 하겠다. 월트 디즈니의 미망인 릴리언 디즈니가 5천만 달러를 기증하고, 건축물이 관광명소가 되는 '빌바오 효과' 창시자 프랭크 게리가 설계를 맡았다. 평범하고 일상적인 재료를 토대로 새로움을 창조하는 게리는 이 건물에 '건축의 기쁨을 노래한 송시'라는 자부심을 보였다. 그러나 범선의 돛 모양을 한 괴상한 건물이 처음 모습을 드러내자 주변의 고급 이미지를 훼손한다는 주민 반발이 있기도 했다. 프로펠러 같은 커다란 스테인리스스틸 조각이 지나친 햇빛 반사를 일으켜 일부 소재를 변경했고, 내부는 릴리언의 이름을 기려 백합 무늬로 인테리어를 했다. 6천여 개 파이프가 연결된 세계 최대 파이프오르간을 갖춘 메인 홀은 객석이 무대를 둘러싸고 있다. 마치 음악을 싣고 여행을 떠나는 범선 모양이다.

월트 디즈니는 가난한 젊은 시절 교회 창고를 빌려 디자인 작업을 할 때 조그만 구멍으로 생쥐가 드나드는 걸 보고 '몰티머 마우스'라는 쥐 캐릭터를 만들었다. 그가 아내에게 쥐 캐릭터를 보이며 설명하자 릴리언이 예쁜 이름으로 개명했는데, 이것이 바로 대박을 터뜨린 '미키 마우스'다.

흔히 브로드웨이라고 하면 뉴욕 타임스퀘어를 연상하는데, 큰 거리를 지칭하는 말이므로 대도시마다 있다. 뮤지컬 대극장이 몰려 있는 거리는 공연 때 마차가 한꺼번에 몰려들어도 소통할 수 있을 정도로 도로 폭이 넓었다. 자연스레 브로드웨이라는 이름이 붙었고, 뮤지컬의 대명사가 됐다. LA 브로드웨이는 대공황 이전까지 MGM, 워너브라더스, 파라마운트 등이 17개 극장을 소유했고, 현재는 국가 지정 사적지로 보존한다.

유명인들의 대저택이 있는 베벌리힐스는 아무나 접근할 수 없기에 스타들의 집만 자동차로 지나가면서 안내하는 투어가 있다. 배우들의 자택이 표시된 지도를 팔기도 한다. 이곳 주민은 많은 세금을 내면서 LA와는 별도로 독자적인 치안 시스템을 갖추고 있다. 근처 로데오거리는 베벌리힐스에 거주하는 연예인들이 애용하는 명품 거리이다.

로스앤젤레스에서 동쪽으로 100km 정도 가면 이태리 사르데냐, 그리스 이카리아, 일본 오키나와, 코스타리카 니코야와 함께 세계 5대 장수촌인 로마린다가 있다. 스페인어로 '아름다운 언덕'이라는 로마린다는 제칠일안식일 예수재림교회 신자의 신앙 공동체 마을로 금주와 금연에 채식주의 식단, 규칙적인 운동으로 무병장수하는 '건강도시'로 통한다. 소아 의학으로 유명한 로마린다 메디컬대학은 1984년 10월 원숭이 심장을 생후 12일 영아에게 이식하는 이종심장이식수술로 세계 주목을 받았다. 면역 거부로 21일 만에 영아가 사망하기는 했지만 이종심장이식 가능성을 입증한 역사적 사건이었다.

로스앤젤레스를 대표하는 것은 역시 할리우드이다. 원래 영화산업은 뉴욕에서 출발했으나 1894년 토머스 에디슨이 영화 촬영기 키네토스코프를 발명한 후 특허료를 요구하자 영화인들은 특허료를 내지 않으면서도 날씨가 좋아 언제든지 야외 촬영이 가능한 서남부 캘리포니아로 멀리 이주해 갔다. 특히 이곳은 산과 바다, 사막, 강이 있어 자연 자체가 세트장으로 손색이 없었다. 이들이 처음 둥지를 튼 곳이 시원한 해안가 샌타모니카였는데, 바닷바람에 필름이 상하고 촬영 장비가 부식하는 현상이 나타나자 도심 안쪽으로 이전했다.

리산Mount Lee의 할리우드 힐스에 있는 하얀색 사인 'HOLLYWOOD'는 글자 하나가 높이 14m, 폭이 9m나 되어 100리 밖에서드 잘 보이는 할리우드 랜드마크가 되었다. 이것은 1923년에 부동산 회사가 분양 목적으로 세운 야외 광고판으로 원래는 '할리우드랜드'였다. 분양이 끝난 10여 년 후 브로드웨이 출신 무명 여배우가 자기 촬영 부분이 영화에 빠진 데 실망하여 이 광고판 위에 올라가 자살하고, 뒷부분의 'LAND' 글자가 무너져 내리자, 글자 수가 13자여서 저주받았기 때문이라며 지금처럼 9자만 새로 도색해 유지하게 되었다.

할리우드 하면 화려하게 치장한 배우들이 붉은 카펫 위를 뽐내며 걸어가던 아카데미 시상식장이 떠오른다. 그런데 예전 방문 때는 행사장이 분명 필름회사 코닥의 이름이 붙은 코닥극장이었는데 다시 방문하니 돌비극장으로 간판이 바뀌었다. 2012년부터 코닥 스폰서십이 종료되고 음향회사 돌비가 새로운 파트너가 되면서 돌비극장이 되었다고 한다.

1888년 조지 이스트만은 유명 언어학자를 초청해, 세계 어느 지역 사람이나 똑같이 발음할 수 있는 회사 이름으로 코닥Kodak을 작명했다. 2천년대 초만 해도 종업원 14만 명에 미국의 필름 시장 90%, 카메라 시장 85%를 차지했으며 한국이 수출 100억 달러 달성을 축하할 때 회사 매출 100억 달러를 자랑하던 기업이다. 영화감독들이 코닥필름 사용을 조건으로 계약에 응했던 영화산업의 독보적 존재, 세계 최초로 디지털 사진 기술을 개발하여 우리의 삼성과 엘지로부터 30억 불의 로열티를 받아갔던 다국적기업 코닥이 눈앞의 수익성 좋은 필름 시장에 연연하다가 디지털 세상 변화의 큰 흐름을 놓치고 파산하고 말았다.

"졸면 죽는다"는 군대 용어가 치열한 기업 전쟁터에도 그대로 적용되는 현장이다. 인생의 가장 소중한 순간을 사진으로 표현하는 신조어 '코닥 모먼트Kodak Moment'가 영어로 인정받을 정도로 막강한 영향력을 행사하던 기업이 흔적도 없이 사라져 버리다니 불교에서 말하는 제행무상諸行無常을 절감했다. "작은 기업이 큰 기업을 이길 수는 있지만 느린 기업은 빠른 기업을 절대로 이길 수 없다"는 경영 원칙을 무시한 자만의 결과다.

할리우드의 분홍 별

할리우드에서 실제 촬영한 첫 영화는 1910년 제작한 17분짜리 무성영화 <옛날 캘리포니아>로 캘리포니아가 스페인령이던 시절을 배경으로 한 멜로드라마이다. 본격적인 영화는 1914년 세실 B. 데빌 감독이 제작한 74분짜리 <더 스쿼 맨The Squaw Man>이다. 영국 남성과 원주민 현지처의 비극적인 사랑을 그린 것으로 원래 무성영화였으나 인기가 많아 2번이나 리메이크했다. Squaw는 북미 원주민 여성을 낮춰 부르는 칭호이다. 수익 기준으로 가장 성공한 영화는 2009년 개봉한 <아바타>가 29억 달러로 역대 월드와이드 흥행 1위지만, 인플레이션을 반영하면 1939년 개봉한 <바람과 함께 사라지다>가 34억 달러로 1위라고 한다. 1972년 갱스터 영화의 백미이자 미국 영화의 르네상스를 연 말론 브란도 주연의 <대부>가 <바람과 함께 사라지다>의 30년 흥행 기록을 깨고 미국 최고 흥행작이 되었다.

일명 오스카상이라고도 하는 아카데미상은 3개의 유대인 영화사 메트로, 골드윈, 메이어가 합병하여 생긴 대형 영화사 MGM의 사장이 주도해 '영화예술과학 아카데미AMPAS'를 1927년 설립했고, 이 협회가 제1회 아카데미상을 1929년부터 시상하면서 시작했다. 비스듬히 누워있던 사자가 머리를 들면서 포효하는 모습의 트레이드마크가 바로 MGM이다. 시상식장에는 수상 연도와 작품 이름이 기둥에 칸칸이 네온으로 새겨져 있는데 앞으로 2071년까지 빈 공간이 수상작을 기다리고 있다.

아카데미상은 이제까지 미국 백인들의 잔치였는데, 2020년 제92회 아카데미 시상식에서 봉준호 감독의 한국 영화 <기생충>이 작품상, 감독상, 국제영화상, 각본상 등 4관왕을 차지함으로써 새로운 바람을 일으켰다. 이듬해에는 배우 윤여정이 영화 <미나리>로 오스카 여우조연상을 수상했다.

할리우드 돌비극장 기둥에 아카데미상 2019년도 작품상 수상작(2020년 시상)인 봉준호 감독의 <기생충PARASITE>이 새겨져 있다.

최초의 흑인 아카데미 수상자는 1939년 <바람과 함께 사라지다>에서 스칼렛의 하녀 매미 역으로 나온 해티 맥대니얼이었으나 인종차별로 시상식장에서 별도로 분리된 좌석에 앉아야 했다. 그녀는 1952년 유방암으로 죽어가면서 연예계 동료들이 영면하고 있는 할리우드 세미트리에 묻히고 싶다고 유언했으나 거절당한 채, 흑인 묘역인 로즈데일로 가야만 했다. 그녀의 소원은 1999년 할리우드 묘지에 그녀를 추모하는 기념비가 세워지면서 부분적으로 이루어졌다.

그런가 하면 죽어서도 미녀 배우 곁에 가고 싶은 욕망을 주체 못하는 사내들도 있다. 메릴린 먼로가 묻힌 웨스트우드 메모리얼 공원의 아파트식 묘지 바로 위 칸은 경매를 통해 57억 원에 낙찰되었고, 그녀 옆자리는 플레이보이 잡지 창간자 휴 해프너가 매입했다고 한다.

할리우드에 진출한 최초의 한국인 배우는 도산 안창호 선생의 장남인 필립 안이다. 도산 선생은 하와이 사탕수수 노동 이민자보다 한 해 앞선 1902년 미국에 갔으니 최초의 이민자이자 재미교포의 시조라고 할 수 있다. 이민 초기에는 오렌지 농장 일을 했지만, 대한제국이 일본에 점령당한 후에는 가족만 미국에 남기고 조국 독립을 위해 서울과 상해를 분주히 오가는 기러기아빠였다. LA에 있는 도산 선생의 2층 가옥은 재미 독립운동가 아지트이자 자신이 창립한 흥사단 집합소였다. 1946년 인근에 있는 남가주대학USC 캠퍼스 확장으로 도산 선생 집이 수용되자 USC 한국 동문들이 그 역사적 가치를 학교에 호소함으로써 학교 내 새로운 장소로 이전하여 이제는 '한국학연구소' 로 보존한다.

재미교포의 시조 안창호 선생 생가는 독립운동의 아지트였으며 현재는 남가주대학 캠퍼스 안에 '한국학연구소'로 활용되고 있다.

도산 선생은 “우리나라가 반드시 독립해서 일어서야 한다”는 뜻으로 아들 이름을 필립必立이라고 지었다. 필립은 미국에서 태어난 최초의 교포 2세이자 시민권자 1호가 되었다. 그는 고교 시절 무성영화 <바그다드 도둑> 촬영장에 놀러갔다가 젊은 동양인이 필요했던 영화사 권유로 영화계에 발을 디뎠다. 형의 영향으로 두 남동생도 영화계에 진출했으나 성공하지 못하고 단역에 그쳤다.

필립 안은 1936년 빙 크로스비 주연의 뮤지컬 <뭐든지 괜찮아Anything Goes>를 시작으로 170여 편의 영화에 출연했다. 대부분 중국인이나 일본인 역할이었지만 한국전쟁 중 이동 외과병원을 다룬 영화 <배틀 서커스>에서는 한국인 연기를 했다. 1972년부터 4년간 ABC 방송 TV시리즈 <쿵후>에서 마스터 칸이라는 중국 무술 대가 역을 맡아 크게 인기를 얻었다. 필립 안은 할리우드 ‘명성의 거리Walk of Fame’에 마련된 분홍빛 별 속에 이름을 새긴 최초의 한국인이다. 배우 안성기는 그를 무척 존경해 아들 이름을 필립이라 지었다고 한다.

1950년대 들어 무성 흑백영화가 유성 컬러로 바뀌고 대형 스펙터클 시스템이 나오면서 제작비가 엄청나게 늘어나자 많은 영화사가 문을 닫고 할리우드를 떠난다. 할리우드 거리에 분홍 별을 새기고 손과 발자국을 남기게 된 것은 팬과 관광객을 불러들이기 위한 고육책의 하나였다. 우리나라 명배우 안성기와 이병헌은 새로운 영화 시사 및 개봉관인 차이니즈 극장 앞에 아시아 배우 최초로 손과 발자국을 남겼다. 아시아인으로는 중국의 우위썬吳宇森이 최초지만 그는 감독으로서 영광을 차지한 것이다. 핸드 프린팅은 시사회에 오던 여배우가 시멘트 양성 중인 근처 공사장에 넘어져 손자국이 생기자 이를 기념하여 보관한 데서 유래했다고 한다.

황량해진 할리우드를 지키며 다시 생기를 불러일으킨 것은 엉뚱하게도 사이비종교 시비가 많은 사이언톨로지Scientology 교회라고 할 수 있다. SF판타지 소설가였던 론 허버드가 "인간은 외계인 영혼이 윤회한 영적 존재"라면서 과학기술을 통한 정신 치료를 강조하는 신흥 종교를 1954년에 창시, 할리우드에 집중 포교하기 시작했다. 홍보 효과를 위해 데미 무어, 샤론 스톤, 존 트라볼타 등 유명 연예인을 포섭했고, 톰 크루즈는 이 종교에 반대하는 아내와 이혼할 정도로 열렬 신자이다.

사이언톨로지교는 대스타가 살던 집을 구입하여 영화 입문생 숙소로 제공하면서 대본 읽기와 연기 지도를 통해 꿈을 심어주었다. 종교라기보다는 부동산 투자로 부를 창출하고 그 재력을 바탕으로 경찰서, 소방서, 상공회의소, 지방의회에 영향력을 행사하면서 할리우드의 대부 역할을 하고 있다.

해변 문화의 아이콘 샌타모니카

인천에서 로스앤젤레스로 가던 날, 나는 11시간 동안 비행기 안에 갇혀 있다가 톰 브래들리 국제선 터미널을 빠져나오자마자 답답한 가슴을 열기 위해 가장 가까운 레돈도 해변으로 달려갔다. 태평양 연안을 따라 쇼핑가와 식당이 길게 이어져 있고 석양의 금빛 바다에서는 사람들이 스쿠버다이빙, 서핑, 스노클링, 카약 등 다양한 해양스포츠를 즐기고 있다.

노을 진 해변 입구에 조지 프리스라는 청년의 흉상이 있기에 자세히 다가가 보니, 하와이 출신 서퍼로 1907년 이곳 레돈도 비치에서 서핑을 즐김으로써 미 대륙에 서핑을 소개한 사람이라고 한다. 서핑은 하와이, 뉴질랜드, 아이티 등의 원주민인 폴리네시아인의 전통 민속놀이에서 나왔다. 2019년 3월 캘리포니아주 하원은 "금빛 파도를 타고 환경과 조화를 이루는 서핑이야말로 캘리포니아 꿈을 대표한다"면서 서핑을 캘리포니아 공식 스포츠로 지정하는 법안을 통과시켰다. 미국의 많은 주에 지역 전통과 특색에 따른 공식 스포츠가 있는데, 알래스카는 개썰매, 메릴랜드는 말 위의 창 시합, 미네소타는 아이스하키, 하와이의 서핑 등이다. 이에 대해 LA타임스는 "장비 구입비가 서핑의 10%밖에 안 되고 즐기는 인구도 훨씬 많은 스케이트보딩을 대표 스포츠로 정해야 한다"며 반대 여론을 폈지만 캘리포니아는 파도와 수온, 날씨가 가장 좋은 9월 20일을 '서핑의 날'로 제정했다.

이튿날은 태평양 연안을 제대로 즐기기 위해 샌타모니카를 찾았다. 샌타모니카는 '미국의 신작로', '엄마의 길'이라 일컫는, 시카고에서 서부 연안까지 3954km 대륙 횡단 66번 도로US Route 66 종착점이다. 새로 만든 길이라는 뜻의 신작로新作路가 우리나라에 처음 등장한 것은 채만식의 소설《탁류》에 나오는 일제 수탈 현장인 군산에서 전주까지 새로운 도로를 완성했을 때이다. 지금은 봄이 되면 '100리 전군 벚꽃길'

축제를 즐기지만, 호남 곡창의 빨대 역할을 하던 이 길의 역사를 알면 "이 길을 달리며 눈물을 흘려야 한다"는 소설가 조정래의 말에 공감이 간다.

1848년 캘리포니아에 금광이 발견되면서 서부 개척의 상징이 되어 30만 명이 이곳으로 몰려들었고, 골드러시에 힘입어 캘리포니아는 31번째 주로 승격했다. 지금은 고속도로에 밀려 국도로서의 66번 도로는 공식 교통지도에서 사라지기는 했지만, 옛 도로의 85%가량은 아직 역사적 관광 도로로 주행이 가능하고 영화 <바그다드 카페>나 <카> 등에 나오는 주유소, 모텔, 레스토랑에서 다양한 풍경과 문화를 즐길 수 있다. 존 스타인벡의 소설《분노의 포도》에 등장하는 오클라호마 노동자들의 고행길도 1926년에 개통한 66번 도로이다.

샌타모니카 해변은 1909년 개장한 목재로 된 부두가 그대로 있어서 미국 역사의 랜드마크 역할을 한다. 길이 490m로 길게 이어진 부두 위에서는 노래와 춤, 라이브 공연 등 다양한 이벤트가 펼쳐지며 해변 문화의 아이콘이 되었다. 영화 <포레스트 검프>에서 주인공 톰 행크스가 전우 버바와 새우 장사를 하기로 약속하는 장면에 착안해서 만든 '버바 검프 쉬림프' 식당도 유명하다. 1년 중 300일 이상이 따뜻하고 맑은 휴양지라 세계 각지에서 관광객이 모여들지만 워낙 벅사장이 길고 넓어 피크철에도 그렇게 붐비지 않는다. 우리나라 해운대는 비치 파라솔이 백사장을 가득 메우고 있는 데 반해, 이곳 사람들은 온몸을 태양에 맡기는 썬키스트Sun Kissed족이라 차양산遮陽傘 따위는 보이지 않는다.

샌타모니카는 온화한 청정 지역이라 원래 요양지로 유명한 곳이었다. 한때 미키 마우스와 쌍벽을 이루던 뽀빠이 만화 작가 E.C. 세가는 백혈병과 간질환 요양차 샌타모니카에 머물면서 몇몇 신문에 만화를 계속 연재했다. 1938년 43세로 별세하자 독자들의 성원을 외면할 수 없어서 그의 문하생들이 한동안 시금치를 즐겨 먹으며 굵은 팔뚝으로

힘자랑하는 뽀빠이를 이어가야 했다.

샌타모니카 남쪽에 맞닿은 베니스 비치는 재력가 애버트 킨니가 베니스처럼 운하를 파서 개발했다고 해서 붙은 이름이다. 이곳에는 보디빌딩의 성지인 골드 체육관이 있다. 보디빌더의 전설 조 골드가 1965년 자신이 고안한 근육 강화 기구를 갖춘 피트니스 센터를 개장하고 매년 보디빌딩 챔피언, 즉 미스터 올림픽을 선발하는 콘테스트를 열었다.

캘리포니아 주지사이던 아널드 슈워제네거는 6년 연속 보디빌딩 챔피언에 등극했으며, 실베스터 스탤론, 멜 깁슨, 무하마드 알리, 조지 포맨, 매직 존슨 등이 이 체육관 출신이다. 골드 체육관은 전 세계로 지점을 확산하고 있으며 전설의 1호점에는 '보디빌딩의 메카'라는 현수막이 걸려 있다.

게티와 그리피스의 유산

샌타모니카산 정상에는 세계 최고의 복합문화공간 중 하나인 게티센터가 있다. 브렌우드 언덕 3만 평 대지에 6개의 독립 건물이 서로 다른 축으로 분산 배치되면서 유기적 결합을 이루어 '21세기 문화의 파르테논신전'이라고도 한다. 주차장에서 멋진 트램을 타고 아름다운 숲 벽을 1km 정도 올라가면 박물관으로 연결된다. 이 모두가 무료라니, 독지가 폴 게티를 향한 고마움을 느끼지 않을 수 없다.

1953년 포춘지가 선정한 미국 1위 부자이자 1966년 기네스북이 세계 최고 부자로 선정한 석유왕 폴 게티는 석유 사업가 집안에서 태어나 청년 시절부터 석유 시추 사업으로 거부가 됐다. 그는 사막지대의 베드윈족과 친교를 맺어 중동 석유 시추권을 확보하고, 기름을 실어나를 유조선을 주문한 첫 선주이기도 하다. 기업 경영과 함께 서화나 골동품 매집에도 심혈을 기울였다. 전문 감정가 도움을 받기도 했지만 자기 안목으로 직접 구매하는 일도 많았다. 그리스에서 만난 어리석은 판매자가 100만 불 이상의 귀한 골동품에 19불을 요구하자 1시간 흥정 끝에 11불 23센트에 구입했다고 자랑했다는 일화가 있다.

1970년대 시칠리아 아이도네에서 도난당한 장엄하고 아름다운 기원전 5세기 조각품 <모르칸티나 비너스(아프로디테)>가 1988년 게티 미술관에서 발견되어 미술계에 큰 소동이 벌어졌다. 이탈리아가 외교적, 국제 사법적 방법 외에 작품 소재인 석회암 성분까지 분석하여 시칠리아 제품임을 밝혀내면서, 게티 센터는 이탈리아 통일 150주년 기념 해인 2011년 시칠리아 아이도네 박물관에 돌려주었다. 게티 센터는 비슷한 절차로 47점의 귀중품을 외국에 반환했다.

게티는 대를 이을 아들이 마약과 알코올 중독자로 타락해 버리자 손자를 애지중지하여 후계자 교육을 특별히 시켰다. 그런데 1973년 7월 10일 마피아 조직인 은드랑케타가 이탈리아에 체류 중인 게티의 16살 손자를 납치, 1700만 달러의 몸값을 요구하자 그는 이를 단호히 거절했다. 범죄단은 손자의 귀를 잘라 신문사에 보냈지만 그는 조금도 흔들리지 않을 정도로 '세계에서 가장 유명한 부자 구두쇠'였다. "나는 손자가 14명이다. 만약 납치범에게 1페니라도 주었다가는 14명 모두 납치당할 것이다"라며 거절하면서도 물밑으로 300만 달러에 합의를 했는데, 세금 공제가 가능한 금액인 220만 불은 지불하고 나머지 80만 달러는 아들에게 연리 4%로 빌려주는 계약을 맺었다. 드라마틱한 게티 가족 스토리를 2017년 리들리 스콧 감독이 <세상의 모든 돈All the Money in the World>이라는 영화로 제작했다.

"자신의 재산이 얼마인지 셀 수 있다면 진짜 부자가 아니다"라고 했던 게티는 5번 이혼을 하고 방이 72개나 되는 저택에 살면서 공중전화를 집 곳곳에 설치하여 방문객이 돈을 내고 전화를 하도록 했다. 심지어 간단한 속옷은 세탁기 대신 자신이 직접 빨래를 할 정도로 근검절약했다고 한다. 이렇게 아낀 돈으로 세계 유명 예술품을 수집했으며 1976년 5월 84세를 일기로 세상을 떠나면서 30조 원이 넘는 돈을 사회에 기탁했다.

게티 센터가 유명해진 것은 게티가 평생 수집한 희귀 예술작품을 무료로 관람할 수 있을 뿐만 아니라 '백색의 귀재' 리처드 마이어가 설계한 미술관이기 때문이다. 그는 건축계의 노벨상인 프리츠커상 최연소 수상자이며, 수상식장에서 "순결의 상징인 흰색은 자연계에서 가장 아름다운 색깔이다"라고 주장했듯이 그의 건축물은 흰색뿐이다. 게티 센터는 건축주의 강한 요구에 타협안으로 일부 오렌지색 건물이 있다. 공사 기간 15년에 무려 1조 5천억 원이 들어간 게티 센터는 예술품과 건축물, 그리고 조경까지 3박자 모두 뛰어난 복합문화공간이다. 우리나라에 리처드 마이어가 설계한 건축물은 강릉 씨마크 호텔과 솔올 미술관이 있다.

게티 센터에는 고대부터 현대까지 수많은 예술품이 전시되어있지만 그중에서도 빈센트 반 고흐가 1889년 5월 생 레미 정신병원에서 그린 '아이리스'가 가장 인기다. 그는 입원한 동안 4개의 아이리스를 남겼는데 캔버스 전체에 선명한 색채로 생동감 있게 그린 대표작으로 1987년 소더비 경매에서 당시 최고가 5390만 달러에 낙찰되어 큰 화제였다. 요즘 가치로는 1500억 원이 넘는다. 아이리스는 먹을 품고 있는 붓과 같다고 하여 우리는 '붓꽃'이라고 부른다. 고흐는 병원 창 너머 뜨락에 흐드러지게 피어있는 파란 붓꽃을 그리면서 유독 한 송이만 백일점白一點으로 돋보이게 처리했다. 홀로 외로우면서도 당당한 기품을 잃지 않으려는 자신의 모습을 상징하는 것이라고 한다. 고흐는 동생 테오에게 겨우 생활비 보조를 받는 처지라 모델을 구할 돈이 없어 자화상과 꽃밭을 번갈아 그릴 수밖에 없었다.

샌타모니카산맥 동쪽 자락 그리피스 전망대에 가면 LA를 한 눈에 내려다볼 수 있다. 특히 밤이면 하늘의 별빛과 함께 도심의 야경이 절경이다. 2016년 개봉한 뮤지컬 영화 <라라랜드>에서 라이언 고슬링과 에마 스톤이 별빛 아래 멋진 왈츠를 춘 곳도, 1955년 <이유없는 반항>에서 젊은이의 우상 제임스 딘이 칼부림하던 장소도 이곳이다. <이유없는 반항> 개봉 직후 교통사고로 24세에 요절한 제임스 딘의 흉상이 저 멀리 'HOLLYWOOD' 사인을 배경으로 세워져 있기에 포토존으로 안성맞춤이다. 공교롭게도 이 영화에 함께 출연한 친구 살 미네오는 37세 때 피자 배달원에 살해당하고, 여자친구 내털리 우드는 43세 때 익사체로 발견됐다.

그리피스 천문대는 커다란 돔형의 우주 관측소 안에 지구 자전을 보여주는 푸코의 진자가 천장에 60m 추로 매달려 있다. 바깥에는 갈릴레오와 코페르니쿠스 등 많은 과학자의 모습은 물론, 해시계를 비롯한 우주 천체 움직임과 관련된 과학 기재가 전시되어있다.

1896년 그리피스 대령이 자기 소유 토지를 모두 LA시에 기증하자 시 당국은 사유지 일부를 매입하여 미국 최대 도심 공원을 조성했으며 그 중심에 그리피스 천문대가 있다. 특히 공원으로 오르는 숲길의 자전거 트레일 코스는 바이커들의 로망이다. 그리피스는 말년에 아내와 다툼 끝에 총으로 아내에게 중상을 입혀 살인미수죄로 곤욕을 치루었기에 그의 멋진 기부가 빛을 잃어간다는 인상을 받기도 했다.

미국 제2의 도시 LA는 부산을 비롯하여 세계 20개 도시와 자매결연을 맺고 있다. 자매도시의 방향과 거리를 나타내는 화살표 기념물이 시청 앞에 있는데, 부산까지는 6176마일이라고 표시돼 있다. 자매도시 기념관에는 부산의 상징인 오륙도 자수 병풍과 거북선이 전시되어있다.

환상의 캘리포니아 루트 1을 따라

스페인의 흔적

미국 캘리포니아 주 로스앤젤레스에서 샌프란시스코에 이르는 태평양 연안 고속도로Pacific Coast Highway, PCH를 캘리포니아의 첫 번째 주도州道라는 의미로 '캘리포니아 하이웨이 1'이라고 한다. 공식 명칭은 'California State Route 1SR 1'이다. 태평양과 내륙 산야 사이를 넘나드는 풍광이 으뜸이어서 가장 인기 있는 환상의 드라이브 코스이다. 아찔한 절벽 너머로 코발트빛 망망대해가 펼쳐지는가 하면, 눈부신 햇살이 오메가 모양의 오렌지빛 석양으로 변하면서 각종 파노라마를 연출한다.

1000km가 넘는 캘리포니아 1번 도로 서부 태평양 연안은 스페인 수사들의 가톨릭 선교길이었기에 샌디에이고에서 샌타모니카, 샌타바버라, 산호세, 샌프란시스코 등 모두 성인聖人 이름으로 징검다리 도시가 있다. 스페인 함대를 이끈 포르투갈인 로드리게 가브릴로가 1542년 유

럽인 최초로 캘리포니아 지역에 도착하여 뉴스페인이라 명명했다.

캘리포니아라는 이름은 가르시 로드리게스 데 몬탈보가 1510년에 쓴 스페인 기사도의 로맨스소설《에스플란디안》에 나오는 신비의 섬을 다스리는 '칼라피아 여왕Queen Calafia'에서 유래했다. 칼라피아 여왕이 다스리는 왕국은 아마존 여인처럼 황금 방패를 든 아름다운 여성들로 구성되어 있으며 이들이 사는 황금의 섬이 캘리포니아이다. 칼라피아 여왕이 기독교 기사인 에스플란디안에게 패하면서 그를 사랑하게 되어 결혼하고 기독교로 개종한다는 이야기이다.

캘리포니아가 미국에 병합되기 전 멕시코 영토였을 때 스페인은 식민지화의 거점으로 종교와 지방 행정을 담당하는 미션을 설치했다. 스페인 가톨릭의 성 프란체스칸 수도회가 관리하던 미션은 1848년 미국이 멕시코와의 전쟁에서 승리한 후 1850년 캘리포니아를 미연방에 편입함으로써 선교 활동의 기능만 유지하고 있다. 샌디에이고에서 카멀, 소노마까지 21개의 선교 미션이 있는데 그중에서도 1770년 성 후니페로 세라가 카멀 바이 더 시Carmel-by-the-Sea에 설립한 바로크양식의 카멀 미션이 가장 아름다운 건물로 인정받고 있다. 17~18세기 동안 수천 명의 오홀론족 원주민이 이곳에서 가톨릭 교리와 농경, 목축, 건축을 배우며 살았지만 기독교 강제 교화와 질병으로 큰 고통을 겪기도 했다. 카멀에는 미국 서부 초창기 역사와 문화에 종교의 만남을 상징하는 각종 유적이 많아 미션 박물관으로 쓰이고, 매년 7월 하순이 되면 세계적인 클래식 음악 축제인 카멀 바흐 페스티벌Carmel Bach Festival이 열린다. 보름 동안 열리는 축제는 요한 세바스찬 바흐와 그 영향을 받은 음악가 작품을 중심으로 한정하는 것이 특징이다. 1935년 창립 당시만 해도 클래식을 접할 기회가 없던 서부 지역에 종교 음악과 기악곡, 협주곡 등 모든 장르에 걸작을 남긴 '서양 음악의 아버지' 바흐를 축제 중심에 두는 것이 적합했던 듯하다.

카멀에서 북쪽으로 조금 올라가면 세계적으로 유명한 해양 박물관이 있는 몬터레이에 도착한다. 1940년대까지 정어리 조업 전진기지이던 곳으로, 초창기 스페인과 멕시코 시기에는 캘리포니아 주도州都가 될 정도로 흥청거렸다. 해안에는 통조림 공장과 선술집이 즐비했으며 캘리포니아 최초 영화관도 이곳에서 출발했다.

이웃 마을 살리나스가 고향인 존 스타인벡은 몬터레이를 무대로 소설 《즐거운 목요일》, 《통조림 거리》를 썼다. 중국과 이탈리아 이민자들의 치열한 삶의 현장이던 몬터레이가 1960년대 이후 관광도시로 변하면서 통조림 공장도 비린내를 지우고 레스토랑과 호텔로 간판을 바꾸었다. 흥청거리던 거리 이름은 소설 그대로 '통조림 거리Cannery Row'를 이어받고 존 스타인벡 흉상도 모시고 있다. 1958년부터는 매년 가을 몬터레이 재즈 페스티벌이 열리며 루이 암스트롱과 마일스 데이비스 등 거장들이 즐겨 찾았다.

세계에서 가장 아름다운 드라이브 코스로 평가받는 '17마일 드라이브'는 몬터레이만의 카멀에서 퍼시픽 그로브까지 이어진 사설 도로이다. 17마일 진입구인 카멀은 1910년만 해도 주민의 60%가 화가, 극작가, 시인 등 예술가로 구성된 예술인 마을이었다. 축구장 3개 정도의 아기자기한 마을은 요즘도 네온사인을 거부할 정도로 자연친화적이다. 카멀 비치에는 밀가루처럼 부드러운 모래사장이 길게 펼쳐져 있고, 거리에는 갤러리, 공방, 액세서리 등 패션 전문점이 즐비하다. 1986년 유명 배우 클린트 이스트우드가 주민 3200명의 휴양지 카멀의 민선 시장으로 선출된 후 사재 550만 불을 투자하여 습지 난개발을 막았다. 또 시장이 되기 전 카멀시에는 공공장소에서 아이스크림콘을 먹는 것을 금지하는 조례가 있었는데 시장 취임 후 이를 폐지해 큰 지지를 받았다고 한다. 카멀은 교황 요한 바오로2세가 찾아와 머무를 정도로 세계적인 생태마을이 되었다.

17마일 도로를 개발한 관광회사 페블비치의 설립자는 전신 연락용 모르스 부호 창시자인 모르스 가문 출신의 새뮤얼 모르스이다. 조선 말 고종은 부인 민비가 일본군에 시해당하자 대국인 미국의 보호를 받기 위해 경인철도 부설권을 모르스 J.R.에게 주었으나 그는 미국 사업 투자에 따른 자금난을 이유로 개발 이권을 일본에 넘겨 버렸다. 현재의 페블비치 골프장 개발지를 방문한 새뮤얼 모르스는 "바다와 육지가 만나는 가장 멋진 곳"이라고 찬사를 아끼지 않았다. 시어도어 루스벨트 대통령이 말을 타고 17마일 드라이브를 달린 후 '황홀한 질주였다"고 딸에게 감탄의 편지를 보내기도 했다.

광활한 미국 대륙에 실핏줄처럼 얽혀 있는 고속도로를 프리웨이라고 하는 것은 통행료가 없기 때문인데, 이 도로는 1910년대부터 마차 한 대당 통행료 20센트를 받던 유료도로 전통을 이어받아 지금은 자동차 한 대당 12달러를 받는다. 현지 주민이거나 페블비치에 예약을 하면 통행료를 내지 않고 모르스게이트를 통과할 수 있고, 페블비치 리조트에서 사용한 영수증을 보여주면 나올 때 통행료를 환불해 준다.

17마일 도로를 지나면서 울창한 삼림, 바다를 끼고 드는 골프장, 암벽 사이를 헤치며 17곳의 절경 뷰 포인트를 마주칠 때마다 지나치기 아까워 차를 멈추거나 서행을 하게 된다. 3번부터 13번까지는 아름다운 해변이고 14번은 카페, 그 이후는 숲속 도로이며 각 포인트마다 멈출 수 있도록 조그만 주차장이 있다. 그중에서도 용정 비암산의 일송정一松亭 처럼 해안가 바위 위에 우뚝 선 아름드리 사이프러스, 파도와 해풍에 맞서며 독야청청 굳건히 버틴 '외로운 사이프러스Lone Cypress'의 12번 포인트를 으뜸 경치로 꼽는다. 고흐의 그림 <별이 빛나는 밤>에서 하늘을 향해 애절하게 손짓하는 외로운 사이프러스가 떠오른다.

신이 만든 골프장

17마일 드라이브 끝자락인 몬터레이반도 남쪽에 유명한 페블비치 골프장이 있다. 골프 발상지인 스코틀랜드의 세인트 앤드루스 올드코스와 미국 조지아주의 오거스타 내셔널 골프클럽과 함께 메이저 대회가 열리는 꿈의 골프장 페블비치 골프 링크스를 세계 3대 명문 골프장으로 꼽기도 한다.

이 세 골프장의 공통점은 우리가 흔히 접하는 컨트리클럽C.C.이라는 꼬리를 골프장 이름에 붙이지 않는다는 것이다. 산업혁명 이후 도시 생활이 늘어나면서 귀족이나 신흥 부자들이 여가시간에 승마나 사냥, 낚시, 사격 등을 즐기기 위해 도시 근교에 만든 스포츠 레저 타운을 컨트리클럽이라고 했으며 골프도 뒤늦게 여기 끼어들었을 뿐 본류는 아니었기 때문이다. 세상의 모든 법률은 인간이 착하지 않다는 전제로 제정되었지만 골프는 플레이어가 신사라는 전제하에 만들어진 경기이다. 그래서 골프 관람객을 갤러리라고 한다. 화랑의 미술품을 관람할 때처럼 관람객은 골프장 로프 바깥에서 조용히 품격을 유지하며 구경하기 때문이다.

골프는 규칙이 너무나 까다롭고 경기가 어렵기 때문에 미국의 전설적인 언론인 제임스 레스턴은 1964년 4월 26일 자 《뉴욕타임스》에 "골프는 인간의 죄를 벌하기 위해 스코틀랜드 칼빈교도들이 창조해낸 전염병이다"라고 기고했다. 아이젠하워 장군도 "이 괴팍한 오락을 마스터하기보다는 차라리 냉전을 끝나게 한다거나 빈곤한 백성을 구제하는 편이 훨씬 쉽다"고 논평한 바 있다. 골프는 그만큼 어려운 운동이다.

우리 여행단 일행인 고교 친구 부부 넷이 먼 길을 떠나면서 각자 골프백을 힘들게 갖고 간 것은, 우리 모두의 버킷리스트로 꿈에 그리던 페블비치의 맛을 제대로 만끽하기 위해서였다. 어쩌다 객지에서 빌린 장비로 라운딩하다 보면 면사포 위에 키스하는 것처럼 제맛이 나지 않기 때문이다.

페블비치 7번홀은 세계에서 가장 아름다운 파3홀로 인정받고 있으며 그린 3면이 태평양 속에 있어서 바람이 세게 불면 90m 거리에도 롱 아이언을 쓴다.

페블비치 4개의 퍼블릭 코스 중 가장 으뜸은 아마추어 챔피언 출신인 잭 네빌과 더글러스 그랜트가 설계를 맡아 1919년에 개장한 페블비치 골프 링크스다. 이곳은 골프의 성지라 하루 숙박비 1500달러 내외 롯지에서 최소 2일을 숙박해야 예약이 가능하며 그린피도 600달러 이상이다. 고대 영국 켈트어인 링크스Links는 바다와 농토 사이의 해변 모래 투성이 불모지를 말하며, 스코틀랜드에서 열리는 국제 대회는 링크스가 있는 골프장에서만 개최하는 것이 원칙이다. 매일 밤 야외 광장에서 스코틀랜드 전통악기인 백파이프를 연주하는 것도 골프 발상지를 연상시키기 위함인가 보다. 우리나라도 해남 파인비치 링크스 골프장에서 골프 발상지처럼 해안가 모래 언덕 능선을 경험할 수 있다.

페블비치 코스에서 가장 인기 있는 곳은 7번 파3홀이다. 거리가 100야드 정도로 PGA 투어에서 가장 짧은 내리막 쇼트홀이지만 태평양을 마주 보고 쳐야 하기 때문에 바람이 심할 때 아마추어는 우드로 공략해야 한다. 그린이 3면 바다로 둘러싸인 절경에 마음을 빼앗기는 경우가 많아서 "거리보다 마음 관리가 중요하다"고 한다. 이어서 8번홀은 페어웨이 속으로 깊숙이 들어온 태평양 좁은 물길을 넘겨야 하므로 짜릿한 도전을 만끽할 수 있다. 그리고 마지막 18번은 왼쪽 내내 해안과 모래사장을 끼고 도는 520야드 롱홀이며 중간과 마지막에 멋진 아름드리 소나무 이정표가 있어서 세계에서 가장 아름다운 클로징 홀로 평가받는다. 이곳에서는 매년 초봄 사회 각 분야의 명사를 초청해서 프로선수와 팀을 이뤄 시합을 하는 AT&T 프로암 대회가 열린다. 1937년 첫 대회 때 대중문화라는 말을 정립한 가수 빙 크로스비가 출전하면서 프로암 대회가 유명해졌다.

그린피가 500달러 정도인 스파이글래스힐 골프코스는 링크스와 울창한 산림이 절묘하게 조화를 이룬다. 소나무 숲이 많아 원래 이름은 페블비치 파인 골프클럽이었으나 스티븐슨의 소설 《보물섬》에 심취한 창업자 손자 모르스가 개명했다. 스파이글래스Spyglass는 소설 속 선장이 즐겨 사용하던 기다란 망원경을 말한다. 모르스가 언덕에 올라 멀리 바다를 바라보면서 소설 속의 보물섬을 연상했을 것만 같다. 이 소설에서 선원들은 사탕수수로 만든 럼주를 즐겨 마시므로 도수 높은 럼주를 '해적의 술'이라고 한다. 선원을 처벌할 때 금주령을 내리자 "럼주를 못 마시느니 차라리 채찍을 맞겠다"면서 술을 예찬하는 장면도 있다. 유럽 제일 결핵 요양지인 스위스 다보스에서 요양 중 자기 아들을 위해 모험소설을 집필한 스티븐슨을 기려 17마일 드라이브 중에서 이 골프장 주변을 지나는 길을 '스티븐슨 드라이브'라고 한다.

그린피 400달러 내외인 스패니시베이 골프 링크스는 스페인 탐험가들이 1769년에 야영하며 머문 곳이었기에 붙인 이름이다. 퍼시픽 그로브 게이트 바로 옆 해변도로를 끼고 모래사장 중간중간에 키 작은 덤불숲 링크스가 골프 발상지인 스코틀랜드 골프코스와 꼭 닮았다. 1987년에 개장한 이곳은 환경보호지역이라 자연 생태 초목을 훼손하지 않기 위해 페어웨이를 벗어난 볼은 집어와서 드롭해야 한다. 또한 모든 홀이 몬터레이 해변을 따라 눈부시게 펼쳐져 항상 강한 바람이 덮치기 때문에 공을 띄우지 말고 탄도를 낮게 굴리다시피 치고 나가는 게 좋다.

그린피 300달러의 델몬트 골프코스는 태평양과 거리를 둔 내륙에 위치해 선호도가 가장 낮다. 오렌지 주스로 유명한 델몬트가 페블비치 리조트 대주주여서 붙은 이름이다. 여기보다 쇼트홀 9개의 헤이 골프코스에 오히려 사람이 몰린다. 이곳 단골 고객인 피터 헤이가 페블비치 링크스의 7번홀에 감명받아 설계를 제안했다. 9홀 라운딩 가격은 75달러(2025년 기준)이며 47야드에서 106야드까지 다양한 형태의 짧은 거리이므로 골프클럽도 2~3개면 족하다.

모두 81홀인 페블비치 리조트를 골프클럽이라고 하는 것은 골프코스와 클럽하우스 시설밖에 없기 때문이다. 대다수 골프장이 갖추고 있는 그늘집이나 샤워 시설이 전혀 없는데도 '신이 만든 골프장'이라는 명성을 갖고 있는 것이 신기할 뿐이다. 페어웨이 중간중간에 크게 입을 벌리고 있는 깊은 벙커, 러프에 들어가면 접근이 어려운 거친 풀숲, 해무를 동반하면서 방향을 알 수 없는 돌풍, 유리알 같은 그린 등에 도전하면서 우리는 '내기하기 좋은 골프장'이라고 이구동성으로 공감했다. 그러나 잠시 눈을 들어 짭조름한 해초 내음을 맡으며 푸르른 하늘과 코발트 바다를 보면 금세 세속을 벗어나 선경仙境으로 들어간 느낌이다.

1990년 전성기를 누리던 일본 기업들이 '론 사이프러스 컴퍼니Lone Cypress Company'를 설립, 그 유명한 페블비치를 1조 원에 인수했으나 클린트 이스트우드와 아널드 파머 등이 미국의 자존심을 앞세워 10년 만에 오히려 더 낮은 가격으로 되찾았다.

잘 알려지지 않았지만 페블비치 링크스보다 더 유명한 골프장이 바로 근처에 있는 '사이프러스 포인트 클럽'이다. 골프 다이제스트가 매년 선정하는 세계 명문 골프장 선두 그룹에서 밀려난 적이 없는 이 골프장은 철저히 회원제로 운영하기에 일반인 입장은 불가하다. 언젠가 타이거 우즈가 페블비치에서 열린 AT&T 골프 대회에서 우승한 후 유명하다는 이 골프장을 찾아가자 수위가 막으면서 "바로 드라이버로 치면 도달할 거리에 유명한 페블비치가 있습니다"고 말했다. 타이거 우즈는 "내가 바로 그 유명한 타이거 우즈요"라고 하자 수위는 "아, 그러시네요. 몰라봬서 미안합니다만, 선생이라면 5번 아이언 거리에 그 골프장이 있습니다"라고 응답했다는 조크가 있다.

사이프러스 골프장을 설계한 앨리스터 매켄지는 원래 의사였는데, 보어전쟁에 군의관으로 참전하면서 자연 지형을 은폐 활용하는 위장술에 심취했으며, 제대 후에는 지형학에 심리학과 자연 미학을 결합한 골프장 설계 전문가가 되었기에 현대 골프 코스 디자인의 아버지라고 불리운다.

이 골프장에서 플레이를 해본 골프 영웅 바비 존스는 자신이 건설하고 있던 조지아주의 오거스타 내셔널 골프클럽 설계를 매켄지에게 맡겼다. 메이저 중의 메이저라고 하는 마스터즈가 열리는 유리알 그린을 설계한 주인공 매켄지는 "골프장은 주변을 훼손하는 것이 아니라 자연을 더 돋보이게 설계해야 한다"고 주장한 자연친화주의자다.

그러고 보니 골프처럼 편견이 많은 스포츠가 없는 것 같다. 골프를 하기 전에는 환경운동가 행세를 하다가도 일단 골프에 빠지면 지력地力 및 체력 증진과 관광 효과를 강조한다. 아편 때문에 나라를 망친 적이 있는 중국은 세계 최대 216홀짜리 미션힐스 골프장이 들어서자 '녹색아편綠色阿片'이라고 경계하는가 하면, 추리작가 애거사 크리스티가 자주 이용하던 런던 근교 서닝데일 골프장에는 "이 유머러스한 게임이 내 삶을 풍요롭게 했다"는 그녀의 골프 예찬론이 새겨져 있다.

우리나라는 2025년 기준으로 국내 골프장 수는 525개소이고, 인구 대비 골퍼도 많다. 2025년 9월 기준 한국 여자 프로골퍼는 세계 랭킹 100위 중 28명이나 된다. 스크린골프도 우리나라에서 개발했다. 한편 일본은 욕탕 시설을 도입하고 해저드나 오비 특설티를 설치했다.

존 스타인벡의 마을, 살리나스

페블비치에서 동쪽 내륙으로 조금 들어가면 존 스타인벡의 마을 살리나스가 있다. 스타인벡의 노벨문학상 작품인《분노의 포도》를 비롯하여 인간 선악 투쟁을 다룬 20세기판 구약성서《에덴의 동쪽》, 그리고《생쥐와 인간》,《긴 골짜기》,《빨간 망아지》등이 모두 이 지역을 무대로 한 소설이다. 1910년대 미국 사회를 알려면 테네시 윌리엄스의《뜨거운 양철지붕 위의 고양이》를 읽고, 20년대를 알려면 피츠제럴드의《위대한 개츠비》를 읽고, 30년대를 알려면《분노의 포도》를 읽으라는 말이 있다.

《분노의 포도》는 1930년대 대공황과 '더스트 보울Dust Bowl'로 불린 모래 폭풍으로 삶의 터전을 잃은 사람들의 캘리포니아 이주를 배경으로 한, 일종의 미국판《레미제라블》이다. 존 스타인벡은 '오키Okies(주로 오클라호마 등에서 온 이주민을 낮춰 부르던 말)'들의 엑소더스를 《샌프란시스코 뉴스》의뢰로 7회 연재 르포로 썼다. 이 연재는 현장의 비참함을 모두 담아내기엔 너무 부족했기 때문에 스타인벡은 취재 내용을 장편 서사로 확장했다. "분노는 포도송이처럼 영글어간다"는 의미를 제목에 담은 소설《분노의 포도The Grapes of Wrath》는 지주와 은행, 경찰 권력의 폭력과 착취를 고발해 "반자본주의, 반미주의, 공산주의 적"이라는 매도를 당하면서 일부 지역에서는 판매 금지를 당하기도 했다. 그러나 스타인벡은 이 작품으로 1940년 퓰리처상을 받았고, 1962년에는 노벨문학상으로 문학적 성취를 인정받았다.

제임스 딘 주연 영화로 유명한 <에덴의 동쪽>의 원래 제목은 '살리나스 골짜기'였으며, 실제로 영화 대부분을 살리나스에서 촬영했다. 겉으로는 남부럽지않아 보이는 가정이지만, 아내는 가출하고 부자간, 형제간 심각한 갈등을 겪는 가족, 에덴동산에서 쫓겨난 군상의 선악 투쟁을 다루면서 '20세기판 구약성서'라는 평을 들은 소설이다.

살리나스 센트럴 애비뉴 132번지에 있는 존 스타인벡 생가는 1897년 건립한 빅토리아 양식 저택으로 방이 15개나 된다. 1902년 아래층 가장 왼쪽 방에서 태어난 그는 18살 때까지 이곳에서 가족과 함께 거주했다. 이 집은 1973년 자원봉사 여성 단체인 '밸리 길드Valley Guild'가 매입, 2층에 '존 스타인벡 레스토랑'과 기념품점을 열어 수익금으로 생가를 관리하고 있다. 점심만 제공하는 이 식당의 메뉴는 샐러드와 수프, 샌드위치, 파이 등 미국의 평범한 전통요리이다.

생가에서 500m 정도 떨어진 곳에 있는 국립 스타인벡 센터는 스타인벡의 생애와 작품 세계를 종합적으로 전시하는 박물관이자 지역사회 문화센터이다. 스타인벡이 실제 사용한 물건과 여행 기록, 영화 관련 자료, 일대기 영상 등 아카이브 자료 외에 특이한 것은 작품 무대를 재현한 대공황 시절 이주민 농장 체험관이다. 이곳에서는 매년 스타인벡 문학 관련 강연이나 토론, 독서 교육을 주제로 하는 스타인벡 축제가 열린다. 존 스타인벡은 1968년 12월 20일 뉴욕 맨해튼에서 심장병으로 숨졌으나 그의 유골은 소원대로 고향 살리나스로 돌아와 메모리얼 공원의 가족묘지에 묻혀 있다.

몬터레이만의 관문이자 중심 도시인 살리나스는 지중해성 기후로 연중 온화하며 안개와 해풍의 영향으로 비교적 서늘한 날씨를 유지한다. 특히 살리나스밸리는 북미에서 가장 날씨가 좋고 공기가 청정한 지역으로 신선한 농산물의 집산지이다. 양상추, 브로콜리, 버섯, 딸기 등 유기농 채소가 유명하여 살리나스를 '세계의 샐러드볼The Salad Bowl of the World'이라 칭하기도 한다. 20세기 초부터 대규모 관개시설과 철도망 발달로 유기농 채소 재배와 유통에 큰 변화가 일어났다. 특히 로메인 상추와 아이스버그 상추가 미국 샐러드 문화의 핵심 채소로 자리잡는 데 살리나스 비옥한 땅이 큰 역할을 했다.

도심에 있는 스타인벡 센터에는 작가를 소개하는 전시장 외에 이 지역 농산물과 농업 발전의 역사를 소개하는 홀이 별도로 있는 것이 특이하다. 살리나스는 미국 대표 농업 지역으로 새롭게 부상하고 있다.

괴짜와 반골의 도시, 포틀랜드

캘리포니아주를 벗어나 북쪽으로 향하면 오리건주의 친환경 도시 포틀랜드가 나온다. 오리건은 비옥한 농지와 온화한 기온 덕분에 19세기부터 수많은 개척자가 이주해 온 '오리건 트레일Oregon Trail'의 무대이자 태평양 연안으로 진출하는 교두보 역할을 했다. 미국의 33번째 주로 편입된 오리건은 1849년 흑인 이주 및 주거 금지법을 제정하고 중국인이나 하와이인까지 주거 제한 조치를 취했다. 오리건은 남북전쟁 전부터 '자유주Free State'를 선언하고 노예제를 금지하면서 백인만의 주거지를 지향했다. 1859년 연방 가입 후 인종차별법이 느슨해지기는 했지만 주민 투표로 완전히 폐지한 것은 2002년이었다. 포틀랜드의 일부 토박이 백인이 KKK나 스킨헤드 등 극우 폭력 단체로 빠지면서 인종차별을 비난하는 인권 단체들과 충돌이 잦았다. 2020년 미네소타주 미니애폴리스에서 경찰이 흑인 조지 플로이드의 목을 눌러 숨지게 한 사건 이후 포틀랜드에서 흑인 인권 운동과 경찰 폭력 규탄 시위가 심해지자 트럼프 행정부는 이를 두고 '무정부주의자들의 공격'이라며 연방요원을 투입하는 등 강경 조치를 했다. 포틀랜드는 흑인이 5%에 지나지 않을 정도로 백인 비율이 가장 높은 도시인 반면 흑인 인권 옹호, 반전, 환경 운동 등도 매우 활발한 좌파 진보 도시로 변모했다.

포틀랜드는 히피족과 무정부주의자 집결지였고 가장 먼저 동성 결혼을 인정한 곳이다. 또한 비건주의가 맨 먼저 등장한 나라는 영국이지만 미국에서 비건 문화가 가장 강하게 자리잡은 지역은 포틀랜드이다. 아울러 포틀랜드는 비닐봉투 사용 금지와 차량 공유제를 선도함으로써 환경운동의 성지가 되었다.

농업과 임업 중심지였던 오리건주는 법인세와 개인소득세에 무게를 두고 물품과 서비스 거래에는 세금을 붙이지 않아 소비세가 없는 쇼핑 천국이다. 포틀랜드가 정치, 문화적 실험을 용인하고 각종 규제를 없애자 젊은층이 대거 유입되어 괴짜와 반골의 도시로 특화하였고, 마침내 도시 슬로건을 'Keep Portland Weird(포틀랜드를 괴짜스럽게 유지하자)'라고 내걸었다.

이곳은 1960년대 히피의 근거지가 되었으며, 유명인이든 일반인이든 몸에 문신을 새기고 자신만의 고유한 패션과 라이프 스타일을 즐긴다. 대형 프랜차이즈보다 크래프트맥주와 독립 커피, 인디음악 같은 로컬 문화를 사랑한다. 미네랄 함유량이 많고 산도가 알맞은 물 덕분에 인구 대비 가장 많은 65개의 크래프트맥주가 인기 속에 경쟁하고 있다. 20세기 전반만 해도 나무를 팔아 생활하던 포틀랜드가 수제맥주 성지가 되어 맥주 천국이라는 뜻의 Beervana(Beer와 Nirvana(열반) 합성어)로 알려지고, 매년 7월 맥주 페스티벌이 열린다.

포틀랜드에는 1971년에 개점한 세계에서 가장 큰 독립서점 Powell's City of Books가 있다. 펄 디스트릭 한 블록 전체를 차지하는 2천 평 넘는 규모에 400만 권 이상의 책이 3개 층에 3500개가 넘는 섹션으로 구분되어있다. 구입한 책을 다 읽은 후 되팔 수도 있다고 한다. 희귀 도서실과 카페가 따로 있고 저자 강연, 사인회 등 다양한 문화 행사가 열린다.

현대인에게 느림의 미학과 공동체의 중요성을 강조한 독특한 잡지 킨포크Kinfolk가 2011년 포틀랜드에서 탄생한 후 세계인의 사랑을 받고 있다. 계간지로 발행하는 이 잡지는 소박하고 자연친화적인 '슬로우 리빙'이라는 생활 철학을 중심으로 단순함, 자연스러움, 공동체 삶을 추구하면서 세련된 디자인과 감각적인 사진으로 유명하며 일본어, 중국어, 한국어 등으로 번역되어 전 세계 독자와 소통한다.

포틀랜드는 '장미의 도시'로 통한다. 태평양의 온화한 해양성 기후이면서 밤과 낮의 온도차가 큰 데다 비옥한 토양이라 장미 재배 최적지이기에 1907년부터 세계 최대 장미 축제가 열린다. 또한 포틀랜드는 윌래멧강을 동서로 연결하는 13개의 다리가 제각기 독특한 건축양식과 기능을 갖추고 있어서 도시 경관의 중요한 요소를 이루기에 '다리의 도시Bridgetown'라고도 한다. 이를테면 세계에서 유일하게 철도와 자동차가 함께 다니는 2층 철교, 고딕양식 아치가 아름다운 현수교, 보행자와 자전거만 허용되는 틸리컴 크로싱 다리 등이다.

포틀랜드에는 랜드마크가 될 만한 건물이 없지만, 포틀랜드의 독특한 문화와 예술적 감성을 제대로 경험하고자 한다면 에이스 호텔에 묵어야 한다. 객실 수가 79개에 불과한 부티크 호텔이기에 예약이 하늘의 별따기이다. 빈티지 가구와 로컬 아트, 턴 테이블 레코드 등 독특한 인테리어에 애완동물 동반이 가능하며 예산에 따라 공중 욕실을 사용하는 객실부터 전용 욕실이 있는 스위트룸까지 옵션이 다양하다.

포틀랜드에는 스티브 잡스가 잠깐 다닌 인문학 최고학부인 리드Reed 대학이 있다. 리드는 오리건을 개척한 선구자로 사재를 대학 설립에 희사했다. 리드대학은 신입생에게 합격 통지서와 함께 호머의《일리아드》와《오디세이》를 동봉한다. 학교 엠블럼은 단테의《신곡》에서 천국행 마차를 끄는 그리핀이다. 그리핀은 사자 몸에 독수리 머리와 날개를 가진 신화 속 상상의 동물이며 육지의 왕 사자와 하늘의 왕 독수리는 신성과 인성을 모두 갖춘 예수 그리스도를 상징한다.

포틀랜드 서쪽으로 조금 벗어난 비버튼에 나이키 본사가 있다. 290 에이커에 들어선 75개 건물에 11,000여 명이 근무한다고 한다. 회사를 향한 자부심이 강해서 사원들이 부메랑 모양의 회사 마크를 문신으로 새기고 다니는 모습이 보인다. 최첨단 스포츠 과학 연구소가 대학 캠퍼스처럼 이어져 있어서 기업 본사라기보다 혁신적 스포츠 과학 센터로 보였다.

200m의 실내 트랙을 비롯하여 호수와 운동장 등에 다양한 스포츠

시설을 갖추고 있다. 건물에는 마이클 조던, 세레나 윌리엄스, 르브론 제임스 등 나이키 광고 모델로 등장한 유명 선수 이름이 걸려 있다. 백화점 같은 커다란 구내 기념품 가게에는 방문객이 북적인다. 안내원도 검은색 유니폼을 입고 있고, 유난히 검은색 제품이 많이 보인다.

나이키의 단순하면서도 강력한 슬로건인 'Just do it'은 광고 카피라이터 댄 와이든이 1988년에 만든 세계적으로 유명한 광고 문구로, 심각하게 생각하지 말고 "일단 해봐"라는 뜻이다. 사실 이 슬로건은 1977년 흉악범 개리 길모어가 사형 집행에 앞서 마지막 유언을 부탁하자 '그냥 집행해'라는 뜻으로 말한 "Let's do it"을 원용한 것이다.

에메랄드 시티, 시애틀

인디언 추장의 이름, 시애틀

미국 대륙에는 과거 이 땅의 주인이던 원주민 부족 이름을 딴 지명이 많다. 요세미티 등의 명소 이름과 아이오와, 앨라배마, 아칸소, 캔자스, 유타 등 미국의 20여 개 주명은 다 원주민 부족 이름에서 왔다. 미국 서북부 워싱턴 주의 주도인 시애틀은 과거 이 지역의 주인인 스쿼미시족 추장 이름을 가져왔다. 지명은 아니지만 미군 주력 크루즈 미사일 중 하나인 '토마호크'는 원주민이 즐겨 사용하던 도끼 '토마호크'에서 왔다. 갈비뼈에 등심이 붙은 고급 정육 부분을 토마호크라 부르는 것도 모양이 이 도끼처럼 생겼기 때문이다.

시애틀 시내 파이오니어 공원에는 이 도시 이름이 유래한 이 지역 마지막 원주민 추장인 시애틀 흉상이 있다. 또 틸리컴 플레이스 광장에도 시애틀의 청동상이 우뚝 서 있다. 시애틀 토박이 안내원 설명에 따르면, 지금 스쿼미시 부족의 종가댁 며느리가 한국 여성이라고 한다.

이 여성은 시애틀에 있는 워싱턴대학 유학 시절 캠퍼스에서 시애틀 추장 후손을 우연히 만나 통성명하는 정도로 지냈는데, 졸업 후 그 청년이 수차례 한국을 방문하면서 끈질긴 구애 끝에 성혼에 이르렀으며 결혼식 때는 시댁 가족 친지가 전세기로 내한했다고 한다. 대지주인 이 가문은 든든한 재력을 바탕으로 각종 사회봉사 활동에 앞장서고 있다고도 한다.

톰 행크스와 맥 라이언의 러브 스토리 영화 <시애틀의 잠 못 이루는 밤> 덕분인지 시애틀 하면 낭만적인 도시가 연상되지만, 사실은 미국의 대표적인 기업도시다. 마이크로소프트, 아마존, 코스트코, 스타벅스 등 유명 기업 본사가 있어 시애틀은 미국 내 평균 연봉이 가장 높은 도시로 정평이 나 있다. 보잉사도 시애틀에 본사를 두고 있다가 지금은 버지니아주로 옮겼으나 거대 생산 시설은 여전히 이곳에 있다.

워싱턴주에 속한 시애틀은 쪽빛 호수와 검푸른 바다, 녹색 밀림이 어울려 '에메랄드 시티'라는 별명을 가질 정도로 아름답다. 빙 크로스비나 프랭크 시나트라와 어깨를 겨룬 인기 가수 페리 코모의 히트곡 <시애틀>에는 "시애틀 하늘은 여태껏 본 하늘 중 가장 푸르다"라는 가사가 나온다. 흐린 날이 맑은 날보다 더 많기는 하지만, 청명한 날의 시애틀 하늘은 진짜 쪽빛이다. 시애틀은 샌프란시스코처럼 언덕을 이룬 도시라 탁 트인 바다를 내려다보는 전망이 속세를 저만치 밀어내려는 모습이다. 특히 건너편 우뚝 솟은 레이니어 만년 설산雪山(해발 4392m)이 도시인에게는 유토피아처럼 보인다. 이곳 차량 번호판 바탕에는 이 설산이 그려져 있다.

첨단산업의 메카

워싱턴주를 에버그린 스테이트常綠州라고 부르듯이 시애틀은 삼림이 무성하여 초기에는 목재 산업으로 유명한 곳이었다. 40여 년 전 내가 근무하던 회사도 이곳 목재를 수입했으며 그 인연으로 이곳에 출장 방문한 적이 있다. 시애틀은 1890년대만 해도 인구 4만 정도 천혜의 양항良港이었는데, 캐나다와 알래스카 금광 개발로 골드러시 중계지가 되어 부자 도시로 탈바꿈했다. 북태평양 관문인 시애틀은 동아시아권과 가까워 무역이 활발해지면서 시세가 급속도로 팽창했다.

특히 2차대전 후 항공기 산업의 보잉이 둥지를 틀면서 첨단산업 메카가 되었다. 한때 "보잉이 기침하면 시애틀이 독감에 걸린다"는 말이 성행할 정도로 보잉은 도시 대표 기업이었다. 현재도 보잉은 세계 상업 항공기 시장 절반을 차지하며, 이에 대적하기 위해 영국, 프랑스, 독일, 스페인 4개국이 연합해서 만든 항공기 제조사가 에어버스이다.

세계 항공우주산업의 대표 기업인 보잉사에는 초대형 비행기 제조 공장이 있다. (사진 출처: 보잉 공식 홈페이지 boeing.com)

시애틀에 머무른 5일 일정 중 첫 시작으로 90분 동안 보잉사의 비행기 제조 공장 투어에 합류했다. 보잉사 셔틀버스가 예약자를 모두 픽업하여 30km 떨어진 에버렛 본사에 도착하자, 저 멀리 광활한 계류장에 출시를 기다리는 각국 비행기 행렬이 국제공항처럼 느껴졌다. 그 대열 속에 푸른색 대한항공도 선명하게 보였다. 747, 777, 787 등 민항기 공정 투어인데도 보안이 너무 철저하여 휴대폰을 비롯한 모든 소지품을 맡겨야 한다. 한꺼번에 15대의 비행기를 제작할 수 있는 길이 800m 세계 최대 공장 속에 들어가, 위에서 비행기 제조 공정을 내려다보니 작업하는 인부들이《걸리버 여행기》소인국에 온 것처럼 작아 보인다. 키 122cm 이하는 입장을 제한한다는 안내 설명에 의아했는데, 견학로 턱이 높아 저 아래 공정을 내려다볼 수 없기 때문이었다.

보잉 비행기 박물관에는 라이트 형제의 첫 비행기부터 우주 왕복선, 첨단 무기까지 각종 비행기 모형이 전시되어있다. 특히 케네디부터 닉슨까지 대통령의 하늘 집무실이던 에어포스 원이 은퇴하여 쉬고 있었다. 에어포스 원이 일반 비행기와 다른 점은 특수 통신 설비가 장착되어 있다는 것이다.

2014년과 2018년 여론조사에서 '세계에서 가장 존경받는 인물' 1위로 선정된 빌 게이츠는 시애틀 토박이다. 그가 운영하는 게이츠 미란다 재단은 미국 전체 자선 재단의 기부액 중 상당한 비중을 차지하므로 사회개혁 운동에 영향력도 크고, 그만큼 존경받을만 하다. 언젠가 그는 자신의 성공 비결에 대해 "오늘 나를 있게 한 것은 하버드대학 졸업장도 아니고, 미국도 아니고, 어머니도 아니며, 고향 시골 마을의 조그만 도서관이다"라고 말한 적이 있다.

독서광이던 그는 10살이 되기 전 백과사전을 독파했으며, 학교 독서 경진대회에서 1등을 독차지했다. 어렸을 때 골방에 처박혀 바깥에 나오질 않아 어머니가 찾아가면 책 속에 묻혀서 "지금 생각중이에요"라고 엉뚱한 답변을 하곤 했다. 어머니가 그를 정신병원에 데려갔으나 의사로부터 "그는 통제불능이니 부모가 양보하세요"라는 답변만 들었다. '조숙한 철부지'로 통한 빌 게이츠는 고교 시절 교과서를 두 권씩 사서 학교와 집에 각각 비치했다고 한다. 동급생에게 집에서까지 열심히 공부하는 친구로 보이고 싶지 않았기 때문이다.

원래 일정에 없던 마이크로소프트MS를 애써 찾아간 것은 빌 게이츠의 체취를 맡기 위해서였다. 대부분 기업이 어느 정도 성공하면 고층빌딩으로 외화내빈外華內貧의 사세를 과시하는데, MS는 캠퍼스 같은 5층짜리 사옥으로 학구적인 분위기의 기업이어서 남다른 관심이 있었기 때문이다. 실제로 MS 본사는 131개 캠퍼스 빌딩이 숲속에 타운을 이루고 있었다. 이곳에 4만 7천 명의 직원이 근무한다고 하는데 유난히 인도계 사람이 많이 보였다.

미국은 세계 인재들의 용광로라고 하지만 특히 IT 분야는 인도인 활약이 두드러진다. 구글과 어도비 CEO도 인도 출신이다. 2014년 신생 IT 기업에 눌려 '한물 간 공룡'이라고 조롱을 받던 MS를 구하기 위해 등판한 인도인 CEO 사티아 나델라는 팀 중심 조직문화 변화를 주도하여 취임 당시 35달러이던 주가를 500달러 이상으로 끌어올렸다.

시애틀은 록 음악의 메카다. 천재 기타리스트 지미 헨드릭스와 록 밴드 너바나가 이곳 출신이다. 왼손잡이인 헨드릭스는 기타 줄을 거꾸로 장착해서 독특한 방식으로 연주를 끝내고 기타를 부숴 버리는 기행奇行을 일삼았다. 전자기타의 새로운 영역을 연 지미 헨드릭스의 열렬한 팬이던 마이크로소프트 공동 창업자 폴 앨런은 대중문화박물관Museum of Pop Culture을 시애틀센터역 근방에 헌사했다. 부서진 기타를 형상화한 이 멋진 건물의 설계자는 건축계 노벨상인 프리츠커상을 받은 프랭크

게리이다. 지미 헨드릭스처럼 왼손잡이 기타리스트인 비틀즈의 폴 매카트니는 독일 호프너 악기상에서 구입한 대칭 구조 베이스기타를 즐겨 사용했는데, 1972년 런던에서 도난당했다. 이후 비틀즈 팬들을 중심으로 도난 기타를 찾기 위한 '로스트 베이스 프로젝트'가 진행됐고 마침내 2024년 이를 되찾아 폴 매카트니에게 돌려줬다.

1962년 세계 박람회 개최 기념물인 스페이스 니들은 시애틀의 랜드마크이다. 꼭대기가 둥그런 우주선을 닮았다고 해서 그런 이름이 붙었다. 전망대에 오르면 시애틀이 한 눈에 들어온다. '태산에 오르니 천하가 작아 보인다登泰山 小天下'라던 공자의 말이 떠오른다. 1년에 두 달만 얼굴을 보인다는 레이니어 설산이 신기루처럼 어른거린다. 전망대 바로 아래층에 47분마다 한 바퀴씩 도는 회전 식당이 있다. 마음에 드는 이성을 이곳에 초청하여 아름다운 저녁노을에 와인 잔을 부딪치면서 프로포즈하면 100% 성공한다는 속설이 있다.

스타벅스의 고향

시애틀의 대명사는 뭐니뭐니 해도 세계 최대의 다국적 커피 전문점 스타벅스가 아닌가 한다. 하워드 슐츠 회장이 가장 좋아한다는 화산 지대에서 유기농 재배한 프렌치 수마트라 커피라도 한 잔 마셔 볼까 기대를 하고 스타벅스 1호점을 찾아갔더니 관광객으로 장사진이다. 스타벅스가 자랑하는 '가정의 베란다를 확장한 곳'이라든가 'Writer's paradise' 등과는 거리가 먼, 초창기 커피 도매상 모습 그대로 낡고 비좁은 가게였다. 차분히 앉을 자리는 하나도 없고, 다들 기념품을 사기 위해 벅적거리는 도떼기시장이었다. 아내가 선물용으로 스타벅스 1호점 로고가 박힌 텀블러 보온병 4개를 사서 겨우 빠져나왔다. 사람이 많이 왕래하는 길거리에서 공연하는 게 관행인 버스킹 팁이 아예 스타벅스 입구에 자리를 잡아 피아노 연주를 하는 모습도 보인다.

스타벅Starbuck은 허먼 멜빌의 소설《모비딕》에 나오는 일등항해사 이름이다. 미국 소설의 대부라고 할 수 있는 마크 트웨인의《톰 소여의 모험》이나 헤밍웨이의《노인과 바다》등 미국 소설은 모험적인 스토리가 주류였다. 가장 대표적인 작품이《모비딕》이다. 모비딕은 사나운 향유香油고래 모차딕을 변형한 이름이다. 우리나라에는 '흰 고래'라는 뜻의《백경白鯨》으로 번역되었다. 고래에게 한 쪽 다리를 잃은 에이허브 선장의 빗나간 복수심이 포경선을 비극으로 몰고 가는데, 커피를 유난히 좋아한 스타벅은 유일하게 이성을 갖춘 선원으로 묘사된다.

커피 애호가인 제리 볼드윈, 고든 보커, 지브 시글 등 3명의 친구가 1971년 시애틀 파이크 플레이스 시장에 커피점을 열면서 상호를 '스타벅의 커피점Starbuck`s Coffee'이라 붙였다. 스타벅과 같이 커피 좋아하는 세 사람이 모였다고 해서 복수인 s를 붙여 스타벅스라고 했다. 창업자 중 멜빌을 좋아한 영어 선생 출신의 볼드윈이 제안했다고 한다. 프랑스 명감독 장피에르 멜빌도 본래 이름은 그룸바하였으나 이 소설을 좋아해서 작가 이름으로 개명한 것이다. 기존 아메리칸 커피가 우리의 숭늉처럼 묽은 데 비해 스타벅스 원두커피는 독특한 향과 맛을 선보이며 선풍적인 인기를 끌었다.

스타벅스는 에스티로더처럼 광고보다는 샘플로 브랜드를 키운 대표 기업이기도 하다. 창업 지역인 항구도시 시애틀의 이미지를 담아 그리스 신화에 나오는 요정 사이렌을 회사 로고로 차용했다. 초기의 로고 인어상은 가슴을 드러내고 두 꼬리를 양쪽으로 들어올리는 모습이었으나 몇 차례 변화를 거치면서 머리칼로 가슴을 가리고 아랫부분은 없애는 등 단순화했다. 1호점에는 옛 모습의 로고가 남아있다.

시애틀 파이크 플레이스 시장에 관광객이 몰리고 유명해진 것은 스타벅스 1호점 덕분이다. 초창기 상인들은 추운 새벽에 따뜻한 스타벅스 커피 한 잔으로 하루를 열었다. 서민 커피로 시작한 스타벅스가 차츰 차별화 전략을 구상, 맥도날드나 던킨도너츠가 커피 한 잔에 1달러일 때 그 4배를 받아 '포벅스Fourbucks'라는 별명을 얻기도 했다.

"나를 이스마엘이라 불러라Call me Ishmael"라는 유명한 문장으로 시작하는 소설《모비딕》은 작가 생전에 반응이 별로 좋지 않았다. 생계 유지도 만만치 않은 허먼 멜빌은 푼푼이 돈을 모아 자비로 25권씩 소설을 출판하기도 했다. 그는 "이 책을 일단 붙잡으면 좌골신경통이나 요통에 걸릴 위험이 있다"고 주변에 과대 선전했지만, 소설은 별로 인기가 없었고, 비참한 삶은 나아지지 않았다. 그는 가난하고 이름 없는 작가로 살다가 고향인 뉴욕의 평범한 공동묘지에 누워 있다. 사후에 작품 진가가 드러나 유명해진 사람으로 미술계에 고흐가 있다면 문학계는 멜빌이 아닌가 한다. 작품 주인공 이름을 딴 스타벅스가 생전에 이렇게 흥행했다면 로열티만으로도 풍족한 여생을 즐겼을 텐데, 아쉽기만 하다. 스타벅스에 허먼 멜빌을 기리는 징표라도 있으면 얼마나 좋을까.

내가 미국 여행 중이던 2018년 5월 29일 스타벅스는 미국 내 8천여 개의 직영매장 문을 닫고 직원 17만 5천 명을 대상으로 4시간 동안 반反인종차별 교육을 실시했다. 2018년 4월 스타벅스 필라델피아 매장에서 음료를 주문하지 않고 앉아있는 흑인 남성 2명을 경찰에 신고하는가 하면, 로스앤젤레스에서는 흑인 남성의 화장실 사용을 거절해 불매운동이 번지기도 했다. 이날 하워드 슐츠 회장은 "트럼프 대통령의 언행이 인종차별의 도화선이 되었다"고 말했다. 평소 반트럼프에 앞장선 슐츠는 한때 민주당 대통령 후보로 거론되기도 했다.

아마존과 인빅투스

시애틀을 쥐고 흔드는 또 하나의 기업은 세계 최대 전자상거래 회사 아마존이다. 150만여 사원 중 본사가 있는 시애틀에 약 5만 명이 주재하고, 아마존 관련 업무로 사용한 호텔 객실이 23만 3천여 실이나 된다고 한다. 시애틀이 아마존 덕분에 대표 기업도시로 성장한 반면 치솟은 월세로 인해 노숙자도 크게 늘어났다.

아마존은 급성장하며 시애틀의 둥지가 너무 비좁아서 까다로운 조건을 내걸고 제2 본사 신청을 받았는데 미국뿐 아니라 이웃 캐나다와 멕시코 등지 238개 도시가 러브콜을 보냈다. 피닉스 같은 도시는 아마존으로 도시명을 바꾸겠다고 제안을 하기도 했다. 일본 소도시 고로모擧母가 도요타 자동차를 유치하면서 회사 이름을 도시명으로 받아들인 것과 같다. 치열한 경합 끝에 제2 본사는 연방정부와 가까운 버지니아주 알링턴으로 결정하고 뉴욕 롱아일랜드가 보조 역할을 하기로 했으나 뉴욕은 주민 반대로 철회했다.

"아마존 창업자 베조스에게 PT 보고 하는 것은 태형을 맞는 것과 같다"는 이야기를 들은 적이 있는 나는 아마존 본사를 찾아가면서 다소 긴장했다. 그러나 회사 입구 광장에서 지나가는 행인에게 바나나를 나눠주는 아마존 안내 여성의 상냥한 웃음을 접하자 괜한 기우라는 걸 알았다.

아마존에 들어가며 감동을 받은 것은 입구 안내데스크 앞에 새겨진 '인빅투스Invictus'라는 단어였다. 라틴어로 '불굴'이라는 이 말은 아마존이 2016년 2월 인도 방갈로르에 진출한 기념으로 작명한 코드명이라고 안내원은 설명했다. 그러나 이 단어를 보는 순간, 나는 넬슨 만델라가 떠올랐다. 넬슨 만델라는 언젠가 오프라 윈프리와 대담에서 "27년간 어떻게 그 열악한 감옥살이를 견뎌냈느냐"는 질문에 "매일 윌리엄 어니스트 헨리의 시 <Invictus>를 낭송하면서 위안을 얻었다"고 대답했다. 어려운 상황에 처했을 때 시 낭송은 위안과 치료 효과가 있다는 것은 이미 의학계에서 검증된 사실이다. 1826년 러시다 개혁 운동을 주도하다 실패한 젊은 장교 데카브리스트들은 바이칼호 근방에서 유배 생활을 하면서 밤이면 정치 토론과 함께 "슬픔도 분노도 없이 살아가는 사람은 조국을 사랑하지 않는다"는 네크라소프의 시를 낭송했으며, 유신 독재 시절 민청학련 사건으로 투옥된 많은 지성인이 양성우의 장시 <겨울공화국>을 외웠다.

클린트 이스트우드가 2009년 제작한 넬슨 만델라 일대기 영화 제목도 <인빅투스>였으며, 2014년부터 시작된 상이군인 올림픽 제전도 'Invictus Game'이라고 한다.

윌리엄 어니스트 헨리의 시에는 "나를 감싸고 있는 칠흑 같은 암흑/ 나는 두려움에 떨지 않을 것이다/... 나는 내 운명의 주인/ 나는 내 영혼의 선장"이라는 구절이 있다. 어떤 어려움도 극복하고 세계를 제패하겠다는 아마존의 경영 의지가 아닌가 한다.

온라인 매장의 황제인 아마존이 2016년 초 계산대와 계산원이 없는 무인 오프라인 매장 '아마존 고'를 세계 최초로 시애틀에 열었다. 인공지능, 머신러닝, 사람 눈처럼 주변을 살피는 컴퓨터 비전 등 첨단기술을 총동원한 미래형 가게다. 매장에 수백 대 카메라를 비치해서 고객이 상품을 들고 나오면 얼굴 인식 기술로 스마트폰 아마존앱에서 자동 출금이 된다. 집은 물건을 도로 제자리에 두면 환불 처리 되는 것은 물론이다. 그러나 계산대 앞에 줄을 설 필요가 없는 '저스트 워크 아웃' 기술은 성공하지 못했다. 고객이 원하는 것은 좋은 상품을 싸게 사는 것이지 계산대 앞에서 허비하는 시간을 줄이는 게 아니었기 때문이다.

아마존이 온라인 서점으로 출발했을 때 책방이 줄도산한 것처럼 아마존이 진출하는 분야마다 기존 체제가 무너지는 현상을 나타내는 신조어 'Amazoned(아마존에 의해 파괴되다)'가 등장했다. 아마존 회원이 3억 명을 넘었으니 이 거대한 함대가 앞으로 세상을 어떻게 변화시킬지 자못 궁금하다.

시애틀 하면 떠오르는 영화 <시애틀의 잠 못 이루는 밤>은 시카고에서 아내를 잃은 톰 행크스가 비가 자주 오는 시애틀로 이주해, 수상가옥에서 잠 못 이루며 외롭게 지내는 내용이다. 시애틀의 또 다른 명물인 수륙양용차 라이드 덕Ride Ducks을 타고 실제로 수상가옥에 가까이 가보니 그동안 접해 온 동남아의 서민층 주거지와는 달리 호화판 주택이었다. 정원이 없어 아쉽기는 하지만 집집마다 요트가 있고 탁 트인 바다가 시시각각 아름다운 시야를 연출한다.

워싱턴 호수와 유니언 호수에서 목재를 싣고 바다로 나오기 위해 1907년에 건설한 하이렘 운하에는 연간 11만 척의 배가 이동하고 있으며, 이제는 화물선 대신 각양각색의 화려한 요트가 줄을 선다. 110년 전 운하 건설 때 연어 이동 길까지 별도로 마련해 준 자연친화적 지혜가 놀랍고 부럽다. 지하 통로에서는 산란을 위해 물살을 거슬러 올라가는 연어를 생생하게 볼 수 있다. 공자가 엮은 시집《시경》에는 태평성세를 "하늘에는 솔개가 날고 물에는 고기가 뛰논다"는 언비어약鳶飛魚躍으로 표현한다. 치수를 한답시고 자연스럽게 흐르는 물길을 보洑로 막아 녹조가 생기고 물고기가 떼죽음을 당하는 우리의 4대강 개발 사업이 자꾸만 떠오른다.

나는 시애틀의 화창한 날을 마음껏 즐기고, 사랑하는 아내와 숙면을 취했다. 나에게 시애틀은 '잠 잘 이룬 밤'이었다.

Big Easy, 뉴올리언스

미국은 1783년 영국으로부터 독립을 쟁취하기는 했지만 국토가 동부 해안선을 따라 길게 치우쳐 있어서 영토 확장이 시급한 과제였다. 유럽 강대국이 소유한 영토는 돈을 지불하고 매입했지만 인디언 주거지나 멕시코 같은 약소국 소유지는 무력으로 강탈하는 것이 초창기 미국의 국토 확장 수법이었다.

1803년 프랑스로부터 루이지애나를 1500만 달러에 구입하면서 미국은 초강대국으로 부상하는 발판을 마련했다. '루이의 땅'이라는 루이지애나는 "짐이 국가다"라고 한 루이14세가 점령했기에 붙은 이름이며 오늘날 뉴올리언스 중심의 작은 주가 아니라 당시에는 몬테나, 미네소타, 네브래스카, 캔자스, 미주리, 아칸소를 포함하는 한반도의 10배나 되는 광활한 지역이었다. 강물이 거미줄처럼 얽힌 이곳 내륙지방은 씨앗만 뿌리면 저절로 곡식이 자라는 비옥한 토지가 대부분이었다. 제퍼슨 대통령은 평당 1원도 안 되는 가격에 내륙 금싸라기 땅을 차지했으니 호박이 넝쿨째 굴러온 셈이다.

전쟁 비용이 절실하게 필요한 나폴레옹은 루이지애나가 라이벌인 영국에 넘어갈 것을 우려하여 신생 독립국인 미국에 헐값으로 넘겼다. 미시시피강을 통한 물류의 요지가 멕시코에 너무 가까운 게 마음에 걸린 미국은 텍사스와 플로리다 일부를 강제로 병합했으며 내친김에 캘리포니아까지 차지함으로써 대서양과 태평양 양쪽을 통해 유럽과 아시아로 향하는 길을 확보했다.

사실 당시 미국이 필요했던 곳은 미시시피강 하구 무역항 뉴올리언스였다. 17세기 말 프랑스 탐험대가 미시시피강 하구의 비옥한 삼각주의 교통 요지인 이곳을 선점해 프랑스 식민지로 삼았다. 이 지역 중심 마을은 프랑스 섭정자 오를레앙의 이름을 딴 신도시 누벨 오를레앙Nouvelle Orleans이었으며, 이를 영어식으로 옮긴 것이 뉴올리언스이다.

재즈의 천국

미국에서 가장 프랑스 풍취가 짙은 뉴올리언스에는 프렌치 쿼터French Quarter라는 역사적 풍류 지역이 있다. 19세기 초까지 지배층의 공용어는 프랑스어였으며, 요즘도 이곳에서 캐나다로 오가는 비행기에서는 프랑스어 안내 방송을 한다. 프렌치 쿼터 중심에는 술집과 재즈 클럽이 즐비한 버번 스트리트가 있다.

옥수수 천국인 켄터키주에는 버번 카운티가 있다. 미국 독립전쟁 때 미국을 지원한 프랑스 부르봉 왕조에 대한 감사 표시로 버번(부르봉의 영어식 표현)이라는 지명을 붙였다. 이곳에서 옥수수를 원료로 생산한 위스키 통에 상인들이 '버번'이라는 도장을 찍어 뉴올리언스 등에 유통했는데, 이것이 버번위스키라는 이름으로 굳어졌다고 한다.

스카치위스키는 3년 이상 숙성하는 게 원칙이지만 버번위스키는 법정 의무 숙성 기한은 없다. 다만 스트레이트 버번은 2년 이상 숙성해야 한다. 스카치위스키는 알코올이 자연 증발하는 이른바 '천사의 몫Angel's Share'이 연 2% 정도이지만 버번위스키는 생산지가 더운 지방이라 켄터키의 경우 연 3~4%, 텍사스는 연 10%가 넘기도 한다. 그만큼 버번은 숙성도가 빠르기도 해서 일부 소규모 증류소에서는 3개월 숙성 제품을 출시하기도 한다. 마크 트웨인이 "만약 천국에 버번이 없으면 가지 않겠다"고 버번을 극찬했다는 일화도 전해진다.

스타벅스가 전 세계를 풍미하고 있지만 이곳에는 유럽 흥취가 자욱한 170년 전통의 카페 '뒤 몽드' 앞에 언제나 고객이 줄을 서 있다. 치커리 뿌리에다 알코올을 약간 가미한 카페오레와 하얀 설탕을 눈송이처럼 뿌린 베네Beignet라는 도넛이 이 가게 명물이다.

뉴올리언스는 재즈의 발상지답게 루이암스트롱 공항이 관문이다. 18세기 초부터 아프리카 흑인들이 노예로 이주해 옴으로써 그들의 민속음악이 재즈로 거듭난 것이다. 이주 초기에는 이들에게 찬송가보다 아프리카적 요소가 짙은 타악打樂이 허전한 마음을 달래는 데 제격이었고, 이것이 재즈로 발전했다. 재즈 성지로 불리는 프리저베이션 재즈홀은 낡은 창고 건물에 등받이가 없는 나무 의자 몇 개가 있을 정도로 소박하다.

1960년대 초 큰 인기를 누린 영국의 5인조 보컬 그룹 '애니멀즈'의 대표곡 <해 뜨는 집The House of Rising Sun>은 가사에 뉴올리언스가 5번이나 나올 정도로 뉴올리언스가 배경이다. 노름꾼 아버지와 삯바느질 어머니, 살림이라고는 여행가방 하나뿐인 떠돌이 생활보다는 교도소가 그립다는 부정적인 가사 내용 때문에 우리나라에서는 1970년대 초 유신시대에 금지곡이 되었다. '찬송가의 여왕'으로 평가받는 고스펠 가수 마할리아 잭슨도 뉴올리언스 출신이다. 그녀는 1963년 마틴 루터 킹 목사가 워싱턴 DC에서 "나에게는 꿈이 있어요"라는 명연설을 하기 전 무대에 올라 흑인영가풍 복음성가를 불러 청중을 감동시킨 바 있다.

링컨 대통령이 젊은 시절 노예시장을 목격하고 충격을 받은 곳이 뉴올리언스인데 지금도 이곳 주민 70%가 흑인이며 미국에서 가장 빈곤층이 많은 곳이다. 거리 곳곳에 그래피티가 벽면을 장식하고 있다.

서민들이 아귀다툼을 하며 살아가는 생활 터에는 가난한 예술가도 몰려들었고, 그 속에 낭만도 있었다.《톰소여의 모험》으로 유명한 미국 개척정신 문학의 선구자 마크 트웨인은 '자유의 길'이라는 미시시피 강변에서 가난한 어린 시절을 보냈다. 그는 배가 지나갈 수 있는 강의 깊이 두 자二尺(3.6m)를 "마크 트웨인" 하며 외치는 수로원으로 일했기에 본명인 사무엘 클레멘스를 버리고 마크 트웨인(Two의 사투리)을 필명으로 바꿨다. 중국 황하처럼 흙탕물에 가까운 미시시피강에는 증기선이 오간다. 아메리카의 원래 주인이던 샤인언, 슈족 인디언들이 삶의 터전을 빼앗기고 서쪽으로 내몰리면서 피눈물을 삼킨 곳도 미시시피강 하구이다.

뉴올리언스 중심인 잭슨 광장에는 백인우월주의자 앤드루 잭슨 장군의 기마상이 눈길을 끈다. 미국 최초의 서민 출신이자 아일랜드계 제7대 대통령 잭슨은 선거 유세 도중 부인이 별세함으로써 백악관에서 홀아비로 지냈다. 그는 아내를 그리워하며 부활절 시즌에 피는 고향의 목련을 백악관에 옮겨 심었는데 이를 '잭슨 목련'이라고 한다. 2014년 4월 오바마 대통령이 방한했을 때 세월호 희생자가 많은 안산 단원고에 백악관의 잭슨 목련 묘목을 기증하면서 "봄마다 새로 피어나는 목련은 부활을 의미합니다"라고 했다.

카리브해 최북단 도시

뉴올리언스는 개방과 포용의 도시다. 거리에서 술을 마시고 파티를 즐기며 느긋하게 지낸다. 그래서 'The Big Easy' 도시라는 별명으로도 통한다. 전통적으로 가톨릭에서 금식과 고행을 앞세우는 사순절 직전에 카니발 축제를 벌이는데, 프랑스 전통 카니발을 이어온 뉴올리언스 카니발은 브라질 리우데자네이루, 이탈리아 베네치아와 함께 세계 3대 카니발로 꼽힌다. 매년 2월 하순이 되면 이 축제를 즐기기 위해 북미 전역에서 인파가 몰려오고 축제 퍼레이드에 사용되는 장식품을 보관하는 컨스튜디오 박물관에도 관광객이 넘친다.

뉴올리언스에는 자메이카, 바하마 등지에서 온갖 럼주가 유입되므로 미국 남단 도시가 아니라 '카리브 제도의 최북단 도시'라고 할 정도다. 뉴올리언스에는 칵테일이 워낙 유명하여 칵테일을 제조, 소개하는 칵테일 박물관인 '사제락 하우스Sazerac House'가 있다. 버번의스키에 레몬을 가미한 쌉싸름한 맛의 '사제락'과 럼주에 오렌지를 넣은 달콤한 '허리케인'은 시 당국이 추천하는 공식 칵테일이다. 세계 칵테일 축제와 칵테일 콘퍼런스도 열린다.

뉴올리언스에는 '욕망의 거리Desire Street'가 있다. 몰락한 남부의 지주 가문 출신 숙녀 블랑슈가 뉴올리언스에 가서 억눌린 욕강을 분출하다가 결국 정신이상자가 되어 파멸하는 모습을 그린 테네시 윌리엄스의 희곡《욕망이라는 이름의 전차A Streetcar Named Desire》가 탄생한 곳이기 때문이다. 요즘도 이곳에는 미국에서 고색창연한 트램이 느긋하게 시내를 오가고 있다.《유리 동물원》,《뜨거운 양철지붕 위의 고양이》등으로 1950년대를 풍미한 작가 테네시 윌리엄스가 집필의 산고를 겪은 거리와 작품 속에서 블랑슈가 종착역인 이상향으로 향하던 추억의 전차,

생활 터전이던 조폐창 등이 2005년 8월 그 악명높은 마녀 허리케인 카트리나로 크게 훼손됐다. 뉴올리언스는 너무나 자주 허리케인에 시달리다 보니 건물 유리창도 쇠 그물에 이중창으로 가렸고 안내 간판 광고도 바람에 휩쓸리지 않도록 대부분 도로 바닥에 새겨져 있다.

앨런 파커 감독이 할리우드 100주년 기념으로 1987년에 만든 영화 <엔젤 하트> 역시 주무대가 뉴올리언스이다. 뉴욕 사립탐정 해리 엔젤은 실종된 가수를 찾아달라는 의뢰를 받고 뉴올리언스로 향한다. 그가 만난 사람은 모두 시체로 발견되고 마침내 초능력을 가진 소녀와 사랑에 빠지는데, 그녀가 자신의 딸이라는 사실을 깨닫지 못한다. 엔젤은 자신이 찾던 사람이 예전에 악마에게 영혼을 판 자기 자신임을 알고 절망에 허덕인다. '악마의 바이블'이라고 불리던 이 영화는 너무 난해하여 우리나라 극장에서는 영화가 끝난 후 줄거리를 자막으로 올리기까지 했다.

2005년 허리케인 카트리나 때 뉴올리언스의 80%가 물에 잠기고 1800여 명의 사망자와 백만 명 넘는 이재민이 발생했다. 사람들은 "이 땅에서 인간이 저지른 수많은 죄악 때문에 신이 재앙을 내린 것"이라고 울부짖었다. 이 재앙은 해수면보다 낮은 지역을 제대로 된 제방 등 안전 시스템 없이 마구잡이식으로 개발한 것이 주된 원인이었다. 게다가 부시 정부가 이라크전쟁에 천문학적인 전쟁 비용을 쏟아붓느라 뉴올리언스 지역 홍수 통제를 위한 연방 예산을 대폭 줄임으로써 재앙을 자초한 것이다. 그러나 뉴올리언스 재난 때 정부가 아니라 아무 연고도 없는 각지에서 사람이 몰려와 수천 명의 생명을 구하고 생필품을 공급하며 사랑을 베풂으로써 새로운 도약의 길을 찾은 '재난 유토피아'의 전범을 보여 주었다.

미국이 인명과 재산을 잃고 선진국이라는 자존심에 먹칠을 한 이유는 테러와의 전쟁에만 온통 신경을 쓰고 제방이 무너지는 데는 소홀했기 때문이다. 우리의 삼풍백화점이나 성수대교 같은 대형사고도 인지 과정이 동맥경화처럼 장애를 받기도 하지만, 비록 위험의 조짐이 발견되었다 하더라도 상위의 비전문가에 의해 경시되거나 무시되는 경우가 대부분이다.

뉴올리언스 한복판에는 프랑스가 영국과의 백년전쟁에서 승리의 계기를 만든 잔다르크의 금빛 동상이 진군하는 모습으로 서 있다. 17세의 소녀 잔다르크가 함락 직전의 도시 오를레앙을 구해서 프랑스의 영웅 성녀로 추앙받았지만, 허리케인에 함락당하는 미국의 오를레앙은 구할 수가 없었던 것이다. 재난에서 나라를 구하는 현대의 영웅은 철저한 안전대책뿐이다. 뉴올리언스가 전 인류에 남긴 값비싼 교훈이다. 해 뜨는 집이 이제는 교도소가 아니라, 낭만의 도시 뉴올리언스에 다시 찬란하게 비쳤으면 한다.

기업 친화 도시, 애틀랜타

한국보다 면적이 넓은 조지아주는 1732년 영국 왕 조지2세 때 식민지로 편입되면서 왕의 이름을 붙인 것이다. 1540년 유럽인으로는 최초로 스페인의 에르난도 소토가 미국 본토를 탐험함으로써 조지아도 스페인이 점령했으나 18세기 초 영국의 제임스 오글소프 장군이 스페인을 물리치고 새로운 주인으로 등장했다.

초대 주지사인 오글소프는 철저한 도덕주의자로 신대륙 식민지에 천국과 같은 유토피아를 건설하고자 노력했다. 그는 노예제도를 없애고 영국에서 빈민이나 빚 때문에 감옥살이하는 수감자를 신대륙으로 이주시키는 이상적인 계획을 세운 박애주의자였기에 사바나를 비롯한 미국 곳곳에 오글소프 동상과 기념물이 있다.

12년간 오글소프 신탁통치가 끝나고 영국 왕실의 식민지로 바뀌면서 노예제도가 다시 도입되었다. 애틀랜타를 중심으로 한 조지아는 농장과 목화밭이 워낙 많았기에 남북전쟁 직전에는 주민의 절반이 노예였다. 요즘도 애틀랜타 시내 곳곳에서 방앗간이나 방적공장을 뜻하는 밀스Mills라는 지명을 자주 만난다.

조지아주는 1861년 초 미연방에서 탈퇴하여 남부 연합 결성을 주도했고 남북전쟁에 패한 뒤 1870년 7월 연방에 복귀했다. 조지아주 출범 때 주도는 유럽과 마주 보는 대서양 왕래 항구 사바나였다. 겨울에도 섭씨 25도 정도의 아열대 습지 지역이다. 1733년 최초로 우편 제도가 시행된 초창기 계획도시이기에 역사 탐방객도 많이 찾아오는 곳이다. 미국 현대사를 배경으로 한 아카데미 6관왕의 영화 <포레스트 검프>의 처음과 마지막 장면에서 톰 행크스가 의자에 앉아있는 장면 촬영지가 바로 사바나이다. 여기서 포레스트는 남북전쟁 당시 남부군 기병대장 나단 베드포드 포레스트의 이름에서 가져왔다.

그러나 독립전쟁 때 사바나가 영국군에 점령당하자 내륙지역인 오거스타로 주도를 옮겼다. 매년 4월 초 마스터스 골프 대회가 열리는 오거스타 내셔널 골프클럽은 하얀 소금을 섞은 벙커와 짙푸른 해저드 연못이 연출하는 꿈의 골프장이다. 세 번째 주도는 목화밭으로 유명한 루이스빌, 네 번째는 조지아 군사대학과 간호대학이 있는 밀리지빌이며, 마지막으로 1868년 현재의 애틀랜타로 이전했다.

1836년 원주민 체로키로부터 허허벌판인 토지를 양도받은 후 철도를 부설하면서 이곳은 남쪽 끝의 종점이라는 의미로 '터미너스'로 불리다가 1842년 조지아 주지사 막내딸 이름인 마사스빌Marthasville로 변경했으나 철도 시간표 칸에 12자나 되는 긴 이름을 넣기가 불편해서 1847년에 애틀랜타라는 이름으로 개명했다. 애틀랜타 지명은 대서양을 뜻하는 아틀란틱 오션에서 가져온 것처럼 보이지만 사바나까지 자동차로 5시간 거리여서 대서양과 직접 연관은 없다. 테네시주의 차타누가에서 애틀랜타까지 운행하던 철도 회사 웨스턴 앤드 아틀란틱 레일로드가 남부의 종착역명을 애틀랜타 퍼시피카로 정하며 생긴 지명이다.

대서양Atlantic Ocean의 어원은 전설 속 이상향인 그리스 아틀란티스에서 나왔다. 강력한 해군력으로 아테네를 제외한 모든 도시국가를 정복한 아틀란티스의 오만함에 화가 난 제우스가 도시 전체를 물 속에 가라앉혀 버린다. 그리스 크레타섬과 산토리니 사이 어딘가에 이상향 아틀란티스가 잠겨 있다는 전설이 있다. 유토피아를 향한 그리움 때문인지 미국에는 애틀랜타라는 크고 작은 도시 이름이 21개나 된다.

남북전쟁의 무덤

애틀랜타는 남북전쟁의 운명을 가늠했던 케네소산 전투장을 국립전투장 유적지로 보존하고 있다. 1864년 6월 19일부터 2주간 윌리엄 셔먼 장군의 북군 10만 명과 조셉 존스턴의 남군 5만 명이 격돌한 케네소산 대결은 남북전쟁 중 가장 치열하고 잔혹한 전투였다. 무더위 속에 5300여 구의 두 진영 전사자 악취를 도저히 견딜 수가 없었기에 잠시 휴전을 하면서 시체를 골짜기에 묻어야 했다. 케네소는 체로키족 말로 '무덤'이라고 하니 운명의 전쟁터였는지 모른다.

한동안 전선에 진척이 없자 제퍼슨 데이비스 남부 연합 대통령은 존스턴 장군을 해임하고 대신 후드 장군을 보냈으나 얼마 후 남군이 후퇴함으로써 북군 승리가 굳혀졌다. 적진에 와서 승리를 거둔 셔먼 장군은 애틀랜타에 거주하는 주민을 모두 외곽으로 내쫓고 도시 전체를 불태워 폐허로 만드는 과정에 많은 민간인을 학살했다. 셔먼은 1864년 11월 15일부터 애틀랜타에서 항구도시 사바나까지 초토화시키는, 이른바 '바다로의 행진March to the Sea' 작전을 감행했다. 영화 <바람과 함께 사라지다>에서 스칼렛, 멜라니가 갓난아기를 안고 불바다를 헤쳐 나오는 장면은 바로 이때 일이다.

남북전쟁 때 미국 인구의 2%인 70만 명의 장병이 사망했으며 민간인 희생자도 5만 명이 넘었다. 셔먼 장군 동상 옆에는 "전쟁은 잔혹하다. 잔혹할수록 빨리 끝난다"는 그의 전쟁관이 새겨져 있다.

뉴욕타임스를 상징하는 언론인 중 한 명인 제임스 레스턴은 월남전에서 마을을 초토화시킨 악명 높은 고엽제 사용을 두고 "윌리엄 셔먼이 그 씨를 뿌렸다"고 말한 바 있다.

애틀랜타는 패전지라 그런지 전쟁기념관이 조촐한 편이며 기념관 옆에는 일리노이주와 인디애나주 출신 북군 희생자 480여 명을 추모하는 기념비가 서 있다.

어쨌든 북군을 승리로 이끈 셔먼은 육군참모총장으로 승진하고 영웅 대접을 받았으며 종전 2년 뒤인 1866년 그의 이름을 붙인 미국 함선 제너럴셔먼호가 평양 대동강에 나타났다. 셔먼호 선원은 통상을 요구하며 조선 관리를 납치하고 민간인을 살해하는 만행을 저지르다 연암 박지원의 손자인 평안도 관찰사 박규수와 평양 시민들에 의해 불태워졌다. 이를 빌미로 미국이 1871년 대규모 군함을 이끌고 강화도를 초토화시킨 사건이 신미양요다. 미군의 대규모 포탄에 활과 창으로 맞선 조선은 3일간 일방적인 공격을 받았기에 '조미전쟁'은 미국 전쟁사에서 가장 수치스런 전쟁으로 평가받는다.

애틀랜타는 남북전쟁 당시 남부군의 운명을 쥐고 있던 군수물자 보급기지였다. 남군의 생명선인 애틀랜타가 1864년 북군의 윌리엄 셔먼 장군에 점령당하면서 전쟁은 끝났지만, 종전 6일 만에 링컨 대통령이 남부 연합 정부의 추종자 배우 존 윌크스 부스에게 암살당했다. 링컨 서거에 따른 충격과 슬픔을 전달할 TV나 라디오가 없던 시절이라 링컨의 관을 실은 장의 열차가 전국을 순회하면서 애도의 마음을 연결했다. 당시 여러 민간 회사가 철도를 운영했고, 표준시가 도입되기 전이라 워싱턴이 정오이면 뉴욕은 12시 12분, 시카고는 11시 17분이었다. 도시마다 시간이 달라 열차 스케줄을 짜고 시민을 모아 추도 행사를 하는 것이 무척 힘든 일이었지만 '링컨특별열차'는 13일 동안 2000km를 넘게 달리며 수많은 조문객을 만났다. 그 후에 기차가 중요한 수송 수단이 되면서 자연스럽게 표준 시간이 정해졌다.

바람과 함께 사라지다

미국 남북전쟁을 소재로 한 대표적인 소설은 루이자 올컷의《작은 아씨들》과 마거릿 미첼의《바람과 함께 사라지다》이다. 애틀랜타를 배경으로 하여 이 도시 브랜드가 된《바람과 함께 사라지다》는 출간 반년 만에 100만 부가 팔렸으며 오늘날도 꾸준히 사랑받는 소설이다. 클라크 게이블과 비비안 리가 주연한 동명 영화도 1940년 아카데미상 10개 부문을 석권할 정도로 성공한 작품이다. 애틀랜타시 당국은 1939년 12월 15일 세인의 관심을 모은 4시간짜리 초대형 영화 개봉을 애틀랜타로 유치하고 이날을 임시공휴일로 정했다. 한때 북한 외교관이 미국에 오면 이 영화 비디오를 선물로 사갔다는 이야기도 있다. 남북전쟁에서 북군이 승리했기 때문이다.

마거릿 미첼은 아버지가 역사학자인 데다 외조부가 대위로 남북전쟁에 참전했기에 전쟁에 관한 많은 이야기를 듣고 자랐으며 자신이《애틀랜타 저널》기자로 재직하면서 보충 취재를 해서 탄탄한 역사적 배경을 갖고 소설을 썼다. 역사적 전환기를 배경으로 땅에 집착하는 강한 생명력의 여주인공이 등장한다는 면에서는 박경리의《토지》와 비교

할 수 있겠다. 마거릿 미첼은 48세 때 남편과 애틀랜타 극장에 가기 위해 피치트리 길을 건너가다 교통사고로 별세했다.

애틀랜타 피치트리 990번지(도로구획 재조정으로 지금은 979 Crescent Ave NE)에 있는 마거릿 미첼 생가는 좁고 검소했다. 조그만 주방과 침실, 그리고 비좁은 거실에는 책상 위의 타자기가 전부였다. 2층에는 각종 사회 활동 관련 사진과 각국 영화 포스터가 진열되어있다. 중국에서는 소설《Gone with the Wind》를 '바람에 나부낀다'는 뜻의 '표飄'로 번역한 것이 특이하다.

내가 방문했을 때 생가 건너편 홀에서 마침 이곳 출신 인권운동가 마틴 루터 킹 목사 서거 50주기 사진 전시회가 열렸다. 마틴 루터 킹이 10세 때 <바람과 함께 사라지다> 영화 제작을 위해 침례교 성가대원으로 출연한 인연이 여기서도 이어지는 것 같다. 킹 목사의 원래 이름은 마이클 킹이었으나 독일 여행 중 마틴 루터의 종교개혁에 감명받아 그의 이름으로 개명한 것이다. 노벨평화상 수상자인 킹 목사 생가는 그가 어릴 적 세례받고 성가대 활동을 하고, 후에는 목사로 설교도 한 에벤에셀 침례교회 바로 아래에 있고 묘소도 근처에 있다. 킹 목사의 영향으로 애틀랜타에 비폭력 조정 위원회와 남부 기독교 지도회 본부가 있다.

애틀랜타는 미국 남동부 경제, 문화, 산업, 교통의 중심지이다. 이곳은 원래 체로키족과 크리크족이 살던 곳으로 독립전쟁 때는 이들 원주민이 영국군을 도왔다. 조지아주가 비옥하고 광활한 농토에다 금광이 발굴되자, 서부 개척자의 아이콘이자 민주당 초석을 놓은 미국 7대 대통령 앤드루 잭슨은 1830년 '인디언 제거법Indian Removal Act'을 제정하여 원주민을 쫓아냈다. 체로키족 1만 4천여 명이 수만 킬로를 걸어서 이동하는 도중 대부분 사망하고 겨우 1200명 정도만 황무지 오클라호마에 도착했다. 이들이 미시시피 서부로 내쫓기면서 부른 노래가 그 유명한 찬송가 <주님의 놀라우신 은총Amazing Grace>이라고 알려진다. 미국 의회는 1996년 이 길을 '눈물의 길Trail of Tears'로 명명했다.

1620년 영국에서 건너온 최초의 청교도 이민자 102명이 플리머스항에 도착했으나 신대륙에 적응하지 못하고 떼죽음을 당할 때 이들 '건국 아버지(필그림 파더스)'를 구해 준 고마움의 표시로 마사소아트 추장의 동상을 건립한 박애정신은 200년이 지나자 황금 앞에 눈이 어두워 박해정신으로 표변했다.

트럼프 대통령은 보호무역정책에 앞장선 잭슨 대통령을 가장 존경한다며 백악관 공식 집무실에 그의 사진을 걸었다. 트럼프 1기 때 오벌 오피스에 걸었던 잭슨 사진을 바이든이 철거했는데, 트럼프는 백악관에 재입성하자마자 잭슨을 다시 모신 것이다. 잭슨은 총 저격을 받은 최초의 대통령인데 트럼프도 유세 도중 총격을 받았다. 2024년 미국 정치학회 회원 522명의 평가에 따르면 역대 최하위 대통령이 잭슨과 트럼프이고 최상위는 링컨이었다.

조지아주를 '복숭아 주Peach State'라고 하는 것은 노예제 폐지로 면화 재배가 어려워지자 대체 식물로 복숭아를 심어 크게 성공했기 때문이다. 조지아의 따뜻한 기후와 붉은 토양에서 나오는 복숭아는 최고의 품질로 인정받고 있으며 1995년 복숭아를 조지아주의 공식 과일로 지정하였다. 그런가 하면 체로키족이 강제퇴거당하지 않기 위해 소나무의 일종인 피치Pitch나무 요새에서 격렬히 저항했기에 발음이 비슷한 복숭아가 이곳의 상징이 되었다는 주장도 있다.

코카콜라와 CNN의 고장

애틀랜타는 원래 농산물 지역이었으나 2차세계대전 기간 중 인근 마리에타에 대규모 전투기 공장이 들어서면서 산업도시로 변모했고, 1996년 미국에서 세 번째 하계 올림픽을 개최함으로써 산뜻한 현대 도시로 급속히 발전했다.

애틀랜타에는 코카콜라, AT&T, 델타항공, CNN, UPS, NCR, 홈디포 등 포춘지가 선정한 500대 기업 중 18개의 대기업 본사가 자리하고 있다. 뉴욕과 휴스턴에 이어 미국에서 손꼽히는 기업하기 좋은 도시다. 기아자동차 애틀랜타 공장을 시작으로 현대 전기차, SK의 배터리, 한화의 태양광, 금호 타이어 공장도 속속 들어섰다.

조지아에 한국 기업이 140여 개나 있어서 이곳 경제 발전에 한몫을 하고 있다. 미국에서 최초로 주정부 한국 사무소를 설립한 것도 조지아주이며 연세대학교 설립자 후손인 언더우드4세가 초대 소장을 맡았다. LA 흑인 폭동 사건과 뉴욕의 9.11 테러 이후 애틀랜타로 이주한 한국 교포가 많아서 한인촌도 여러 곳 있다. 애틀랜타는 영어, 스페인어 다음으로 한국어가 많이 통용되는 것으로 나와 있다.

애틀랜타시 휘장 한가운데 기차가 자리 잡을 정도로 교통 물류 중심지답게 하츠필드 잭슨 공항은 이용객과 여객기 발착 회수가 세계에서 가장 많은 허브 공항이다. 애틀랜타는 언덕배기 삼림에서 출범한 도시라 공항을 벗어나자마자 시내 중심가까지 숲길로 이어진다. 도심의 주택마다 커다란 정원수를 안고 있으며 시내를 조금만 벗어나면 집들이 숲의 성에 둘러싸인 것처럼 보일 정도로 숲의 도시다.

미국 남부 지역 특유의 흑백 갈등을 일찌감치 극복하고 친기업도시로 발돋움한 애틀랜타의 표어는 'The city too busy to hate'이다. 일하기 바빠서 흑백 갈등 같은 것은 신경쓸 겨를이 없다는 뜻이다. 애틀랜타는 주민의 약 51%가 흑인이고 흑인대학이 집중되어있으며 미국 최초로 흑인 시장을 선출한 도시 중 하나다. 공항 이름에 들어간 잭슨은 바로 초대 흑인 시장 이름이다.

애틀랜타에는 트럼프 대통령이 싫어하는 뉴스 전문 채널 CNN 본사가 있다. CNN의 짐 아코스타 기자와는 회견 때마다 주먹질 직전까지 갈 정도로 다투었다. 트럼프가 "CNN은 가장 부정확한 가짜 뉴스이므로 소설상을 줘야 한다"면서 백악관 공개 행사장에 CNN 참석을 불허하기도 했다.

1991년 걸프전 때 모든 외교관과 언론사가 바그다드에서 철수했는데 CNN 종군기자 피터 아넷이 현장을 지키면서 폭탄 투하 장면을 생중계함으로써 방송의 위력을 세계에 과시했다. 올브라이트 미 국무장관은 'CNN은 유엔의 6번째 안보리 상임이사국'이라면서 "영향력 있는 언론사 특파원은 대사관과 맞먹는 역할을 한다"고 높이 평가한 바 있다. 24시간 쉴새없이 세계 뉴스를 공급하는 CNN은 뉴욕과 LA, 워싱턴 DC에도 스튜디오가 있지만 여전히 애틀랜타가 전체 방송의 중심을 맡고 있다.

애틀랜타 대표 기업은 역시 코카콜라이다. 요즘은 아마존이나 애플 등 IT 기업이 선두로 부상했지만 2천 년대 초만 해도 브랜드 가치 1위는 언제나 코카콜라가 차지했다. 세계인에게 가장 잘 알려진 음료는 코카콜라였기에 1969년 달에 착륙했다가 돌아온 아폴로 11호 우주비행사 환영장에 '코카콜라의 고장인 지구 귀환 환영'이라는 플래카드를 걸기도 했다. 엄청난 판매량을 자랑하기 위해 코카콜라의 전설적인 CEO 로베르토 고이주에타가 '10억 시간 전 인류가 지구에 등장했고,

10억 분 전 기독교가 등장했고, 10억 초 전 비틀즈가 음악을 다시 썼고, 10억 병 전의 콜라, 어제 아침에 마셨다'라는 유명한 말을 남겼다고 한다.

코카콜라 본사에 들어서면 입구 정원에 창업자인 존 펨버튼 동상이 서 있다. 민간요법의 대체의학에 탐닉했던 약사 출신 펨버튼은 남북전쟁 때 남군의 기병대로 참전하여 4년간 복무했으나 가슴에 치명적인 칼의 상처를 입어 중령으로 제대했다. 그는 심한 통증을 진정시키기 위해 와인에 코카인과 아프리카의 콜라너트, 꽃에서 추출한 흥분제 다미아나 등을 넣은 진통제를 개발하여 복용함으로써 그 효과를 확인했다. 그는 이것에 '프렌치 와인 코카'라는 상품명을 붙여서 두통약, 자양강장제, 소화제, 정력제 등 만병통치약으로 광고하기 시작했다. 1886년 조지아주에 금주령이 내려지고, 펨버튼은 와인을 뺀 무알콜 음료를 개발했다. 코카잎 추출물에 콜라너트, 구연산, 각종 향료 등을 넣어 '코카콜라'라는 새로운 음료를 만들었다. 이후 1904년부터 코카인은 완전히 제거되었으며, 1914년 미국 해리슨 마약법에 따라 코카인이 공식적으로 마약으로 분류되었다.

각 지역 대리점이 코카콜라 본사에서 제공한 원액에다 탄산과 물을 섞어 판매하면서 통일된 용기가 필요하다고 요구했다. 1915년에 '어둠 속에서 만져만 봐도 알 수 있는 코카콜라 병 디자인 공모'를 해 오늘날과 같은 콘투어Contour 콜라병이 탄생했다. 콘투어 병은 '20세기 산업디자인의 걸작'으로 평가받았으며 1950년에는 타임지 표지에 최초로 사람이 아닌 소비 제품으로 코카콜라를 게재하였다. 창업자 펨버튼은 코카콜라의 성공을 보지 못하고 별세했으며 주인이 몇 번 바뀌기도 했지만 그가 처음 개발한 레시피만은 철저히 비밀로 이어오고 있다. 1919년 회사가 어려웠을 때는 레시피를 은행 금고에 저당잡히는 조건으로 융자를 받았으며 6년 만에 돈을 갚고 회수한 레시피는 본고장인 애틀랜타 선 트러스트 은행에 보관했다. 2011년 코카콜라 박물관을 개관하며 86년간 트러스트 은행 금고에 있던 비밀 레시피는 박물관 금고로 옮겼다. 특허를 내면 20년 후에 공개해야 하므로 특허도 거부하고 제품 라벨에 있는 성분 표시도 숫자로 암호화하고 있다.

애틀랜타를 중심으로 한 남부 지방 음료에 불과했던 코카콜라가 글로벌 음료로 확산된 것은 2차세계대전 덕분이다. 남부 출신인 조지 마셜 참모총장의 요청으로 2차대전 중 군부대와 함께 옮겨다니면서 생산 공급하는 이동 공장을 64곳에 설치하여 원가에 불과한 병당 5센트에 50억 병이나 공급했다. 당시 코카콜라는 단순한 음료가 아니라 총이나 탄약처럼 군수물자였던 것이다. 세계 각국의 젊은이가 코카콜라에 중독되다시피 하여 고향에 돌아갔으니 이처럼 성공한 홍보가 어디 있으랴. 특히 미국 자본주의 상징인 맥도날드와 짝을 이룸으로써 급속도로 동반성장했다. 2차대전 당시 독일에서 콜라 공급이 중단되었으므로 대신 개발한 탄산음료가 환타였으나 후에 코카콜라에 흡수되고 말았다.

코카콜라는 “설탕물에 각종 향료, 카페인, 캐러멜 등 14가지 성분이 들어가고 거기에 15번째 첨가물이 있는데, 이를 밝히지 않는다”는 등 호기심을 자극하는 홍보 전략을 쓴다. 창업자 펨버튼은 “25,000달러가 있다면 24,000달러는 광고비로 쓰고 1000달러로 코카콜라 만들겠다”고 했다는 일화도 전해진다. 실제로 첫해는 매출액보다 많은 광고비를 썼다고 한다. 성탄절이 되면 풍성하고 인자한 몸매에 빨간 옷에 하얀 수염을 휘날리며 콜라병을 들고 눈썰매를 모는 산타클로스 할아버지를 코카콜라가 창안해 여름에만 마시던 청량음료를 사계절 음료로 바꾼 것은 전설적인 마케팅 전략으로 높이 평가받고 있다. 실제로 예수가 태어난 곳은 사막 지역이므로 낙타가 어울리며 산타클로스의 모델인 희랍정교회의 성 니클라우스 주교는 앙상하게 메마른 몸매였다.

세계 최대 바위산

애틀랜타에는 높이가 500m, 둘레가 8km나 되는 세계 최대 화강암 공원인 스톤 마운틴Stone Mountain이 있다. 서부의 요세미티 국립공원에도 거대한 바위산이 있지만 단일 바위로는 길이가 4마일이나 되는 스톤 마운틴을 당할 수가 없다. 20분간 바위 주위를 돌면서 갖가지 볼거리를 연출하는 관광열차도 있다.

바위산을 오르내리는 케이블카를 타기 위해 연결된 구절양장九折羊腸의 숲길도 무척 아름답다. 5분 정도 케이블카를 타고 너럭바위에 오르면 애틀랜타 시가지가 한 눈에 내려다보인다. 나무들이 바위 틈새마다 척박한 환경을 극복하며 군데군데 자라는 것을 보니 생명의 경외감마저 느껴진다.

이 바위에는 남부의 3대 영웅, 즉 남부 연맹 대통령 제퍼슨 데이비슨, 전투마다 눈부신 활약을 보여 돌담벽Stonewall으로 통하던 토머스 잭슨 장군, 뉴욕의 웨스트포인트 출신이지만 고향 버지니아가 연방에서 탈퇴하자 군복을 벗고 남부로 내려와 총사령관이 된 로버트 리 장군의 기마상이 새겨져 있다. 가로 58m, 세로 27m로 무려 45년간 부조한 세계 최대 바위 얼굴이다. 그런데 흑인 인권 단체가 "노예제 존치를 주장하며 북군과 싸운 사람을 영웅시할 수 없다"면서 조각상 철거를 주장하고 있다. 남북전쟁 직후 남부 퇴역 군인이 조직한 백인우월주의 단체인 KKK의 횡포가 심하자 1871년 4월 연방정부가 법으로 규제함으로써 이들의 활동이 수면 아래로 잠잠해졌다가, 1915년 추수감사절에 윌리엄 시몬스가 십자가를 태우면서 KKK 부활을 선언한 곳도 바로 스톤 마운틴이다. 2차대전 때 조종사로 참전한 흑인 병사가 백인 여성과 사랑을 나눴다는 이유로 KKK단에 잡혀가 "눈과 혀, 고환 중 하나를 제거할테니 선택하라"고 린치를 당하는 1940년대 남부의 실상을 그린 영화가 <지옥의 대지>이다.

장기간 미국 여행에 애틀랜타를 베이스캠프로 삼은 것은 인근 웨스트포인트의 기아자동차와 관련된 부품 공장을 운영하는 친구의 딸이 이곳에 살고 있기 때문이다. 그 댁은 우리의 모든 여행 일정 조정과 편의 제공은 물론, 수시로 푸짐한 한국 음식을 마련하여 향수를 달래 주곤 했다. 소설《바람과 함께 사라지다》에도 나오는 남부 사람들의 특별한 친절함, 서던 호스피털리티Southern Hospitality를 확인할 수 있었다.

밴더빌트의 빌트모어 저택

애틀랜타에서 3시간 남짓 북녘으로 가면 기네스북에 올라 있는 세계 최대 저택 빌트모어Biltmore House & Gardens가 있다. 19세기 미국 최고 갑부이자 '철도왕'이었던 코르넬리우스 밴더빌트의 손자 조지 워싱턴 밴더빌트2세가 6년간 세계 유명 건축 기술자 수백 명을 초빙하여 노스캐롤라이나 애슈빌에 세운 르네상스식 대저택이다. 이민 초창기에 미국으로 건너와 돈을 번 기존 부자들은 남북전쟁 후 독점과 노동 착취로 치부한 이른바 '도금 시대'의 졸부들을 무시했기에 밴더빌트는 오히려 유럽 귀족 부럽지 않은 성채를 마련한 것이다. 1895년 성탄절 이브에 개관한 이 저택 건축을 위해 건축 자재 운반용 철도까지 부설했으며 저택 부지 양쪽으로 프렌치 브로드강과 스완나노아강이 흐를 정도로 넓고 안전한 지역이어서 2차대전 때는 워싱턴의 국립 아트 갤러리에 있던 미술품을 이곳으로 옮겨 보관하기도 했다.

주택 단지가 여의도 면적의 4배인 12만 5천 에이커이고 입구 매표소에서 저택까지 5km나 되어 셔틀버스로 5분 걸리며 입장료를 89달러나 받았다. 집의 건평만 4에이커이며 지하 1층 지상 3층이지만 일반 주택 7층 높이다. 방이 252개, 벽난로 65개, 화장실이 45개이며 와이너리, 수목원, 수영장, 볼링장 등 각종 시설이 많아 궁정보다 더 화려하며 한창 때는 집안 관리인이 450명 정도 있었다고 한다. 밴더빌트 가문과 혼맥으로 연결된 재클린 여사가 케네디와 결혼할 때 착용한 면사포는 밴더빌트3세의 외동딸 코넬리아가 세실과 결혼할 때 사용한 것이라고 소개하고 있다. 도서관을 방불케 하는 커다란 서재에는 가죽으로 장정된 세계 유명 책이 1만권 이상 가지런히 꽂혀 있다. '밴더빌트 리저브'라는 유명 와인도 이 집안 와이너리에서 생산한 것이다.

1920년대 미국은 산업 발전으로 풍요의 시대를 맞이했다. 20년대 초 68에 불과했던 주식시장의 다우지수가 20년대 말에는 380으로 껑충 뛴 이른바 '으르렁거리는 20년대The Roaring 20's'였다. 이 시대를 대표하는 소설은 소비 문화의 서사시인으로 알려진 피츠제럴드의《위대한 개츠비》이다. 금주령 시대인데도 약국에서 도수 높은 술이 치료제로 둔갑했으며 비밀술집Speakeasy이 흥청거리면서 금주령 전보다 술 판매량이 오히려 늘었다. 소설 속의 가난한 장교 출신 개츠비는 돈 많은 남자에게 빼앗긴 애인 데이지를 되찾기 위해 암흑 세계와 손잡고 밀주 거래를 통해 거액을 모으는 데 사용한 위장 업소가 약국 체인이었다. 20년대는 재즈 시대를 맞아 그동안 가정을 지키던 여성들이 자유분방한 패션으로 거리에서 담배를 피우며 당당히 활보하기 시작하던 시기다. 이들은 프래퍼Flapper라 불렸고, 자유롭고 독립적인 신여성을 말한다. 내가 학창 시절이던 1960년대에 불량한 여학생을 '후라빠'라고 한 것도 여기에서 나온 말이다.

철도왕 밴더빌트는 당시 뉴욕의 왕궁으로 통하던 아스토리아 호텔에서 석유 재벌 록펠러, 보석상 티파니, 켄터키 버번위스키의 제임스 페퍼, 후에 대통령이 된 루스벨트 등 명사들과 어울렸다.

물질적 풍요는 유럽을 앞섰지만 정신적, 문화적 빈곤을 절감한 미국 신흥 부호들은 유럽 귀족의 삶을 모방하기 시작했다. 카네기가 클래식 음악의 신전인 카네기홀을 세웠는가 하면, 밴더빌트는 프랑스 와인 단지인 르와르강변의 블루아성을 모방하여 빌트모어 저택을 지었다. 조지 워싱턴 대통령 이름을 빌리고 밴더빌트에 2세를 붙인 것도 유럽 귀족을 흉내낸 것이다. 밴더빌트2세가 전원 생활을 바라는 어머니를 위해 건설한 저택이었지만 관리 유지가 어려워지자 주 정부에 위탁 관리를 맡기고 단지 내 토지도 여러 곳에 분할 기부했다. '남부의 아이비리그'라고 하는 테네시 내슈빌의 명문 밴더빌트대학도 코닐리어스 밴더빌트가 100만 달러를 기부해서 설립한 학교이다.

세계의 수도 뉴욕

새로운 도시

아메리카라는 이름은 콜럼버스와는 달리 신대륙이 인도가 아니라는 것을 맨 처음 주장한 아메리고 베스푸치에서 나왔다. 그는 메디치 가문의 에스파냐 주재 상사원이었으나 탐험에 관심이 많아 콜럼버스를 파견한 벨라르디 회사로 자리를 옮겨 다섯 차례나 해외 개척길에 나섰다.

영국을 비롯한 유럽 열강은 미국, 캐나다 등 신대륙의 새로운 지역을 점령하면서 자국 도시명에 New를 붙이는 게 관행이었다. 1625년 당시 해상 제국 네덜란드 서인도회사 소속 페테르 미뉴엘이 인디언 원주민에게 24달러어치 구슬과 액세서리를 주고 차지한 맨해튼섬에 건설한 식민 도시가 뉴암스테르담이었다. 맨해튼은 원주민 말로 마나하타, 즉 '구릉지'라는 뜻이다. 초기에 건너온 서인도회사의 네덜란드인은 장사가 목적이었기에 주로 비버 가죽을 유럽에 팔았다. 뉴욕의 초창기 문장紋章에는 인디언과 네덜란드인 사이 풍차 위 아래에 다람쥐 같은 비버 그림이 있다. 워싱턴 어빙이 1819년에 발표한 미국 최초의 단편소설 《립 반 윙클Rip Van Winkle》도 주인공 립이 부인의 잔소리를 피해 산속으로 들어가 네덜란드인 동료들과 술잔을 나누다 낮잠을 자고 깨어보니 20년 세월이 흘러 식민지 조지3세에서 조지 워싱턴으로 통치자가 바뀌었다는 무릉도원류의 이야기이다.

뉴암스테르담으로 정착한 지 40년 후 제임스2세인 요크공이 이끄는 영국군이 네덜란드를 밀어내고 새로운 주인이 됨으로써 New York로 이름이 바뀌었다. 영국을 점령한 바이킹족 언어로 요크는 마굿간(요비크)이라는 뜻이다. 뉴잉글랜드, 뉴햄프셔, 뉴올리언스 등이 모두 이렇게 탄생한 이름이다. 영국으로부터 독립 당시 뉴욕은 미국의 수도였으며 조지 워싱턴도 맨해튼 남단에서 대통령에 취임했다. 그 후 수도는 필라델피아를 거쳐 워싱턴 DC로 옮겼다.

초기 맨해튼에 미국 최초 노예시장이 들어섰으며 1711년에는 시립 노예시장을 개장하여 인신매매에 따른 세금을 부과하였고 노예를 담보로 대출이 가능하게 되면서 자연스럽게 금융업이 터를 잡았다. 1784년 미국 최초로 민간은행인 뉴욕은행이 설립되었으며 국채를 발행할 정도로 국책은행 역할을 담당했다. 1792년에는 뉴욕 증권거래소가 문을 열었다.

뻘밭에 불과하던 맨해튼을 신도시로 탈바꿈한 일등공신은 이리호Lake Erie와 오하이오의 수상 운송로까지 연결하는 철도 네트워크 개통이다. 땅값이 천정부지로 솟기 시작할 무렵 이곳의 많은 토지를 사들인 사람은 대통령을 두 명이나 배출한 네덜란드 출신 루스벨트 가문이다.

오늘날 해마다 뉴욕을 찾아오는 6천만 관광객이 지도 한 장만 들고 고향 마을처럼 편리하게 다닐 수 있는 것은 격자 도로망 덕분이다.

1811년 측량기사 존 랜들은 가로 거리를 152개 스트리트, 세로를 12개 애비뉴로 하는 그리드 도로망을 만들었다. 뉴욕 도시계획 설계를 의뢰받은 존 랜들은 자신의 집이 헐려 나가는 것은 물론, 재산 손실을 입은 지주들의 생명 위협도 감내하면서 바둑판 같은 보행자 천국 격자 도로를 강행했다.

세계의 수도

'세계의 수도' 뉴욕의 관문 중 하나인 뉴저지 뉴어크 공항에 내리자마자 나는 허기를 채우기 위해 다양한 먹거리가 있는 16번가 첼시 시장으로 향했다. 첼시 이름의 원산지는 물론 영국이겠지만, 1884년 뉴욕 고급 아파트로 등장한 첼시 호텔이 근처 23번가에 있기에 첼시 타운이 생긴 것이다. 빅토리안 고딕 방식의 12층 붉은 벽돌로 된 이 건물은 1883년 건설 당시만 해도 뉴욕에서 가장 높은 빌딩이었으나 분양이 잘 되지 않아 1905년부터 호텔로 변신했다. 마침 극장과 공연장이 주변에 산재해 있었기에 연예인들이 이 호텔에 장기 투숙했으며, 차츰 예술인 아지트가 되었다.

《톰소여의 모험》의 마크 트웨인, 《마지막 잎새》 오 헨리, 《길 위에서》 잭 케루악 등 문인이 단골이었고, 시인 딜런 토머스는 1953년 이 호텔에서 별세했다. 화가인 앤디 워홀과 살바도르 달리는 이곳에서 여러 아티스트와 예술 활동을 했다. 첼시 호텔은 영화 촬영지는 물론, 시와 소설 무대로 자주 등장하여 20세기 문화 예술의 아이콘 같은 공간으로 발전했다.

첼시 호텔에 장기 투숙한 가수 레너드 코헨은 노래 <첼시 호텔>을, 본 조비는 <미드나이트 첼시>를 작곡했으며 천재 기타리스트 지미 헨드릭스나 노벨문학상을 받은 가수 밥 딜런도 한때 첼시 호텔 거주민이었다. 팝 아트의 선두 앤디 워홀은 1960년대 중반에 <첼시 걸스>라는 다큐 영화를 제작하기도 했다. 이 호텔에 머물던 가수 조니 미첼의 <첼시 모닝>이라는 노래를 무척 좋아한 클린턴 대통령이 딸 이름을 첼시라고 붙였다고 한다.

첼시 마켓은 원래 과자 공장이었다. 19세기 말 미국 최대 과자 회사인 시카고의 아메리칸 비스킷에 맞서기 위해 뉴욕의 8개 군소 제과 회사가 연합, 컨소시엄을 만들어 내셔널비스킷, 즉 나비스코를 설립했다. 20세기 초만 해도 철강 업계의 카네기, 정유 업계 록펠러, 제과 업계 나비스코가 대기업으로 명성을 유지했다.

1910년대 포드 자동차의 대량생산 시스템이 모든 산업에 확산되면서 과자 공장도 수직 개별 오븐이 아니라 수평의 컨베이어벨트로 제조 공정이 바뀜으로써 나비스코 공장은 광활한 뉴저지로 이전했다. 이곳은 한동안 폐허가 되었다가 1990년대에 푸드코트로 부활했다. 지금도 점포 내부에는 헐어낸 벽돌과 과자 공장 기계설비가 투명한 유리 바닥 아래에 그대로 남아있다.

막상 나비스코 빌딩 안으로 들어서니 시원한 냉방시설이 반갑기는 했지만 추석이나 설날 서울역 대합실처럼 인산인해로 정신이 없다. 싱싱한 해산물이 유명하다고 해서 가장 길게 줄을 선 랍스터 가게 앞에서 30분을 기다렸다가 46불을 지불하고 랍스터 한 마리와 튼실한 닭다리 튀김 하나를 받아들었지만 앉아서 먹을 장소가 없다. 선술집처럼 생긴 기다란 탁자로 가서 먼저 차지하고 있는 중국 관광객들 식사가 끝나기를 옆에서 기다려야 했다. 명색이 5만원짜리 요리인데 이런 식으로 대접받아야 하나 생각이 들기도 했지만, 맛이 일품이라 서운한 마음은 이내 사라져 버렸다.

과거 나비스코의 명성을 유지하려는 듯 에이미스, 사라베스와 같은 빵과 커피점이 뉴욕의 새로운 명물 브랜드로 떠오르고 있다. 유명하다는 가게 앞에 가기만 하면 한국 사람이 몰려 있는 걸 보면, 우리나라가 정보사회의 기수가 될 소질이 분명 있어보인다. 초창기 뉴욕 직장인이 즐겨 이용하던 패스트푸드는 굴 노점상이었다. 당시 뉴욕은 굴이 지천으로 풍부해서 굴 껍질이 산더미처럼 쌓이자 이를 부수어 도로 포장용으로 사용했기에 배터리 공원에서 브루클린 다리 사이의 금융가에 펄Pearl 스트리트가 남아있다.

지금은 공연이 종료됐지만 첼시의 또 다른 명물은 맥키트릭 호텔이었다. 이곳에서는 <슬립 노 모어Sleep No More> 라는 괴상한 연극을 10년 이상 공연했다. 셰익스피어의 <맥베스> 줄거리를 가져온 이 연극은 배우들이 흩어져서 개인 연기를 하고, 관객이 배우를 따라다니며 관람한다. 관객은 휴대폰을 비롯한 모든 소지품을 맡겨야 하고 잔인하고 음산하고 야한 장면이 있기에 모두 마스크를 써야 한다. 3시간 남짓한 공연 내내 어두운 층계를 뛰어다니다 보면 지칠 뿐만 아니라 일행을 놓치기 일쑤다. 관객이 공연의 일부가 되는 이 연극은 2025년 8월부터 서울 충무로에서 상영을 시작했다. 옛 대한극장 자리에 '맥키탄 호텔'이라는 공연장을 세우고 <슬립 노 모어>를 단독으로 공연한다.

첼시 마켓 바깥으로 나오면 한때 대서양을 오가는 호화 여객선을 위한 항만시설, 즉 옛 부두가 보인다. 1912년 4월 12일 2200여 명의 승객과 승무원을 싣고 영국 사우스햄프턴을 출발한 타이타닉호의 도착 예정항도 바로 이곳이었다. 그러나 예정일보다 4일 지나서 675명의 승객만 구조선에 실려 왔을 때 이곳은 눈물바다가 되었다.

첼시 마켓에서 세 블록만 내려가면 갱스버트 스트리트가 나온다. 갱스버트는 미국 독립전쟁 영웅이었는데, 대령으로 전역한 후에 제재소와 제분소를 운영하던 곳이기에 그의 이름이 남아있다. 그런데 갱스버트 외손자가 바로 《백경》의 작가 허먼 멜빌이며 그가 태어난 곳에 스타벅스 커피점이 들어섰다. 스타벅은 소설 《백경》에 나오는 커피를 무척 좋아한 일등항해사 이름이니, 이런 인연이 어디에 또 있을까?

뉴욕의 거리가 차츰 번화해지면서 마차와 보행자, 자동차 등이 뒤엉켜 극심한 교통체증이 일어날 뿐만 아니라 거리 곳곳에 말 분뇨가 방치되어 전염병까지 번지자 첼시 시장 쪽으로 밀가루와 정육 등 각종 원자재와 제품을 수송하기 위해 1934년 고가철도인 하이라인High Line을 설치하였다. 그러나 20여 년 후 대부분 공장이 교외로 이전하고 트럭이 화물 운송을 대신하여 철도가 쓸모없게 되자 녹슨 철길에 잡초만 무성해졌다. 철길 아래 헐값으로 땅을 산 지주들은 기다렸다는 듯이 재개발을 주장했으나 환경론자들의 보존 목소리에 묻혀 애물단지 철길은 도심공원으로 다시 태어났다. 길이가 1마일쯤 되는 하이라인 공원은 골프 용구를 연상시키는 'IronWoodLand'라는 근사한 이름을 붙이고, 군데군데 조각 작품과 벤치를 마련했다. 우리의 서울역 고가공원인 '서울로7017'은 이 뉴욕 하이라인을 벤치마킹한 것이다. 1970년에 개통한 서울역 고가도로를 철거하지 않고 재활용한다는 계획을 박원순 서울시장이 2014년 9월 뉴욕 하이라인에서 직접 발표했다. 그는 "서울역 고가를 하이라인을 뛰어넘는 선형 녹지공간으로 재생하겠다"고 의욕을 보였지만 행정적 상상력은 공학 기반 위에서 가능한 것이다. 하이라인은 나무와 풀이 지상의 정원처럼 자연스러운 데 비해, 서울로7017은 흙을 8cm 이상 덮을 수 없는 약골이라 토심土深이 얕아서 잔디와 풀만 심고 띄엄띄엄 화분으로 보완했다.

뉴욕의 심장부는 42번가에서 45번가에 이르는 타임스퀘어다. 스퀘어라고 해서 네모꼴 광장은 아니지만, 하루 유동인구가 200만 명이나 되므로 가히 '세계의 교차로'라고 할 수 있다. 1851년에 창간한 뉴욕지역의 대표 신문인《뉴욕타임스NYT》가 1904년 이곳에 높다란 사옥을 건설함으로써 타임스퀘어라는 이름이 붙었다. 요즘은 방송이나 인터넷 때문에 종이신문이 시한부 생명으로 몰락하고 있지만, NYT는 인근에 새로운 고층빌딩을 지어 사무실을 옮겼으며 아직도 미국뿐만 아니라 세계 여론을 주도하고 있다. 특히 1928년 NYT는 사옥 벽면에 뉴스가 옆으로 흘러가는 지퍼 전광판을 도입함으로써 뉴욕의 명물이 되었다. 글자가 마치 지퍼가 움직이듯 옆으로 이동하기에 붙은 이름이다. 시민들이 1945년 8월 14일 일본의 항복 소식을 가장 먼저 접하고 환호한 것도 지퍼 광고 덕분이다. 이곳 중심부에 타임라이프라는 유흥 극장이 맨 먼저 들어섰기에 타임스퀘어가 되었다는 설도 있다.

남북전쟁이 끝난 후 미국이 농업국에서 상업국으로 변신하는 과정에서 물욕을 앞세운 사회적 부정과 극심한 빈부격차로 겉만 번지르르한, 이른바 '도금 시대Gilded Age'가 찾아왔다. 20세기 초부터 뉴욕 중심부에는 하역 노동자와 이민자를 대상으로 '보드빌Vaudeville(도시의 목소리)'이라는 다소 저질스런 웃음을 자아내는 극장이 들어서기 시작했다. 1940년대 영화 대중화에 맞서 버라이어티쇼를 중심으로 한 성인극장으로 변신했다가 요즘은 뮤지컬 중심의 새로운 문화 형태로 진화했다. 타임스퀘어에는 디즈니가 인수한 뉴암스테르담 극장을 비롯하여 엠파이어, 허드슨, 뉴빅토리, 벨라스코, 슈베르트 등 대규모 극장이 즐비하다. 그중에서도 고대 그리스의 아리스토텔레스 강의실과 같은 이름인 리세움 극장은 1903년 개관 이래 주로 연극 공연을 하고 있다.

20세기 초만 해도 상류층 관객들은 마차를 타고 외출을 했으며, 극장 주변은 마차가 교행할 수 있을 정도로 길이 넓었으므로 극장가는 브로드웨이로 통했다. 뉴욕 브로드웨이에서 연극이나 뮤지컬, 오페라 등을 처음 무대에 올리는 날에는 모든 출연진과 스태프가 타임스퀘어에서 밤을 지새웠다. 새벽에 뉴욕타임스의 공연 평을 보고 앞으로의 일정을 결정해야 하기 때문이다. 즉 호평이면 극장이나 숙박업소와 장기 계약을 하고 평가가 좋지 않으면 가까운 시일에 막을 내려야 했다.

배우들은 부평초 같은 삶을 사는 경우가 많은 데다, 브로드웨이는 공연의 메카이므로 이곳은 장기 투숙하는 예술인을 위한 저렴한 호텔이 즐비했다.

노벨문학상과 4번의 퓰리처상을 받은 미국의 최고 극작가 유진 오닐도 타임스퀘어의 한 호텔에서 태어났다. 아버지 제임스 오닐이 <몬테크리스토 백작> 주인공을 맡은 유명 연극배우였기 때문이다. 그가 태어난 호텔은 이제 고층빌딩으로 바뀌었고, 1층 스타벅스 바깥에 유진 오닐의 출생지를 나타내는 조그만 동판 표지가 붙어있다.

1956년에 발표한 유진 오닐의 대표작 《밤으로의 긴 여로》는 자신의 비극적 가족사를 생생하게 그린 작품이다. 유진 오닐의 딸 우사 오닐이 아버지의 반대에도 불구하고 3번의 이혼 경력이 있는 중년 배우 찰리 채플린과 결혼을 강행하자 유진 오닐은 끝내 딸과 의절하고 만다.

1929년 대공황과 30년대 유성영화 등장으로 한동안 브로드웨이가 침체하여 20여 곳의 뮤지컬 극장이 영화관으로 변신하기도 했다. 그러나 2차대전 당시 뉴욕항에 주둔하던 군인을 무대에 직접 출연시키는 홍보성 연출로 군인 관객을 확보하면서 뮤지컬이 회생하기 시작했다. 1950년대는 브로드웨이에서 성공한 뮤지컬 <왕과 나>, <사운드 오브 뮤직>을 영화로 제작하여 엄청난 흥행을 기록했다.

대학로 소극장에서 출발한 우리의 창작 뮤지컬 <어쩌면 해피엔딩 Maybe Happy Ending>이 2024년 11월 대중 공연 문화의 성지인 뉴욕 맨해튼에 진출했으며 이듬해 78회 토니상에서 작품상, 연출상, 극본상, 음악상, 무대디자인상, 남우주연상을 차지하는 쾌거를 이뤘다. 미래의 두 로봇이 사랑을 이뤄가는 줄거리인데 관객 반응이 좋아 객석 점유율도 높은 편이었다.

타임스퀘어는 낮보다 밤이 훨씬 화려하다. 불야성不夜城이라는 이름을 탄생시킨 중국 상하이와도 비교가 안 된다. 새해 카운트다운을 알리는 연말연시에는 매서운 추위와 싸우며 하루 전부터 자리다툼을 한다고 한다. 2013년 새해에는 가수 싸이가 이곳에서 <강남스타일>을 열창한 바 있다. 2025년 8월 18일에는 한국 광복 80주년 축하 행사를 열고 독립운동을 소개하는 영상을 상영하기도 했다. 이곳은 원래 브로드웨이의 각종 공연을 알리기 위해 광고가 시작되었는데, 이제는 세계 굴지 기업들의 자존심 대결장이 되다시피 한다. 우리의 삼성과 현대, LG 등의 화려한 광고를 여기서 만나면 어깨가 으쓱해진다.

전광 광고는 표시 내용과 조도照度, 시간 등에 제약을 받기 마련인데, 이곳은 광고 자유 지역이라 화려함이 극치를 이룬다. 이를 벤치마킹하여 서울시도 강남구 삼성동 코엑스 주변을 옥외광고 자유 표시 구역으로 설정했다.

알프스를 체험하지 않고서는 니체 철학을 제대로 이해할 수 없고, 콩코드의 월든 호수에서 헨리 소로를 읽어야 제맛이 나듯이, 뮤지컬은 브로드웨이 본고장에서 봐야 한다는 생각으로 <오페라의 유령>을 보기 위해 마제스틱 극장으로 갔다. 30년 이상 최장기 공연 중인 이 작품은 영화로도 제작했고 한국에서도 공연한 바 있다. 천재 작곡가 앤드류 로이드 웨버의 멋진 음악이 더욱 친근감을 준다. 특히 브로드웨이에서 6번째 무대인 이 작품에서 유령 역으로 출연한 벤 크로포드의 감동적인 노래는 1천여 관객을 사로잡는다. 원래 프랑스 소설을 영국에서 각색했기에 등장인물 의상은 프랑스식이고 대사는 영국식 영어이며 관객은 미국인이다.

뉴욕 브로드웨이에 있는 부스 극장Booth Theatre에는 19세기 연극계 최고 가문인 부스 형제의 엇갈린 운명과 사연이 있다. 남북전쟁에서 남군 총사령관인 로봇 리 장군이 북군 그랜트 장군에게 항복한 지 6일 만인 1865년 4월 14일 밤 10시 15분 워싱턴 포드 극장 2층 발코니에서 연극 <우리 미국인 사촌Our American Cousin>을 관람하던 링컨 대통령을 남부 연합 정부 추종자이자 유명 배우 존 윌크스 부스가 암살한 것이다. 범인 윌크스 부스는 부스 형제의 막내로서 볼티모어 가족 묘에 묻혀 있지만 비석에 이름이 새겨져 있지 않아 방문객은 링컨 얼굴이 새겨진 페니 동전을 올려놓는다. 형 에드윈 부스는 햄릿으로 유명한 배우였으나(동생은 시저 역으로 유명) 사건 직후 무대에서 연기를 못하고 침묵을 잇다가 객석의 기립박수에 힘입어 다시 연기를 시작했다. 이 극장은 에드윈 부스가 1869년에 건립했으며 햄릿으로 분장한 그의 동상이 뉴욕의 작은 공원 그래머시 파크에 있다.

초기 미국 이민자들은 너대니얼 호손의 소설《주홍글씨》에 나오는 것과 같이 철저히 청교도적인 삶을 살았기에 연극이나 공연, 음악 등 예술 활동은 불가능했다. 심지어 성탄절 유흥 파티도 금기시되었다. 미국은 예술가를 품을 수 없는 풍토였기에 소설가 헨리 제임스나 화가 휘슬러 등 다수의 예술가가 더 자유로운 나라 영국으로 이주했다.

그러나 유럽 이민자들의 멜팅포트인 뉴욕은 예외였다. 뉴욕은 오히려 자본을 앞세워 유럽 유명 예술가를 대거 초청했다. 1891년 카네기홀 개관 기념으로 지휘자로 소련의 차이코프스키를 비롯하여 이탈리아 토스카니니, 체코의 드보르자크와 구스타프 말러 등이 예술 공연에 대한 뉴요커의 갈증을 풀어주었다. 드보르자크는 신문물의 상징인

기차역에 매일 찾아가서 기적 소리를 즐겨 들었는데 하루는 평소와 다른 기적 소리를 듣고 역무실에 신고하여 기차 엔진 고장을 찾아냈다는 일화도 있다.

여행이 항상 즐겁고 가슴 벅찬 일정만 있는 것이 아니다. 역사적 비극 현장을 직접 찾아봄으로써 성찰의 기회를 갖는 것도 또 다른 의미가 있기 때문이다. 이런 여행을 'Dark tourism'이라고 한다.

유럽에 홀로코스트 박물관이 있다면 미국은 9.11 테러 현장인 '그라운드 제로'가 있다. 그라운드 제로는 1945년 히로시마와 나가사키 원자폭탄 투하 지역을 일컫는 말로 탄생하였다. 테러로 붕괴된 세계무역센터WTC 쌍둥이 빌딩 자리에는 9.11 추모 공원과 박물관이 들어섰고 늘 추모객으로 붐빈다. 미리 표를 구입하고 오전 일찍 나섰는데도 9.11 추모 박물관에 입장하는 데 빗속에서 2시간 가까이 기다렸다.

2001년 9월 11일 알 카에다 일당 19명이 민간 항공기 4대를 납치하여 뉴욕 최고층 빌딩인 세계무역센터에 돌진함으로써 110층 쌍둥이 빌딩의 입주자와 비행기 탑승객, 소방관, 행인 등 90개국 2977명의 목숨을 앗아갔다. 쌍둥이 빌딩이 있던 자리에 기념 건축물과 지하 박물관을 세웠다. 건축 디자인 공모에 63개국에서 5201개의 작품이 들어왔는데 '부재의 반추Reflecting Absence'라는 콘셉트로 응모한 유대계 청년 마이클 아라드가 선정되었다. 바깥에는 두 개의 사각형 공간 속으로 눈물처럼 물이 흘러들어가고 난간에는 희생자 명단이 음각으로 새겨져 있다. 임신부의 경우 이름 없는 태아胎兒까지 엄마 옆에 표기되어있으며 회사 동료나 가족은 함께 모여 있다. 생일을 맞은 희생자 이름 위에는 꽃송이를 헌화한다.

9.11 테러 때 많은 사람이 세계무역센터를 먼저 빠져나가려고 야단이었는데, 이들을 구하려고 불길 현장에 뛰어들던 소방대원, 경찰, 구

급대원과 마주치면 박수를 보냈다고 한다. 그러나 시간이 지나면서 철골이 화염에 녹아 주저앉음으로써 전체 희생자의 16%나 되는 구조대 412명이 숨졌다. 이들의 감동적인 모습은 기념품 가게 윗자리를 차지하고 있다.

지하 박물관에는 사고 현장에 타다 남은 잔해물과 감동어린 스토리가 생생하게 전시되어있다. 참담한 비극의 현장을 말로 형언形言할 수 없을 것 같은데, 이미 2천년 전 로마의 시인 베르길리우스가 읊은 서사시에서 가져온 “No day shall erase you from the memory of time(세월의 기억 속에서 그 어떤 날도 당신들을 지울 수 없으리)”이 벽면 가득히 새겨져 있다. 우리의 6.25 노래가사 도입부인 “아아 잊으랴! 어찌 우리 이 날을”과 유사한 내용이라고 하겠다. 시를 떠받들고 있는 벽면의 하늘색 조각 2799개는 천국으로 간 사람들을 상징한다.

우리는 높은 건물을 마천루摩天樓라고 한다. 하늘을 긁어 상처를 낼 정도로 높다는 걸 비유적으로 표현한 말이다. 영어 ‘Skyscraper’의 뜻을 가져와 만든 단어다. 구약성서 창세기에 따르면 노아의 홍수를 겪고 난 후 지상의 인간은 하늘나라가 궁금하여 바벨탑을 세운다. 인간이 하늘 쪽으로 올라오는 것을 도전이라고 생각한 신은 인부들의 말이 서로 통하지 않게 하는 벌을 내린다. 소통이 되지 않으니 공사가 중단될 수밖에 없다. 그래서 이 창세기 일화에서 영감을 얻어 외국어 통역 자원봉사자들이 NGO 이름을 BBBBefore Babel Brigade라고 붙여 활동하고 있다. 말이 자유롭게 통하던 바벨탑 이전 시대로 돌아가자는 뜻이다.

그런데 서양에는 고층 건물이 가져오는 재앙, Skyscraper Curse라는 속설이 있다. 우연의 일치인지는 몰라도 엠파이어 스테이트 빌딩이 들어섰을 때 대공황이 와서 임대가 되지 않아 한동안 텅 비어 있었기에 ‘엠티Empty 스테이트 빌딩’이라는 별명을 얻었다. 그 후 1970년대 중반 시카고의 시어스 타워가 최고층으로 등장하자 석유 파동이 일었고, 그보다 높은 말레이시아 쌍둥이 빌딩이 들어서자 동남아가 외환 위기에 휩싸였다. 이를 갱신한 두바이의 168층 부르즈 갈리파의 시공사도 부도 위기를 맞으며 어려움을 겪었다. 한국의 63빌딩은 소유주가 독실한 기독교인이라 두 손 모아 간절히 기도하는 손 모양을 본떠 세웠지만, 불행하게 건물을 넘겨야 했고 새롭게 등장한 123층 롯데타워 주인도 한동안 기업 안팎으로 많은 어려움을 겪었다.

그라운드 제로에는 애도의 눈물이 폭포가 되어 계속 아래로 흘러내리고, 추모 박물관이 지하 깊숙이 내려간 것은 재앙을 피하려는 겸손의 상징인지 모르겠다. 시애틀에 있는 마이크로소프트 본사의 5층짜리 캠퍼스 타운이 새삼 돋보인다. “껍데기는 가라”고 외치던 시인 신동엽은 이미 오래 전 <서울>이라는 시에서 “서울 사람들은/ 벼락이 무서워/ 피뢰탑을 높이 올리고 있다”고 우려했다.

9.11 추모공원. 두 개의 사각 연못은 쌍둥이 빌딩을 상징한다. 광장 주변에 심은 수백 그루 늪참나무는 '죽음의 자리에서 다시 살아 숨쉬는 생명'을 의미한다.
(사진 출처: 9/11메모리얼&뮤지엄 공식 홈페이지 www.911memorial.org)

맨해튼 남단은 월 스트리트로 불리는 금융가이다. 초기 네덜란드인이 이곳에 정착하면서 인디언과 영국군의 습격을 막기 위해 높이 4m 정도의 말뚝으로 길이 800m 벽을 세운 데서 '월가'라는 이름이 나왔다. 건국의 아버지들이 농업국을 지향할 때 초대 재무장관 알렉산더 해밀턴은 금융자본을 주창, 미국 자본주의 기틀을 쌓았기에 지금도 10달러 지폐의 주인공으로 추앙받고 있다. 그는 고집이 너무 강해 부통령 에렌 버와 권총 결투를 벌여 목숨을 잃었다. 그의 무덤은 월 스트리트 출발선인 트리니티 교회에 있다. 해밀턴은 뮤지컬로 부활하여 2015년 초연을 했고 브로드웨이에서 장기 공연을 이어가고 있다. 뮤지컬에서 해밀턴은 명예를 지킨 비극적인 영웅으로 묘사된다.

해밀턴과 함께 뉴욕 금융시장 초석이 된 사람은 J.P. 모건이다. 월가를 지배한 은행가인 데다가 흡수합병의 귀재인 모건은 타이타닉 출발 직전에 승선을 취소함으로써 목숨을 건졌다. 말년에 유럽에서 휴양 생활을 하던 모건이 1913년 3월 로마에서 73세로 별세했을 때 월 스트리트는 조기를 내걸었고, 장례식 날에는 2시간 동안 주식거래를 중지했다. 남북전쟁 때 20대 후반이던 모건은 카빈소총을 북군으로부터 3.5달러에 무더기로 샀다가 22달러에 되팔아 2천억 원을 벌어서 금융 서비스 분야의 스타가 되었다. 한때 42개 회사를 소유한 모건의 생가는 뉴욕 증권거래소 바로 옆에 있으며 뉴욕 모건 도서관은 구텐베르크의 최초 인쇄물인 면죄부와 42행 성서를 비롯한 희귀본 서적을 많이 소장하고 있다.

1970년대까지만 해도 외국 귀빈이나 유명인사의 환영 퍼레이드는 주로 월 스트리트에서 거행되었다. 환영 행사가 벌어지는 맨해튼 금융가 브로드웨이의 배터리 파크에서 시청까지 길 양옆으로 높은 빌딩이 늘어서 도로가 계곡처럼 이어져 있으므로 '영웅들의 협곡Canyon of Heroes'이라고 부른다. 이 거리에는 영예를 얻은 개인이나 단체 이름을 새긴 금속 명판이 설치되어있다.

증권 시세 표시기에 끼우는 두루마리 종이인 '티커 테이프Ticker tape'를 색종이와 섞어 잘라서 고층빌딩에서 무더기로 뿌리는 것이 당시의 환영이었기에 환영 행사를 '티커 테이프 퍼레이드'라고 했다. 거리 축제 인기도는 다음 날 환경미화원이 수거한 폐지 무게로 측정하는 게 관행이었는데, 2차대전 승전 기념일인 1945년 8월 15일이 5438톤으로 1위이고, 1969년 암스트롱이 달 착륙 후 귀환 때 3474톤으로 2위로 알려진다. 그 후 전산시스템 등장으로 종이가 없어지고 고층건물 창문을 열 수 없게 되자 자연히 이런 풍속도 사라져 버렸다.

1929년 부활절을 맞아 뉴욕의 젊은 여성 30명이 여성 권리 운동의 상징으로 담배를 피우며 활보하던 곳도 이 거리다.

'광란의 20년대'인 1927년 맨해튼에 여성 전용인 바비즌Barbizon 호텔이 들어섰다. 1920년 미국 여성이 참정권을 얻게 되면서 더 이상 딸, 아내, 어머니로 머물고 싶지 않은 신여성은 가정 바깥의 공간을 원했기에 이곳은 젊은 여성들의 신전이 되었다. 1912년 타이타닉호 침몰 사고 때 생존자 수색을 위해 구명보트를 양보하고도 기적적으로 살아남은 몰리 브라운이 첫 장기 입주자이며 배우 그레이스 켈리, 리타 헤이워스와 작가 실비아 플라스, 디자이너 뱃시 존슨 등이 단골 투숙객이었다. 남성들은 호텔 로비까지만 입장이 가능했는데, 일부 남성이 배관 수리공이나 산부인과 의사로 위장 침입하려다 실패하기도 했다. 1980년대 들어 경영난으로 남성에게도 문호를 개방했다. 2007년부터는 호텔 운영을 종료하고 Barbizon 63이라는 고급 주거시설로 변경하였다.

2차세계대전 때 하와이가 일본 공습을 받았지만 뉴욕이 세계 금융 중심으로 우뚝 서게 된 것은 2차대전 덕분이라고 하겠다. 유럽 전체가 전쟁 소용돌이에 휩싸이게 되자 전쟁과 거리가 먼 안전지대인 뉴욕으로 세계의 금괴가 몰려오기 시작했다. 당시 뉴욕 연방준비은행은 지하 23m 벙커 금고에 세계 금의 4분의 1에 해당하는 6200톤을 저장했다.

여의도 면적보다 훨씬 넓은 센트럴파크는 뉴욕 공기를 정화하는 허파 역할을 한다. 맨해튼 중심부에 센트럴파크가 조성되지 않았더라면, 지금쯤 그 정도 크기의 각종 병원이 있어야 할 것이라는 주장도 있다. 급성장하는 신흥도시 뉴욕의 금싸라기 땅에 나무를 심고 호수를 만들자고 주창한 사람은 언론인이자 환경운동가 윌리엄 브라이언트였다.

그는《뉴욕 포스트》를 통해 공원 조성 캠페인을 끈질기게 벌여서 마침내 의회 승인을 받아냈다. 타임스퀘어 근처에 그를 기리는 조그만 공원이 있다. 브라이언트 파크에는 야외 독서실이 있고 시 낭송회도 열린다. 비가 오는 날이면 HSBC은행 후원으로 서점 반스 앤 노블의 스타벅스에서 책을 읽고 독서 토론도 한다.

센트럴파크 입구에는 쿠바의 독립 영웅 호세 마르티가 스페인과 싸우다 총을 맞고 쓰러지는 순간의 기마 동상이 있다.

센트럴파크 입구에서 나를 제일 먼저 맞이하는 것은 달을 타고 비스듬히 앉아있는 쿠바 독립 영웅 호세 마르티 동상이다. 시인이자 언론인 출신인 마르티는 15년간 미국에서 망명 생활을 하며 쿠바 독립을 위해 스페인과 싸우다 숨졌다. 이 기마상은 마르티가 총을 맞아 목숨을 잃는 순간의 모습인데, 미국과 쿠바 관계가 개선되면서 2019년 초 이 동상과 똑같은 복제품을 아바나에 세웠다.

센트럴파크는 워낙 넓은 데다 각종 시설물마다 아기자기한 이야깃거리가 넘쳐나서 하루에 다 둘러볼 수가 없다. 벤치 하나하나에도 기증한 사람 이름과 기억하고 싶은 사연이 기록되어있고, 가로등에 표시된 숫자는 59번가부터 110번가까지 공원 바깥의 위치를 나타내는 스트리트와 같다. 동물원, 극장, 경기장이 수두룩하고 철새 드래지인 자연림도 있다. 뉴욕은 센트럴파크와 같이 가장 자연적인 것과 엠파이어 스테이트 빌딩과 같은 가장 인공적인 것이 공존한다. 재클린 호수를 한 바퀴 도는 2.5km 산책로도 명품이다. 나는 호숫가를 거닐다가 잠시 풀밭에 누워 나뭇가지 사이로 새파란 하늘을 쳐다보다 깜빡 잠이 들기도 했다.

센트럴파크 주변에 예술의 도시 뉴욕을 대변하는 '뮤지엄 마일Museum Miles'이라는 테마길이 있다. 메트로폴리탄미술관, 뉴욕 현대미술관, 자연사박물관, 구겐하임미술관, 휘트니 뮤지엄, 클로이스터스 뮤지엄 등이 예술 애호가들의 발길을 유혹한다. 매년 6월 두 번째 화요일 저녁에는 차량을 통제하고 음악 공연을 비롯한 축제가 벌어지며 유명 미술관과 박물관을 무료 개방한다. 1872년에 개장한 메트로폴리탄은 초기에는 산책나온 기분으로 입장료 대신 그날 호주머니 사정에 따라 자율적으로 기부금을 내는 시스템으로 운영하다가 2018년부터 고정 입장료를 받고 있다.

트럼프 타워가 있는 센트럴파크 서쪽에는 팝의 여왕인 마돈나도 못 들어간 최고급 주택단지가 있다. 미국의 공동주택은 우리의 아파트에 해당하는 콘도미니엄과 기존 입주민이 새로운 입주자를 검증하는 코업제도가 있다. 20세기 초 센트럴파크 주변에 다수의 최고급 주택 빌딩이 들어서기 시작했다. 그중에서도 그리스 로마의 신전과 같은 높은 탑으로 유명한 산 레모는 타이거 우즈, 스티븐 스필버그 등 명사가 거주한 아파트인데 코업 주주총회에서 톱스타 마돈나의 입주를 거절한 것이다. 이곳에는 존 레논과 오노 요코가 거주했던 다코타 아파트를 비롯하여 랑햄, 캐니월스, 베레스포드, 세인트 어번 등 콧대 높은 주택단지가 있다. 뉴욕에는 역사적, 심미적, 문화적으로 가치가 있는 건축물 개발을 제한하는 랜드마크법이 있기에 기존의 가치 있는 건물을 보존하면서 그 위에 공중권을 사서 초고층 빌딩을 세우는, 이른바 연필 모양의 펜슬 타워가 유행이다. 센트럴파크를 한 눈에 내려다보는 센트럴파크 타워 꼭대기 3개층을 하나의 아파트로 개발한 펜트하우스는 3천억 원을 호가한다.

공원 위쪽은 할렘이다. 할렘이라고 하면 범죄 소굴 흑인 거리를 연상하지만 원래 백인 거주지였다. 초기 네덜란드인이 남쪽에 뉴암스테르담을, 북쪽에는 뉴할렘을 세웠다. 본국의 암스테르담 이웃에 할렘이라는 위성도시가 있기에 그대로 재현한 것이다. 그런데 영국이 들어오면서 New가 사라졌다. 미국의 경제 대통령이라고 할 수 있는 해밀턴도 할렘에서 2시간 거리인 월 스트리트까지 마차로 진흙길 출퇴근을 했다.

1920년대 후반 대공황으로 일자리를 잃은 흑인이 할렘의 공공주택 지역으로 대거 이주해 오자, 백인들이 슬슬 빠져나가기 시작했다. 이곳 출신 흑인 하면 말콤X가 떠오른다. 그의 원래 이름은 말콤 리틀이었으며, 결손가정임에도 성적이 우수한 모범생이었다. 그가 중학생 때 장래

희망을 '변호사'라고 적어냈는데 선생님이 '흑인은 목수나 청소부 일이 제격'이라고 타이르자 학교를 그만두고 마약이나 강도, 절도 등으로 감옥을 드나들게 되었다.

그의 아버지가 KKK단에 살해되고 어머니가 충격으로 정신병원에 가자 가슴 깊이 백인을 증오하며 백인 테러에 앞장서면서 이름을 바꿨다. 그는 헤비급 권투선수 캐시어스 클레이를 무하마드 알리로 개명해 주기도 했다. 같은 흑인 인권 운동가 마틴 루터 킹은 비폭력주의자였기에 말콤X와는 평생 1번밖에 만난 적이 없지만 둘 다 39세에 피살되는 불운을 겪었다.

요즘은 할렘이 많이 변했다. 흑인 무법지대라는 오명을 벗은 지 오래다. 빌 클린턴 대통령이 퇴임 후 할렘에 사무실을 열었는가 하면, 오바마 대통령이 후보 시절 이곳을 다녀가고, 가난한 예술가들이 싼 임대료를 찾아 들어옴으로써 문화예술 지구로 탈바꿈했다. 스타벅스 커피점이 곳곳에 들어섰다는 것도 이곳의 변화를 보여준다. 맥도날드는 고속도로변이나 서민 지구, 우범지역에도 파고들지만 스타벅스는 어느 정도 문화나 생활 수준이 갖춰진 곳만 찾아든다. 샌프란시스코의 유명한 해안 식당가 피셔맨 워프는 상가 품격을 떨어뜨린다며 맥도날드 입점을 반대한 바 있다.

센트럴파크 북녘인 110번가 암스테르담 애비뉴에는 세계 최대 성공회 성당인 세인트 존 디바인 성당이 있다. 나의 교적이 성공회여서 그런지 특히 관심이 갔다. 고딕양식의 7개 예배당이 있는 이 성당은 1892년 착공했으나 아직 미완성 상태다. 이 성당에는 성인 외에 조지 워싱턴, 링컨, 콜럼버스, 셰익스피어 등 위인 조각상도 있다. 성당 서쪽 입구에는 뉴욕의 스카이라인이 무너지는 듯한 조각이 설치돼 있다. 이 작품은 1988년에 시작해 1997년에 완공했다. 그래서 9.11 테러 4년 전인

1997년에 예언이라도 하듯 세계무역센터 쌍둥이 빌딩 붕괴를 예언한 게 아니냐는 결과론적 음모론이 떠돌기도 한다. 이 때문에 성당 측은 직접 만든 해설 영상을 통해 이 조각은 성경의 묵시록적 장면을 묘사한 작품일 뿐이라고 설명한다.

장기간 건축하다 보니 공사비를 헌납하는 사람의 사연도 많고 시대적 상황이 증축 건물에 투영되기도 한다. 초기 뉴욕 이민자 중 가장 돈을 많이 번 사람은 비버나 수달 가죽을 유럽에 팔고 중국 도자기와 차를 들여온 존 제이콥 애스터로 미국 최초 백만장자다. 그의 고손자인 애스터4세는 신혼여행길에 타이타닉을 탔다가 수장되었으며 당시 임신중이던 부인은 부녀자 우선 구조 원칙에 따라 목숨을 건졌다. 부유한 미망인인 그녀는 성공회 성당의 스테인드글라스 공사비를 전액 부담하면서 한쪽 모퉁이에 타이타닉호를 새겨 넣도록 했다.

전통 부자 가문의 자부심이 강한 애스터 부인은 철도나 석유, 금융으로 돈을 번 이른바 '도금 시대Gilded Age'의 신흥 부자 밴더빌트, 카네기, 록펠러, J.P. 모건 등을 '날강도 백작Robber Baron'이라고 무시했다. 사교계 여왕으로 통한 캐롤라인 애스터는 명사 400명을 초청한 파티에 이들을 부르지 않았다. 이에 화가 난 코넬리우스 밴더빌트의 손자며느리 알바 밴더빌트는 센트럴파크 오른쪽 건너편의 부자 동네 어퍼 이스트에 프랑스 작은 성을 상징하는 '쁘띠 샤토'라는 대저택을 짓고 1883년 3월 26일 1200명을 초대하는 집들이 파티를 열었다. 80억 원이 들어간 초호화 파티가 연일 신문에 오르내리자 무척이나 궁금했던 애스터 딸이 어머니를 졸라대는 바람에 머리를 숙이고 초대장을 부탁할 수밖에 없었다.

애스터 가문은 원래 살던 곳에 1893년 월도프 호텔을 지었고 이것이 월도프 아스토리아 호텔로 증축됨으로써 '뉴욕의 왕궁'으로 자리잡아 유럽 왕족과 대통령이 단골로 애용하던 최고급 호텔이 되었다. 애스터는 후에 자신의 집과 함께 호텔도 어퍼 이스트의 파크 애비뉴로 옮겼으며 원래 아스토리아 호텔이 있던 50번가 자리에는 엠파이어 스테이트 빌딩이 들어섰다. 우리의 박정희, 김대중, 노무현, 박근혜 대통령의 단골 숙소였던 월도프 호텔이 2014년 덩 샤오핑의 외손녀 소유인 안방보험사가 호텔 매각가 최고 기록인 19억 5천만 달러에 매입했으나 안방그룹이 부정부패 혐의로 몰락함으로써 이제는 중국 정부가 소유하고 있다.

센트럴파크 남녘 입구에는 세계 여성의 로망인 티파니 보석상이 있다. 빅토리아 여왕 즉위 해인 1837년 유대인 청년 티파니가 친구 존 영과 함께 브로드웨이에 문구류 잡화점 '티파니 앤 영'을 열었다. 티파니는 1848년 프랑스혁명으로 몰락한 귀족들의 보석을 도두 매입, 보석상으로 두각을 나타내기 시작했다. 1858년 미국과 유럽을 잇는 대서양 횡단 케이블이 개통되자 남은 전선을 헐값에 매입, 팔찌와 열쇠고리 등 기념품으로 제작했으며 남북전쟁 때는 깃발, 수술 도구, 무기류 등을 납품하기도 했다. 티파니는 은에 구리를 합금하여 광택이 많고 강도가 높은 스털링 실버를 파리 만국박람회에 출품하여 은 세공 최고 메달을 받았다.

티파니는 최초로 정가제를 도입했다. 1861년 링컨 대통령 취임식에 착용한 부인 메리 토트 여사의 진주 목걸이도 티파니 제품이다. 후에 아이젠하워 대통령 부인 매미 여사가 목걸이 값을 깎으려 하자 "링컨 대통령은 할인받지 않으셨다"고 응답했다.

티파니는 1878년 남아공 킴벌리에서 채광한 128캐럿의 옐로 다이아몬드를 기존의 58면 커팅에서 82면으로 끌어올림으로써 세계에서 가장 크고 아름다운 보석의 장을 열었다. 특히 다이아몬드에 최대한 빛이 많이 들어가 찬란한 반짝임을 과시한 '티파니 세팅'은 약혼반지의 표준이 되었다. 트루먼 커포티의 동명 소설을 바탕으로 오드리 헵번이 주연한 영화 <티파니에서 아침을>이라는 제목 탓으로 아침식사를 요구하는 방문객이 많아 수년 전 아침 세트메뉴를 파는 블루박스 카페를 열었다. 티파니는 대공황과 두 차례의 세계대전을 겪으면서 경영난을 지속하다가 1950년대 중반에 유통 전문가 월터 호빙이 새 주인으로 등장하고서 '누구나 들어올 수 있는 고급 이미지'의 선물과 액세서리 전용 매장을 4층에 마련했다. 1층 티파니 매장은 여전히 화려하기 그지없지만, 영화에서처럼 티파니 다이아몬드를 소유하여 상류층이 되고픈 사람이 몰려드는 곳이 아니라, 그저 기념사진 몇 장을 찍고 서둘러 나가는 관광객이 대부분이다. 루이비통의 아르노 회장이 2021년 17조 원에 티파니를 인수했다.

티파니를 나오면 알프레드 히치콕 감독의 영화 <북북서로 진로를 돌려라> 무대인 플라자 호텔 오크 바가 있다. 뉴욕 광고업자 역의 캐리 그랜트가 웨이터를 부르기 위해 손짓을 하다 비밀요원으로 오인받아 스파이에게 납치당한 뒤 탈출하면서 생사를 넘나드는 추격전을 벌이는 미스터리 영화다. 1959년 개봉한 이 영화는 그 유명한 <007> 등과 함께 역대 최고 첩보물로 선정되며 액션 스릴러 영화의 전범으로 높이 평가받고 있다.

티파니 옆 건물이 트럼프가 살던 고급 주상복합 트럼프 타워이다. 그 주변에는 불가리, 프라다, 피제, 아르마니, 크리스찬 디올 등 명품 가게가 에워싸고 있다. 이곳 5번가는 뉴욕에서 임대료가 가장 비싼 쇼핑 거리이고 대표적 관광명소 중 하나다. 2016년 겨울 트럼프가 대통령 당선자이던 시절 200여 명의 경찰이 바리게이트로 트럼프 타워를 차단함으로써 교통체증은 물론, 성탄절과 연말연시 대목을 놓친 주변 상인이 울상을 지었다. 뉴욕시는 트럼프 당선부터 취임까지 하루 10억 원이 넘는, 3500만 불의 경호비를 연방정부에 청구하기도 했다.

검정색 주상절리柱狀節理 같은 높다란 트럼프 타워에 들어서면 갑자기 엘도라도에 온 것처럼 황금 세상이다. 5층 높이 인공 폭포가 금빛 벽면을 타고 흐른다. 6층까지는 상가인데 트럼프가 새겨진 각종 액세서리만 파는 가게가 있다. 대통령선거 유세 시절 트럼프의 선거 구호 'Make America Great Again(다시 미국을 위대하게)'의 빨간 모자가 가장 돋보인다. 26층까지 사무실이고 그 위부터 58층까지는 유명인사들의 집인데 센트럴파크를 정원처럼 내려다 본다고 한다.

영화 <나홀로 집에 2>에서 트럼프가 카메오로 깜짝 출연해서 어린 케빈에게 길을 가르쳐 주는 장면이 나오는데, 촬영 장소가 자기 소유 플라자 호텔이었기 때문이다.

센트럴파크 옆에는 자연사박물관, 구겐하임미술관 등이 있지만, 뉴욕에서 반드시 찾아야 할 명소는 메트로폴리탄미술관The Met이다. 영국의 대영박물관, 프랑스 루브르, 러시아 에르미타주와 어깨를 나란히 하는 세계 4대 박물관으로 통한다. 방문 당시 입장료가 25불인데 65세 이상이라고 나에게는 17불만 받았다. MET는 1870년 철도 부호 존스턴이 기증한 작품 174점으로 문을 연 후 금융재벌 J.P. 모건과 화장품 회사 에스티로더, 백화점 재벌 밴저민 앨트먼 등의 후원으로 300만 점을 소장했으며 역사는 짧지만 거대한 자본에 힘입어 외양이 웅대하고 인테리어도 화려하며 소장품 내용도 알차다. 그중 백미는 1층 이집트 미술관 옆에 있는 댄두르 사원이다. 탁 트인 통유리 전시관을 제공한 새클러는 정신과 의사로 하버드대학 새클러 박물관, 워싱턴 스미소니언 새클러 갤러리 등을 제공한 자선활동가이다.

유럽 박물관의 이집트 유물은 대부분 약탈품이지만 이곳은 아스완 댐 건설 지원에 대한 보답으로 이집트가 미국에 선물한 것이다. 8백 톤에 이르는 사암 사원을 전부 해체하여 뉴욕으로 옮긴 것은 현대판 불가사의가 아닌가 한다. 30만 년 전의 돌도끼가 있는가 하면 갈기가 뚜렷한 화강암 사자장은 5천년 전 것이라고 한다. 예수가 태어나기 전인 로마 초대 황제 아우구스투스가 지배할 때 세운 댄두르 사원에는 인간 신체를 모두 보여주기 위해 상반신은 정면, 하반신은 측면으로 묘사한 것이 특이하다.

2층의 아시아관에서 중국은 역시 대국다운 모습이다. 전시품도 다양하고 관객도 많다. 당, 송나라 시와 서예만으로 방 하나를 차지하고 있다. 반면에 중형 아파트만한 크기의 한국관은 상대적으로 초라했지만 2023년 리노베이션을 거쳐 훨씬 세련된 공간으로 탈바꿈했다는 평가다. 세계 20여 개국 70여 개 박물관에 '한국실'이 있기는 하지만 중국이나 일본에 비해 부족한 건 사실이다. 역대 정부마다 '문화 강국'을 내세웠지만 구호뿐인 것 같다. 그나마 삼성문화재단 지원으로 이 정도 체면을 유지하고 있는 셈이다. 한국 문화유산을 가장 많이 갖고 있는 나라는 미국과 일본이며 2024년 1월 기준으로 세계 29개국에 24만 7천점 가까운 우리 문화유산이 흩어져 있다.

패트릭 브링리의《나는 메트로폴리탄미술관의 경비원입니다》라는 에세이집이 베스트셀러가 되면서 이 미술관은 더욱 유명해졌다. 잡지《뉴요커》기자인 저자가 과학자인 형의 갑작스런 별세로 삶에 환멸을 느끼며 방황하다가 미술관 경비원으로 전직하여 10년간 예술을 통해 받은 위안과 예술이 주는 영감을 전해 준다. 2024년 한 해 동안 572만여 명이 메트로폴리탄미술관을 방문했다. 프랑스 루브르박물관과 바티칸 박물관, 영국 대영박물관 다음으로 방문객 수가 많았다. "미술관이 뜨고 영화관이 진다"는 말이 허사가 아니다. 메트로폴리탄에는 고흐의 <자화상>과 모네의 <수련> 앞에 관람객이 몰려 있었다. 나는 두 번이나 안내원에게 "이거 모두 진품이냐"고 물어보았다.

원래 전시 관람은 발품을 팔아야 하지만, 피곤하고 지쳤을 때 메트로폴리탄 옥상 정원 카페테리아에 가면 센트럴파크의 밀림과 맨해튼의 스카이라인을 번갈아 보며 휴식을 취할 수 있다.

한편 근·현대 작품을 보려면 세계 최고 현대미술관 중 하인 뉴욕 현대미술관을 찾아야 한다. 모마MoMA라는 애칭으로 통하는 뉴욕 현대미술관은 석유왕 록펠러의 부인 애비를 비롯한 세 명의 재벌 부인이 기부한 돈으로 세웠다. 1880년대 이후의 회화, 조각, 사진, 산업디자인, 건축, 영화, 게임 등 모든 영역을 아우르는 세계 최초 현대미술관이다.

공교롭게도 내가 뉴욕을 방문한 금요일 오후는 무료 개방(지금은 매월 첫 째주 금요일 오후에 뉴욕 시민에게만 무료 개방)이라 현대미술관부터 동선을 잡았는데, 작품 구경 대신 사람 구경부터 해야 할 지경이었다. 우선 입구에서 등에 멘 가방을 맡기든지 아니면 앞으로 메라고 한다. 원래 백팩Back pack은 등에 지라는 뜻인데 앞쪽으로 돌리니 어색하고 불편하기 그지없다. 음식물과 꽃다발도 반입 금지다. 혹시 벌레가 함께 들어와서 작품을 해칠까 봐 예방 차원이라고 한다.

역시 가장 인기 있는 빈센트 반 고흐의 <별이 빛나는 밤에>와 피카소의 <아비뇽의 처녀들>, 살바도르 달리의 <기억의 지속> 앞에는 한참을 기다려야 접근할 수 있었다. 명화를 배경으로 제각각 인증샷을 찍다보니 시간도 걸리고 조용히 감상할 분위기가 아니었다.

거대 도시 뉴욕인들의 어두운 삶을 가장 잘 묘사한 화가는 에드워드 호퍼이다. 뼛속까지 뉴요커인 호퍼는 초기에는 광고용 삽화나 판화로 시작했다가 뉴욕인의 해체된 가정과 군중 속의 고독한 일상을 파고들었다. 첼시 마켓에서 도보 5분여 거리의 다소 한산한 휘트니미술관은 호퍼의 그림을 무려 4천 점이나 보관하고 있다. 오바마 대통령은 재임 시절 호퍼 그림 두 점을 휘트니미술관에서 대여해 백악관에 전시했다가 되임과 동시에 돌려주었다. 2023년 4월 서울시립미술관이 한국 최초로 호퍼 개인전을 열었으나 그의 가장 유명 작품인 <밤을 새우는 사람들>은 전시되지 않아 다소 실망스러웠던 기억이 있다.

뉴욕에는 미국을 대표하는 명문 아이비리그 컬럼비아대학이 있다. 1754년 영국 왕 조지2세 칙허로 설립했기에 킹스칼리지로 출범했으나 독립 후 미국의 원래 이름인 컬럼비아(컬럼버스의 나라)로 개명했다. 컬럼비아대학은 국제 정치의 핵심인 UN본부, 세계 금융 중심지 월 스트리트, 영향력 있는 언론사 NYT, 문화예술센터 등이 주변에 있어서인지 2025년 현재 하버드대학 다음으로 많은 노벨상 101명, 퓰리처상 123명, 아카데미상 28명을 배출했다. 미국 최대 부수 신문《뉴욕월드》사주 조지프 퓰리처 유언에 따라 퓰리처상은 컬럼비아대학의 언론대학원에서 선정, 수상한다.

컬럼비아대학 출신 대통령은 '테디베어'로 유명한 시어도어 루스벨트와 4번이나 대통령을 연임한 프랭클린 루스벨트, 최초 흑인 대통령 버락 오바마가 있다. 이들 가운데 우리가 매일 만나다시피 하는 사람은 프랭클린 루스벨트이다. 뉴욕 하이드파크 출생인 그는 대통령 재임시절 7대 대통령 앤드류 잭슨 기념관에 가던 도중 남북전쟁 직후인 1869년에 개장한 테네시주 내슈빌의 맥스웰하우스 호텔에서 묵었다. 그는 근처 다방에서 배달한 커피 한 잔을 마시면서 그 맛에 감탄하여 "Good to the last drop(마지막 한 방울까지 맛있다)"이라고 되뇌었다. 대통령 찬사에 보답으로 호텔 주인은 호텔 로비에 커피숍을 내주었고 손님 반응도 좋아 번창했지만, 1961년 호텔이 화재로 소실된다. 커피점 주인 조엘 치크는 없어진 호텔 '맥스웰하우스'를 상호로 하는 커피 회사를 창업하면서 모든 제품에 루스벨트의 그 찬사를 넣었으며, 오늘까지도 광고 카피로 이어오고 있다. 찬사의 진위 여부에 논란이 있기는 하지만 130년 이상 지켜 온 이 카피는 광고사에서 가장 성공한 슬로건으로 받아들이고 있다.

컬럼비아대학의 상징물은 웅장한 도서관 앞에 앉아있는 지혜의 여신 미네르바 알마 마터 동상이다. 그녀의 치맛자락 깊숙한 곳에 지혜의 영물인 부엉이가 숨어있는데, 이 부엉이를 맨 처음 찾아낸 신입생은 수석 졸업과 함께 졸업 스피치를 한다는 속설이 있다. 그래서인지 관광객이 동상 구석구석을 뒤지는가 하면, 발등을 만지며 기념사진을 찍느라 여념이 없다. 컬럼비아대학 영문과를 다닌 우리나라 가수 박정현은 졸업식 때 학생 대표로 미국 국가를 불렀다고 한다.

학생들이 가장 가고 싶어하는 대학 1위로 꼽히기도 한 뉴욕대학교는 맨해튼 남쪽 도심 곳곳에 캠퍼스가 산재해 있다. 산학협동이 잘 되어서인지 높은 취업률을 유지하고 있지만, 대신 학비도 매우 비싸다. 뉴욕 생활비를 감안하면 세계에서 가장 비싼 대학이 아닌가 한다. 뉴욕대학은 해외 12개 국가에 분교가 있고 많은 해외 교환학생을 받는다.

영화 <인턴>, <아이리시맨> 등으로 유명한 원로 배우 로버트 드니로는 2015년 뉴욕대학교 예술대학 졸업식장에서 "여러분, 졸업을 축하합니다. 그러나 여러분, ×됐습니다You are fucked"라고 시작하는 연설을 해 폭소를 자아냈다. 고등학교 중퇴자인 드니로는 평생 형제처럼 지낸 마틴 스코세이지의 모교인 뉴욕대학의 취업률이 높다는 것을 알면서도, 연예계에 진출하면 오디션에 무수히 떨어지는 수모를 당할테니 좌절하지 말고 실력을 키우라는 뜻으로 역설적인 표현을 한 것이다. 그의 뉴욕대 연설은 KBS 9시 뉴스에도 소개되고 2017년 EBS 수능특강 영어 지문에 fucked 부분만 삭제한 채 인용되는 등 전 세계적으로 화제를 일으켰다.

또한 한국 학생이 선호하는 파슨스 디자인스쿨은 영국의 센트럴 세인트 마틴, 벨기에의 앤트워프 왕립예술학교와 함께 세계 3대 패션 스쿨이다. 사립학교라 연간 학비가 6만 달러 정도라고 하니 기숙사비 등을 포함해 4년 졸업까지 최소 5억 원은 들어간다.

저렴한 학비에 질 좋은 교육을 하는 뉴욕 시티컬리지는 공립대로서는 가장 많은 8명의 노벨상을 배출했기에 '프롤레타리아 하버드'라고 한다. 할렘가에 위치한 이 학교의 2023년 입학생 통계를 보면 히스패닉, 라티노와 아시아계가 전체의 65%가량이고 나머지는 흑인과 백인이다. 콜린 파월 전 미 국무장관이 이 학교 출신이다.

마크 트웨인이 미시시피강을 자유로自由路라고 했듯이, 미국의 가장 위대한 시인 월트 휘트먼은 허드슨강을 '자유의 길'이라고 찬양했다. 미국 독립전쟁의 무수한 애환을 간직한 채 유유히 뉴욕만으로 흘러들어오는 허드슨강 하류에 미 육군사관학교 웨스트포인트가 있다. 웨스트포인트는 조지 워싱턴이 독립전쟁 때 허드슨강을 지키기 위해 세운 요새 이름이다.

허드슨강을 바라보노라면 실화를 바탕으로 만든 영화 <허드슨강의 기적>에서 155명의 생명을 구한 기장 설리 역할의 톰 행크스가 떠오른다. 2009년 1월 15일, 라구아디아 공항을 이륙한 US항공 A320 여객기가 이륙 4분 만에 새 떼와 충돌한 버드 스트라이크로 양쪽 엔진이 멈춘 비상사태가 발생했다. 도심 상공이라 추락하면 대형사고가 뻔하므로 노련한 기장이 "회항 명령을 어기고 허드슨강에 비상 착륙시킨 것은 오랜 비행 경력에 근거한 전문가적 판단 때문이다"라고 청문회에서 주장하던 당당한 모습의 그 톰 행크스 말이다.

이민자들의 나라

세계 금융, 통상, 패션 중심지인 뉴욕은 미국의 모든 명암을 갖고 있다. 최첨단 도시답게 가구 중위소득은 높은 편이지만, 소득불평등도 심하다. 인구 840만여 명 중 10만 명가량이 노숙자라는 통계도 있다. 전체 시민의 절반은 집에서 영어를 쓰지 않고 주민의 37%가 외국에서 태어난 이민자이다. 의료보험 미가입자 비율도 높아서 팬데믹 초기에는 코로나19로 인한 사망자가 미국 전체의 20% 정도에 이를 정도로 방역에도 허점을 보였다. 영화 <배트맨>과 <조커> 배경인 가상의 범죄도시 고담Gotham이 바로 뉴욕을 모델로 했다고 한다. 미국 풍자소설의 지평을 연 워싱턴 어빙이 1807년《뉴욕의 역사》라는 소설에서 '똑똑한 것 같지만 어리석고 허영심 많은 뉴욕은 현대판 고담'이라고 묘사함으로써 뉴욕은 '지혜롭지만 바보들의 도시' 고담으로 통용된다.

오늘날 뉴욕의 스카이라인을 제대로 보려면 자유의여신상을 돌아오는 크루즈를 타고 일단 바다로 나가는 게 좋다. 코로나 팬데믹 직전, 내가 방문했을 때만 해도 1시간을 기다려 겨우 유람선에 올랐는데 내부는 온통 중국 세상이었다. 당시 한국에서는 하루 7편 정도의 비행기가 미국으로 오는 데 비해 중국은 하루 55편에 연간 100만 이상의 관광객이 뉴욕에 몰려오니, 각종 안내 설명에 중국어가 제일 먼저였다.

뉴욕에는 세계 170여 개국 국민이 쏟아내는 500여 개의 언어가 난무한다고 하는데, 크루즈 승선객의 각종 언어는 이내 중국어 속에 묻혀 버린다. 그러나 선진 강국이라고 해서 반드시 언어가 그에 상응하는 대우를 받는 것은 아니다. UN에서 사용하는 공식어는 영어, 프랑스어, 스페인어, 러시아어, 중국어, 아랍어 등 6개다. 2차대전 전범국인 독일어, 일어, 이탈리아어는 들어가지 않는다.

미국 관문인 뉴욕 허드슨강 입구에 우뚝 선 자유의여신상의 정식 이름은 '세계를 비추는 자유Liberty Enlightening the World'이다. 오른손은 계몽의 빛을 밝히는 횃불을, 왼손은 "모든 인간은 평등하게 태어났으며 누구도 침범할 수 없는 생명과 자유, 행복의 권리를 신으로부터 부여받았다"는 독립선언서를 들고 있으며 발 밑에는 노예 해방을 상징하는 부서진 족쇄가 놓여 있다. 여신상 무게는 225톤이며 높이는 횃불까지 46m이지만 받침대까지 합하면 93.5m이고 집게손가락 하나가 2.5m나 된다. 원래 여신상은 구리로 만들어 적갈색이었으나 130여 년 동안 해풍에 산화되어 이제는 청록색 옷으로 갈아입었다. 디지털에서는 원래 색깔인 적갈색 동상이 등장하기도 한다. 프랑스가 1856년 맨 처음 여신상을 제안한 곳은 이집트였다. 마침 건설 중인 수에즈운하 입구에 '동방을 밝히는 자유'의 여신상을 구상했으나 이집트가 운하 건설로 재정이 어려워 거절하자 미국 독립 100주년 기념 선물로 건립 장소를 변경했다. 당시 프랑스는 프로이센에 패전하여 전비 부담이 만만치 않았기 때문에 미국의 모금을 기다리느라 10년 후인 1886년 완공되었다. 내부의 철골 구조를 세운 구스타프 에펠은 철교 전문 엔지니어여서 파리의 에펠탑은 5개의 철제 다리를 세운 모습이다.

여신상 제작을 의뢰받은 유명 조각가 프레데리크 바르톨디는 고심 끝에 얼굴은 자신의 어머니를 모델로 삼았으며 전체 모습은 프랑스혁명을 주제로 한 외젠 들라크루아의 명화 <민중을 이끄는 자유의 여신>을 모티브로 했다고 한다. 고대 로마의 동전에 새겨진 자유의 신 리베르타스가 여성이듯이 전통적으로 자유는 여신이 전담했다. 자유의 여신상은 이민자의 상징이자 등대이기에 트럼프 대통령의 이민 정책에 반대하는 시민들이 여신상 하단부에 올라가 시위를 벌이곤 했다.

영국과 숙적 관계였던 프랑스가 물심양면으로 미국 독립전쟁을 지원했지만, 그중에서도 가장 큰 공을 세운 사람은 라파예트 후작이다. 그는 지원병으로 미국에 건너가 조지 워싱턴 휘하에서 수많은 전투에 참전한 공로로 백악관에 초상화가 자리하고 있다. 미국 명예시민 1호인 라파예트를 지명으로 사용하는 도시가 미국에는 20여 개나 되며, 거리 이름은 무수히 많다.

자유의여신상이 있는 리버티섬과 맨해튼 사이에 엘리스섬이 있다. 섬 한가운데 푸른 숲속, 모스크바의 성 바실리 성당과 닮은 붉은 벽돌 건물이 돋보인다. 유람선 안내원은 미국에서 가장 아름다운 건물이라고 설명한다. 이 아름다운 건물은 한때 이민관청이어서 과거 이민자들에게는 공포의 대상이었다.

아메리칸 드림을 품고 조국과 친지를 멀리한 채 유럽에서 신대륙으로 건너간 이민자 5천여만 명 가운데 3천여만 명이 미국행을 택했다. 증기선이 없던 초창기, 감자 입마름병으로 대기근을 맞은 아일랜드인은 항해 도중 목숨을 잃는 경우가 많았기에 바람과 돛에 의존했던 범선을 죽음의 배Coffin ship라고 했다.

죽음과 공포를 무릅쓰고 6주간 머나먼 항해와 멀미로 지쳐 있다가 마침내 저 멀리 자유의여신상이 흐릿하게 보이면 모두들 바깥으로 나와서 "아메리카, 아메리카!"를 외치며 환호성을 지른다. 그런데 환호성도 잠시, 막상 엘리스섬에 상륙하여 이민 심사 대열에 서면 가슴이 조여오기 시작한다. 혹시라도 거절당하면 나락으로 떨어지기 때문이다. 1, 2등석 승객은 배 안에서 비교적 간단한 절차로 통과하는 경우가 많았지만, 3등석 승객은 5시간씩 철저한 검증을 거쳐야 했다. 전염병 환자나 범죄자는 별도로 구금되었다. 초기에는 각 지역마다 이민자 쿼터가 있어서 아무런 하자가 없어도 할당량이 차면 입국이 금지되어 돌아가야 했다. 아시아는 상대적으로 이민자 쿼터가 아주 작았으나 1965년부터 차별이 없어지자 우리나라도 미국행 이민 물결이 넘쳤다. 영화 <미나리>에 나오듯 병아리감별사 인기가 높자 1970년대 초에는 우리나라 대도시마다 병아리 감별 학원이 늘어나기 시작했다.

엘리사 건물을 통과해서 미국에 정착한 이민자와 그 후손이 현재 미국민의 절반에 가깝다고 한다. 지금은 이민 박물관으로 변신하여 당시 이민자들의 각종 소지품과 애환이 생생하게 전시되어있다.

미국은 원래 부패한 가톨릭에 반기를 들고 하느님의 새로운 나라를 건설하기 위해 유럽에서 건너온 개신교도가 세운 나라이므로 아일랜드나 이탈리아, 독일 등의 가톨릭 교도들이 뉴욕으로 대거 몰려오는데 반감을 갖지 않을 수 없었다. 이민자들은 아메리칸 드림을 꿈꾸며 드넓은 신세계를 향해 몰려들었지만 미개척지인 서부를 찾아갈 돈도 없고, 대부분 남자 홀로 와서 자리를 잡으면 나중에 가족을 불러들여야 했기에 뉴욕을 떠날 수가 없었던 것이다. 영화 <갱스 오브 뉴욕>에도 잘 드러나 있듯이 1840년대 초반 뉴욕의 가장 빈민촌인 월 스트리트 북녘의 5거리 '파이브 포인츠Five Points'는 매일 수천 명씩 몰려드는 아일랜드 이민자로 들끓는 범죄 소굴이었다. 당시 언론은 뉴욕 빈민촌을

'단테 《신곡》의 지옥이 지상에 재현된 모습'이라고 묘사했다.

유럽의 구악으로 취급받던 이민자들은 정상적인 법의 보호보다 자경단의 주먹에 기대고 살아야 했다. 아일랜드 갱단에 이어 이탈리아의 마피아, 중국 삼합회 등이 자국 이민 물결에 실려 들어왔다. 뉴욕의 갱단은 소방대원, 노조와 결탁하고 1920년 금주 시대에 밀주를 통해 거액을 마련한 후 정계로 손을 뻗기 시작했다.

미국은 이민의 나라다. 오바마 대통령, 철강왕 카네기, 물리학자 아인슈타인, 국무장관 헨리 키신저, 영화배우 오드리 헵번과 아널드 슈워제네거, 애플 창업자 스티브 잡스, 테슬라의 일론 머스크, 세계은행 총재 김용 등이 아메리칸 드림을 이룬 이민자이거나 그 자녀다.

흔히 세계를 움직이는 것이 미국이고, 미국을 움직이는 것이 유대인이라고 한다. 세계 인구의 0.2%에 불과한 유대인이 노벨상의 22%, 미국 대법관의 9분의 1을 차지한다. 심지어 코미디언도 유대인이 많다. 이처럼 정치, 경제, 언론, 문화 등 전 영역에서 유대인의 힘은 막강하다.

미국의 명문 아이비리그 대학 입시에서 입학사정관제를 도입한 것은 아른바 미국의 주류 상류층인 WASP(백인 앵글로색슨의 신교도)가 시험 성적만으로는 유대인을 당할 수 없기 때문에 고안해 낸 방편이라는 이야기가 설득력이 있다. 요즘 뉴욕에는 우리의 특목고에 해당하는 명문고 8개가 있는데, 전체 인구의 5% 정도밖에 안 되는 아시아계 입학이 51.7%를 차지하고, 백인 27%, 히스패닉 7%, 흑인 5%에 그치자 아시아인에 대한 새로운 규제책을 준비하고 있다는 것도 같은 맥락에서 나온 방책이다. 뉴욕에 있는 유대교 성전 에마뉴엘 시나고그 좌석이 2500석인데 비해 예루살렘 중앙 시나고그는 1400석에 불과하다. 뉴욕에는 이스라엘 텔아비브 인구보다 2배나 많은 90여만 명의 유대인이 살고 있기에 뉴욕을 유대인이 지배하는 '주욕'이라고도 한다.

카투9 던의 (여성의 구구 ...
로서님 전명 — 한니기 되오 (...) — 뒤로의 고독도
... 아가 (... 년) 고독 — 에스 ... 지역 — 레스
① ... (... 레 — 게스만 ...
(로마의 로 ...)

① ... 수하고 (... 열구로) ...
② 로노라마 (로마인의 상징 — 된로의
... 상고 ... 중심지 ... 상태)
③ ... 도스롱상 (... 년 ... 아나 부치스)
... 도시 ...

티렐레이 (메시리 가올)
히안디어 타라노 — 리로 스테이오
... (기후적 ...)
시만되아 — 메시나 시칠 (그리스의 ...)
... 기원보 ...
그리스인 ... 계획
... 중심지 ... 신아 ...
... 로노나디 (그구도)
... 철정으로 ... 시라사
(철학적인 ...) (파시엇)
(그 ... 산 ... 사 의 ...)
티렐레이 제한 (13-C)
... 상리 (13-C)
... 스의 ... 리드 ...
... 사의 ... 산다 메아 ...

[illegible]
... 사
(...)
... 한
(13-C)
... 피데아되오러
다마 칠렌 나부호로 같은
산안운
메디리오디로
시칠리아나 (...

2장

유럽

안개 속의 제국, 런던

18세기 영국 대표 작가이자 영어사전과 셰익스피어 전집을 편찬한 새뮤얼 존슨은 "런던에 싫증난 사람은 인생에 싫증난 사람"이라고 했다. 삶을 향유할 모든 것을 갖춘 런던은, 유럽의 변방 안개 속에 가려져 있지만 무궁한 매력이 숨어있는 도시라는 것이다. 새뮤얼 존슨은 박사는커녕 학사 자격도 없지만 워낙 박식하여 많은 영국인에게 '닥터 존슨'이라 불릴 정도이니, 그의 런던 칭찬에 신뢰가 간다.

런던은 2천 년 동안 영국 중심 도시인데도 국토 중심에 있지 않고 우리의 포항이나 울산처럼 한쪽 귀퉁이에 자리하고 있다. 기원전 55년 율리우스 카이사르가 브리튼섬을 탐험한 후 서기 43년 클라우디우스 황제가 파견한 로마군이 배를 타고 템스강 하구를 60km 정도 거슬러 오르던 중 유속이 느린 구부러진 곳에 상륙했는데 그곳 원주민인 켈트족이 '런더니(습지)'라 부르던 곳이 바로 런던이다. 당시 로마군은 현재의 런던 브리지 부근에 기지를 만들고 원주민 이름을 따서 론디니움이라고 불렀다.

로마군이 성벽을 쌓아 도시 체제를 갖춘 곳이 오늘날 금융가로 유명한 '더 시티'이다. 점령국 로마가 도로와 요새, 공회당, 목욕탕 등을 건설하긴 했지만, 변방의 척박한 땅에 별로 매력을 느끼지는 못한 것 같다. 서로마가 게르만 침략을 받자 점령군은 이곳을 버리고 물러났지만, 런던 시티 지역에는 2천 년 전 로마 성벽 흔적이 군데군데 남아있다.

그로부터 1천년 후인 1066년 프랑스 노르만의 윌리엄이 당시 영국 해롤드 왕을 죽이고 노르만 왕조를 세웠다. 요새로 시작하여 궁전과 감옥으로 사용한 '런던탑'을 세운 사람도 정복왕 윌리엄1세이다.

영국은 섬나라이기에 육군보다 바다를 지키는 해군이 훨씬 중요하다. 여왕 엘리자베스2세의 조부와 아버지, 남편이 모두 해군 장교 출신이며 국왕 찰스3세와 동생 앤드루도 해군에 복무할 정도로 영국 왕실 왕자는 해군이나 해병대에 입대하는 것이 전통인데 최근 윌리엄과 해리가 이례적으로 공군과 육군에 각각 복무했다. 영국이 해가 지지 않는 대영제국으로 발전한 원동력은 헨리8세가 국교인 성공회 수장이 되면서 가톨릭과 수도원 재산을 압수하여 그 돈으로 해군력을 강화하고, 엘리자베스1세가 1588년 스페인 무적함대를 격파한 데서 나왔다.

England는 고대 게르만 민족의 하나인 앵글족에서 나온 이름으로, 앵글족은 변방 모서리 땅에 사는 사람이라는 뜻이다. 영국은 잉글랜드와 웨일스, 스코틀랜드, 북아일랜드 4개 지역으로 구성된 연합 왕국이기에 왕실 왕태자는 '웨일스 왕자'라고 하고, 둘째는 요크 공작, 3순위는 에든버러 공작이라고 부르며 각 지역을 대표한다. 왕세자를 웨일스 왕자라고 하는 것은 잉글랜드의 에드워드1세가 웨일스를 처음 정복하면서 아들을 이곳 통치자인 공작으로 임명한 데서 비롯했다. 영국 의회 중앙 로비의 4개 문에는 4개 지역을 상징하는 수호성인이 그려져 있다.

런던의 명소들

런던에 들어가니 제일 먼저 눈에 들어오는 것이 템스강 남쪽에 있는 대형 회전식 관람차인 '런던아이London Eye'이다. 새로운 밀레니엄을 축하하기 위해 1999년 건설한 높이 135m의 원형 캡슐 32개(런던의 32개 지역구 상징)가 한 바퀴 도는 데 30분이 걸렸다. 한 칸에 25명 수용 가능한 캡슐을 타고 정상에 오르면 런던의 명물인 빅벤이나 타워브리지, 버킹엄궁전, 성 바오로 성당 등이 한 눈에 내려다보인다. 건축가 데이비드 마크스와 줄리아 바필드 부부가 설계하고 영국 항공을 비롯한 몇몇 기업이 후원한 런던아이는 원래 '밀레니엄 휠Millennium Wheel'이라는 이름으로 한시적으로 운영하려 했으나 인기가 높아지자 영구적인 관광 명소로 바뀌었다.

새천년을 맞아 건립하였기에 '밀레니엄 휠'로 통하는 런던아이. 런던의 32개 지역을 상징하는 32개 원형 캡슐이 한 바퀴 도는 데 30분 걸린다.

변방의 작은 섬나라 영국을 세계 중심으로 만든 위대한 상인들의 본거지를 한 눈에 조망할 수 있는 또 다른 랜드마크는 72층 309m 높이의 '더 샤드The Shard'이다. 2012년 런던 올림픽 기념으로 개관한 샤드는 유리 외관이 마치 '깨진 유리 조각Shard of Glass' 같다고 해서 붙은 이름이며 최상층 전망대에서는 사방이 유리로 된 공간에서 360도 런던 전경을 감상할 수 있다.

유럽에서 모스크바 다음으로 많은 900만 인구를 가진 런던은 세계 어느 도시보다 녹지 공원이 많아 울창하게 숲이 우거져 있다. 그중 유명한 하이드파크는 헨리8세의 사냥터였으며 자유 연설이 가능한 스피커스 코너와 보트를 즐길 수 있는 서펜타인 호수가 있으며 다양한 공연과 이벤트가 열린다. 조지4세의 섭정 시절 직함Prince Regent에서 따온 리젠트 파크는 엘리자베스2세의 할머니인 퀸 메리 장미 정원으로 유명하다. 6월이 되면 90여 종에 12,000그루가 넘는 각종 장미가 만발하며 꽃향기가 넘친다. 리젠트 파크가 런던의 고요한 심장이라면 퀸 메리 장미 정원은 그 심장 속 향기로운 영혼이다. 넓은 잔디에 조각 정원, 연못 등이 대칭을 이루는 영국 전통 조경의 리젠트 파크에는 야외 극장과 크리켓장, 런던 동물원이 있다.

버킹엄궁전과 트라팔가 광장 사이에 있는 세인트 제임스 파크도 런더너가 좋아하는 공원이다. 역대 왕들의 사냥터로 쓰이던 오래된 공원이며 펠리컨과 오리 등 다양한 조류가 서식하는 연못이 있다. 이 공원을 끼고 있는 세인트 제임스 궁은 찰스 왕세자와 다이애나 비가 결혼 초기 머물던 곳으로, 1997년 8월 31일 다이애나가 교통사고로 사망하자 추모 꽃다발이 산더미를 이뤘다. 버킹엄궁전과 연결된 그린 파크는 넓은 잔디밭과 나무가 울창하여 도심 속 휴식터로 안성맞춤이다. 런던에서 가장 큰 왕립공원인 리치먼드 파크에는 야생 사슴이 자유롭게 돌아다니고, 자연 그대로를 보존하는 광활한 초지의 햄스테드 히스는 수 세기 동안 시인과 화가, 사상가에게 영감을 준 도시 속 보물창고다.

이 밖에도 조용히 산책하면서 자연 속 야생동물을 관찰하거나 시내를 바라볼 수 있는 전망 좋은 곳도 많고 기호에 따라 찾아갈 수 있는 녹지 공원이 곳곳에 있다. 런던 공원 대부분이 왕실 소유이기에 주택이나 상업 건물로 재개발하느라 사라질 가능성은 거의 없다. 런더너들은 공원을 앞뜰처럼 사용하면서 가정마다 정원 가꾸는 일에도 정성을 쏟고 있다.

영국은 의회민주주의 발상지이다. 고려 고종이 거란의 침략 조짐으로 어수선하던 1215년, 영국 존 왕이 법에 의한 통치로 왕권을 제한한 대헌장 마그나카르타에 서명함으로써 근대 헌법의 토대를 마련했다. 역사와 민화, 전설로 전해 내려온《로빈 훗》에서 무능하고 폭정을 일삼는 군주로 묘사된 존 왕이 마그나카르타를 서명한 런던 서쪽 버크셔의 러니미드 평원을 민주주의 발상지라고 한다. 그런데 이곳에 뜻밖에도 미국 변호사 협회와 케네디 대통령 기념비가 세워져 있다. "왕도 법 아래 있다"는 대헌장 정신은 청교도혁명, 미국 독립선언, 세계 인권선언의 바탕이 되었을 뿐만 아니라 우리나라를 비롯한 전 세계의 헌법에 마그나카르타 원칙이 반영되어있다. 프랑스가 유혈혁명을 일으키기 100년 전인 1688년 영국은 "왕은 군림하되 통치하지 않는다"는 명예혁명을 받아들임으로써 사회적 갈등에 따른 에너지를 과학기술에 쏟아부어 누구보다 먼저 산업혁명을 일으켰다.

국회의사당인 웨스트민스터궁전은 유네스코문화유산에 등재된 고딕양식으로 남쪽에 붉은색 좌석인 상원, 북쪽에 푸른색 좌석인 하원 의사당이 마주 보고 있다. 의사당 안에는 의회민주주의 발달 과정을 나타내는 수많은 그림, 조각, 동상이 진열되어있다. 상원으로 들어가는 복도에는 찰스1세가 불법으로 의원들을 체포하기 위해 의사당에 난입하는 장면이 있는가 하면, 배가 없는 시민에게까지 선박세를 징수하려다 처형된 찰스1세의 장례식 장면 등 청교도혁명 과정이 자세하게 묘사되어있다.

런던의 상징인 빅벤은 국회의사당의 시계탑으로, 정확히는 탑 안에 있는 대형 종鐘을 말한다. 지름 7m 시계판에 4.3m의 육중한 분침이 움직이는 것을 볼 수 있으며 매 15분마다 벨소리를 낸다. 빅벤이 밤에 불을 밝히면 의회가 열리고 있다는 표시다. 이 건물 공사 감독을 맡은 벤자민 홀이 워낙 거구여서 그의 별명인 빅벤으로 통했으나 2012년부터 엘리자베스2세 즉위 60주년인 다이아몬드 주빌리를 기념하여 엘리자베스 타워로 개명했다. 국회의사당 밖의 옥외 광장에는 로이드 조지, 윈스턴 처칠 등 유명 총리 8명과 미국의 링컨과 남아공의 만델라 대통령 동상을 모시고 있다.

웨스트민스터 지하에는 2차대전 당시 처칠 총리가 전쟁을 지휘하던 '전시 내각의 방'이 있다. 1940년 10월 15일 독일 전투기가 다우닝가 10번지를 폭격한 후 처칠은 이곳 콘크리트 방공호로 이주했는데, 유럽 지도 위에서 전황을 체크하던 회의실, 루스벨트 대통령과 비밀 통화를 하던 집무실, 아내 클레멘타인과 함께 쓰던 침실과 부엌이 그대로 남아 있다. 나치스는 6년 동안 영국과 전쟁을 하면서도 이 비밀 요새를 알지 못했다고 한다.

국회의사당에서 가장 오래된 부분인 웨스트민스터 홀은 1097년 건설되었으며 역사적으로 중요한 행사를 여는 장소다. 국가 주요 인물 서거 때 조문받는 곳이기도 하다. 또한 저명인사나 국빈의 연설 장소여서 버락 오바마 미국 대통령과 넬슨 만델라 남아공 대통령이 등단하고, 엘리자베스2세 여왕 즉위와 50주년, 60주년 기념식이 열린 곳이다. 토머스 모어와 찰스1세가 여기서 사형선고를 받았다.

웨스트민스터 사원은 영국 왕실의 대관식과 장례식이 열리는 곳이자 유명 정치인, 예술가, 과학자 등 3300여 명의 무덤이 있는 곳이다. 웨스트민스터 사원을 처음 세운 참회 왕 에드워드를 비롯하여 이 사원을 고딕양식으로 재건한 헨리3세, 원수 지간인 자매 메리1세와 엘리자베스1세 등 30여 명의 왕과 왕비가 있으며 시인의 코너에는 제프리 초서, 벤 존슨, 알프레드 테니슨, 로버트 브라우닝 등 대표 문인들이 묻혀 있다. 셰익스피어, 제인 오스틴, 루이스 캐럴의 무덤은 다른 곳에 있는 대신 기념비가 있다. 뉴턴이나 찰스 다윈, 스티븐 호킹 같은 과학자와 음악가 프레드릭 헨델, 배우 로렌스 올리비에, 올리버 크롬웰, 윈스턴 처칠도 이곳에 안치되어있다.

스모키향이 은은하고 맛이 부드러운 블렌디드 위스키 '올드 파'를 좋아하는 나는 영국 최장수 기록자인 토머스 파를 만나기 위해서 웨스트민스터 무덤을 찾았다. 검은 정장 차림의 노인 안내자가 묘지 인명 책자를 갖고 오더니 알파벳 순서로 분류된 위치를 확인하고 나를 직접 안내해 주었다. 묘지 대리석에는 '1483년 슈롭셔 출생, 1635년 런던에서 사망. 생전에 6명의 왕을 모셨다'라는 표기가 있었다.

키 155cm에 몸무게 53kg의 평범한 농민이던 토머스 파는 80세에 결혼하여 두 자녀를 가졌고 118세 때 옆집 아주머니를 겁탈하려다가 감옥살이를 했으며 122세 때 재혼했다는 이야기가 전해진다. 152세 노익장의 괴소문을 들은 찰스1세 왕이 토머스 파를 궁전에 초청하여 생일잔치까지 베풀었으나, 극심한 환경 변화와 갑작스런 산해진미 때문에 오히려 건강을 해쳐 런던에 온 지 얼마 되지 않아 사망했다. 왕은 그의 장수를 높이 사서 서민 신분이지만 위인들의 묘지에 안장하도록 특별히 허락했다. 역사학자들은 당시 출생 기록이 확실하지 않은 데서 온 착오라고 나이에 의문을 제기하기도 하지만, 어쨌든 그는 기록상으로 영국 역사에서 가장 오래 산 인물이며, '올드 파'라는 별명을 주류회사 디아지오가 위스키 브랜드에 차용했다. 일본과 남미에서 축제나 장수를 비는 가족 모임에 특히 인기인 올드 파는 짙은 암갈색의 사각형 병에 루벤스가 그린 토머스 파의 초상화 라벨이 붙어있다.

런던에 온 관광객이 빠지지 않고 찾는 런던 타워는 1066년 윌리엄1세가 방어 요새로 건설했으며 그 후 왕궁이나 감옥, 보물창고, 심지어 동물원으로도 사용되었다. 현재 이곳은 영국 왕실의 각종 보석과 왕관을 보관하고 있다. 그중 가장 오래된 건물은 중심부에 위치한 화이트 타워로 1078년 노르만식 건축양식으로 지어졌으며 무기 보관과 방어 시설이 주목적이었다. 동화 속 성 같은 런던 타워에는 옛날부터 까마귀가 살고 있었는데 "까마귀가 타워를 떠나면 영국 왕실이 무너질 것이다"는 전설 때문에 요즘도 6마리 이상의 까마귀를 키운다고 한다.

런던 타워가 유명해진 것은 13세기에 이곳이 정치범 수용 감옥으로 바뀌고 14세기에는 처형장으로 활용되었기 때문이다. 특히 튜더왕조 초창기 강력한 왕권을 구축하고자 했던 헨리8세는 대를 이을 아들을 얻기 위해 6번 결혼하고 2명의 왕비를 처형하는 악행을 마다하지 않았다. 우리의 조선조 태종이 왕권 강화를 위해 외척이나 목소리 큰 신하를 제거하는 악행을 자행한 것과 마찬가지다. 헨리8세는 유일하게 아들(에드워드6세)을 낳다가 산후 후유증으로 숨진 세 번째 왕비 제인 시모어 무덤에 합장되었다.

'천일의 앤'으로 유명한 두 번째 왕비 앤 불린이 딸을 낳고 두 번째 아이를 사산하자 헨리8세는 아내를 간통죄로 몰아 런턴탑 퀸스하우스에 가둔 뒤 보름 만에 처형했다. 1536년 5월 19일 타워 그린의 처형대에 끌려나온 앤 불린에게 신부가 마지막 유언을 남기라고 하자 "나는 억울하다. 왕을 만나게 해달라"같은 말이 아니라 오랜만에 찬란한 햇살을 보고 "오, 5월이군요"라고 했다는 풍문이 전해진다. 앤 불린이 참수를 당할 때 고통을 줄이기 위해 일반적인 도끼형이 아니라 프랑스 검술사를 초빙해 칼로 형을 신속하게 집행하는 배려를 했다. 처형 당시 머리를 놓은 곳에는 유리 쿠션이 베개처럼 마련되어있다.

악명 높은 이 감옥에 앤 불린의 딸 엘리자베스1세도 수감되었으며 헨리8세의 다섯 번째 왕비 캐서린 하워드와 9일간 여왕 노릇을 한 제인 그레이가 처형되었다. 일반 범죄자는 타워 힐에서 공개 처형했지만 왕실 관련자는 타워 그린에서 비공개로 죽음을 맞이했다. 헨리8세 때부터는 이들을 수감할 때 죄수를 배에 싣고 타워 남쪽 템스강변에 개설한 '반역자의 문'을 이용했다. 헨리8세의 종교개혁에 반대하면서 앤 불린과의 결혼식 초청을 거절한 토머스 모어 같은 정치인을 반역자로 보았기 때문에 붙은 이름이다.

헨리8세가 그토록 원하던 아들 에드워드6세는 9살에 등극하여 6년간 통치하다 결핵으로 사망했고, 메리1세의 혼란기를 거친 다음, 사생아 취급을 받고 죽음의 고비를 넘긴 엘리자베스1세가 아버지의 소원대로 대영제국의 기틀을 마련하는 전대미문의 업적을 남겼다. 뉴욕타임스의 한 칼럼은 헨리8세와 앤 불린 이야기는 지난 천 년을 이어온 스캔들이라면서 "두 사람의 사랑이 영국 종교를 바꾸고, 이들 사이의 엘리자베스1세가 영국 역사는 물론, 세계 역사를 바꾸었다"고 평가했다.

헨리8세와 메리1세, 엘리자베스1세가 태어난 튜더왕조의 궁전은 런던 교외 템스강 남안의 그리니치에 있다. 과거의 유서깊은 왕궁은 사라졌지만 이들이 태어난 곳에는 1491년 헨리8세, 1516년 메리1세, 1533

년 엘리자베스1세라는 출생지 표지가 세워져 있다. 그로부터 200년 후 영국은 세계를 움직이는 대영제국으로 발전하였고, 국제시간 기준점이 되는 본초자오선本初子午線이 그리니치를 지나감으로써 세계의 시간을 정하는 중심선이 된 것이다. 1675년 찰스2세가 천문항해술 연구를 위해 설립한 그리니치천문대는 공해 때문에 다른 곳으로 옮기고 지금은 박물관이 들어서 있다. 그리니치 시간이 00시(자정)일 때 서울은 9시간 빠른 오전 9시다.

유람선을 타고 템스강을 따라가다 보면 대영제국의 찬란한 역사와 유적을 만나게 된다. 요즘은 템스강이 맑고 아름답지만 산업혁명 시기에는 산업 폐수와 독극물 방류로 극심하게 오염되었다. 1878년 프린세스호가 충돌로 침몰했을 때 구조된 사람 중 템스강 물을 마신 650여 명이 익사하거나 폐수를 마신 후유증으로 숨졌다.

현재 런던의 템스강에 가설된 다리가 35개인데 그중 명물은 런던 타워 근처에 있는 타워브리지이다. 빅토리아 시대 세계 무역의 25%를 차지한 대영제국답게 대형 화물선이나 여객선이 지나갈 수 있도록 다리 중앙의 상판이 양쪽으로 올라가는 개폐식인데, 고딕양식과 철제 구조가 결합된 아름다운 디자인이 특징이다. 런던이 무역항으로 한창 기능할 때는 매년 수천 회씩 바쁘게 열리고 닫혔고 요즘도 한 해 800번가량 개폐되고 있다. 우리나라 영도다리를 아시아 최초 최첨단 도개교로 건설한 것보다 40년이나 앞선 1894년에 완공하였으며, 다리 2층에는 다리 박물관이 있고 상층의 보행로는 유리 바닥이어서 다리 개폐 모습을 내려다볼 수 있다.

조지5세 국왕은 1934년 런던 시민이 해변의 낭만을 즐기게 하기 위해 1500여 척의 바지선으로 모래를 운반하여 강변에 '타워 비치'를 만들었다. 한동안 여름철이 되면 타워브리지 근방 모래사장에서 일광욕을 하고 조정 보트를 즐겼으나 템스강 수질 오염으로 1971년 폐쇄되었다.

가장 오래된 다리는 로마시대부터 건설되었다는 런던 브리지인데 템스강 유속이 빠른데다 바닷물 역류와 홍수 때마다 워낙 많이 떠내려갔기에 "런던 다리가 무너진다London Bridge is Falling Down"는 동요가 영국뿐만 아니라 세계적으로 널리 퍼져 있다. 반복적으로 템스강에 다리를 건설함으로써 런던의 토목, 구조 공학 기술이 크게 발전하여 런던은 세계 최초로 지하철을 개통할 수 있었다.

가장 최근에 세운 다리는 런던아이와 함께 준공한 보행자 전용 밀레니엄 브리지와 2002년 완성된 골든 주빌리 브리지이다. 1차세계대전을 배경으로 비비안 리와 로버트 테일러가 주연한 영화 <애수>에서 슬프고 아름다운 사랑을 나눈 곳은 워털루 다리이다.

영국 현지 속살을 느껴보려면 술집인 펍Pub에 가보아야 한다. 1세기 로마가 도로망을 건설하면서 도로변 숙소 겸 술을 파는 타베르나Taberna가 탄생했고 10세기 들어 앵글로색슨족이 맥주를 파는 에일 하우스Ale House로 바꾸었다. 18세기 산업혁명과 함께 도시 인구가 증가하고 맥주 대량 생산이 가능해지면서 가벼운 술 문화가 대중화되었다.

펍은 술집이라기보다 동네 사람들이 정보를 교환하고, 대형 TV로 축구나 럭비 같은 스포츠를 즐기며 환담을 나누는 사교장이다. 도시의 펍은 술잔을 들고 여러 사람과 인사를 나누면서 서서 마시는 선술집Vertical Drinking 스타일이 많다. 피시앤칩스 같은 가벼운 안주를 곁들이기도 한다.

런던의 유명 펍으로는 셰익스피어가 자주 방문했고 찰스 디킨스의 소설에도 등장하는 런던 브리지 근처 '더 조지 인'이 대표적이다. 이곳은 한때 여관으로 사용한 오래된 갤러리 스타일 펍이다. 희대의 연쇄살

인범 잭 더 리퍼와 관련돼 유명해진 '더 텐 벨스'는 빅토리아 시대 스타일을 잘 보존한 신비롭고 고풍스런 분위기가 특징이다. 플리트 스트리트에 위치한 '예 올드 체셔 치즈'는 런던 대화재 직후인 1667년 개장한 중세 분위기 펍으로 디킨스, 마크 트웨인, 코난 도일 같은 문학가가 자주 찾았으며, 전통 영국식 맥주 에일과 요리를 맛볼 수 있다.

셰익스피어의 고향 스트랫퍼드어폰에이번의 엘리 스트리트에 있는 '퀸즈헤드 펍Queen`s Head Pub'은 17세기에 문을 연 여관 겸 술집으로 2급 문화재로 등록되어 있다. 영국은 군주의 얼굴을 동전이나 간판에 넣는 전통이 있으며 엘리자베스, 앤, 빅토리아 등 여왕 시대에 많이 생겨서 영국에는 100개 이상의 퀸즈헤드 펍이 있다. 주로 튜더 시대 여왕 초상화를 간판에 거는데, 엘리자베스1세 초상화가 많다고 한다.

런던 최초의 럭셔리 호텔로 평가받는 호텔 사보이는 유럽 최초로 1893년에 '아메리칸 바'를 개장하여 칵테일의 기초를 다졌다. 처칠과 헤밍웨이가 단골로 이용한 이 바의 바텐더 해리 크래독은 칵테일의 전범인《사보이 칵테일 북스》를 출간했다. 사보이 호텔 바가 개발한 행키팽키 칵테일은 35파운드 정도 하며 한국인 김준석이 바텐더로 오랜 기간 재직했다.

사보이 호텔은 13명이 식사할 경우 캐스퍼Kasper라는 고양이 인형을 손님으로 추가하여 음식과 와인을 똑같이 제공한다. 호텔 개장 5년째인 1898년, 친구 12명과 함께 식사한 고객이 불의의 사고로 사망한 일이 일어난 후 조각가 베이질 아이오니데스가 만든 검은 고양이를 14번째 손님으로 모시는 전통을 고수하고 있다. 예수가 12명 사도와 만찬을 한 후 수난을 당한 악몽 때문이었으리라. 물론 고양이 음식값은 받지 않는다.

런던의 으뜸 관광 명소는 국왕의 공식 거처이자 행정 중심지인 버킹엄궁이다. 1703년 버킹엄 하우스로 출발하여 1837년 빅토리아 여왕부터 왕궁으로 사용한 버킹엄궁은 방이 775개이며 외국 정상을 비롯한 국빈을 만나거나 훈장을 수여하고 연회를 베푸는 방이 각각 따로 있다. 궁전에 속한 정원도 16만 평방미터로 런던에서 제일 크다. 버킹엄궁에 왕이 있을 때는 유니언잭 깃발이 걸린다.

버킹엄궁의 인기 볼거리는 근위병 교대식이다. 매주 특정 요일, 특정 시간에 진행되므로 미리 체크하고 방문하는 것이 좋다. 근위병은 길이 45cm, 무게 700g 이상의 검은 털모자를 쓴다. 1815년 워털루전투에서 나폴레옹의 황실 근위대를 물리친 뒤 털모자를 전리품으로 가져왔는데 병사가 더 커 보이고 위압감을 주기에 이를 채택하게 되었다. 털모자 하나는 캐나다 검은 곰 한 마리의 털로 제작하는데 동물보호단체 항의가 심해지자 인조털 사용을 고려하고 있다고 한다.

왕족의 스캔들과 막대한 유지비 등으로 왕실 폐지론이 젊은 세대와 스코틀랜드, 웨일스 등에서 일어나고 있지만 1천년 이상의 역사와 전통을 가진 데다 세계 관광객을 끌어들이는 경제 효과, 그리고 영연방국을 유지하는 외교적 역할 등을 고려하면 왕실 지지층이 여전히 과반이다. 여론조사기관 유고브YOUGOV의 2025년 조사 결과 영국 국민의 3분의 2인 65%가 군주제 유지를 지지한다고 답했고, 공화제로 가야한다는 답변은 23%에 그쳤다. 65세 이상의 군주제 지지는 81%나 됐다. 하지만 18~24세는 군주제 지지가 41%, 공화제 지지가 42%로 나타났다. 2015년 런던이 외국 관광객 1위 도시로 우뚝 선 것도 영국인 특유의 품위를 지켜서 존경받던 엘리자베스2세와 버킹엄궁의 영향이 크다. 여왕 생존 시에 여론조사를 하면 가장 존경하는 사람이 엘리자베스 여왕이었으며, 영화 <더 퀸The Queen>에서 여왕 역을 맡은 헬렌 미렌은 2006년에 명배우들을 제치고 인기 여배우 1위를 차지하기도 했다.

“국민은 왕에게 절대복종해야 한다”는 왕권신수설을 믿고 조세 부과의 전횡을 휘두른 찰스1세는 이를 견제하는 의회를 계속 해산시키다가 결국 극심한 갈등을 넘어 내전까지 벌였다. 의회파 지도자인 올리버 크롬웰이 '국민의 적'으로 찰스1세를 체포하고 왕권을 박탈했다. 1649년 1월 30일 찰스1세는 영국 역사상 유일무이하게 왕의 신분으로 화이트홀 근처 사형장으로 이송되면서 옥리에게 따뜻한 외투를 부탁했다. "날씨가 너무 추워서 떠는 것이지 죽음이 두려워 떨며 죽었다는 소리를 듣고 싶지 않기 때문이다"라고 설명했다.

크롬웰은 호국경이라는 대통령 비슷한 직함으로 청교도 시대를 열었다. 청교도혁명 기간인 10여 년 동안 극장과 술집은 문을 닫고, 각종 오락 스포츠는 중단되었다. 집에서 직장이나 교회를 오가는 것 외에는 샛길을 들어설 수 없었고, 심지어 성경 읽는 소리가 나지 않으면 처벌할 정도로 숨막히는 공화제 독재 시대를 맞았다.

견디다 못한 영국인들은 처형된 왕의 아들 찰스2세를 모셔서 왕정복고로 되돌리고서는 공화정을 연 크롬웰의 시신을 꺼내 부관참시하면서 더 이상 왕실에 대한 적대감을 갖지 않게 되었다. 그래서 "지구가 멸망할 때까지 5명의 왕은 끝까지 존재할 것이다"라는 조크도 나왔다. 스페이드, 하트, 다이아몬드, 클럽의 카드에 나오는 4명의 왕과 영국왕이다.

버킹엄궁에서 공원을 따라 조금 걸어가면 영국의 자부심, 트라팔가 광장이 나온다. 세계 유명 도시는 대부분 중심부에 커다란 광장을 갖고 있는데, 런던의 트라팔가 광장은 크지는 않지만 국민 영웅 넬슨 제독이 지키고 있어서 국가 행사의 중심지로 활용한다. 1805년 10월 21일 넬슨은 나폴레옹의 프랑스와 스페인 연합군을 스페인 남부 트라팔가르해협에서 격파함으로써 영국은 '해가 지지 않는 제국'으로의 길을 열었다. 아군 함대 한 척의 피해도 없이 적군 함대 22척을 격파한 승리의 순간 그는 프랑스 저격수의 총을 맞아 숨지면서 "신과 나의 조국"이라는 유언을 남겼다.

임진왜란 마지막 전투인 노량해전에서 승리의 순간 왜군 총탄을 맞고 "나의 죽음을 적에게 알리지 마라"고 유언한 이순신을 넬슨과 비교하는 경우가 많다. 러일전쟁을 승리로 이끈 일본 해군 제독 도고 헤이하치로에게 러시아 발틱 함대 사령관 로제스트벤스키가 "당신은 넬슨 제독과 같다"고 칭찬하자 도고는 "조선의 이순신에 비하면 나는 아무것도 아니다"라고 손사래를 쳤다고 한다. 넬슨은 국가의 전폭적인 지지를 받았지만 이순신은 시기와 모함으로 감옥살이 고초를 겪으면서도 풀려나자마자 백의종군으로 구국의 길에 나섰으니 비교가 되지 않을 만도 하다. 도고가 쓰시마해전 출전에 앞서 이순신 사당에 참배했다는 일화는 확인되지 않았지만, 평소 이순신을 존경하여 학익진을 연구하고 본받은 것은 사실이다.

트라팔가 광장 중앙에 높이 52m의 거대한 기념탑 꼭대기에 넬슨 동상이 서 있고 네 개의 청동 사자가 탑을 둘러싸고 있다. 프랑스 대포를 녹여 만들었다는 사자는 영국 왕실의 상징이며 4마리는 동서남북 바다를 지키는 해양 강국을 지향한다. 기념탑은 1843년에 세웠지만 사자는 24년 후에 추가하였다. 기념비에는 넬슨이 마지막으로 내린 감동적인 명령, "영국은 모든 사람이 자신의 의무를 다할 것을 기대한다" 문구가 새겨져 있다. 탑 받침에는 트라팔가르해전 장면이 부조로 새겨져 있다.

트라팔가 광장에는 영국 역사상 유일하게 처형된 왕인 찰스1세의 동상이 서 있다. 신호등 근처라서 무심코 지나칠 수도 있는 위치다. 그를 처형한 크롬웰은 국회의사당 옆 유명인 동상 행렬에 끼어있다. 처형된 군주까지 모시는 것을 보면 영국인들은 왕국 신민의 DNA를 타고나지 않았나 한다.

트라팔가 광장을 돋보이게 하는 멋진 건물은 그리스 신전을 닮은 내셔널갤러리이다. 입장료가 없는 내셔널갤러리는 영국을 대표하는 미술관이며 유럽 회화의 걸작을 2300점 이상 소장한 세계적인 박물관이다. 시간이 넉넉하지 않으면 반 고흐의 <해바라기>나 다빈치의 <암굴의 성모>, 모네의 <수련> 등 19세기 작품이 있는 이스트윙을 택하는 것이 좋다. 관람객이 워낙 많으니 가능한 주말을 피하고 개장 시간인 10시 전에 찾아야 한다. 내셔널갤러리 뒤편 초상화 미술관도 무료다. 헨리8세, 엘리자베스1세부터 비틀즈, 다이애나 왕세자비 등 낯익은 명사를 한자리에서 만날 수 있다.

산업혁명 덕분에 런던은 우리보다 111년이나 앞선 1863년 세계 최초로 지하철을 개통한 도시다. 자동차가 나오기 전에 지하철부터 먼저 운행했다. 당시 교통수단은 마차였는데 좁은 도로에 마차가 서로 엉겨 혼잡한 데다 말이 배설한 오물을 도저히 감당할 수가 없었기 때문에 역발상을 한 것이다. 런던 지하철을 튜브Tube라고 하는 것은 초기 지하철을 만들 때 원통형 모양으로 터널을 뚫었기 때문이다. 그래서인지 런던 지하철은 우리보다 좁고 작아서 키 큰 사람은 약간 구부리고 서야 한다. 폭이 좁아 건너편 좌석까지 다리를 걸치는 행동을 삼가라는 경고 글이 붙어있다. 튜브는 TV브라운관을 의미한다. 요즘 우리 일상을 지배하는 유튜브는 사용자가 직접 콘텐츠를 만드는 TV라는 뜻이다.

히드로 공항부터 버킹엄궁, 런던아이, 런던 타워 등 시내 곳곳에 신경망처럼 지하철이 연결되어있고 오이스터카드를 사면 버스나 트램과도 연계되어 편하고 값싸게 이용할 수 있다. 현재 11개 노선에 270개 이상 역이 있고 주말에는 24시간 운영 노선도 있으니 이용해 보기를 추천한다. 지하철 문이 열릴 때마다 발 빠지지 않도록 조심하라고 반복해서 나오던 '마인드 더 갭Mind the Gap'이라는 안내가 아직도 생생하다.

영국은 1865년 자동차가 등장하자마자 속도를 시간당 6.4km로 제한하고 조수가 차 앞에서 빨간 깃발을 흔들며 말이나 사람이 부딪히지 않도록 안내를 했다. 이른바 '빨간 깃발법Red Flag Act'은 마차를 우선적으로 보호하자는 것이다. 초창기 증기기관차 경적 소리가 너무 커서 말이 놀라서 뛰거나 임신부가 유산하는 사고가 일어나자 소음을 철저히 규제한 것이다. 영국이 증기기관을 먼저 발명하고서도 자동차 산업이 미국이나 유럽에 뒤진 것은 이런 규제 때문이다.

1896년 이 법이 폐지된 후 롤스로이스, 벤틀리, 재규어, 랜드로버 같은 명품 차가 등장하여 자동차 황금기를 맞았다. 그러나 1970년대 들어 노동쟁의와 경영난으로 자동차 산업이 쇠퇴하기 시작했으며 현재는 거의 모든 자동차 브랜드 주인이 독일이나 인도, 중국 등으로 바뀌었다.

대표적인 유명 브랜드 롤스로이스는 최고급 세단부터 맞춤형 모델까지 정교하고 럭셔리한 자동차이다. 1906년 출범하여 '실버고스트'와 '팬텀'으로 호평을 받았으며 2차대전 중에는 비행기 엔진도 생산하면서 기술력을 인정받았다. 롤스로이스는 대부분 수작업으로 제작하며 고객 요구에 따라 내부 가죽, 장식, 조명 등의 개별 맞춤이 가능하다. 후드에 장착된 엠블렘 '스피릿 오브 엑스터시Spirit of Ecstasy'는 여성이 날개를 펼친 듯한 모습이다. 롤스로이스의 철학을 담았다는 이 엠블렘은 버튼을 누르면 숨겨지므로 도난방지도 된다. 조각가 찰스 사이코스가 디자인한 '환희의 영혼'은 롤스로이스 광팬인 존 몬태규 경의 연인 벨라스코 손톤을 모델로 했다는 설이 있다. 자동차 앞의 장엄한 그릴은 로마의 대표 건물인 판테온 전면 기둥을 이미지화한 것이다.

1971년 롤스로이스는 항공 엔진 개발 비용에 따른 재정 위기로 계속 어려움을 겪다가 매우 복잡한 과정을 거쳐 1998년 독일의 BMW가 롤스로이스 브랜드와 로고를 인수하고 폭스바겐이 벤틀리 브랜드를 소유하는 것으로 정리되었다.

2천년의 고도 런던에는 유럽 다른 도시와는 달리 중세 시대 건축물이 잘 보이지 않는다. 런던은 1666년 9월 2일부터 4일간 대화재로 도시의 80%가 잿더미로 변했다. 런던 중심부인 시티의 프딩 레인 빵집에서 시작한 불은 2만여 채의 목조 건물과 세인트 폴 대성당을 비롯한 87개 교회를 불태우고 10만여 명의 이재민을 배출한 엄청난 재난을 가져왔다. 8세기부터 왕실의 간섭을 받지 않는 특별 자치권 도시인 시티의 토머스 시장은 화재 초기에 "이 정도 불은 아낙네 오줌으로도 끈다"고 자만하다가 복구비를 감당하지 못해 특권을 박탈당했다. 도시 재건 책임을 맡은 옥스퍼드대 수학과 천문학 교수인 크리스토퍼 렌은 런던을 파리처럼 반듯한 격자형 도로망으로 만들려고 구상했으나 재건 위원회 반대로 무산되고 오늘날과 같은 비좁은 도로가 되어 심각한 교통체증을 겪고 있다.

그가 35년간 심혈을 기울인 걸작품은 소실된 세인트 폴 대성당 재건이었다. 기존의 중세 고딕양식을 지양하고 바티칸의 성 베드로 대성당과 같은 돔형에다 바로크와 르네상스양식을 혼합한 독창적 건물을 추진했다. 성공회가 아니라 가톨릭 양식이라며 도시 재건위의 반대가 있었지만 그는 굽히지 않았다. 유럽의 유명 건물들은 오랜 기간 대를 이어서 시공되고 바티칸 성당은 120년 동안 12명의 건축가가 투입되었다. 세인트 폴 성당은 크리스토퍼 렌이 44세 때 시공하여 79세인 1710년에 완공을 보았다. 런던의 심장부에 있는 세인트 폴 대성당은 높이가 110m이며, 지름 34m의 장대한 돔 지붕을 자랑한다. 세인트 폴 대성당은 1965년 영국 역사상 가장 큰 국장인 처칠 장례식과 1981년 7억 명의 인구가 지켜보았던 찰스 왕세자와 다이애나 결혼식, 2002년 엘리자베스2세 여왕 즉위 50주년 '골든 주빌리'가 열린 곳이다. 세인트 폴

성당은 2차대전 때 무수한 폭격을 받아 포탄이 돔을 뚫고 제단에 떨어졌지만 돔이 무너지지 않았다. 2차대전 종전 기념 예배를 이곳에서 드린 것도 이 성당이 웨스트민스터 못지않게 중요하기 때문이다.

크리스토퍼 렌 경은 92세까지 장수하면서 50개가 넘는 교회와 유명한 건물을 남겼다. 유럽 유명 도시는 기념비적 건물을 돋보이게 하기 위해 로마는 바티칸 성당, 파리는 에펠탑 이상의 높이를 제한하고 있는데, 런던은 20세기까지 세인트 폴 성당이 기준점이었다. 성당 지하에는 크리스토퍼 렌이 넬슨 제독, 워털루의 웰링턴 공, 페니실린을 발견한 알렉산더 플레밍과 나란히 묻혀 있다.

세인트 폴 성당 옆에는 뉴욕의 월 스트리트 같이 금융 중심가인 더 시티가 있다. 한때 파운드화는 세계 금융자본의 60%를 차지할 정도의 기축통화였다. 런던 증권거래소와 영란은행 같은 대형 금융투자회사와 법률 보험회사가 밀집한 더 시티는 로마시대부터 독립된 하나의 시처럼 자율권이 부여된 특수 핵심 지역으로 런던이라는 이름이 처음 등장한 곳이기도 하다. 상주 인구는 런던의 0.1%인 9천 명 정도 좁은 지역이라 '스퀘어 마일Square Mile'이라고 부르지만 독립적인 행정 구역으로 자체 경찰과 시장이 있다. 영국이 공휴일을 '뱅크 홀리데이Bank Holiday'라고 부르는 것은 1871년 제정한 법에 따라 은행의 휴무일을 법정 공휴일로 지정했기 때문이다. 당시 은행이 문을 닫으면 사실상 모든 상업활동이 멈췄기에, 자연스럽게 은행 휴일이 공휴일을 의미하게 된 것이다. 그만큼 영국의 금융업은 영국민의 실생활에 직간접 영향을 미쳤다.

안개 도시의 예술가들

최초로 산업혁명을 이룩한 영국은 제조업과 해상무역으로 제국의 영토를 확장하여 속국 어딘가는 항상 낮이었기에 '해가 지지 않는 나라'였지만 예술 분야만큼은 주눅이 들어있었다. 프랑스는 화가, 독일은 음악가가 유명한데 비해 영국은 셰익스피어를 비롯한 문인밖에 내세울 만한 것이 없었다.

바다와 인접한 템스강을 끼고 있는 안개 도시 런던은 1년에 100일 이상 비를 만나야 한다. 한때 방수용 의류 브랜드 '런던 포그'와 '버버리 트렌치코트'가 크게 유행한 것도 이런 기후 때문이었다. 찬란한 햇살을 받아서 시시각각으로 변하는 자연의 아름다운 모습을 보아야 화폭이나 악보에 예술성을 담을 수 있는 게 아닌가 한다.

세계 무역으로 일어선 영국이 돈을 주고 부족한 예술가를 수입하는 방식을 채택한 것은 어쩌면 자연스러운 일이다. 영국에 건너온 대표적인 음악가는 헨델과 하이든, 멘델스존이다. 하노버 공국의 궁정 악장이던 헨델은 첫 오페라 <리날도> 공연을 위해 1711년 런던에 갔다가 공연 환경과 관중 환호에 크게 감동받았다. 독일에서는 왕실 관계자를 위한 조그만 공연이 고작이었는데 런던은 일반 시민이 몰려들어 38번이나 앵콜 공연을 했으며, 훈련된 비둘기를 극장 안에 직접 날리는 연출과 시설이 별천지였던 것이다. 그는 독일식 이름인 게오르그 헨델을 영국식 조지 헨델로 바꾸고 영국인으로 귀화했다. 그가 영국에서 작곡한 대표작 <메시아>의 유명 코러스 '할렐루야'는 역대 왕 대관식에 자주 초대받는다. 또 헨델의 <사독 사제Zadok the Priest>는 영국 대관식에서 늘 연주되는 공식 곡이다. 헨델 동상은 웨스트민스터 시인의 무덤 코너에 셰익스피어와 마주 보고 있다.

오스트리아 궁정 작곡가로 활동한 하이든은 1791년과 1794년 두 차례 런던을 방문하며 후반기 전성기를 맞이했다. 그는 런던에서 '시계', '런던', '놀람' 등 12곡의 교향곡을 작곡했는데 이를 통틀어 <런던 교향곡>이라고 한다. 런던에서 하이든의 음악은 엄청난 인기를 끌어 명예와 부富를 동시에 누렸다. 멘델스존도 10차례 이상 영국을 방문하여 왕실과 시민의 환대를 받았으며 특히 에든버러와 글래스고 순회 연주에 감명을 받아 <스코틀랜드 교향곡>을 남겼다.

그나마 영국 체면을 세워준 에드워드 엘가는 성공회가 아닌 가톨릭 집안에 정규 교육도 받지 못한 서민 출신이지만 빅토리아 여왕, 에드워드7세, 조지5세 등 영국 왕실의 총애와 함께 1904년 기사 작위를 받았다. '영국 음악가의 자존심'으로 통하는 엘가는 <위풍당당 행진곡>과 <수수께끼 변주곡>으로 영국인의 정서와 장엄함을 표현했다고 인정받는다. 그는 빅토리아 여왕 취임 50주년 축하연에 초청받았으나 "피아노 조율사의 아들이 참석해서 왕실의 불명예를 안기기를 아무도 원하지 않을 것입니다"라고 거절했다는 일화도 전해진다.

1632년 찰스1세의 궁정 화가로 초청된 루벤스의 수제자 안토니 반 다이크는 키가 작고 외모가 볼품없는 왕을 말 위에 올려 고귀하고 품위 있게 묘사함으로써 화가로는 예외적으로 기사Sir 작위를 받았다. 반 다이크가 그린 초상화의 우아한 포즈에 풍성한 머리칼, 세련된 의상이 귀족들 사이에 새로운 트렌드가 되었으며, 그중 레이스가 달린 큰 칼라는 '반 다이크 칼라'라고 하여 유행이 되었다.

프랑스 인상주의 대표 화가인 모네가 1870년 보불전쟁 징집을 피해 1년간 런던에 머물면서 고국에서는 만날 수 없는 안개 세상에 감동을 받았으며 전쟁이 끝난 후에도 다시 방문하여 템스강, 웨스트민스터, 국회의사당을 에워싼 안개 풍광에 관한 작품을 많이 남겼다.

미국의 인상주의 화가 맥닐 휘슬러는 1859년부터 런던에 정착하여 안개를 주제로 한 그림만 그리기 시작했다. 매일 안개 속에 묻혀 사는 사람은 아무 감흥이 없는데 외지인은 런던 안개에 몽환적인 신비감을 느꼈던 것 같다. 휘슬러는 <녹턴(야상곡)>이라는 연작을 통해 안개의 도시 이미지를 빛의 미학으로 승화시켰다. 풍자 문학가인 오스카 와일드는 "휘슬러가 안개를 그리기 전까지 런던에는 안개가 없었다"고 단언하기도 했다.

그러나 석탄 연료의 무분별한 사용으로 인한 매연이 차가운 안개와 엉켜서 만든 스모그가 런더너의 숨길을 막는 재앙이 되기도 했다. 1952년 12월 5일부터 9일까지 가시거리가 3m도 되지 않아 자동차와 기차가 마비되고 극장과 공연장도 문을 닫았다. 전대미문의 아황산가스 스모그로 인해 런던에서만 1만여 명의 노약자가 목숨을 잃었다. 대기오염의 심각성을 깨달은 영국은 석탄 연료를 줄이고 템스강 정화 사업을 대대적으로 벌이는 '대기청정법'을 제정했고, 이는 전 세계 환경 정책의 변화를 가져온 계기가 되었다.

영국이 내로라하는 유명 음악가와 화가를 배출하지 못해서 아쉽기는 하지만, 인류 역사상 가장 위대한 극작가라 불리는 윌리엄 셰익스피어가 그 아쉬움을 충분히 보상한다. 변방 섬나라인 영국이 1588년 스페인 무적함대를 무찌르고 정치, 경제, 군사 대국으로 발돋움하던 엘리자베스1세 시대에 발맞추어 문화 강국을 뒷받침해 준 셰익스피어는 모두 39편의 희곡과 15여 편의 주옥같은 소네트를 남겼다. 그는 특히 라틴어나 프랑스어에 눌려서 하찮은 언어 취급받던 영어를 중심부 언어로 승격시켰으며 그가 작품 속에서 직접 만든 영어 단어가 1700개나 된다고 추정한다. 기존 단어에 접두사나 접미사를 붙여 새로운 단어를 만드는가 하면, 동사와 명사, 형용사 등 품사의 벽을 자유롭게 허물어뜨려 어휘를 더욱 풍부하게 하고 강력한 표현력을 구사했다.

셰익스피어는 로드 챔버레인 극단 소속 배우 겸 극작가로 활동했으며, 우리가 흔히 만나는 그의 초상화는 <베니스의 상인>에서 샤일록 역을 맡은 시절의 분장한 모습이 아닌가 하는 견해도 있다. 전통적인 영국인은 얼굴이 갸름하고 다소 창백한 모습이기 때문이다. 셰익스피어 당시 희곡은 템스강 남쪽 뱅크사이드에 있는 원형 3층 목조 건물에서 공연했는데 씨름판처럼 무대가 객석 중앙에 있었다. 1649년 청교도 혁명으로 극장이 10여 년 동안 폐쇄되었으며, 지금은 그 자리에 글로브극장이 복원되어 주로 셰익스피어 작품을 공연하고 있다.

런던에서 자동차로 1시간 반 정도 가면 셰익스피어의 고향인 스트랫퍼드어폰에이번에 생가가 있다. 셰익스피어 시절에는 말을 타고는 3일, 걸어서는 일주일 걸렸다고 한다. 아버지가 가죽 장갑을 만드는 장인이라 생활에 여유가 있었는지 16세기 튜더식 2층 목조 건물인 생가는 아직 건재하며 당시 생활 모습과 작업 현장, 각종 제품이 전시되어있다. 나는 기념품숍에서 그의 이름이 새겨진 검정 모자를 하나 샀다.

셰익스피어는 어릴 때부터 짐승을 잡아 가죽 다루는 것을 많이 봐서인지 그의 작품에서 죽어가는 모습 묘사가 탁월하다고 평가받는다. 생가 앞 마당에서는 셰익스피어 동호인들이 수시로 공연을 벌이는데 내가 갔을 때는 <줄리어스 시저>의 연설 장면에 열을 올리고 있었다. 셰익스피어 무덤은 그가 세례를 받은 동네 트리니티 교회에 있고 그가 다닌 그래머스쿨과 1638년 하버드대학을 세운 존 하버드 목사의 외가도 하버드 하우스라는 이름으로 셰익스피어 생가 바로 옆에 있다.

영국인의 성은 직업에서 유래한 것이 많다. 스미스는 대장장이, 테일러는 재단사, 메이슨은 석공 등에서 왔는데, 셰익스피어는 '창을 흔든다'는 뜻이므로 아마 조상이 궁궐 문지기가 아니었나 추정한다.

16세기 튜더식 2층 목조인 셰익스피어 생가는 아직도 건재하다. 마당에서는 매일 동호인들이 극을 공연한다. 생가 앞에서 '줄리어스 시저' 배우와 함께.

런던 중심부 토트넘 코트 로드역 근방에 1759년에 개관한 세계 최초 공공 박물관인 영국박물관이 있다. 조지2세 주치의 한스 슬론이 평생 수집한 7만여 점의 작품을 국가에 기증하면서 보관과 전시를 위해 '눈에 보이는 백과사전'인 박물관을 건립하게 되었다. 현재는 선사시대부터 현대까지 전 세계 귀중 유물 8백만 점 이상을 보유하고 있는데 실제 전시품은 1%밖에 되지 않는다고 한다. 대부분 약탈이나 훔쳐온 것이어서 '세계 최대 장물 보관소'라는 비난을 받는가 하면 "영국박물관에는 경비원 빼고는 영국 물건이 하나도 없다"는 조크도 있다. 요즘도 원래 소유국에서 반환을 요구하고 있으며, 영국은 입장료를 받지 않는 것으로 생색을 내고 있다. “대영박물관의 보관품은 특정 국가를 넘어 전 인류의 보물이니 ‘인류의 대표’인 영국이 잘 보존하겠다”는 오만한 변명이다. 입장료가 무료인 것은 돈으로 환산할 수 없는 보물창고이기 때문이라는 조크도 있다.

유명한 전시품은 헤아릴 수 없이 많지만 그중에서도 이집트의 위대한 파라오인 람세스2세 흉상, 고대 그리스문자와 이집트 상형문자가 함께 있는 로제타 스톤, 영국 시인 바이런이 그리스에 돌려주라고 항의했던 파르테논신전의 엘긴 마블 조각, 영화 해리포터에도 등장한 12세기 노르웨이 작품 르위스 체스맨 세트 등은 반드시 찾아봐야 할 보물이다.

나는 구텐베르크가 최초로 대량 인쇄한 <42행 성서>가 영국박물관에 두 권이나 있다는 것에 기대를 갖고 갔으나 전시장에서는 찾을 수가 없어서 안내소에 문의했더니 안전 보존을 위해 외부에 있다는 것이다. 한 페이지에 42행으로 되어있는 <42행 성서>는 1450년경 종이로 된 150부와 양피지로 된 고급 장정 30부 등 180부를 인쇄했으나 현재 21부가 남아있는데, 이 책의 소장 여부가 도서관이나 박물관의 위상을 나타낼 정도로 중요시된다. 우리나라는 국립세계문자박물관에 여호수아서 분책만 갖고 있는데, 아시아에서는 유일하게 일본 게이오대학이 완전본을 소장하고 있다. 영국과 일본이 1902년 러시아 팽창을 막기 위해 영일동맹을 맺고 20년 동안 자별한 우방국으로 지낸 덕분이 아닌가 한다. 대영박물관을 무료로 본 뿌듯함은 초라한 한국관을 거치면서 금세 맥이 빠진다. 규모도 일본의 절반밖에 되지 않으니 이곳에서도 국력을 비교 확인해야 하는가.

런던의 두 얼굴

런던에는 이스트엔드와 웨스트엔드라는 완전히 다른 두 얼굴이 있다. 웨스트엔드는 런던의 브로드웨이라고 하는 극장과 뮤지컬 중심지이자 고급 상점과 럭셔리 호텔이 많은 쇼핑 중심지여서 피커딜리 서커스, 옥스퍼드 거리, 코벤트 가든 등 명소가 많다. 웨스트엔드의 최장기 공연 작품은 1985년 초연한 뮤지컬 <레미제라블>이며 <오페라의 유령>은 1986년부터 마제스티스 극장에서 공연 중이다. <라이언킹>과 <맘마미아>도 1999년 이후 계속 사랑을 받고 있다. 애거사 크리스티의 살인 미스터리 연극 <쥐덫>은 1952년 11월 25일 이래 매일 공연한 세계 최장 기록을 갖고 있다. 2020년 3월 16일부터 2021년 5월 17일까지 코로나19 팬데믹으로 유일하게 공연이 중단되었다. 관광 산업 일등 공신인 웨스트엔드는 뉴욕 브로드웨이와 함께 세계 공연 산업의 양대 축으로 꼽힌다. 1970년대 들어 뉴욕시가 재정 위기로 파산 지경에 이르고 브로드웨이가 퇴폐와 범죄 구역으로 무너질 때 웨스트엔드의 4대 명작 <캐츠>, <레미제라블>, <오페라의 유령>, <미스 사이공>이 건너가 브로드웨이를 구해 주었다. 특히 등장인물이 모두 고양이로 분장하고 몸짓 하나하나 고양이 동작으로 움직이는 <캐츠>와 제작비 300억 원을 들여 지하 호수까지 연출한 <오페라의 유령>은 장기간 흥행을 유지했다. 한국의 창작뮤지컬 <명성황후>가 1998년 최초로 런던에 입성했으며 과학의 양면성을 다룬 <마리 퀴리>가 일본과 폴란드를 거쳐서 2024년 6월부터 두 달간 웨스트엔드 체어링 크로스 극장에서 공연되었다.

한편 이스트엔드는 노동자 계층이 거주하는 빈민촌으로 '잭 더 리퍼Jack the Ripper' 연쇄 살인 사건이 벌어진 곳이었으나 최근에는 예술가가 몰려오면서 슬럼가에서 젊고 활기찬 아방가르드의 새로운 문화 중심지로 변모했다. 잭 더 리퍼는 우리의 화성 살인사건처럼 1888년 8월에서 10월 사이에 이스트엔드 화이트채플에서 5명의 매춘부를 연쇄 살해했다. 이 지역에선 1888년부터 1891년까지 11명의 살인사건 피해자가 발생했으나 동일범 소행으로 공식 분류되는 사건 피해자는 'Canonical Five'라고 불리는 희생자 5명이다. 살인을 예고하고 범행을 저질렀는데도 범인이 끝내 잡히지 않은 '이스트엔드 미스터리'로 남아있다. 잭 더 리퍼는 범인이 경시청과 언론사에 보낸 편지의 발신인 가명이며 이를 소재로 한 영화 소설 뮤지컬 등이 넘쳐난다.

빅토리아시대 런던은 '유럽의 풍요 도시'로 소문이 퍼지면서 동유럽의 유대인과 아일랜드의 빈민이 대거 이주해 오기 시작했다. 이들은 대부분 이스트엔드의 빈민촌으로 몰려들었기에 "웨스트엔드에는 돈과 여유가, 이스트엔드에는 먼지와 노동이 있다"는 말이 유행했다.

우리는 출신 지역에 따라 억양이 다르지만 영국은 사회적 지위나 계급에 따라 사용하는 어휘와 말투가 달라진다. 영국인은 낯선 사람과 인사 몇 마디만 나누면 어느 계층 출신인지 알 수 있다고 한다. 중세 때만 해도 최상류층은 라틴어를 쓰고, 중산층은 프랑스어, 서민은 영어를 사용했다. 초창기 엘리자베스 여왕의 연설을 백성들이 잘 알아듣지 못하는 경우가 많아 스피치 전문가를 초빙하여 교육을 받았다고 한다.

현재 영국 왕위 계승 서열 1위인 윌리엄 왕세자가 2011년 케이트 미들턴과 결혼하기 위해 상견례를 하는 자리에서 미들턴의 어머니 캐럴 미들턴이 화장실을 Toilet라고 하는 등 서민층 언어를 써 엘리자베스 여왕이 파혼까지 고려했다는 가십이 타블로이드 신문에 실리기도 했다. 또한 2018년 해리 왕자와 결혼한 미국 배우 출신 메건 마클이 2년 만에 왕실과 결별한 것도 그녀의 미국식 영어와 태도를 왕실이 잘 받아들이지 못했기 때문이라는 말도 나왔다.

산업혁명을 맞아 많은 노동자가 런던으로 몰려들면서 찰스 디킨스가 소설《올리버 트위스트》에서 묘사한 것처럼 도시 빈민과 각종 사회 범죄가 늘어나자 죄수를 대거 호주로 실어 보냈는데, 이스트엔드의 노숙자들도 함께 붙들려 갔다. 오늘날 호주 영어가 런던 서민 영어와 같은 것은 이 때문이다. 런던 토박이 언어 코크니가 하층민 언어로 멸시받다가 사회 고발 소설《올리버 트위스트》덕분에 대접받기 시작했다.

셰익스피어 이후 가장 뛰어난 극작가로 평가받는 버나드 쇼는 말투로 계급을 나타내는 현실을 풍자한 희곡《피그말리온》을 <마이 페어 레이디>라는 뮤지컬과 영화로 각색하여 큰 인기를 끌었다. 이스트엔드에서 노동자 계층의 말을 쓰는 꽃팔이 소녀 일라이자를 언어학자인 히긴스 교수가 6개월 동안 혹독한 훈련을 시켜서 상류사회 파티에 보내서 귀족 숙녀로 통하게 하는 내용이다. 노벨문학상과 아카데미상(각본)을 받은 사람은 버나드 쇼가 최초이고 2001년 아카데미상, 2016년 노벨문학상을 받은 미국 가수 밥 딜런이 두 번째다.

세계인이 즐기는 축구, 야구, 테니스, 양궁, 골프 발상지는 모두 영국이다. 그런데 영국은 스포츠에도 계급 사회가 잘 나타난다. 우선 상류층은 말馬을 이용한다. 과거에는 사냥이 귀족들의 유일한 스포츠였지만 오늘날은 승마가 그 자리를 차지한다. 엘리자베스 여왕은 매년 6월 런던 근교 애스콧에서 5일간 열리는 경마 대회에 빠지지 않고 참석했다. 1711년 앤 여왕 때부터 시작한 애스콧 경마 대회는 30만 명 이상의 관람객이 모이며 모자를 비롯한 각종 패션이 화제가 되기도 한다. 또한 페르시아 왕족이 말을 타고 즐기던 폴로 경기가 인도 파키스탄을 통해 영국 상류층 스포츠로 자리 잡았다.

한편 중산층은 크리켓과 럭비에 빠져 있다. 우선 크리켓은 공정과 예의, 규율을 중시하는 신사 스포츠여서 정직하거나 공정하지 않을 때 “It's just not cricket”이라고 말한다. 야구와 비슷한데 특별히 다른 점은 도루盜壘가 없다는 것이다. Steal(훔친다)은 신사가 해서는 안 될 일이기 때문이다. 1823년 럭비스쿨에서 시작된 럭비도 격렬하면서 강인한 팀워을 바탕으로 한 신사의 스포츠로 전 세계에서 각광받고 있다.

서민이 열광하는 스포츠는 역시 축구다. 전 세계의 선수와 감독이 몰려와 벌이는 프리미어리그는 200개 국 이상에 중계되며 상업적 가치 또한 천문학적이다. 축구가 신사의 나라답지 않게 난폭하고 공격적이며 관중석에서도 고함과 욕설이 난무하는 것은 노동자 계급의 스트레스 해소법일지도 모른다. 영국 과격 응원단인 훌리건의 만행은 워낙 유명하며, 1985년 벨기에 하이젤 경기장에서 열린 영국과 이탈리아 경기에서 원정 훌리건의 난동으로 축구장 스탠드가 무너져 이탈리아 응원단 39명이 사망하는 참사가 벌어졌다. 데이비드 베컴이나 웨인 루니 같은 축구 영웅이 서민 출신이듯이 노동자 계급 아이들의 확실한 출셋길은 유명 축수선수가 되는 것이라는 말도 있었다.

모든 길은 로마로 통한다

세상의 우두머리

로마제국이 스스로 '카푸트 문디Caput Mundi(세상의 우두머리)'라고 한 것은 대단한 자부심의 표현이다. "고대 모든 역사가 로마로 흘러들어갔고 근대 모든 역사는 로마에서 흘러나왔다"는 독일 역사학자 랑케의 말은 로마가 서양 문명의 어머니 역할을 했기 때문이다 그래서 세계 각국이 로마의 후예라는 것을 자랑스럽게 여겼다. 독일은 스스로를 신성로마제국이라고 칭했는가 하면, 나폴레옹은 자신을 로마 통치자인 제1 집정관이라고 명명했다. 러시아는 황제를 카이사르의 러시아식 발음인 차르로 불렀으며 미국 국회의사당에는 로마 집정관 경호원이 들고 다니던 도끼 모양의 무기 파스케스를 장식해 권위를 상징한다. 도시를 뜻하는 영어 Urban도 라틴어 Urbs에서 나왔는데 고대 로마에서 이 단어는 도시, 즉 로마의 별칭으로 사용했다.

우리가 간절히 바랄 때 쓰는 '로망'은 '로마인의 언어'에서 나온 말이다. 중세 유럽에서 기사도의 사랑 이야기를 로마어로 씀으로써 꿈꾸는 소망을 로망이라고 했다. 내가 로마 방문을 로망으로 삼은 것은 셰익스피어의 희곡《줄리어스 시저》를 읽고부터다. 꿈자리가 나쁘다면서 바깥에 나가지 말라는 아내의 만류를 뿌리치고 시저가 원로원에 나갔다가 브루투스 일행으로부터 23군데나 칼에 찔려 비참하게 쓰러지는데, 시저의 주검을 두고 브루투스와 안토니우스가 벌이는 명연설에 감명을 받았기 때문이다.

양아버지 격인 시저가 황제로 군림하는 것을 두고 볼 수 없던 공화주의자 브루투스가 먼저 연단에 올라 "시저는 훌륭한 사람이지만 우리가 그의 가랑이 밑에서 살 수는 없지 않은가. 내가 시저를 덜 사랑해서가 아니라 로마를 더 사랑하기 때문이다"고 살해 이유를 밝히자 로마 시민이 환호한다. 그러나 뒤이어 연단에 오른 안토니우스가 시저의 피묻은 망토와 유서를 내보이면서 "시저가 원정에서 승리하여 취득한 모든 재산을 로마 시민에게 은전 하나씩 나눠주기로 했다"하자 시민들이 "반역자 브루투스 죽여라"라고 외치면서 민심이 표변했다. 이 작품을 읽으면 누구나 민주주의 전당인 원로원과 이 같은 사자후를 쏟아낸 연단의 현장을 보고 싶어할 것이다. 하물며 두 사람의 명연설을 애국가 가사처럼 외우고 있던 나로서는 로마에 대한 로망이 얼마나 컸겠는가.

시저가 암살당한 날이 기원전 44년 3월 15일이다. 그래서 "Beware the Ides of march", 즉 3월 15일을 조심하라는 말이 생겼다. 이 경구는 다가올 위험이나 불운에 대비하라는 관용어로 지금도 사용한다. 라틴어 발음으로 이두스 'Ides'라는 단어는 로마력에서 매달 중순, 보통 15일을 뜻하는 말이다.

예수가 십자가에 매달린 금요일에 13명이 만찬을 했기에 13일의 금요일을 액일로 여기는 미신이 있는 것처럼 기독교가 공인되기 전 유럽에서는 시저가 죽은 15일을 액일로 여길 정도로 시저는 예수에 버금가는 인물이었다.

빵과 서커스

포로 로마노는 로마 정치와 경제, 종교의 중심지이자 토론의 광장이며 로마인들의 생활 공간이었다. 당시 라틴어로는 '포룸 로마눔'이며 오늘날 집단 토의를 나타내는 포럼Forum은 바로 여기서 나온 말이다. 우리의 단군 할아버지와 같은 로마 건국 아버지 로물루스가 처음 사용했다는 포럼이라는 말은 '문 밖의 공간'이라는 뜻이다. 포로 로마노는 필라티노 언덕과 캄피돌리노 언덕 사이에 있는 늪지여서 주변 언덕에 살던 사람들이 내려와서 물물교환하던 '주거지 바깥'의 교류 장소였다. 저지대를 개발하여 시장과 신전, 원로원 등 각종 공공기관이 들어서고 공식 행사가 진행되면서 포로 로마노는 로마 중의 로마가 되었다.

로마는 속주로부터 급속하게 인구가 유입되어 2천 년 전에 인류 최초로 인구 100만 메가시티가 되었다. 그로부터 6백 년 후 당나라 수도 장안(현재 시안)이 100만 도시로 부상함으로써 동서양 두 거대 도시가 교역길을 연결한 것이 실크로드이다.

그러나 잇단 외세 침략으로 수도가 밀라노, 라벤나로 옮겨지고 476년 서로마제국 멸망과 몇 차례의 대지진으로 폐허가 된 채 오랫동안 방치되었다. 설상가상으로 로마에 흐르는 테베레강 범람으로 토사가 밀려와 도시를 완전히 뒤덮으면서 로마는 사실상 2층 구조의 도시가 되었다. 16세기 들어 바티칸 성당을 비롯한 르네상스 건축 붐으로 로마 도심을 파헤쳐 좋은 석재들을 떼어감으로써 포로 로마노는 거대한 채석장이 되고 말았다.

포로 로마노 중앙, 원로원 바로 옆에는 정치 지도자들이 열변을 토하던 연단과 계단식으로 된 청중석 돌무더기 흔적이 남아있다. 연단 옆에는 잘려 나간 원기둥 밑에 '밀리아리움 아우레움(황금 표지석)'이라는 글귀가 완연하다. 로마에서 나가는 모든 길의 출발점이 되는 도로 원표元標다. 시저의 기일인 3월 15일이 되면 추모 집회가 열리며 시신을 태운 자리에 세웠던 율리우스 신전도 폐허가 되었지만 허물어진 기둥 터에 참배객들의 꽃이 놓여 있는 것을 보면 시저가 고대 로마의 가장 걸출한 인물인 것은 사실이다.

해외 원정에서 승리한 장군들이 많은 전리품과 노예를 이끌고 보무당당하게 들어오던 포로 로마노 길목에 30여 개의 개선문이 세워졌으나 대부분 없어지고 온전하게 남아있는 것은 콘스탄티누스와 셉티무스, 티투스 개선문 정도이며 파리의 개선문도 이를 모델로 했다. 최초의 기독교도 황제인 콘스탄티누스는 그동안 몰수한 기독교 재산을 돌려주었고 로마 주교에게 아담한 궁전을 헌납했다. 그가 새롭게 정한 수도 콘스탄티노플 황궁 옆에 교회를 짓지 않았다면 오늘의 아야소피아가 존재하지 않았을 지도 모른다.

티투스는 아버지 베스파시아누스 장군을 따라 유대인 반란을 진압하러 예루살렘에 가 있던 68년, 폭군 네로가 자살하자 아버지의 뒤를 이어 진압군 총사령관으로 승진했다. 네로를 승계할 줄리어스 시저 가문의 후손이 없어서 후임 황제 선정을 둘러싸고 내전이 일어났고, 결국 아무 연고 없는 서민 출신 베스파시아누스 장군이 황제로 추대되었다.

티투스는 난공불락의 솔로몬 성전을 무너뜨리고 들어가서 엄청난 보물과 수만 명의 포로를 대동하고 로마로 들어왔기에 티투스 개선문에 이런 장면이 부조되어있다. 유대인 포로 일부는 콜로세움 공사 인부로 쓰고 일부는 약탈한 보물과 함께 노예로 팔아 공사비로 충당했다. 티투스 개선문에는 유대인의 상징인 7개의 촛대 '메노라'가 새겨져 있다. 로마제국의 신전이자 행정 수도인 포로 로마노는 몇몇 개선문과 "진흙밭 로마를 받아서 대리석으로 남겼다"는 자부심의 초대 황제 아우구스투스 동상이 돋보일 뿐 황량한 폐허로 시간이 멈춘 느낌이다.

황제 세습제를 시작한 셉티무스 개선문 옆에는 베드르와 바울이 순교 직전 갇혀 있던 마메르티움 감옥이 있다. 영국의 런던 타워처럼 정치범 수용소로 악명 높은 이곳에서 사도 바울은 쇠사슬에 묶인 채 간수들에게 복음을 전파했으며, 세례수가 없었는데 기도를 하자 샘이 솟아났다고 한다. 서기 67년 6월 29일 바울이 참수당할 때 잘린 머리가 세 번 굴렀는데 그 장소마다 샘이 솟았다고 하여 그 위에 세운 기념 성전을 '세 분수 성당(트레 폰타나)'이라고 한다. 귀족 부인 루치나가 바울의 시신을 수습하여 공동묘지에 묻은 자리에 세운 성 바울 성당은 바티칸의 베드로 성당, 성모마리아 성당, 성 요한 성당과 함께 로마의 성지순례 4대 성당으로 꼽힌다. 베드로와 바울의 각종 행적이 새겨진 마메르티움 지하 감옥도 기독교인들의 성지나 다름없다.

포로 로마노가 '로마의 심장'이라는 명성을 갖고 있기는 하지만 입장료를 지불하면서 그늘도 없는 폐허 유적지에 들어가는 관광객은 많지 않다. '여름 한낮 포로 로마노 입장은 자살 행위'라는 말이 돌 정도이므로 이곳에 입장하려면 양산과 모자, 물, 편한 신발 등은 필수품이다. 포로 로마노에는 아무렇게나 널브러진 돌멩이 하나하나에도 수많은 영광과 아픔의 역사가 깃들어 있으므로 예비 지식이나 가이드 동반 또한 필수품이다. "아는 만큼 보인다"는 여행 격언이 포로 로마노를 두고 한 말이 아닌가 한다.

개선장군들은 나지막한 분지로 된 포로 로마노를 거쳐 캄피돌리오 광장의 최고 신 유피테르(주피터) 신전에 가서 개선식을 했다. 캄피돌리오에는 5형제의 마지막 황제인 마르쿠스 아우렐리우스가 포로 로마노를 내려다보고 있다. 그는 자신을 되돌아보고 반성하는《명상록》을 남긴 스토아학파 철학자였지만 재위 기간 19년 동안 게르만 침략을 몸소 막아내느라 줄곧 전선에서 지내다시피 하다 군 막사에서 숨을 거뒀기 때문에 황제로서는 유일하게 기마상 동상으로 되어있다. 베네치아 마르코 광장, 시에나 캄포 광장과 함께 이탈리아 3대 광장으로 꼽히는 캄피돌리오 광장은 개선장군의 마차가 언덕을 올라갈 수 있도록 계단이 매우 낮아 유모차나 휠체어로도 즐겨 찾는 곳이다. 미국 의회 상원Senate은 원로원Senatus을 옮긴 것이고 미 의회 의사당을 지칭하는 캐피톨Capitol은 원로원이 있던 캄피돌리오 언덕의 라틴어 이름인 '몬스 카피톨리누스Mons Capitolinus'에서 나온 말이다.

기원전 753년 로마를 건국한 로물루스가 처음 기거한 곳으로 알려진 팔라티노 언덕은 귀족이나 상류층의 주거지이다. 이곳에 로마 황제들이 왕궁을 지었기에 궁전을 일컫는 영어 Palace는 팔라티노에서 궁전을 뜻하는 팔라티움Palatium을 거쳐 나온 말이다.

시저를 암살한 브루투스 일당은 자살하거나 참수당해 광장에 머리가 내걸렸는데, 살해 현장에 가지도 않았던 키케로는 목과 두 손, 혀까지 잘려서 그가 즐겨 오르던 연설단 위에 전시되었다. 키케로는 로마의 가장 유명한 정치인이자 변호사, 철학자였다. 구텐베르크의 제자 푸스트와 쇠퍼가 1465년에 찍어낸 책이 키케로의《의무론》이다. 플라톤 철학을 한 단계 발전시킨 이 책은 로마시대에 쓰여진 책이지만 인쇄술 발명 이후 르네상스 시절 유럽에서 성서 다음으로 많이 읽힌 베스트셀러가 됐다고 한다.

키케로는 직접 범행에 가담하지는 않았지만 책과 연설로 공화주의 사상을 널리 전파하여 브루투스를 부추겼다는 이유로 가중처벌을 받았다. 2천여 년 전 로마는 언론의 중요성을 일찌감치 터득한 것이다. 키케로의 처형으로 로마 공화정은 역사의 뒤안길로 사라지고 황제가 통치하는 로마제국의 팍스 로마나가 시작됐다.

로마 지하철 콜로세오역에서 바깥으로 나오자마자 로마 건축의 백미인 콜로세움과 마주치게 되는데, 거대한 원형경기장 앞에 서면 어쩐지 주눅이 들면서 감탄사가 절로 나온다. 예약을 하지 않으면 내부 입장을 위해 길게 줄을 서서 기다려야 하므로 대부분 이곳저곳 외부 사진만 찍고 발길을 돌려 콜로세움의 진수를 놓치는 경우가 많다.

줄리어스 시저 가문의 마지막 황제인 네로가 68년 후사 없이 자살한 이후 1년 동안 갈바, 오토, 비텔리우스 등 군 출신 황제들의 연이은 혼란기를 평정한 서민 출신 베스파시아누스 장군이 집권함으로써 네로가 지은 황금 궁정을 허물고 시민들에게 즐거움을 제공하기 위해 만든 거대한 오락 경기장이 콜로세움이다. 그는 네로의 학정에 시달리고 베수비오 화산 폭발 재앙으로 의기소침한 시민을 향한 위로와, 평민을 황제로 인정해 준 데 고마움의 표시로 콜로세움 개장을 통해 이른바 '빵과 서커스'를 제공하고자 했던 것이다. 로마제국 25개국 안에는 주민들에게 엔터테인먼트를 제공하는 원형경기장(미니 콜로세움)을 갖춘 도시가 200여 개나 되었으며 베로나 원형극장은 오늘날도 사용하고 있다.

콜로세움의 원래 이름은 '플라비오 원형경기장'이며 플라비오는 이 건물을 세운 베스파시아누스 황제 가문 이름이다. 네로의 황금 궁정에 세워져 있던 네로의 커다란 동상(콜로수스)을 경기장 옆에 그대로 옮겨 놓았기에 콜로세움이라는 애칭으로 불리기 시작했다. 네로의 사치로 국고가 바닥이 났기 때문에 공사비 마련을 위해 예루살렘을 정복하여 보화를 약탈했고 점령국 백성을 작업 인부로 고용했다. 당시 국내는 물론, 점령지의 최고 기술자를 초빙하여 최첨단 랜드마크를 건설했다. 공사는 베스파시아누스 황제 때인 서기 72년경 시작하여, 그의 아들인 티투스 황제 때인 서기 80년에 끝났다.

길이 188m, 폭 150m, 높이 52m, 둘레 527m의 4층짜리 거대한 타원형 경기장은 5만 명 이상 수용이 가능하고 무대에 3천 명을 세울 수 있는 복합문화공간이면서, 정치에 불만이 커진 대중에게 환심을 사려고 자극적인 오락을 제공하는 대표 유흥장이었다. 이집트의 피라미드 건축은 30년 가까이 걸린 데 비해 10년도 안 걸려 콜로세움을 준공했다는 것은 당시 로마의 국력과 건축 시스템이 어느 정도인지 놀라지 않을 수 없다. 더구나 콜로세움은 관중석으로 내리쬐는 태양빛을 차단하기 위해 240개의 지지대로 벨라리움이라는 차양막을 설치했다. 로마는 프랑스, 리비아, 크로아티아, 튀니지 등 정복지마다 로마 상징물인 신전과 콜로세움을 세워 절대권력을 과시하고 통치 유지에 활용했다.

콜로세움 건축 기술의 요체는 원형 아치문과 벽돌, 그리고 시멘트 콘크리트이다. 양쪽에서 비스듬하게 돌을 쌓아서 마지막 서로 만나는 중앙 상단에 뾰족한 쐐기돌을 끼워서 만든 아치형 문이 각 층마다 80개씩 모두 240개나 된다. 중심을 잡아주는 단단한 쐐기돌이 무엇보다 중요하기 때문에 이를 키 스톤Keystone이라고 한다. 든든하면서 하중을 분산하는 아름다운 모양의 아치를 표준화하여 레고 블록처럼 쌓았기에 콜로세움을 '아치 건축의 교향곡'이라고 한다. 중세 후반부터 유행하기 시작한 첨탑 성당 건물의 원전은 고대 로마의 아치에서 비롯되었다.

그리스인이 대리석을 정교하게 가공하여 걸작품을 창조했다면, 로마인은 벽돌을 만들기 시작했고 화산재에 모래와 자갈을 섞은 시멘트를 개발하여 벽돌 사이에 접착제로 이용했다. 1층 아치는 출입문이고 2층과 3층의 아치 동굴 속에는 네로의 정원에 전시하던 아름다운 조각품을 옮겨와서 장식했다. 아치와 아치 사이의 돌기둥도 1층은 남성적인 도리아식, 2층은 여성적인 이오니아식, 3층은 화려한 코린트식이다. 4층에는 배의 돛대를 가로로 눕혀 뜨거운 태양을 막는 벨라리움 차양 시설까지 갖추었다.

1층 좌석 중앙에는 황제가 앉고 양옆은 포로 로마노에 있는 베스타 신전의 무녀, 그리고 원로원이 차지했다. 원로원 대리석 좌석은 앞에 이름이 새겨진 지정석이다. 2층은 귀족 계급, 3층은 일반 시민 관람석이었으며, 노예나 외국인, 여성 좌석인 4층은 입장료가 없었다. 위층으로 올라갈수록 계단이 높아져 경기장과 너무 멀지 않도록 과학적으로 설계했다. 관람객은 1층 아치 상단에 새긴 번호에 따라 지정 출입구를 이용해 다른 계층의 관객과는 마주칠 수 없게 했고, 5만여 명이 출입하는 데 20분 정도면 가능했다.

콜로세움 개장 초기에는 경기장에 물을 가득 채워 모의 해전인 나우마키아(물 위의 싸움)를 벌였다고 하니 정말 장관이었을 것이다. 콜로세움 안에 급수 및 배수 설비가 갖추어져 있었고, 초창기에는 지하 송수로로 경기장에 물을 채워 모의 해전을 했다고 한다. 서기 52년 클라우디우스 황제 때 파우치노 호수에서 거행한 모의 해전은 무려 1만 9천 명의 사형수와 검투사를 동원했으며 승리한 죄인은 사형을 면해 주었다. 경기장에서 직접 악티움해전을 즐기는 것이 상상을 초월하는 감동을 주기는 하지만 운동장에 물을 채우고 배를 만들어 넣는 것은 너무 부담스러운 일이었을 것이다. 베스파시아누스의 아들 티투스가 지하를 대대적으로 개조하여 동물 사육장과 검투사와 노예 대기 장소로 바꾸면서 물 채우기는 불가능해졌다.

콜로세움 경기장의 첫 무대는 동물 쇼였다. 동물이라고는 고작 고양이와 개 정도만 알던 로마 시민에게 해외 속주에서 수송해 온 사자, 호랑이, 코끼리, 코뿔소, 하마, 치타, 곰, 악어 등이 벌이는 살벌한 생존 투쟁은 평생 잊을 수 없는 이야깃거리가 되었을 것이다. 맹수끼리, 혹은 검투사와의 대결에서 1천 마리가 넘는 동물이 매일 죽어나갔으며 동물 가죽은 관중에게 선물로 주고 사체는 죽음을 기다리는 맹수들의 먹이가 되었다. 원형경기장 개장 후 250년 동안 기독교를 향한 박해가 심했으므로 사도 요한의 제자인 이그나티우스 등 많은 기독교인이 굶주린 사자에게 물려서 의연히 죽어가던 순교 현장이 오히려 기독교를 전파하는 계기가 되었다는 이야기도 있다.

두 번째 공연으로는 로마 시민의 긍지를 높여주는 역사극이 오른다. 단골로 등장하는 사극은 카르타고의 명장 한니발을 무찌르는 포에니 전쟁인데, 운 나쁘게 적군으로 출연하는 노예는 실제로 죽음을 맞이해야 했다.

경기장의 마지막 클라이맥스는 검투사 경기다. 원래 검투사 경기는 유명 가문의 수장이 죽었을 때 순장할 사람을 선정하기 위해 장정이 대결하는 장례 제도에서 온 인신공양 풍습이었다고 한다. 로마 병사는 근접 전투에 최적화된 양날 단검 글라디우스를 주로 사용했으며, 이런 단검을 갖고 싸우는 검투사를 글래디에이터라고 한다.

검투사는 요즘 아이돌Idol 같이 인기가 많아 결투에서 쓰러지더라도 바로 죽이지 않고 투구를 벗긴 다음 관중의 판단을 기다린다. 비록 패배자이기는 하지만 멋진 대결을 벌였거나 잘생긴 외모이면 죽이지 말라는 함성이 많아진다. 황제는 시민 배심원 판결에 따라 생사를 알리는 수신호를 보낸다. 시민과 직접 소통하면서 민심을 헤아리는 고도의 정치 행위인 것이다. 매일매일 목숨을 담보하며 경기장에 나가야 하는 무대가 괴로워 자살하는 검투사도 있는가 하면, 집단 탈출하여 반란을 일으킨 적도 있다. 그러나 유명 검투사가 흘린 땀이나 피가 화장품이나 의약 및 주술적 상품으로 날개 돋친 듯이 팔릴 정도로 이들의 인기는 대단했다. 부유층 여성들이 인기 검투사의 땀을 얼굴에 바르거나 향수에 섞어 사용하고, 검투사의 머리칼이나 손톱을 부적처럼 간직하기도 했다. 서기 80년 개장 초기에는 100일 연속 콜로세움에서 축제를 벌임으로써 동물 수송과 검투사 출연료 등으로 국가 재정에 엄청난 부담이 되었다.

2013년 로마 남동쪽 젠차노에서 1300명 수용의 개인용 콜로세움이 발견되었다. 2세기에 건축한 가로 61m, 세로 40m의 소형 콜로세움은 코모두스가 개인용으로 활용했다고 추정된다. 로마 5현제賢帝 중 막내인 마르쿠스 아우렐리우스의 아들 코모두스 황제는 기울어가는 제국의 재건에는 관심이 없고 검투사 놀이에 빠져 검투사 숙소에서 합숙하며 수련하고 직접 검투사로 출연했다. 그의 상대는 부상자나 병자, 장애인이었기에 전승의 기록을 남겼다. 에드워드 기번의《르마제국 쇠망사》는 코모두스 이야기로 시작하며, 영화 <글래디에이터>에서 배우 호아킨 피닉스가 코모두스로 등장한다. 그는 백성들의 시선을 유흥장으로 몰아 흥청거리다가 192년 원로원이 보낸 자객인 황실 근위대에 의해 황궁 욕실에서 살해되었다.

전기가 없던 시절이지만 지하에는 노예들이 밧줄로 끌어올리는 28개의 엘리베이터가 있어서 맹수나 검투사가 모래 바닥 경기장 이곳저곳에서 서서히 솟아오르는 최첨단 무대를 연출했다.

로마에서는 모래를 '아레나'라고 하기 때문에 후에 원형경기장은 아레나로 통했다. 로마제국은 속국 전역에 원형경기장 209개, 원형극장 475개, 전차 경기장 77개를 개설하여 '빵과 서커스'로 주민의 환심을 샀다. 서커스는 원형경기장에서 공연되는 오락이었으므로 서클과 어원이 같다.

로마 시민이 그토록 열광하던 화려한 무대도 서서히 자취를 감췄다. 313년 기독교가 공인된 후 10계명에 살인 금지가 있듯이 잔인한 살상 경기는 하느님의 뜻에 어긋난다고 하여 호노리우스 황제가 404년을 전후해 검투사 경기를 금지하였기 때문이다. 그 후 476년 서로마제국이 망하고 중세 시대 1천년 가까이 콜로세움은 방치되다시피 하다가 르네상스 시대를 맞아 새로운 건축 붐이 일자 시내 가까이 있는 이곳 석재를 우선 뜯어가기 시작했다. 가장 먼저 없어진 것이 5만 석이나 되는 대리석 의자이다. 그동안 지진을 비롯한 자연재해도 있었지만 콜로세움이 크게 훼손되어 뼈대만 앙상하게 남은 것은 인재人災 탓이다. 콜로세움의 각종 자재는 중세 때부터 약탈됐고, 19세기 초 로마를 점령한 나폴레옹 군대가 총알을 만들기 위해 석재 연결에 사용한 납을 수거하며 외벽을 크게 손상시켰다는 얘기도 있다. 원래 콜로세움은 양파처럼 겹겹이 싸여 있었는데 지금 우리가 보는 것은 외벽이 거의 사라진 내부 구조물 모습이다. 지금은 콘크리트로 노출되어 있지만 원래는 트래버타인이라는 고급 석회암으로 외부 치장이 되어있었다.

1749년 교황 베네딕트14세가 콜로세움은 기독교인들의 순교 장소라고 하여 황제가 앉던 로열석에 십자가를 내걸고 성지로 선포함으로써 민간인 훼손은 일단 멈췄다. 한때는 경기장에 교회를 세우고 일부 복원도 했지만 현재 남아있는 것은 원래 모습의 3분의 1에 불과하다. 그러나 2천 년 세월 동안 그 많은 훼손에도 불구하고 기본 모습을 굳건히 지키고 있는 위용에 감탄할 뿐이다. 현재 콜로세움 밑으로 지하철이 지나고 있으며 앞으로 노선을 증설해도 아무 지장이 없다고 하니 불가사의한 건물이 아닐 수 없다.

2017년 9월 8일 밤 평창 동계올림픽 홍보대사 소프라노 조수미가 콜로세움 임시 무대에서 열린 세계 자선 콘서트에 출연하여 푸치니의 <라보엠> 중 '뮤제타의 왈츠'와 베르디의 오페라 <라트라비아타> 중 '축배의 노래'를 불러 관객을 매료시켰다.

첨단 상수도 시설

조그만 도시국가에서 출발한 로마가 인구 100만이 넘는 제국의 수도가 된 바탕에는 최첨단 상수도 시설과 거미줄 같은 고속도로망이 있었기 때문이다. 원래 로마를 흐르는 테베레강이 있기는 했지만 급속한 인구 팽창으로 물 부족이 심각해지자 20~30km 떨어진 근교에서 수원지를 개발하여 물을 끌어다 쓰기 시작했다. 물을 끌어올리기 위한 펌프가 없었기 때문에 아주 완만한 경사의 수로를 만들어야 하므로 산이 막히면 터널을 뚫고 계곡을 만나면 물다리水道橋를 놓아야 했다.

로마 변두리에는 수도교가 아직도 군데군데 남아있지만 원형을 가장 잘 보존하고 있는 것은 스페인 카스티야 왕국의 세고비아 수도교다. 세계문화유산으로 등재된 세고비아 수도교는 총 길이 16.2km 중 아치 157개, 기둥 120개, 높이 28m에 길이가 728m인 다리가 일품이다. 대부분의 수도교는 석회암으로 쌓았기에 중간중간 침전물을 제거해야 하는 불편함이 있지만, 세고비아 수도교는 단단한 화강암으로만 축성되어 물을 깨끗하게 유지할 뿐만 아니라 지진에도 무너지는 일이 전혀 없었다. 2천 년 전에 2만여 개의 화강암을 도르래 기중기로 2층, 3층까지 올렸으니 얼마나 힘든 작업이었을까. 수로를 투박한 담장 모양으로 쌓았다면 쉽게 무너졌을 텐데 '아퀴덕트'라고 하는 아치 수로라서 높다란 3층인데도 건재하다. 로마가 개발한 아치 공법은 공사비 절감은 물론, 아름답고 튼튼하기에 로마는 아치가 만든 제국이라고 할 수 있다.

요즘 화장실 기울기가 100분의 1이므로 100m 갈 때 1m 높이의 고도 차이인데 비해, 당시 수로는 1000분의 1의 아주 완만한 기울기였다.

평균 기울기 0.3~0.4도를 유지한다는 것은 당시로서는 최첨단 기술이었다. 자연 낙차 방법에 의존했으므로 가능한 높은 지역의 수원지를 선호했으며 깨끗한 물을 찾아내기 위해 그 물을 이용하는 인근 주민 건강 상태까지 검사했다는 기록이 있다. 수질을 보호하고 증발을 막기 위해 물이 지나가는 상단의 수로는 대부분 돌로 덮어서 지붕을 만들었다. 수로 폭은 평균 1.5m이고 높이는 2m 정도였다.

기원전 312년 아피우스 수로를 시작으로 3세기까지 11개의 수도관을 통해 로마에 유입되는 물은 하루 10억 리터 정도로 추정한다. 로마로 들어오는 수도교 길이만 465km이며 로마 시내의 지하 수로까지 합하면 7000km에 이른다. 로마 시민들은 주변의 공중 수도를 이용했지만 일부 부유층은 별도로 돈을 지불하면서 납으로 된 수도관을 집안까지 연결하여 편리하게 이용했다. 납을 함유한 수돗물을 마시는 인구가 늘어나 납 중독으로 인한 질병이 로마 멸망 원인이라고 주장하는 학자도 있다. 실제로 당시 로마인들의 사체 유골에서 상당량의 납이 검출되었다. 요즘도 아프리카 주민들은 마실 물을 구하지 못해 각종 질병에 시달리고 있으며 뉴욕인이 하루 200리터, 도쿄인이 250리터의 물을 사용하는 데 비해 당시 로마인은 하루 1천 리터씩을 썼다고 하니 "물 쓰듯이 쓴다"는 말이 나돌 정도로 물의 사치를 누린 것은 사실이다.

로마 시내에는 공중목욕탕이 300여 개, 대형 분수대 15개와 작은 분수대 1350여 개, 수세식 공중화장실 865개에다 작은 인공호수도 5개나 있었다. 가장 규모가 큰 목욕장은 카라칼라 황제가 216년에 세운 카라칼라 욕장으로 온탕과 냉탕, 찜질방, 헬스장, 마사지실, 수영장, 도서관 등을 갖춘 오늘날의 워터파크였다. 장병 휴식과 시민 오락을 위해 건립한 이 대욕장은 축구장 4개 부지에 가로 400m, 세로 300m의 대형 건축물로 한꺼번에 2천 명을 수용할 수 있었다. 요즘은 이곳 야외에 무대와 객석을 마련하여 오페라를 공연한다.

대통령궁과 헌법재판소가 있는 퀴리날레 언덕에서 조금 내려오면 세상에서 가장 아름다운 분수라고 하는 트레비 분수가 있다. 로마 건국 초기 백성은 남성 장정이 대부분이어서 이웃 사비니 부족을 점령하여 여성을 대거 납치해 왔는데, 시간이 지나고 사돈 부족과 화해하여 함께 살게 해 준 곳이 퀴리날레이다. 퀴리날레는 원로원 수호신인 퀴리노를 모시는 신전이 있어 붙은 이름이다.

트레비는 트레(3)와 비아(길)이므로 이곳에 세 갈래의 길이 있었던 것 같다. 우리말로 '삼거리 분수'라고 할 수 있겠다. 초대 황제 옥타비아누스의 사위인 아그리파 장군이 이끄는 병사가 갈증에 시달리자 갑자기 처녀가 나타나서 맑은 물이 샘솟는 수원지를 안내한 후 홀연히 사라졌는데, 2천년 세월 동안 마르지 않고 유일하게 남아있는 물길이라서 '비르고(처녀) 수로'라고 명명했다. 유일하게 석회가 없는 맑고 깨끗한 물이라고 해서 '처녀'라는 이름이 붙었다고도 하는 이 수로는 로마에서 20km 떨어진 살로나에 수원지에서 스페인광장의 조각배 분수와 트레비 분수, 그리고 판테온 앞의 아그리파 욕장을 거쳐 나보나 광장에 있는 4대강 분수까지 공급하고 있다.

트레비도 초기에는 주민들의 식용수 공급을 위한 공동 취수장이었으나 1732년 교황 클레멘스12세가 건축가 니콜라 살비에게 설계를 맡겨 후기 바로크를 대표하는 최고 걸작품 분수를 시공토록 했다. 퀴리날레 언덕에 있는 대통령궁이 당시에는 교황의 여름 별장이었기에 30년의 기간을 들여 마을 주민에게 멋진 작품을 선물한 것이다. 분수 배경 건물에 있는 3개의 창문 중 가장 오른쪽은 실제 창문이 아니라 그림으로 위장하여 바로크 건물의 재미를 더한다.

그 엄혹한 코로나19 팬데믹 시절에도 마스크를 쓴 관광객이 트레비 분수에 운집한 것은 오드리 헵번과 그레고리 펙 주연의 1953년 영화 <로마의 휴일> 덕분이 아닌가 한다. 오드리 헵번이 스페인 계단에 걸터

앉아 젤라토 아이스크림을 먹으면서 "오늘 하루쯤 로마에서 휴일을 보내고 싶다"는 독백에서 영화 제목이 나왔다. 영화 속 공주와 기자가 벌인 갖가지 정감어린 에피소드가 70년이 지난 지금도 여전히 로마 곳곳에 마케팅 요소로 남아있다. 트레비 분수 근방의 유명 젤라토 가게는 주문을 위해 번호표를 뽑고 한참 기다려야 한다. 요즘은 젤라토가 단순한 기호식품이 아니라 와인이나 위스키 등과 짝을 이룬 페어링으로써 디저트 영역을 넘어 메뉴 코스 역할도 하고 있다.

트레비 분수를 등지고 서서 오른손으로 동전을 쥐고, 왼쪽 어깨 너머로 한 번 던지면 로마를 다시 방문하며, 두 번 던지면 연인을 만나고, 세 번 던지면 연인과 결혼에 이른다는 속설 때문에 남녀노소를 불문하고 동전을 던지고 간다. 매일 아침이면 시청 직원이 나와서 동전을 수거하는데 2023년 한 해 동안 트레비 분수에서 수거한 160만 유로(약 23억 원)는 불우이웃과 치매 치료 기부금으로 쓰였다. '돈이 마르지 않는 샘'이다. 동전을 던질 때 함께 휩쓸려 간 팔찌나 시계가 물속에서 나올 때도 있다고 한다.

트레비 분수 중앙에는 대양의 신 티탄 오케아노스가 풍요와 건강의 여신을 거느리고 있으며 그 아래에 트리톤이 두 마리 날개달린 말을 다루고 있다. 난폭한 모양의 말은 거친 바다를 상징하고 온순한 모양의 말은 잔잔한 바다를 상징한다. 그 왼쪽에는 온갖 과일을 들고 있는 풍요의 여신이 부조되어 있고 오른쪽에는 의술의 상징인 뱀을 갖고 있는 건강의 여신이 있다. 분수 오른쪽에는 전쟁에 나가는 연인이나 남편과 함께 물을 마시면 전사하지 않고 귀가한다는 전설이 담긴 '연인의 샘'이 있다. 지금도 이곳을 찾은 연인이 함께 물을 마시며 영원한 사랑을 맹세하곤 한다. 분수 안의 물은 손대지 못하지만 수도꼭지에서 물을 받을 수 있게 배려해 두었다. 분수에 동전 던지기가 소원을 비는 의식이라면, 연인의 샘은 사랑의 약속을 기원하는 의식이다.

트레비 분수는 교황이 직접 발주하고 감독한 공공 토목공사였기에 교황의 권위와 후원 사실을 널리 알리기 위해 조각 맨 꼭대기에는 교황의 영적, 세속적, 도덕적 권위를 상징하는 세 겹의 왕관인 삼중모를 금과 은으로 된 두 개의 열쇠가 받치고 있고, 그 아래에 분수 공사를 시작한 클레멘스12세 교황의 문장이 새겨져 있다. 금 열쇠는 천국에서의 영적 권한이고 은 열쇠는 지상에서의 교회 권한으로 교황의 전권을 상징한다.

트레비 분수 바로 뒤의 팔라초 폴리 궁전 오른쪽 창문에는 사람이 서서 내다보는 것 같은 착시효과를 가져오는 스그라피토가 있으니 이를 놓쳐서는 안 된다. 르네상스 시대에 유행한 스그라피토는 실제로 건물을 짓지 않고 벽면에 각종 색깔의 회반죽을 발랐다가 마르기 전에 긁어내어 그림으로 대체하는 예술 기법이다. 흑사병으로 노동 인력이 부족한 데다 빠르고 값싸고 쉽게 건물을 지을 수 있기에 이탈리아에서 특히 유행했다. 시각적인 장난을 가미한 스그라피토는 '긁어서 만든 그림'이라는 뜻이다.

2023년 5월 22일에는 이탈리아 환경단체 '울티마 제네라 치오네(마지막 세대)'가 식물성 먹물을 쏟아부어 트레비 분수를 검게 물들여 기후 변화의 심각성을 알리는 퍼포먼스를 벌였다.

로마 북쪽 입구에 있는 스페인광장의 조각배 분수도 관광 명소이다. 원래 포도밭이던 광장 위쪽에 수도원이 들어서고 프랑스인이 집단으로 이주하기 시작하자 프랑스 광장으로 불리다가 18세기 스페인 대사관이 들어서며 스페인광장으로 이름이 바뀌었다. 이탈리아 주재 스페인 대사관이 아니라 바티칸시국과의 대사관이다. 수도원과 나란히 자리한 성 삼위일체 대성당에서 광장으로 내려가는 스페인 계단도 3곳으로 구분하여 삼위일체를 상징한다. 성당 접근로인 계단을 세어보니 137개인데 그 숫자에 특별한 의미가 있는 것 같지는 않았다.

스페인광장 옆에 있는 미냐넬리 광장에는 교황 비오9세가 1854년 “성모마리아는 원죄 없이 잉태되셨다”는 성모 무염시태無染始胎 교리를 발표한 기념으로 2년 후 오벨리스크식 성모마리아 기념 기둥을 세웠다. 오벨리스크는 대부분 이집트에서 갖고 왔지만, 이것은 로마에서 직접 제작한 것으로 꼭대기에 청동 성모상을 받들고 맨 아래에는 성모 잉태를 예언한 이사야와 다윗, 모세 등을 새겼다. 매년 12월 8일 성모 무염시태 축일이 되면 교황이 이곳에 직접 왕림하며, 소방관이 사다리차를 타고 올라가서 성모마리아 오른팔에 새로운 화환을 바꾸어 걸어 준다. 코로나 팬데믹 시절에는 군중과 마주치지 않기 위해 이른 새벽에 교황이 다녀갔다.

스페인광장의 조각배 분수는 1626년 교황 우르바노8세 주문으로 ‘바로크의 미켈란젤로’로 통하던 유명한 건축가 로렌초 베르니니의 아버지인 피에트로 베르니니가 제작했다. 1598년 대홍수 때 테베레강의 운반선이 광장까지 밀려온 사건을 모티브로 하여 실제 배와 똑같은 모형으로 만든 것이다.

나보나 광장에 있는 3개의 분수는 바로크 예술의 진수를 보여준다. 도미티아누스 황제가 서기 86년 전차 경기장으로 건립한 나보나 광장은 타원형으로 육상 트랙을 닮았다. 현재 광장 주변 건물이 있는 자리는 원래 관람석이었다. 476년 서로마제국이 멸망한 후 로마는 초토화되어 버려졌다. 1천년 후 비잔틴의 동로마제국이 이슬람의 오스만제국에 망한 후 유민들이 고국인 이탈리아반도로 이주해 왔을 때 인구 100만이 넘었던 로마가 1만 정도의 폐허로 변해 있었다. 계속된 강의 범람으로 토사가 쌓여 기존의 로마는 묻혀 버렸기에 그 위에 2층으로 다시 로마를 건설했다. 나보나 광장도 이렇게 재탄생한 곳이다.

나보나 광장 중앙의 피우미 분수는 유럽의 다뉴브, 아시아의 간지스, 아프리카 나일, 남미의 라플라타강을 의인화한 조각상으로 구성되어 '4대강 분수'라고 한다. 그중 나일강은 머리에 천을 둘러쓰고 있고 라플라타강은 겁에 질린 듯 손짓을 하고 있다.

아고네 성당은 나보나 광장에서 순교한 성녀 아그네스를 모시는 성전이다.

북쪽에는 바다의 신 넵튠이 문어를 잡고 있는 넵튠 분수가 있으며, 남쪽에는 모로 분수가 있다. 8세기 이베리아반도에 진출한 아프리카의 이슬람 무어인을 스페인 원주민은 '모로'라고 했으므로 두어인 분수인 셈이다.

모든 길은 로마로 통한다

"모든 길은 로마로 통한다"는 속담은 세계의 중심이 로마였다는 의미이다. 세계 최초의 고속도로는 기원전 312년 고대 로마 집정관 아피우스가 착공하여 122년 동안 건설한 아피아 가도이다. 포로 로마노의 산 세바스티아노 성문으로부터 이탈리아 남쪽 끝 장화 뒷굽에 해당하는 브린디시Brindisi까지 장장 550km에 이르는 포장도로이다. 브린디시는 그리스나 동방으로 가는 길목이기에 시저가 이집트 정벌에 나선 항구였으며 십자군전쟁 때는 예루살렘으로 원정가는 출발지이기도 했다. 이탈리아 사람들이 건배 구호로 외치는 '브린디시'는 이 항구가 워낙 소중하기에 도로 완공을 자축하는 감탄에서 유래했다고 한다. 베르디의 오페라 <라트라비아타> 1막에 나오는 유명한 축배의 노래나 <오셀로>, 마스카니의 <카발레리아 루스티카나>에 바로 이 축배를 의미하는 브린디시 노래가 나온다. '길의 여왕'으로 통하는 아피아 가도는 세계를 지배한 로마제국의 번영을 보여주는 상징물이며, 2300년이 지난 오늘날에도 여전히 사용하고 있으니 세계의 불가사의 건축물이 아닐 수 없다.

특히 줄리어스 시저가 암살된 후 내란을 평정하고 제정을 시작한 초대 황제 아우구스투스는 수로와 도로 개척에 주력함으로써 200년 동안 로마 평화를 뜻하는 '팍스 로마나' 시대를 열었다. 그는 모든 길의 출발점인 로마 광장에 밀리아리움 아우레움(황금 이정표)이라는 청동기둥을 세우고 각 지역 목적지까지 거리도 표시했다.

도로 옆에는 귀족들의 호화스런 무덤과 저택 흔적이 아직도 많이 남아있다. 로마는 황제와 신전의 여사제만이 시내에 묻힐 수 있도록 엄격히 장지를 제한했다. 당시는 죽은 자도 산 자와 가까이 있고 싶어 했던 풍습이 있었기에 로마를 벗어나더라도 사람이 많이 왕래하는 도로 주변을 선호하여 30여만 개 묘소가 길가에 늘어서 있었다고 한다.

스파르타나 아테네가 융성할 때 변방의 조그마한 도시국가로 출발한 로마는 이탈리아반도를 비롯하여 그리스, 스페인, 영국 등 유럽과 지중해, 북아프리카, 페르시아, 이집트까지 대제국을 넓혀 나갔다. 유럽과 아프리카 중간에 자리한 로마는 남과 북을 관리할 수 있는 좋은 위치였다. 로마군 공병대의 주 업무는 도로 건설이었으며 당시 세계 각지에 흩어진 속주의 거점도시로 연결하는 도로가 30만km나 되었다.

도로는 전쟁을 위한 군사 목적으로 시작했지만 후에는 교역과 문화, 통신, 세금 징수에도 중요한 역할을 했다. 여유가 있는 로마인은 질병치료를 위해 튀르키예 파묵칼레까지 온천욕을 즐기려 고속도로를 이용했을 정도이다. 그래서 파묵칼레 근처 도로변에는 치료차 왔다가 죽은 사람 무덤이 유난히 많이 보인다.

로마의 도로 건설은 속전속결 전쟁용으로 출발했기 때문에 거리 단축을 위해 끝이 안 보일 정도로 일직선으로 뻗은 것이 특징이다. 그래서 길을 잃거나 잘못 들어가는 일이 없었다. 마차 두 대가 교행할 수 있는 넓이의 중앙 도로 양 옆에 사람이 다니는 인도를 별도로 만들었다. 자고로 길은 사람이 왕래함으로써 자연적으로 만들어지는 것이 원칙인데 로마는 길을 만들어 사람이 다니게 했던 것이다.

우선 길을 만들기 위해 최소 1m에서 3m 정도 운하처럼 파내고 맨 아래에는 커다란 돌과 진흙을 넣고 그 위에 자갈 모래, 석회석이나 화산토로 시멘트 콘크리트를 만들고, 다시 흙으로 평평하게 다진 다음 포장재로 돌을 촘촘히 박는다. 도로 바닥 재료는 화산 마그마가 굳은 검은 현무암을 주로 사용했다. 더러는 우리나라 경복궁 근정전이나 종묘 월대, 왕릉 길처럼 널찍한 화강암 박석薄石이 깔려 있어서 우툴두툴한 표면이 햇빛 반사를 막아 눈이 부시지 않을 뿐만 아니라 비가 와도 미끄러지지 않게 되어있다. 아프리카나 중동 지역은 돌이 귀하므로 현지에서 쓸 수 있는 재료를 이용했다. 언덕배기 산은 파내고 높은 산은 터널을 뚫었으며 개천을 건너기 위한 다리만 2천여 개나 된다.

마부가 오른손으로 채찍을 사용했기 때문에 오늘날의 영국처럼 마차는 좌측통행을 했으며 마차가 다닌 바닥 돌이 마모되어 바퀴 자국이 두 줄로 길게 홈이 나 있다. 간혹 마차가 덜컹거리는 것을 피하기 위해 한쪽 바퀴가 인도로 걸쳐 가는 경우가 있어 인도 중간중간에 돌덩어리를 인도 쪽으로 눕혀둠으로써 스피드 범프 역할을 하도록 했다.

뙤약볕에 무거운 장비를 짊어지고 행군하는 병사들을 보호하기 위해 길 양옆으로 사이프러스나 소나무를 심어 그늘을 만들었다. 사이프러스는 잎이 무성한 데다 뿌리가 옆으로 번져서 도로를 훼손하지 않고 밑으로 뻗는 수종이라 안성맞춤이었다. 가로수 바깥으로는 가지치기를 해서 가능한 길 안쪽으로 가지가 뻗어나가게 함으로써 숲의 터널을 만드는 조경까지 세심하게 배려를 했다. 병사의 1천 보 걸음걸이마다 거리를 표시하는 돌기둥Miliarium을 세웠는데 평균 거리가 1.4km 정도이며 이것이 오늘날 '이정표Milestone'의 어원이다.

도로 주변에는 파발마와 같은 우체국, 마차 수리소, 숙박과 휴식을 위한 테르메(목욕탕)가 있었다. 로마 중앙역인 테르미니역은 공사 현장에서 목욕탕이 발굴되었기에 붙은 이름이다. 아피아 가도 1백 년 전에 최초로 만든 도로를 '소금길'이라고 했던 것처럼 초기에는 수송할 제품이나 지명을 도로에 붙였으나, 제대로 된 고속도로인 아피아 가도부터는 건설 책임자 이름을 붙여서 아드레아티나, 살라리아, 카시아 등 13개의 도로를 만들었다.

사도 베드로가 네로 황제의 박해를 피해서 이 길을 몰래 빠져나가는 도중 갑자기 예수의 환영이 나타나자 베드로가 놀라면서 "주여, 어디로 가시나이까(쿼바디스 도미네)"라고 물었다. 예수가 "십자가에 다시 못 박히려고 로마로 간다"고 하자 베드로가 크게 뉘우치면서 로마로 돌아가서 십자가에 거꾸로 매달려 순교했다. 예수가 발현한 자리에 '쿼바디스 교회'가 세워졌다. 9세기에 축조한 이 교회 안에는 대리석에 새겨진 예수의 발자국 복제본이 있다. 원본은 성 세바스티아노 대성당에 보관하고 있다. 발 길이가 27.5cm인 것으로 보아 예수의 키가 180cm이라고 추정하는 설도 있다. 1905년 노벨문학상을 받은《쿼바디스》의 작가 시엥키비치 흉상도 이 교회 안에 있다. 서기 61년 예루살렘에서 그리스도를 선교하다 체포되어 처형당할 위기에 처한 바울이 "로마 시민은 재판 없이 처형할 수 없다"는 시민 권리를 내세워 황제 앞에서 직접 재판받기를 주장해 이 길을 통해서 로마로 압송되었다.

네로를 비롯한 초기 황제들은 살아있는 신으로 추앙받고 싶어했는데, 유일한 걸림돌이 예수를 신으로 떠받드는 그리스도교인이었다.

313년 콘스탄티누스 황제의 밀라노칙령이 발표될 때까지 250년간 박해를 피해 기독교인들이 숨어서 지낸 곳이 도로변의 지하 공동묘지인 카타콤베이다. 원래 가난한 사람들의 공동묘지이던 카타콤베는 기독교인의 피난처이자 예배 장소이고 무덤이 되었다. 이들은 응회암 암반 지역을 골라 지하 5층 20m 깊이까지 파내려가서 공동 생활을 했으며 서랍장처럼 굴을 파서 시신을 안치했다. 지금까지 발굴한 카타콤베는 산 칼리스토를 비롯하여 60여 개에 이르는데, 이들이 판 미로를 합하면 최장 900km나 된다고 한다.

카타콤베에는 16명의 교황과 성녀 세실리아를 비롯한 50여 명의 순교자가 매장되어있다. 사진 촬영이 금지된 카타콤베 벽면에는 기독교를 상징하는 물고기(익투수, '예수 그리스도 하느님의 아들 구세주'의 머릿글자 모음)가 자주 보인다. 물고기는 그리스도인이 서로를 확인하는 암호로 사용했다. 최초의 대규모 기독교 성화군은 카타콤베 벽면에 그려진 프레스코화라는 데 이견이 없을 것이다.

아피아 가도는 6천 명의 로마 반란군을 십자가에 묶어 처형한 희대의 사형장이 된 적도 있다. 전쟁포로로 잡혀와 검투사가 된 트라키아(불가리아) 출신 스파르타쿠스는 훈련소의 열악한 생활과 학대를 견디지 못해 검투사 노예인 동료와 규합하여 기원전 73년 반란을 일으켰다. 1960년 커크 더글라스 주연의 영화 <스파르타쿠스>에서도 보여주듯이 스파르타쿠스는 시골 양치기를 비롯한 농민과 규합하여 7만여 명의 막강한 대규모 반란군을 이끌면서 두 차례나 로마 관군을 물리쳤다. 고대 로마 사회는 인구 3분의 1이 노예 신분인 전쟁포로였기에 대부분의 시골 노동자가 반란군에 합류했다.

마침내 마르쿠스 크라수스 장군은 인류 전쟁사에서 가장 악명 높은 '데키마티오 형벌Decimatio(10분의 1 형벌)'을 적용하여 3차 노예전쟁을 승리로 이끌었다. 데키마티오 형벌은 패배하거나 퇴각하는 부대원 전체를 10명씩 나누고 그중 제비뽑기로 1명을 선택하여 나머지 9명이 집단 구타하여 살해하는 형벌이다. 이후 잔혹한 데키마티오 형벌은 사라졌지만, 전쟁이나 질병으로 집단 사망하는 것을 뜻하는 단어Decimate는 오늘날 영어에 남아있다.

한편 황제나 귀족에 대한 최고의 형벌은 '탐나티오 메모리아에'라는 기억 지우기이다. 그동안의 업적이나 이름을 새긴 책이나 석조물 부조를 모두 없애거나 훼손하고 그의 이름을 더 이상 거명하지 못하게 함으로써 삶의 흔적을 지우는 것이다.

로마는 반란군의 최후가 어떻게 되는지 시민에게 보여주기 위해 사람이 많이 왕래하는 대로변에 십자가형으로 처형해 오랫동안 전시했다. 반란 진원지인 카푸아에서 로마까지 아피아 가도는 십자가형으로 가로수를 만들었다. 같은 유대인에 그리스도교도인데도 베드로는 십자가형인데 비해 바울은 로마 시민권을 갖고 있었기 때문에 고통을 덜어주는 참수형으로 시혜를 베풀었다. 이처럼 십자가형은 중인환시 속에 오랫동안 최대한의 고통을 주는 극형이었다. 계몽 사상가 볼테르는 "스파르타쿠스 전쟁은 인류 역사상 가장 정의롭고 유일하게 정당했던 전쟁이다"라고 평가했다.

아피아 가도는 신속하게 정보를 수집하고 병력이나 무기를 이동케 함으로써 로마제국 건설에 일등공신이었고 속주로부터 세금을 거둬들이고 다스리는 데 큰 기여를 했지만, 한편으로 적군이 쳐들어오는 지름길이 되어 로마제국의 몰락을 재촉하는 재앙이 되었다. 팍스 로마나를 가져온 고속도로는 로마제국의 시작이자 끝이 된 셈이다.

우리 조선시대에도 병자호란으로 건국 이래 최대 수모를 당한 인조가 오랑캐가 쳐들어온 대관령 고갯길을 넓혔다는 이유로 이미 100년 전 고인이 된 강원도 관찰사 고형산에게 사후 125년 뒤 책임을 물어 부관참시 형벌을 내렸다. 그러나 청나라 군대는 실제로 의주로를 통해서 왔기에 아무 관련이 없는데도 엉뚱한 곳에 화풀이를 한 것이다. 임진왜란을 겪은 조선은 오솔길이나 다름없는 영남대로가 적의 침입로가 되는 것을 방지하기 위해 더 이상 길을 넓히지 않았다.

과거 왕국들은 나라를 지키기 위해 성을 쌓았지만 로마제국은 길을 닦았다. 길은 소통과 개방의 상징이다. 로마가 지식에서는 그리스에 뒤지고, 기술에서는 에투리아인에 뒤지며, 체력에서는 게르만족에 뒤지지만 유례가 없는 대제국을 건설할 수 있었던 것은 노예도 왕위에 오를 수 있는 개방과 포용 정책 덕분이다. "아피아 구 가도를 걷지 않고서는 길을 논하지 말라"는 로마인의 자부심에 고개가 끄덕여진다.

불멸의 명작

로마는 시 전체가 박물관이라고 할 정도로 문화재와 유적이 헤아릴 수 없이 많지만 그중에서도 가장 대표적인 건물은 판테온이라고 하겠다. 고대 로마 건축물 중 유일하게 온전하게 남아있는 것이 판테온이다. 그리스어로 판Pan은 '모두'이며 테온Theon은 '신전'이드로 판테온은 모든 신을 위한 신전, 즉 만신전이다. 고대 로마는 정복한 지역의 신도 함께 모셔 피정복민을 포용하는 다신교 사회였기에 이런 건물이 필요했던 것이다.

우뚝 선 돌기둥 외양이 그리스의 파르테논신전과 비슷한 판테온 전면 상단에는 맨 처음 판테온을 세운 아그리파 이름이 새겨져 있다. 초대 황제 아우구스투스의 오른팔이자 악티움해전을 승리로 이끈 전쟁 영웅 아그리파는 로마를 제국의 수도로 산뜻하게 정비하는 일을 주도

하면서 기원전 27년 양아버지인 아우구스투스를 위해 목조 4각형의 판테온을 건립했다. 아그리파는 이목구비가 뚜렷한 미남이어서 요즘도 화가 지망생들이 그의 조각상을 대상으로 인물화를 그리는 연습을 하므로 '세상에서 가장 초상화가 많은 인물'이라 이야기한다.

판테온은 개관 100년 후 대화재로 완전히 소실된 것을 건축 황제 하드리아누스가 서기 125년 건축가 아폴로도로스에게 명하여 재건토록 했다. 새롭게 등장한 판테온은 세계 최초의 돔 건축이며 15세기에 세운 피렌체의 두오모나 베드로 대성당의 돔은 말할 것도 없고, 미국 워싱턴 DC 국회의사당 돔보다도 지름이 10m나 더 크다. 거대하고 웅장하게 신전을 건축하는 것은 신의 위대함을 숭상하면서 한편으로 신 앞에 인간의 초라함을 깨닫게 하기 위함이 아닌가 한다.

로마 건축의 백미 판테온 정면에 판테온을 세운 아그리파 이름이 새겨져 있다. 전면 16개 돌기둥은 최고급 승용차 롤스로이의 그릴 문양으로 원용되고 있다.

철근 하나 쓰지 않은 이 건물이 1900년 이상 온전하게 버텨온 것은 로마 건축의 백미인 아치 구조 덕분이다. 돔 형식의 아치를 180도 회전시키면서 쌓아가다가 가장 압력을 많이 받는 중앙 천정 구멍, 즉 오쿨루스Oculus의 테두리에 쐐기돌 대신 압축 링Compression Ring이라는 도넛 모양의 특별한 구조물을 배치했다. 4500톤이나 되는 돔의 압력이 천장 구멍의 이 테두리 돌에서 맞물려 균형을 이루고, 전체 하중은 원통형 벽을 따라 세운 기둥이 지탱한다. 키 스톤이 받아야 할 덥청난 무게 중력을 아래쪽으로 분산시키는 놀라운 기술이 상상을 초월한다. 내부도 평면이 아니라 움푹 파여 있어서 아름다움까지 더한 독특한 아치 구조이다. 건물 무게를 줄이기 위해 아래쪽은 벽 두께가 2.5m로 시작해서 맨 위에는 경량 콘크리트를 사용하면서 두께도 1.2m로 줄였다.

아치가 아치를 이루는 이중 아치 구조에 빛이 들어오는 오쿨루스(눈)에서 고대 로마의 놀라운 건축 기술과 예술적 경이로움을 느낄 수 있다. 오쿨루스는 태양을 받아들이는 문이면서 신전의 제물을 태워 연기를 하늘로 보내는 창구였다.

판테온 내부 지름과 천장에서 바닥까지 길이가 모두 43.3m로 완전한 원형 구조물에 사각형 격자 140개를 5층으로 쌓아올림으로써 아름다움과 웅장함, 견고함을 더했다. 지붕 천장에 있는 지름 9m의 오쿨루스 구멍은 태양신을 상징하며 실제로 빛이 도달하는 바닥의 장소와 모양에 따라 계절과 월력을 추정했다고 한다.

당시는 태양신의 힘이 하늘의 비를 막아준다고 믿었지만 원형 천장 바로 아래에 조그만 구멍 22개를 뚫고 배수 시설도 갖춘 것을 봐서 완전한 믿음은 아니었던 모양이다. 전기가 없던 시절이라 예배 시간에 많은 촛불을 사용함으로써 내부 열기가 굴뚝효과로 가랑비 정도는 밀어냈을 것으로 보인다.

지붕은 휴양지 폼페이에 흔하게 널린 화산재에 물과 안석을 버무려 만든 콘크리트로 되어있다. 오늘날 우리가 사용하는 석회석 위주의 포틀랜드 시멘트는 시간이 지나면 붕괴되지만 화산재와 생석회를 고온에서 혼합해 제조한 로마 콘크리트는 시간이 지날수록 강해지면서 틈이 생기면 자가 치유도 하는 것으로 밝혀졌다.

판테온 정면 상단에는 "리키우스의 아들 마르쿠스 아그리파가 세 번째 집정관 임기에 지었다"라고 크게 새겨져 있다. 흔적 없이 사라져 버린 아그리파의 공적을 전면에 부각시킨 하드리아누스는 로마제국의 최전성기를 만들어낸 예술 조예가 뛰어난 황제였다. 14대 황제인 하드리아누스는 미소년 안티누스를 사랑한 동성애자여서 그 소년을 신격화하면서 안티누스 조각상을 로마 곳곳에 세우기도 했다.

서기 391년 테오도시우스 황제가 테살로니카 칙령을 통해 기독교를 국교로 선언함으로써 그리스 로마의 모든 신전과 조각 파괴가 자행되었으나 판테온은 교회로 용도 변경을 한 덕분에 광신도들에 의한 최초의 반달리즘에도 상처를 입지 않았다. 476년 서로마제국이 망하고 중세 시대가 들어섬으로써 판테온은 순교자를 위한 성모마리아 성당으로 바뀌었다. 철저한 기독교 세상이 되자 교황 우르바노8세는 건축가 베르니니에게 하루 세 번 기도를 올리는 삼종기도 시간을 알려주기 위해 성당에 종탑 2개를 세우도록 했다. 원형 판테온 양쪽에 세운 종탑은 '판테온의 당나귀 귀'라고 불리다가 19세기 들어 원상태로 보존하기 위해 철거됐다. 우르바노 교황은 판테온 외부 청동을 뜯어서 대포 80문을 만들고 나머지는 베드로 대성당의 중앙 제단에 사용하자 분노한 로마 시민이 야만인 교황이라는 내용의 대자보를 거리 곳곳에 붙였다. 라틴어로 야만을 '바르베리'라고 하는데 마침 우르바노 교황이 '베르베리' 가문 출신이기에 그런 비유가 안성맞춤이었다. 판테온 정면 맨 위에는 청동을 뜯어낸 자리에 군데군데 구멍이 나 있다.

불멸의 명작인 판테온을 로마에 건립한 지 1300년 만에 또 다른 걸작 돔 건축물이 피렌체에 등장했다. 르네상스 시대 건축 분야에 지대한 공헌을 한 필리포 브루넬레스키가 판테온 신전을 연구해서 받은 영감을 토대로 그 유명한 산타마리아 델 피오레 대성당(두오모) 돔을 세운 것이다. 16년의 공사 끝에 1436년 완공한 세계 최대 벽돌 돔은 피렌체의 상징이자 토스카나 사람들의 안식처가 되었다.

브루넬레스키의 건축 기술을 연구하고 모방한 미켈란젤로는 바티칸 베드로 대성당에 돔 형태의 쿠폴라를 만들면서 그 원조에 해당하는 판테온을 두고 인간이 아니라 '천사의 작품'이라고 극찬했다. 런던의 세인트 폴 대성당과 파리의 국립묘지 팡떼옹은 판테온의 아류다. 여의도 국회의사당도 이에 뒤질세라 돔 형태 지붕을 얹었다.

미켈란젤로의 라이벌 라파엘로도 판테온의 매력에 빠져 판테온 스케치를 많이 남겼다. 라파엘로는 평소 자신의 무덤을 판테온에 안장해 달라고 유언을 남겼는데, 실제로 그의 시신은 정문에서 11시 방향에 있는 성모마리아상 아래에 있다. 판테온은 워낙 한정된 공간이라 특별한 유명인사만 안치될 수 있기에 통일 이탈리아 초대 국왕인 비토리오 에마누엘레2세, 바로크미술의 거장 안니발레 카라치, 작곡가 아르칸젤로 코렐리, 2대 국왕 움베르토1세와 마르게리타 왕비 부부가 묻혀 있다. 왕비는 이탈리아 국민피자인 마르게리타 피자의 주인공이다. 그녀가 나폴리로 여행갔을 때 요리사가 이탈리아 국기 색인 붉은색 토마토와 하얀색 치즈, 초록색 바질을 토핑으로 얹은 '애국피자'를 제공하여 왕비가 무척 좋아했다는 일화가 있다.

판테온 안에 묘소가 하나밖에 남아있지 않다면 누구를 모셔야 할지 국민 여론조사를 실시한 적이 있는데 1위가 축구 영웅 프란체스코 토티였다. 유소년 시절부터 평생 AS로마 소속으로 이탈리아 국민선수가 된 그는 2002년 한일 월드컵 때 레드카드를 받고 퇴장당한 바 있다. 판테온을 성당으로 활용하기는 해도 교황 대신 존경받는 축구선수에게 자리를 먼저 내주자는 것이 이탈리아 정서다.

다신교 시대에 세운 판테온은 모든 성인을 모시는 만신전이었기에 만신절에 해당하는 핼로윈에는 많은 사람이 모인다. 오순절(성령강림 대축일)에는 예수님의 피를 상징하는 붉은 장미꽃을 천장에서 흩날리면 바닥에 붉은 양탄자 모양이 되는데 그 위에서 미사를 집전한다.

판테온 앞 로톤다(원형) 광장 한가운데 오벨리스크가 세워져 있다. 이집트 람세스2세 때 만든 것을 가져왔다. 판테온 전면의 웅장한 화강암 돌기둥도 이집트에서 원석을 갖고 와서 다듬었다고 한다. 지름 1.5m에 높이 14m, 무게가 60톤이나 되는 16개 돌기둥 모습이 웅장하여 최고급 승용차 롤스로이스가 이를 그릴 문양으로 쓰고 있다.

판테온 주변에는 로마 3대 커피숍이라고 하는 250년 노포 그레코 카페, 황금잔을 의미하는 타짜도르, 테이블 없이 서서 마시는 산 에우스타키오가 있다. 100% 천연 커피인 타짜도르 체인점이 국내도 여러 곳이 있다. 로마의 명물 아이스크림 젤라토 3대 맛집인 지올리띠, 올드브리지, 파시도 광장에서 도보로 찾아갈 수 있다.

로마를 찾는 한국인이 많이 가는 곳이 바티칸 성 베드로 대성당이다. 라파엘로, 미켈란젤로, 브라만테, 베르니니 등 당대 최고 건축가가 참여한 르네상스 및 바로크양식의 세계 최고 교회라서 로마시도 바티칸 성당보다 높은 건물은 짓지 못하게 할 정도의 명품 건물이므로 관광안내서가 넘쳐나기에 나는 더 이상 추가하지 않기로 했다.

외래 관광객은 바티칸 성당이나 콜로세움, 트레비 분수를 먼저 찾지만 로마 시민이 가장 선호하면서 소중하게 아끼는 곳은 보르게세미술관이다. 뉴욕에 센트럴파크가 있다면 로마에는 보르게세 공원이 있고, 보르게세미술관에는 르네상스와 바로크 시대를 아우르는 로마의 숨은 보석이 진열되어있다.

시에나 귀족 출신 카밀로 보르게세가 1605년 법명 바오로5세로 교황에 취임하면서 갈릴레오 갈릴레이 종교재판을 주재하고 성 베드로 대성당 공사를 마무리했기에 성당 정면 파사드에는 '로마 보르게세 바오로 5세'라고 새겨져 있다.

이 무렵 바오로5세의 조카 시피오네 보르게세가 외삼촌 덕분에 추기경에 서임된 후 온갖 횡포로 돈을 모으기 시작했으며 로마 남쪽 지역 땅 대부분을 차지한 부동산 재벌이 되었다. 미술품 컬렉션에 관심이 많던 그는 바로크 시대를 연 천재 화가 카라바조와 건축가 베르니니의 작품을 특별히 좋아해 약탈하다시피 모았다. 카라바조가 1606년 로마에서 살인을 저지르고 몰타와 시칠리아 등지에 숨어지내는 것을 알고 사면을 조건으로 <다윗과 골리앗>, <성 히에로니무스> 등을 빼앗고, 그의 초기 작품 <과일 바구니를 들고 있는 소년> 소장자에게는 세금 체납 혐의를 씌워 강탈했다. 베르니니에게는 건축가 일을 면제하는 대신 조각 제작을 강요했다. 심지어 라파엘로의 <예수 그리스도의 매장>은 도둑을 고용해서 훔쳐오기도 했다.

보르게세의 악명 높은 수집광 덕분에 바로크 시대의 두 거장 작품을 한 장소에서 볼 수 있다는 것은 행운이라고 하겠다. 고아 출신으로 정규 교육을 받지 못한 카라바조는 기존 화가들이 성화에 얽매인 반면, 남다르게 반동적인 시각으로 뒷골목 바닥 생활을 그린 자극적인 초기 작품 대부분이 보르게세에 소장되어 있으며, 베르니니의 대표 걸작도 보르게세에서 만날 수 있다. 우선 제우스의 딸 프로세르피나가 지하의 신 하데스에게 납치당하는 순간을 묘사한 <프로세르피나의

겁탈>에서 딱딱한 대리석이 손가락에 눌려 밀가루 반죽처럼 움푹 들어간 허벅지 살결을 보면 베르니니의 광팬이 되지 않을 수 없다. 베르니니의 다비드 조각상은 미켈란젤로와는 달리 미간을 찌푸리고 입을 굳게 다문 채 몸을 비틀면서 돌을 던지려는 역동적인 순간을 정말 잘 묘사한다. 가장 드라마틱한 작품은 겁탈하려는 아폴론을 피해 도망가던 다프네가 잡히는 순간 손가락이 월계수 잎사귀로, 발이 나무 뿌리로 변해가는 '아폴론과 다프네' 이야기를 그린 것이다.

나폴레옹이 유럽을 휘젓고 다니면서 예술품을 대거 약탈하거나 수집할 때 위협을 느낀 카밀로 보르게세는 1804년 정략적으로 나폴레옹 여동생 파올리나 보나파르트와 결혼했으며, 그 후 재정난이 심해지자 그는 처남 나폴레옹에게 소장품 695점을 1300만 프랑(7200만 달러)에 넘겼다. 나폴레옹이 이탈리아 예술품을 빼앗아가다시피 하자 평소 예술 애호가인 교황 비오6세는 화병이 나서 죽었다고 한다.

이에 충격을 받은 이탈리아 정부는 작품의 해외 유출을 막기 위해 보르게세 가문의 땅과 작품을 모두 인수하여 공원을 조성하고 미술관을 건립한 것이다. 24만 평이나 되는 보르게세 공원은 '로마의 센트럴 파크'로 통하며 공원 입구의 포폴로 성당은 로마를 방문하는 순례객이나 방문객 영접 장소이다.

로마를 방문한 외래인 중 유사 이래 가장 열렬한 환영을 받은 사람은 스웨덴 여왕 크리스티나일 것이다. 철저한 개신교 국가의 원수인 크리스티나가 1655년 비밀리에 가톨릭으로 개종하고 왕관도 내려놓으면서 성지인 로마를 방문한다는 소식을 접한 교황청은 베르니니에게 포폴로 성당 내부를 완전 개조하도록 하고 카라바조의 걸작인 <베드로 순교>와 <바오로 개종>, <성모 승천>을 제단화로 걸었다. 이 작품을 보고 나면 순례자들은 전율을 느끼면서 성지 로마에 왔다는 것을 실감하게 된다.

1517년 마틴 루터의 종교개혁으로 개신교 기세에 눌려 궁지에 몰린 가톨릭과 신성로마제국의 침공으로 황폐해진 성지 로마의 재건 운동을 벌이기 위해 출범한 것이 강렬하고 자극적인 바로크 예술이며 그 중심에 선 카라바조와 베르니니 걸작을 소장한 보르게세는 로마의 자부심이자 자랑이 아닐 수 없다. 피렌체의 우피치 미술관은 르네상스, 파리 오르세 미술관이 인상주의 전당인 것처럼 로마 보르게세미술관은 바로크를 상징한다.

열악한 환경의 찬란한 꽃, 베네치아

절망한 사람은 베네치아로 가라

베네치아는 인류 역사상 가장 열악한 환경을 극복하고 찬란한 문화를 꽃피우면서 1천 년 이상 강력한 도시국가를 이어왔다. 서기 476년 훈족과 게르만족의 대이동으로 서로마제국이 멸망하자 로마 유민들이 북녘 유럽 쪽으로 피신하던 중 험준한 알프스산으로 도망가지 않고 말발굽이 절대 미치지 못하는 석호와 갯벌 단지로 집단 이주하면서 마을을 형성하기 시작했다. 그 후 고트족의 침입을 받은 이탈리아 북부의 롬바르다인도 대거 몰려왔다. 갈대 우거진 산호초 소택지 아드리아 바다에 수백만 개의 나무 말뚝을 박아 땅이 유실되는 것을 막고 돌과 흙을 메꾸어 인공지반을 만들면서 베네치아가 탄생했다. 세상 어디에도 없는 도시 베네치아에는 지금까지 길이 10m 정도의 나무 말목 1천만 개가 박혀 있다.

베네치아는 삶의 터전을 잃은 낭인들이 생존을 위해 피땀을 쏟은 인간 의지의 숭고한 상징이다. SF영화 <시계태엽 오렌지>의 원작자이자 영국 맨체스터대학 교수인 앤서니 버제스는 "절망한 사람은 베네치아로 가라. 더 이상 절망하지 않을 것이다. 이런 도시를 세울 수 있는 인간이라면 그 영혼은 구원받을 가치가 있다"라고 말한 바 있다. 세상에서 가장 밝고 선명한 색깔의 도시인 베네치아 어원은 '바닷물처럼 푸르다'는 뜻의 라틴어 '베네투스'에서 파생됐다고 한다. 이탈리아 동북부 베네토 지방에 살던 인도 유럽계의 베네티 부족 이름에서 나왔다는 일설도 있다. 1499년 이탈리아 탐험가 아메리코 베스푸치가 신대륙을 탐험하면서 물 위에 집을 짓고 사는 사람들을 발견하고는 '작은 베네치아'라고 붙인 이름이 오늘날 베네수엘라이다.

1453년 동로마가 이슬람에 함락당하자 유럽 각국은 고황청을 중심으로 절치부심 탈환과 복수를 고민했고 베네치아도 기독교 연합군 일환으로 참전했다. 그러나 십자군 결성 등이 이뤄지지 않자 이듬해 술탄과 평화조약을 맺는 등 실리 외교 노선을 택했다. 그리고 콘스탄티노플 방어에 동참했다가 피해를 입은 베네치아인 사상자에게는 연금 등을 지급했다. 귀족은 그 호칭 자체만으로도 사회적 보상을 받았기에 전쟁 참가는 당연한 의무였기 때문이다.

동로마 속국을 자처하며 출범한 베네치아가 아드리해를 넘어 에게해와 지중해로 상권을 넓히더니 전성기에는 크레타와 키프로스섬을 비롯한 해외 곳곳에 영토를 넓혔다. 12세기에는 콘스탄티노플의 페라 지역에 베네치아인 집단 주거지도 형성했다. 세계 최초로 주요 교역국에 외교관을 파견한 베네치아는 오스만제국이 동로마를 점령하자 정복자 메흐메트2세의 초상화라도 그려 줄 겸 문화 사절로 대표 화가 조반니 벨리니를 파견했다. 오스만제국의 궁정 화가로 초빙된 벨리니가 메흐메트2세에게 참수당한 성 요한의 그림을 보여주자, 술탄은 사람 목의

혈관이나 신경은 안으로 오그라든다면서 노예를 불러 목을 베어 직접 보여 주었다. 기겁을 한 벨리니는 환대를 뿌리치고 서둘러 귀국했다.

오스만은 새로운 수도 이스탄불을 중심으로 에게해와 아드리아해를 장악하고 지중해 해상권을 쥐고 있는 베네치아를 침공하러 나설 무렵 메흐메트2세가 갑작스런 죽음을 맞이하며 이탈리아 출정을 멈췄다. 50세의 술탄이 급사했다는 소식을 들은 기독교계는 '신의 은총'이라며 감사 미사를 드리고 로마는 3일간 축제를 벌였다.

동서양의 길목에 자리한 오스만제국이 새로운 강자로 군림하면서 1683년 비엔나를 침공하자 유럽 4대 강국인 오스트리아, 러시아, 폴란드, 베네치아가 연합해 패퇴시켰으며, 베네치아는 승전 협상에서 펠로폰네소스반도인 모레아를 할양받았다.

그러나 16세기 대항해시대를 맞아 대서양과 인도양으로 새로운 무역로가 열리고 거대한 오스만제국이 세력을 크게 확장함으로써 무역 거점을 잃어버린 베네치아는 서서히 뒷전으로 밀리기 시작했다. 특히 오스만제국이 1645년부터 크레타섬을 침공해 21년 동안 전쟁사에서 유례가 없는 최장기 포위전에 대항하느라 병력과 재정, 함대 손실로 국력이 쇠잔해진 베네치아가 마침내 항복함으로써 몰락의 길에 들어서게 되었다.

베네치아를 비롯한 베네토주 일대는 1861년 이탈리아 통일 이후에도 오스트리아 치하에 있다가 1866년 오스트리아가 프로이센에게 패퇴한 후에야 이탈리아에 합류했다. 이탈리아에 유네스코세계문화유산이 가장 많은 것은 다양한 도시국가로 오랫동안 살아오다가 뒤늦게 통일국가로 합쳤기 때문이다. 7세기 말경 공화국으로 출범한 베네치아는 1100년 동안 도시국가를 이어왔고, 이탈리아에 합류한 것은 170여 년에 불과하다. 이처럼 이탈리아에는 오랫동안 고유 문화를 지켜 온 도시국가가 워낙 많기 때문에 공식 언어인 이탈리아어 외에도 십여 개의 소수 언어가 법적 보호를 받는다. 오늘날 이탈리아 해군 깃발은 베네치아를 비롯한 제노바, 피사, 아말피 등 대표적인 네 항구도시의 문장을 합한 모양이다. 베네치아를 받들고 있는 두 거인은 바다의 신 넵투누스(그리스의 포세이돈)와 전쟁의 신 마르스다.

북아프리카와 유럽 전역에 원형경기장이나 도로, 수도교 등 로마제국의 건축물이 아직도 많이 남아있는데, 베네치아는 로마 유적이 없다. 이탈리아 도시가 로마시대에 생긴 데 비해 베네치아는 6세기 후반에 주거지를 형성하면서 초기에는 비잔틴 종속국으로 시작했기에 그리스의 흔적이 많이 남아있다. 비잔틴제국과 베네치아는 악어와 악어새 같은 관계로 출발했으나 15세기쯤에는 베네치아가 유럽 중심지로 부상했으며 결국 악어새가 악어를 잡아먹는 형국으로 반전되었다.

물의 도시

30여 년 전 15시간 이상 비행기를 타고 베네치아를 처음 방문했을 때 나는 두 가지 사실에 놀랐다. 공항에서 시내로 들어가는 버스표를 사서 기다리는데, 증기선이 도착하는 것을 보고 말로만 듣던 '물의 도시'임을 새삼 깨달았다. 또 하나는 공항 이름이 마르코 폴로라는 것이다. 로마의 레오나르도 다빈치나, 재즈 발상지인 뉴올리언스의 루이 암스트롱처럼 공항은 지역 대표 인물을 내세우는 것이 관행인데, 베네치아가 걸출한 인물을 다 제쳐두고 마르코 폴로에게 공항을 헌정한 것은 베네치아가 무엇보다도 상인 정신을 높이 받들기 때문이리라. 중세 봉건사회는 광활한 토지를 자산으로 부를 축적했지만 마른 땅 한 평도 없는 베네치아인은 장사꾼으로 변신하여 이별과 공포의 공간인 바다와 투쟁하거나 죽음의 사막을 가로질러 머나먼 동양까지 다녀오곤

했다. 무역상 아들인 마르코 폴로는 십대 중반에 가족과 함께 콘스탄티노플을 거쳐 실크로드를 따라 몽골의 쿠빌라이 조정에 머물다 20년 만에 귀국한 베네치아 상인의 표본이었다.

베네치아는 9세기쯤 오직 상인 정신으로 독자적인 해양국을 건설했으며 베네치아의 상인 정신을 잘 나타내는 것이 성지순례 패키지 여행 상품이다. 성지순례 대표 장소는 로마와 예루살렘인데, 예루살렘의 경우 6개월 이상 걸리는 데다 바다와 사막을 건너야 하므로 생명을 담보할 수 없을 정도로 위험했다. 베네치아는 중간중간의 숙박시설과 운송수단을 국가 주도로 철저히 관리했으며 여행 도중에 고객이 사망할 경우 날짜를 정산하여 유족에게 남은 여행 비용을 환불해 주었다. 베네치아는 순례 여행 출발지로 가장 인기가 있었으며 세계 최초로 여행 가이드가 등장한 것도 베네치아다.

베네치아는 초기부터 교황이 있는 로마보다 바다로 통하는 비잔틴제국이나 동로마와 더 가까이 지내왔다. 바다를 끼고 있는 국가들의 국력은 배였으므로 베네치아는 비잔틴제국에 배를 빌려주고 각종 무역 혜택을 누렸다. 992년에는 이탈리아 남부에서 일어난 비잔틴 반대 운동을 진압하는 데 함선을 제공하는 대신 관세를 대폭 올리는 특혜를 받았다. 또한 교황과 황제의 군사 충돌을 중재하면서 양쪽 모두로부터 적절한 대가를 받아내곤 했기에 베네치아 도제는 교황과 황제의 중재인으로 통했다.

베네치아는 물 위의 도시라 영토가 없기에 봉건제 영주도 없다. 도시 전체가 몇 번 파문당할 정도로 로마 교황과 긴장 관계였으므로 교황 흔적도 없다. 1508년 프랑스, 스페인, 신성로마제국 등 캉브레 동맹의 침략을 받아 위기에 빠진 적도 있지만 1천년 이상 독립 공화국을 유지했으며 11세기부터는 한 도시가 영국 전체 부富를 능가했다.

피렌체가 메디치 가문의 재벌 위주 도시인데 비해 베네치아는 상사

위주였으므로 국가 운영도 회사 경영과 비슷했다. 베네치아는 주요 교역국에 최초로 외교관을 파견했으며 전몰자 중 평민 유족에게만 연금을 지급하고 귀족은 귀족이라는 존칭만으로 보상이라며 병역 의무를 강조했다. 고위공직자는 무보수였으며 의회 의원이 특별한 이유 없이 불참하면 고액 벌금을 부과했다. 원로원 의원이 회의 지각으로 벌금을 물까봐 원수관저를 향해 뛰어가는 것이 당시에는 흔한 모습이었다. 같은 길드에 속해서 같은 색의 흰색 제복을 입던 의사와 이발사 간 겸업 금지를 시작한 곳도 베네치아였다.

셰익스피어는 이탈리아를 방문하지 않았는데도 베네치아를 무대로 한 유명 작품《베니스의 상인》과《오셀로》를 남겼다. 베네치아 상인들의 이야기는 워낙 유명한 데다 유대인을 향한 기독교인의 적대적 감정까지 곁들여《베니스의 상인》이 탄생했다는 설이 있는가 하면, 셰익스피어가 라틴어에 정통하여 이와 비슷한 내용의 이야기책을 원서로 읽었을 것이라는 추측도 있다. 셰익스피어가 만약 베네치아를 방문한 적이 있다면 작품 속에 곤돌라에 관한 언급이 반드시 있었을 것이다. 셰익스피어는《베니스의 상인》에서 피 한 방울 흘리지 말고 살 1파운드를 베어가도록 함으로써 정의와 자비, 사랑과 우정을 불변의 가치로 승화시켰다.

산타루치아역에서 10분 정도 걸어가면 세계 최초 유대인 거주지인 게토가 있다. 베네치아 귀족은 상인이었고 국가 운영의 제1 목표는 부의 축적이므로 상행위를 위해서는 지역이나 인종 차별을 하지 않은 포용과 개방의 도시였다. 유럽의 기독교 국가들은 유대인을 배척했지만 베네치아는 1516년부터 3천여 명의 유대인에게 별도로 주거지를 마련해 주었다. 중세 기독교에서는 이자를 금지했지만 베네치아인은 그런

제약이 없는 유대인에게 돈을 빌리기도 했다. 대신 산마르코 광장에서 종을 쳐서 자정부터 새벽 6시까지 통금 시간을 알림으로써 이들을 철저히 관리했다. 유대인은 그 좁은 공간에 예배당인 시나고그를 몰래 마련하기 위해 건물 층고를 줄이고 벽을 얇게 고치는 불편함을 감내하고 살았다.

당시 베네치아 남자들은 장사나 공무로 해외 출타가 잦았으므로 기혼 여성은 남편 대신 업무를 위해 바깥 출입이 가능했으나 귀족 가문의 미혼 여성은 교회 외에는 외출금지였다. 유일하게 허용되는 연애 방법은 교회에서 여성의 손수건을 차지하는 것이었다. 손수건 레이스 장식에 자신의 이름 이니셜을 자수하고 향수를 뿌리며 직접 살갗에 문지르기 때문에 남자 손에 넘어가는 것은 마음을 허락하는 증거로 통용되었다. 대신 억지로 손수건을 빼앗으면 감옥이나 추방까지 형벌을 가했다. 오셀로가 손수건을 잃은 아내 데스데모나를 심하게 추궁하며 결국 질투로 아내를 살해하고 자살로 파멸하는 것은 당시 베네치아의 이 같은 풍습 때문이다. 오셀로는 "눈처럼 희고 고운 백인 아내 몸을 핏자국으로 더럽힐 수 없다"면서 목졸라 죽인다. 실제로 당시 베네치아에 검은 피부의 일 무론 장군이 아내를 의심하여 살해한 사건이 있었다고 한다.

일본의 막부 시대와 마찬가지로 베네치아 명문가의 딸은 자신보다 신분이 낮은 남자와 결혼하는 것이 금지되었기에 결혼 못한 노처녀는 본인 의사와 관계없이 수도원에 가는 경우가 많았다. 일본의 왕실이나 쇼군의 딸이 사찰로 출가하는 것과 마찬가지다. 고해성사를 받기 위해 수도원을 방문하는 사제는 젊은이나 미남을 제외시키는 것을 원칙으로 했지만 수녀와의 스캔들이 끊이지 않아 마르코 광장에서 불륜으로 화형당한 사제도 더러 있었다.

종교개혁에 앞장선 마틴 루터도 원래 수도사였으며 가톨릭의 면죄부 비난으로 추방령을 받고 수도원에 피신하는 동안 보살펴 준 수녀와 사랑에 빠져 환속했다. 마틴 루터나 에라스 무스, 마키아벨리의 저서가 유럽 각지에서 모두 판매 금지 당했지만 베네치아만은 자유롭게 유통할 정도로 이념의 해방지구였고, 언론 자유도 있었다. 셰익스피어 4대 비극인《오셀로》의 원제목이 '베니스의 무어인 오셀토의 비극'이듯이 오셀로는 북아프리카 아랍계 무어인 출신이지만 해군 제독으로 승진하여 귀족 가문의 딸과 결혼할 정도로 베네치아는 개방 사회였던 것이다. 베네치아가 1571년 스페인과 연합으로 레판토해전에서 오스만튀르크를 물리치고 해군 강국이 되었던 시대 배경을 감안하면 오셀로 같은 이방인이 각광받을 만도 하다.

유럽의 살롱 베네치아

마르코 폴로 공항에서 유리 공업으로 유명한 무라노섬과 '베네치아 영화제'가 열리는 리도섬을 거쳐 1시간 만에 산마르코 광장에 도착했는데, 그 후로는 베네치아를 방문할 때마다 기차로 산타루치아역에 내려서 바포레토라고 하는 수상버스를 타고 대운하(카날 그란데)를 따라 산마르코 광장에 오는 데 30분이 채 걸리지 않았다. 본섬 중간을 S자 모양으로 흐르는 대운하는 폭이 30m에서 90m이고 수심이 5m 정도이며 산타루치아역에서 산마르코 광장까지 운하 길이는 3.8km이다.

비잔틴양식의 웅장한 산마르코대성당, 정부청사인 고딕양식의 두칼레궁전, 베네치아를 조망할 수 있는 전망대 산마르코 종탑, 유럽에서 가장 먼저 문을 연 카페 플로리안이 있는 산마르코 광장은 베네치아의 정치, 사회, 문화, 종교 중심지이자 관광의 시발점이다. 서기 828년 베네치아의 두 상인인 투리부노와 루스티코가 이집트 알렉산드리아의 수도원에 산마르코 유해를 안장했다는 것을 알고 수도사에게 거금을 주고 유골을 구입, 빵 바구니 밑에 숨기고 그 위에 이슬람교도가 싫어하는 돼지고기를 얹어 세관원 눈을 속이고 성인의 유해를 무사히 베네치아로 빼돌릴 수 있었다.

성인 유골을 갖고 있으면 도시 위상이 높아지고 유명해지기 마련이다. 베드로의 유해를 봉안하고 있는 로마나 세례자 요한이 있는 피렌체에 주눅들어있던 베네치아가 성 마르코를 맞이했을 때 거국적인 환영 행사를 벌였으며 기존의 군인 출신 순교자 테오도로 대신 마르코를 수호성인으로 교체했다. 성 마르코 봉안은 베네치아 사람들의 집단 정체성 형성에 큰 영향을 미쳤으며 중요한 거래나 계약 때 마르코 명의로 서명할 정도로 마르코와 베네치아는 동일체가 되었다.

베네치아는 우선 과수원 자리에 성당을 건립하여 성 마르코 유해를 안치했으며 성당 앞 뜨락을 산마르코 광장으로 명명했다. 당시 총독이 마르코 유해를 자신의 관저로 옮기려고 하자 시신이 꿈쩍하지 않아 그 자리에 성당을 짓고 안치했다고 한다.

축성 150년 만에 성당이 화재로 소실되자 이미 해상 부국으로 성장한 베네치아는 동로마제국의 선진 기술자를 초빙하여 30년에 걸친 대공사 끝에 1094년 현재의 산마르코대성당을 완성했다. 베네치아의 심장부인 산마르코성당은 콘스탄티노플의 소피아 성당을 닮아 동서남북과 중앙에 5개의 커다란 돔이 있다.

기독교 박해 시절에는 지하 밀실 카타콤에 숨어서 예배를 보았고 313년 기독교 공인 후부터는 강당 모양의 직사각형인 바실리카 교회를 이용하다가 기독교 전성기를 맞이하면서 동로마제국은 정방향 십자가 모양의 비잔틴양식으로 발전했는데, 동로마의 보호를 받고 발전한 베네치아는 수호성인을 봉안하고 있는 산마르코성당을 전성기 비잔틴양식 그대로 재현했다.

황금 모자이크의 내부 장식으로 황금 물결을 이룬 것은 천국이 황금색이라고 믿었기 때문이다. 2천 평방미터나 되는 바닥을 장식한 다양하고 복잡한 기하학 형태의 모자이크 대리석들은 4차 십자군전쟁 때 콘스탄티노플의 아야소피아에서 뜯어온 것이다. 성당 정중앙 가장 큰 돔의 천장에는 예수와 성모마리아, 열두 제자, 대천사 등 그리스도 승천 모습을 금빛으로 모자이크했다. 최고의 보물 작품은 중앙 제대 뒤의 금 벽장 '팔라도로'이며 예수와 성모마리아, 4대 복음서가 등에 각종 보석이 새겨져 있다. 진주 500개, 에메랄드 300개, 사파이어 250개와 루비, 홍옥 등 모두 2천여 개의 값진 보석은 베네치아 상인들이 세계 각국의 귀중품을 수집해서 봉헌한 것이다. 사치의 극을 보여 준 산마르코대성당은 아마 가장 값비싼 건물이 될 것이다.

대성당 꼭대기에는 성 마르코상과 베네치아의 상징이 된 날개달린 황금 사자상이 있다. 베네치아 공화국의 문장뿐만 아니라, 두칼레궁전이나 종탑을 비롯하여 시내 곳곳에 날개달린 황금 사자상이 있으며 베니스 국제영화제와 베니스 비엔날레의 최우수상도 황금사자상이다.

아프리카에 처음으로 기독교를 전파한 성 마르코는 알렉산드리아 초대 주교로 활동하다가 순교했다. 신약성서의 저자인 마르코가 광야에서 외치는 세례자 요한을 포효하는 사자에 비유하여 기술한 것을 기념하여 마르코는 사자로 상징되고, 복음서 저자는 하늘의 뜻을 전하는 천사와 같은 존재이므로 날개를 달고 있다.

성당 정문 위에는 쿼드리가라고 하는 네 마리 청동 말과 경주용 전차가 있는데, 1204년 찬란한 선진 도시 콘스탄티노플에서 약탈해 온 것의 모조품이다. 4차 십자군전쟁을 주도한 베네치아는 전쟁 비용을 회수할 수 없게 되자 기독교 우방국인 동로마제국을 공격하여 갖가지 보물과 함께 청동 말을 전리품으로 갖고 왔다. 실제 전쟁 비용으로 8만여 마르크를 투자했으나 그 다섯 배인 40만 마르크에 해당하는 물품을 약탈했다. 청동 말은 1797년 베네치아를 점령한 나폴레옹에게 빼앗겼다가 회수한 후 진품은 산마르코성당 2층 박물관에 보관하고 있다. 당시 베네치아는 보물 약탈뿐만 아니라 비잔틴제국의 점령지인 크레타섬까지 차지하여 견고한 방어용 성곽을 구축하고 460년간 무역 중계기지로 활용했다.

시칠리아의 시라쿠사에서 순교한 성녀 루치아의 시신도 십자군전쟁 때 콘스탄티노플에서 베네치아로 갖고 왔다. 베네치아 입구 중앙역이 산타루치아역인 것은 베네치아의 자랑인 성녀 루치아를 모시는 산타루치아 성당이 역 부근에 있기 때문이다. 루치아의 고향인 시칠리아의 시라쿠사 성당은 그녀의 손목 뼈만 겨우 회수하여 소중하게 보관하고 있다. 단테는 《신곡》에서 루치아를 성모마리아, 베아트리체와 함께 천국에 있는 여성으로 묘사한다.

베네치아의 시작이자 종착점인 산마르코 광장과 로마의 나보나 광장, 밀라노의 두오모 광장을 이탈리아 3대 광장으로 꼽지만, 이탈리아에서 '광장(피아짜)'이라고 하면 산마르코를 지칭한다. 베네치아를 정복한 나폴레옹은 정치, 외교, 문화, 예술의 중심지인 산마르코 광장을 '유럽의 살롱'이라고 예찬했다. 흔히 유럽에서 가장 아름다운 도시가 베네치아이며 베네치아에서 가장 아름다운 곳이 산마르코 광장이고 산마르코 광장에서 가장 아름다운 명소가 카페 플로리안이라고 한다.

커피는 원래 검은색인 데다 이슬람교도가 즐겨 마시기 시작했으므로 '사탄의 음료'라고 하여 기독교 사회에서는 금기시했으나 베네치아 상인이 교황청에 로비하여 1603년 클레멘스8세가 금지령을 풀고 공식 음료로 인정했다. 초창기 커피는 특수층의 기호품으로 애용되다가 1645년 유럽 최초로 산마르코 광장에 '보테가 델 카페(커피 상점)'라는 커피 하우스가 등장하며 대중화되었다. 후에 이 가게는 베네치아 공화국의 전성기를 흠모해서 '승리의 베네치아'로 간판을 바꿨다가 1720년 12월 29일 창업자 이름을 따서 카페 플로리안으로 개명하여 지금까지 이어오고 있다. 우리나라 조선조 숙종이 승하하고 장희빈의 아들 경종이 즉위하던 해에 개점한 가장 오래된 커피점이다.

유럽 최고의 장사꾼이 모이는 동서양의 관문인 베네치아는 거래 물품도 단순한 농수산 식품이 아니라 비단이나 향료, 도자기, 보석 등 값이 비싼 고급 제품을 주로 취급했다. 르네상스의 문을 연 인문주의자 페트라르카가 베네치아를 '문드스 알테르(또 다른 세상)'라고 했듯이 당시 베네치아는 오늘날 뉴욕의 위상을 넘어선 로망이었기에 '세상에 없는 것이 없는 도시'로 통했다.

베네치아를 찾는 유명인사들의 교류 장소는 자연스럽게 플로리안 커피점이 되었다. 이곳은 상거래뿐만 아니라 지식인의 아지트이자 예술인이 영감을 얻는 창작 공장이기도 했다. 노벨문학상을 받은 독일 작가 토마스 만이 작곡가 구스타프 말로를 모델로 한 소설《베네치아에서 죽다》도 플로리안 커피를 마시면서 구상한 작품이다. 과로와 무기력에 허덕이던 노 작곡가가 휴가차 베네치아를 방문한다. 마침 콜레라 역병이 창궐하는데도 문화와 풍광에 매료되어 이곳을 떠나지 못하던 중 미소년에게 도취되어 자신의 젊은 시절을 반추하면서 조용히 죽음을 맞이하는 줄거리이다.

1760년 이탈리아 최초 신문인《가제타 베네타》를 창간한 산실도 플로리안이다. 발행인인 고치 백작은 카페에 출입하는 고객을 대상으로 신문을 발행했으며 편집회의도 커피숍에서 열었다. 이곳은 괴테, 카사노바, 니체, 찰스 디킨스, 바이런, 루소 등 유럽 지성의 단골 사랑방이었다. 유일하게 여성 출입이 가능한 카페이므로 카사노바가 수작을 부리기 좋은 장소였을 것이다.

300년 이상 전통을 가진 카페 플로리안은 품격에 걸맞게 나이 지긋한 신사복 정장의 남자들이 서비스한다. 천장 벽화를 비롯해 프레스코화의 화려한 내부 장식이 중세 시대로 들어온 느낌이다. 원로원 방, 거울의 방, 중국의 방, 계절의 방이 각각 특색과 기품을 뽐내고 저명인사 방에는 마르코 폴로, 티치아노 등 이곳 출신 명사들의 모습이 그려져 있다. 각각의 방은 고유한 예술적 테마와 독특한 분위기를 조성하므로 마치 전시실을 옮겨 다니는 듯한 느낌을 준다. 문화예술과 관련이 많은 카페 플로리안은 1988년부터 베네치아비엔날레와 연계하여 비엔날레 출품작을 전시하므로 전통과 현대미술을 동시에 체험할 수 있다.

'유럽에서 가장 아름다운 살롱'이라 평가받는 플로리안 카페는 300년이 넘도록 세계 명사들의 사랑방이었다. 요즘 내부는 비엔날레 미술 전시관으로 이용하고 있다. 라이브 연주를 하는 노천카페는 음료값이 더 비싸다.

핫초코를 최초로 개발한 업소가 플로리안이며 커피가 들어오기 전 핫초코로 시작했기에 지금도 플로리안에서는 이 음료가 자랑스럽게 메뉴 상단을 차지하고 있다.

플로리안 내부 밀실에서 은밀하게 환담을 나누는 것도 매력적이지만, 가게 앞 광장의 노천카페가 훨씬 인기가 높다. 광장의 노천카페에서는 악사들이 라이브 연주를 하고 음료나 음식값에 음악 감상 비용을 추가로 부과한다. 세계 각국의 고객이 몰려오기 때문에 주문할 때 국적을 묻곤 하는데, 한국인이라고 하면 아리랑을 비롯하여 최신 인기곡까지 즉석에서 들려준다.

플로리안 커피는 너무 비싸기 때문에 싼 값으로 멋진 광장 풍경과 에스프레소 풍미를 즐기려면 코레르 박물관 옆의 코레르 카페를 이용하면 된다. 코레르 박물관은 나폴레옹 집무실을 개조한 것이다.

17세기 들어 베네치아가 섹스와 도박이 넘쳐나는 유럽 최고 흥행 도시가 된 온상도 바로 카페 플로리안이다. 카사노바의 출생지답게 플로리안 2층은 카지노를 겸한 매춘 장소로 유명하여 유럽의 돈 많은 한량이 인문 기행 목적이 아니라 유흥 관광의 그랑 투어로 베네치아에 몰려들었다. 베네치아는 사치와 도박으로 인한 사회적 혼탄을 통제하기 위해 1638년 세계 최초로 오늘날 카지노에 해당하는 공식 도박장 리도토(사설공간)를 열고 직접 관리했다. 귀족과 상류층만 입장을 허용하고 가면과 예복을 착용해야 했다. 카지노의 어원인 카사Casa는 '집'이라는 뜻이다.

18세기 들어서는 공식 도박장 외에 단속을 피해 은밀하게 연락하여 점조직으로 도박과 섹스를 알선하는 카지노가 베네치아에 100곳이 넘었다고 한다. 18세기 후반에는 베네치아 인구의 10%나 되는 1만여 명의 매춘부가 산마르코 광장에 득실거렸다. 자연스럽게 여성을 위한 패션과 미용 산업이 크게 번성했는데, 굽 높은 구두와 베일을 쓰고 가슴을 노출하는 옷이 유행한 것도 이 무렵이다. 소변으로 목욕을 하면 피부가 젊어지고 머리를 감으면 머리칼이 붉어진다고 하여 오줌 요법이 크게 유행기도 했다. 자유분방한 베네치아가 경찰국가로 서서히 변신하게 된 것은 자업자득이라고 하겠다.

1987년 세계문화유산으로 등재된 마르코 광장의 가장 큰 행사는 가면 축제인 베네치아 카니발이다. 부활절 금육 기간인 사순절 전날까지 10일간 거행되는 베네치아 카니발은 1162년에 시작되었으며 이탈리아 최대 축제이자 브라질 리우 카니발, 독일 옥토버페스트와 함께 세계 3대 축제로 꼽힌다. 산마르코 광장을 중심으로 베네치아 전역에서 가면 축제, 가장행렬, 연극 공연, 불꽃놀이 등이 열리며 축제의 하이라이트는 마지막 주말에 열리는 아름다운 가면과 의상 경연대회이다. 가면은 신분을 숨길 수 있기에 서민은 귀족 흉내를 내고 귀족은 평소에는 할 수 없는 일탈을 자행하는 풍습이 중세 때부터 이어져 왔다. 사육제 카니발은 숨막히는 기독교의 엄한 규율에서 잠시 벗어나 변장을 하고 공공연히 죄를 짓는 기간인 셈이다.

축제는 어릿광대가 도제를 즐겁게 하기 위해 종탑에서 줄을 타고 내려오는 것으로 시작한 전통을 이어 천사가 광장으로 내려오면서 시작한다. 매년 유명 오페라의 프리마돈나가 천사 역할을 한다. 가장 인기 있는 것은 중세 시대 복장으로 벌이는 가면 퍼레이드다. 14세기 해적에게 납치된 베네치아 여인들을 시민들이 구출해준 데 대한 보답으로 여인들이 거리 행진을 한 것이 퍼레이드의 시작으로 알려져 있다. 한때는 반년이나 이어지는 축제 동안 남녀, 빈부, 계급 차이가 없어져 부작용이 많아 제한했으며 무솔리니의 파시스트 치하에서는 한동안 금지되었다가 1979년부터 대규모 축제로 부활했다.

베네치아에는 상점마다 형형색색의 다양한 가면이 넘쳐나며 관광객도 구경하는 즐거움을 넘어, 가면 속으로 들어가 해방감을 만끽하고 개성을 발휘할 수 있다. 중세부터 오늘날까지 이어온 유명한 가면은 카사노바가 즐겨 썼다는 검은색 삼각 모자 '트리 코르노'와 페스트 때 의사가 황새 부리처럼 기다란 코 속에 향신료를 채워서 방역용으로 사용하던 가면이다.

동서양의 관문인 베네치아에 온갖 사치품을 싣고 들어오는 배에는 쥐가 들끓어 1348년 흑사병이 맨 먼저 상륙한 곳이 베네치아로 알려져 있다. 14세기부터 16세기까지 22번이나 역병이 휩쓸고 갔으며 1630년 가을에는 베네치아 인구 3분의 1이 전염병으로 희생되었다. 당시 의사의 가장 좋은 처방은 "빨리 멀리 도망가서 늦게 돌아오라"였다. 오늘날 인기 있는 오징어 먹물 파스타가 등장한 것도 역병 치유에 효과가 있다는 소문 때문이었다. 흑사병을 막기 위한 마지막 수단으로 온 국민이 지극정성으로 1687년에 세운 기도처가 산타마리아 델라 살루테 성당이다. 흑사병이 사라진 것을 성모마리아에게 감사하는 마음으로 봉헌한 것이다. 지반이 약한 베네치아는 육중한 석재 사용을 금지하였지만 살루테 성당만은 110만여 개의 나무 말뚝을 박아 지반을 다짐으로써 바로크건축의 상징이 되었다. 흑사병 이후 베네치아는 세관을 주거지와 떨어진 외딴섬으로 옮기고 외국 선박이 들어오면 40일간 상륙을 금지했는데 오늘날 검역을 뜻하는 Quarantine은 40을 의미하는 이탈리아어 쿼란타에서 나온 말이다. 40일간의 정선이 끝난 후에도 상품과 배를 식초나 끓인 물로 철저히 소독했다. 흑사병 매개체가 쥐라는 것이 알려진 후부터 베네치아는 고양이를 특별히 받들었으며 시내 곳곳에 고양이 장식과 기념품이 눈에 띈다.

산마르코 광장 입구에는 베네치아에서 가장 높은 98.5m의 붉은색 벽돌의 캄파닐레 종탑이 있다. 1173년 처음에는 등대로 세웠지만 중세부터 감옥으로 사용하다가 베네치아의 상징물인 종탑으로 바뀌었다. 1609년 베네치아 인근의 파도바대학 교수였던 갈릴레오 갈릴레이가 지동설을 주장하기 위해 만든 망원경을 최고 통치자 레오나르도 도나도제에게 보여주고 시연한 곳도 바로 이 탑이라고 한다.

엘리베이터를 타고 종탑 전망대에 오르면 푸른 바다 위에 떠 있는 주황색 지붕의 멋진 시가지가 한 눈에 담긴다. 본토는 대운하를 중심으로 주황색 장갑을 낀 두 손이 마주잡고 있는 모습이다. 화창한 날이면 멀리 알프스산의 눈 덮인 설봉도 아스라이 보인다. 풍경화를 좋아한 클로드 모네는 “베네치아는 정말 아름다워서 그림으로 표현할 수 없다”고 고백하기도 했다. 항구는 원래 바다 빛으로 도시가 밝고 찬란하기 마련이지만, 르네상스 시절부터 베네치아는 세계에서 가장 아름다운 도시로 명성이 자자했다.

산마르코성당 위에는 매 시간마다 두 사람의 무어인 조각 인형이 양쪽에서 종을 치는 ‘무어인의 시계탑’이 있다. 지중해를 주름잡고 아프리카까지 누비고 다닌 베네치아인이 현지인에게 잡일을 시켰듯이 종치기는 흑인의 몫으로 생각한 것 같다. 언젠가는 인종차별 논란을 불러일으키지 않을까 우려도 된다. 시계탑 바로 아래는 아라비아숫자와 로마자로 5분마다 시간을 알려준다. 바다뿐만 아니라 내륙의 중동 지역과도 장사를 했다는 증거다. 15세기에 이런 첨단 과학기술이 자랑스러웠던지 이 시계탑을 만든 두 장인의 눈을 뽑아버렸다는 이야기가 전해진다.

바다를 제패하고 무역권을 독점하여 크게 번성한 베네치아는 아드리아해가 끝나는 북쪽의 관문처럼 2개의 기둥 위에 수호성인을 모시고 있다. 꼭대기에는 마르코의 날개달린 사자상과 마르코가 베네치아에 들어오기 전 수호성인이던 성 테오도로가 악어를 타고 있다. 마르코는 복음서 저자였기에 그의 상징인 사자는 항상 책을 들고 있다.

마르코성당 옆의 기다랗게 생긴 하얀 대리석 건물은 베네치아 국가원수인 도제Doge의 집무실이자 주거지 겸 종합청사인 두칼레(군주)궁전이다. 두칼레는 679년부터 1797년까지 1천 년 넘게 베네치아를 다스린 120명의 총독이 거주한 곳이다. 여러 차례 증개축을 거듭했기에 비잔틴, 르네상스, 고딕의 뛰어난 양식이 적절히 안배되어있다. 기둥과 아치마다 기하학적 문양을 장식한 2층 회랑은 비잔틴건축의 백미라고 하겠다. 유럽의 고딕 건물은 주로 교회였는데, 세속적 건물을 고딕양식으로 짓는 것은 베네치아이기에 가능했다. 3층으로 된 두칼레궁전은 평의회, 원로원, 재판소, 감옥, 무기고 등 크고 작은 방들이 미로처럼 연결되어있다.

베네치아의 권력과 영광의 상징인 도제는 화려하게 장식된 황금 계단에서 취임식을 갖지만, 전횡을 휘두르지 못하도록 철저히 견제받았다. 도제는 3백여 명으로 구성된 의회에서 선출한 후 시민대집회 승인을 받아야 하며 베네치아의 중요 정책은 10인위원회에서 결정하는 집단 지도 체제의 공화국이었기 때문이다. 두칼레궁전 황금 계단 입구에 지구를 떠받들고 있는 아틀라스상은, 실권은 없고 책임만 무겁게 지는 도제를 상징하는지 모르겠다. 2층 집무실 입구에는 부정부패를 고발하는 사자의 입이 기다리고 있다. 우리의 신문고가 철저한 사전 검열을 거쳐 북을 두드리는 간접민주제도인데 반해 베네치아 시민은 누구나 고발장을 궁전 사자 입에 집어넣을 수 있었다.

두칼레궁전에는 2천여 명의 귀족이 참석하여 주요 정책이나 법률을 제정하는 대평의회실이 있다. 유럽에서 제일 큰 의사당의 정면 벽에는 세계에서 가장 큰 그림 <천국>이 걸려 있다. 빛의 화가 틴토레토와 그의 아들 도메니코가 그린 가로 24.65m, 세로 7.45m의 대형 유화 한가운데는 예수와 성모마리아가 있고 그 주변에는 성서에 나오는 천사를 포함하여 700명 이상의 인물이 등장한다. 미켈란젤로가 그린 시스티나 대성당의 <천지창조>에 340명, <최후의 심판>에 391명이 등장했으니 <천국>이 얼마나 큰 작품인지 알 수 있다.

천장에는 베로네세, 틴토레토, 조바네 등 르네상스 거장이 베네치아의 영광스런 역사적 장면을 프레스코화로 장식하고 있으며 벽면에는 역대 도제들의 초상화가 줄지어 걸려 있다. 다만 나폴레옹에게 항복한 마지막 도제 루도비코 마니노의 초상화는 찾아볼 수가 없다. 이곳은 베네치아 공화국의 정치적 유산과 예술적 가치를 느낄 수 있는 핵심 관광지이다.

두칼레궁전에서 재판을 받은 죄인은 '탄식의 다리'를 지나 바로 옆 건물인 '피옴비'라는 감옥에 수감된다. 천하의 바람둥이로 알려진 자코모 카사노바가 신성모독죄로 5년 형을 받고 1755년에 악명 높은 이 감옥에 수감되었다. 두 팔을 뒤로 묶인 채 공중에 매달리는 고문을 견딜 수 없어 밤낮으로 탈출을 계획한 그는 뛰어난 두뇌로 1년 동안 교묘하게 천장을 뚫고 궁전 안으로 들어가 유유히 걸어나온 유일무이한 탈출 죄수로 알려진다.

부존자원이 없는 베네치아 공화국은 외부와의 무역에 의존해 왔지만 제조업도 강국이어서 세계 1위의 조선소를 갖고 있었다. 중세 때는 함선 보유 수가 국력을 상징했기에 조선업은 군사기밀의 군수산업이었다. 베네치아의 대표 업소인 아르세날레 조선소는 종업원이 한때 1만 5천여 명으로 하루 5척, 매년 3천 척 이상의 갤리선을 제조한 무기고이자 군사 복합단지였다. 둘레 4km, 높이 8m 담장 안의 아르세날레는 베네치아의 10%를 차지하는 도시 속의 도시였으며 100여 곳에서 조달한 부속품을 포드 자동차보다 500년이나 앞서 조립식 라인으로 생산했다.

중세의 장송곡이라고 하는 《신곡》의 저자 단테가 도제 취임 축하객으로 베네치아를 방문할 때마다 이 조선소를 찾았으며 《신곡》 '지옥편'에 "베네치아의 아르세날레처럼 불길이 솟아오른다"는 구절이 있다. 그는 1321년 봄, 라벤나의 외교사절로 베네치아를 세 번째 방문했을 때 역병에 전염되어 라벤나로 돌아가자마자 별세했다. 도심 요지를 차지하던 조선소 자리에는 베네치아비엔날레 전시장 등이 들어서 있다.

숙명적으로 바다에서 삶을 찾아야 하는 베네치아는 매년 예수 승천일을 맞아 바다와 결혼식 행사를 한다. 1172년 피에트로 오르세올로 도제가 달마티아에서 해적을 토벌하고 아드리아해를 장악한 기념으로 바다로 나가서 "바다여, 너를 아내로 맞이하노라"면서 결혼 증표로 금반지를 바다에 던진 것이 시작이다. 이 의식은 베네치아가 아드리아해 지배자임을 신에게 맹세하면서 종교적 축복과 해양 강국의 자부심을 가지고 있음을 상징한다. 1797년 나폴레옹 점령으로 이 전통은 중단되었으나 오늘날에는 관광 행사로 부활해서 진행한다. 중세와 르네상스 때는 성대한 퍼레이드와 함께 교황이 특별히 축복한 금반지를 바다에 던졌다. 다이아몬드를 아름다운 반지로 다듬는 기술 등 보석 세공이 베네치아에서 발달한 것도 매년 최상급의 반지를 바치기 위해 꾸준히 기술을 연마했기 때문이었으리라.

빛이 있으면 그늘이 따르듯, 물의 도시 베네치아는 식수 공급이 문제였다. 진흙 갯벌에 지하수가 나올 수 없으므로 빗물을 받아서 모래밭을 통해 여과하는 정수장이 도시 곳곳에 숨어있다. 그러나 베네치아의 더 큰 문제는 지반이 매년 2mm 정도 가라앉는 데다 기후 온난화로 해수면이 매년 2mm씩 높아진다는 것이다. 22세기가 되면 아드리아해가 1~2m까지 상승한다는 암울한 통계도 있다.

로마에 연간 7백만 명의 관광객이 찾아오는 데 비해 규모가 3분의 1에 지나지 않는 베네치아에 2천만 명이 몰려와서 뒷골목까지 떼지어 다니므로 그 하중으로 땅이 가라앉는다는 우려가 공론화된 지 오래다. 오버투어리즘을 막기 위해 2024년 4월부터 성수기에는 숙박을 하지 않는 당일치기 관광객을 대상으로 입장세 5유로를 받고 있는데 매월 징수액이 10억 원이 넘는다. 5만이 채 안 되는 주민보다 2배가 많은 관광객이 휘젓고 다니니 상가도 관광객 위주여서 주민을 위한 생필품 가게는 찾기 어렵다. 게다가 엄청나게 오르는 물가를 견디지 못한 주민들은 중세 페스트 시대처럼 탈출할 기회만 노리고 있다고 한다. 관광 공해에 시달린 주민이 바다에 나가서 대형 크루즈선 입항을 반대하는 시위를 벌인 적도 있다. 이러한 반대에도 불구하고 앞으로 베네치아 관광이 더 어려워질 수 있다는 우려 때문인지 오히려 관광객은 늘어나고 있다.

해수면에서 90cm 높이밖에 되지 않는 산마르코 광장은 10월 하순부터 이듬해 3월까지 매년 100일 정도는 질퍽거린다. 2019년 11월 대홍수 때는 무릎까지 오는 장화를 신어야 했다. '아쿠아 알타'라고 하는 해수 고조 현상으로 베네치아는 물에 잠기기 일쑤여서 1층을 거의 비워두고 있으며, 귀중품은 2층에 보관한다. 2008년 침수로 서점의 책이 모두 젖어버리자 그 젖은 책으로 계단을 만들고 각종 장식을 꾸민 '아쿠아 알타 서점'은 BBC 방송이 세계 10대 아름다운 서점으로 선정했다. 책으로 만든 욕조 모양의 곤돌라 안에서 운하를 내려다보며 느긋하게 독서를 즐길 수 있다.

베네치아 당국은 아쿠아 알타 현상을 근본적으로 해결하기 위해

2003년부터 10조원 가까이 드는 ‘모세 프로젝트’를 추진하고 있다. 바닷물이 드나드는 3군데 입구에 길이 20m, 높이 30m, 무게 300톤의 대형 금속제 방벽 78개를 바다 밑에 세워서 해수면이 높아질 경우 압축 공기를 주입하여 부력으로 물의 유입을 막는 것이다. 이 방벽은 해수면이 정상보다 1m 이상 높을 때 작동해서 30분이면 최대 3m 높이의 해수로부터 베네치아를 보호할 수 있다고 한다. 2020년 10월 시험 가동을 함으로써 현대판 모세의 기적을 기대할 수 있게 되었다. 베네치아는 이곳에 터를 잡은 지 1600년 만에 두 번째 물 위의 기적을 만든 것이다.

백만가지 이야기

나는 평소 마르코 폴로에 관심이 많아 그의 생가를 방문하고 싶다고 했더니 14년간 베네치아 안내를 했다는 우리 가이드가 중국인은 가끔 찾는 사람이 있지만 한국인으로는 첫 요청이라고 했다. 산마르코 광장에서 멀지 않은 곳의 창고 비슷한 허름한 건물 벽면에 마르코 폴로 초상화와 함께 “이곳은 한때 마르코 폴로가 살던 곳으로 그는 가장 먼 아시아까지 여행했다”라는 안내판이 있는데, 그 거리가 ‘밀리오네(백만가지 이야기)’라는 것이 재미있다. 서울 동대문 종합쇼핑몰 밀리오레(최고)를 지날 때마다 마르코 폴로가 떠오른다. ‘지팡그(일본)는 금이 가득한 동쪽 끝 나라’라고 소개한 마르코 폴로의 《동방견문록》을 읽고 감동한 콜럼버스가 스페인의 이사벨라 여왕에게 간청하여 항해 비용을 지원받았다.

마르코 폴로는 콘스탄티노플을 거쳐 1275년 쿠빌라이 칸을 알현하고 17년간 원나라 관리로 머물다가 1295년 귀국하자마자 제노아 전쟁에 참전하여 포로가 되었다. 그는 감옥에서 지난날의 파란만장한 경험을 털어놓았는데, 마침 함께 전쟁포로로 있던 소설가 루스티켈로가 그의 이야기를 기술한 책이《동방견문록》이다. 마르코 폴로는 남송의 수도 황주의 인구가 100만이고 궁정에는 1만 명이 동시에 들어갈 수 있는 식당이 있다는 등 과장이 너무 많아 '밀리오네'라는 별명을 얻었으며 우리가 알고 있는《동방견문록》의 실제 제목은 '일 밀리오네'이다.

그의 임종 무렵 친구들이 그를 찾아가 그동안의 이야기가 사실이냐고 마지막으로 묻자 "아직 그 절반도 이야기하지 않았다"면서 끝까지 굽히지 않았다. 마르코 폴로의《동방견문록》은 최부의《표해록》, 엔닌의《입당구법순례행기》와 함께 중국을 해외에 소개한 3대 여행기에 속하며 콜럼버스가 이 책을 읽고 인도로 떠난다는 것이 미 대륙을 발견할 정도로 베스트셀러이자 화제작이었다.

베네치아만 갖고 있는 독특하고 척박한 환경이 오히려 매력으로 작용한 경우가 있다. 미국의 전설적인 예술품 콜렉터 페기 구겐하임은 미술의 중심 무대를 유럽에서 미국으로 옮기는 데 결정적 역할을 했지만, 1947년 뉴욕의 금세기 미술 화랑을 접고 베네치아로 이주해서 여생을 보냈다. 타이타닉호 침몰로 사망한 아버지의 유산을 상속받은 그녀는 베네치아의 매력에 빠져서 "물 위에 떠다니는 삶의 베네치아 풍광은 어떤 거장의 그림보다 아름답다"며 삶의 방식이 곧 예술인 베네치아에 찬사를 아끼지 않았다. 구겐하임은 2차대전 소용돌이 속에 피카소를 비롯하여 샤갈, 칸딘스키 등 유명 화가 작품을 대거 구입했기에 구겐하임미술관은 현대미술의 보물창고라고 할 수 있다.

페기 구겐하임이 30년간 살던 그랜드 캐널의 저택이 구겐하임미술관으로 바뀌었으며 정원 한쪽에 있는 그녀의 무덤에는 동거하던 애완견 9마리도 함께 잠들어있다. 대운하의 살루테역 근방에 있는 구겐하임미술관에 들어서면 알렉산더 칼더의 움직이는 조각 <꽃잎들의 호>가 천장에 달려 있다. 페기가 거실로 사용한 공간에는 피카소의 입체주의 작품이 차지하고 있으며 부엌이나 서재, 방에는 추상화나 초현실주의 작품이 각각 전시되어있다.

베네치아를 예술의 도시로 떠받들고 있는 가장 큰 공로자는 1895년에 시작한 베네치아비엔날레이다. 베네치아비엔날레는 세계 3백여 개의 크고 작은 비엔날레 중 가장 오래되고 으뜸이어서 미술 올림픽으로 통한다. 우리나라를 비롯해 29개국 국가관이 있는 베네치아비엔날레는 세계 최대 미술 축제이자 새로운 미술의 방향타 역할을 한다.

미술에 관심이 있는 관광객이라면 아카데미아 미술관도 많이 찾는다. 1797년 자존심 강한 천년 강국 베네치아를 단숨에 굴복시킨 나폴레옹은 성당이나 수녀원 등 곳곳을 다니면서 제단에 걸려 있는 조반니, 벨리니, 티치아노, 조르조네 등의 유명 그림을 모조리 가져갔다. 나폴레옹의 워털루전투 패배를 기회로 불법 약탈한 예술품을 환수한 베네치아는 작품을 원래 자리로 돌려주는 대신 한자리에 모아 베네치아 르네상스 미술의 보고를 만든 것이다.

대운하 아카데미아역 입구에 있는 이 미술관이 가장 자랑하는 것은 제일 안쪽에 걸린 조르조네의 풍경화 <폭풍>이다. 전통적으로 당시 모든 그림은 인물 위주여서 배경은 부수적으로 흐릿하게 처리했는데, 이 작품은 배경의 풍경도 또렷하게 묘사하여 풍경이 주인공이 될 수 있는 서양 풍경화의 시조로 평가받고 있다. 베네치아가 전통의 굴레를 벗고 대담하게 새로운 변화를 추구한 것은 이뿐만이 아니다. 미켈란젤로가 성화를 그릴 때 베네치아 화가들은 세속적인 삶에 관심을 가지면서 누드화를 그리기 시작했다. 시시각각으로 표정이 변하는 물의 도시 베네치아는 예술인의 창작 의욕을 돋우는 매력적인 곳이라 마네, 모네 등이 그림 소재지로 즐겨 찾았다. 해상무역을 토대로 부를 축적한 베네치아에는 세계 곳곳의 유명 물감과 그림 도구가 유입되어 화려한 색감에 큰 화폭의 그림이 유행했는데 이를 '베네치아 화파'라고 한다.

베네치아가 낳은 대표 음악가는 4개의 바이올린 협주곡 <사계> 작곡가 안토니오 비발디이다. 그는 원래 사제였으나 고질적인 천식으로 노래 위주의 미사 집전이 어려워지자 1703년 피에타 여자 고아원 음악 교사로 변신했다. 개방적인 도시 베네치아는 중세 때부터 어느 곳보다 사생아가 많아서 교회나 수녀원 입구에 영아를 받아두는 바구니를 비치했다. 고아원 밴드부 합주장이 된 그는 학생 오케스트라를 편성하여 순회 공연을 하면서 명성을 얻었으며 만토바 궁정 음악가로 활동할 때 그 유명한 <사계>를 작곡했다. 바로크 음악의 최고봉이던 비발디는 60대 초에 음악의 도시 비엔나로 갔으나 일이 잘 풀리지 않아 가난 속에 객사하여 그곳 빈민 묘지에 안치되었다.

주세페 베르디는 이탈리아 북부 파르마 태생이지만 베네치아를 고향처럼 사랑했다. 그의 대표작인 오페라 <라 트라비아타>를 비롯하여 <에르나니>, <리골레토>, <아틸라>를 모두 베네치아 라 페니체 극장에서 처음 공연했다. 페니체는 밀라노의 라 스칼라, 시칠리아 팔레르모의 마시모와 함께 이탈리아 3대 오페라 극장이다. 불사조라는 뜻의 페니체는 3번이나 화재로 소실되었지만 불사조처럼 다시 부활했다. 2003년 세 번째 화재 후 재개관 기념 작품으로 <라 트라비아타>를 다시 공연한 것은 '축배의 노래'를 비롯한 이 가극의 전편에 흐르는 감각적인 삶이 베네치아 사람들의 정서와 잘 어울리기 때문이었으리라.

베네치아의 118개 섬 중에서 아래쪽에 방파제처럼 길게 뻗은 리도섬에서는 베네치아 영화제가 열린다. 독일 베를린, 프랑스 칸과 함께 세계

3대 영화 축제인 베네치아 영화제는 1932년 비엔날레 행사의 하나로 출범한 가장 오래된 국제 영화제이다. 이듬해부터 독립적으로 영화제를 개최했지만 초기에는 무솔리니의 파시즘적 문화 정책 선전에 주력했으며 1934년부터 9년 동안 최고상이 무솔리니상이었다. 프랑스는 이에 대항마로 반독재, 자유, 인권을 중시하는 칸 영화제를 출범했다. 베네치아 영화제가 후발인 칸 영화제에 밀리기 시작하자 한동안 예술영화에 무게를 두다가 요즘은 상업영화로 변신하고 있다. 1987년 임권택 감독의 <씨받이>로 강수연이 베네치아 영화제 여우주연상을 받았으며 2012년 김기덕 감독이 <피에타>로 황금사자상을 수상했고 2021년에는 봉준호 감독이 한국인 최초로 심사위원장을 맡았다.

리도섬은 해변에서 자전거를 타거나 해수욕을 즐길 수 있기 때문에 유럽의 부유층이 즐겨 찾는다. 특히 영화제가 열리는 엑셀시어 호텔은 토마스 만의 소설《베네치아에서의 죽음》을 원전으로 한 동명의 영화 촬영지이기도 해서, 소설 주인공 아셴바흐처럼 세속적인 성공은 했지만 삶에 회의를 느끼고 지친 사람들이 힐링과 변화를 위해 찾아오는 고급 휴양지이다. 엑셀시어 호텔 옆에 위치했던, 원작 소설의 무대이자 영화 촬영지이기도 한 그랜드 호텔 데 방은 2010년 문을 닫았다.

북쪽에는 유리 세공으로 유명한 무라노섬이 있다. 베네치아는 10세기경부터 비잔틴 선진 기술을 배우기 위해 기술자를 파견하거나 장인을 초빙하여 유리와 크리스탈을 만들기 시작했다. 차츰 유리 공예품이 주요 수출품으로 발전하자 기술 유출을 막고 불을 다르는 데 따른 화재 방지를 위해 13세기에 유리 공장을 지금의 무라노섬으로 옮겼다. 유리 공예 장인이 해외로 기술을 유출하면 사형에 처할 정도로 산업을 엄격히 보호했다. 당시 강제 이주에 따른 반발을 무마하기 위해 1급 기술자에게는 작위를 주기도 했다. 무라노섬 유리 공장에 가면 직접 입으로 불덩어리를 불어 유리 공예품을 만드는 공정을 볼 수 있다. 유리 공예의 역사와 베네치아 특유의 화려한 제품이 전시된 유리 박물관은 필수 방문 코스이다.

근처에 있는 이름이 비슷한 부라노섬은 여성들의 수공예 작품인 레이스로 유명하다. 테이블 덮개나 방석 깔개에서 웨딩드레스까지 다양한 제품을 유럽 전역으로 수출하고, 레이스 학교와 레이스 박물관도 있다. 이 섬의 또 다른 특색은 아기자기한 집들이 아름다운 색깔로 도색되어서 오색찬란한 꽃을 피우고 있다는 것이다. 집을 보수할 때는 행정 당국이 정해주는 몇 가지 색 중에 선택해야 한다. 디즈니월드가 부라노섬을 디즈니월드 패밀리 리조트 모델로 삼을 만도 하다.

베네치아 관광객이 빠지지 않고 찾는 리알토 다리는 베네치아의 아이콘이자 랜드마크이다. 초기 이주민이 정착한 리알토는 중세부터 환전·상업·금융의 중심지였다. 마르코 폴로가 장사를 시작한 곳도 리알토이고 20년 후 동양에서 가져온 진기한 물건을 내린 곳도 리알토이다. 1494년 카르파초가 그린 <리알토 다리의 십자가의 기적> 그림 속에도 인파가 북적거린다.

18세기부터는 리알토가 쇼핑센터의 기능을 넘어 오늘날 뉴욕 월 스트리트처럼 금융 거래소로 크게 번성했다. 국제무역의 중심 상업 지역인 리알토와 정치 중심지인 산마르코 광장을 연결하는 최초의 리알토 다리는 1181년 배를 이어서 건너는 배다리船橋로 시작했다. 배를 제공한 선주들이 통행세를 받았기에 '동전 다리'라고 했다. 13세기 중반부터 나무 다리로 교체했으나 화재로 수차례 소실되었고, 1444년에는 페라라 후작의 결혼식에 몰려든 인파 때문에 다리가 붕괴되는 등 많은 우여곡절을 겪다가 마침내 1587년 오늘날과 같은 석조로 개설했다. 부자 나라인 베네치아는 국제 공모를 실시하여 미켈란젤로를 비롯해 당

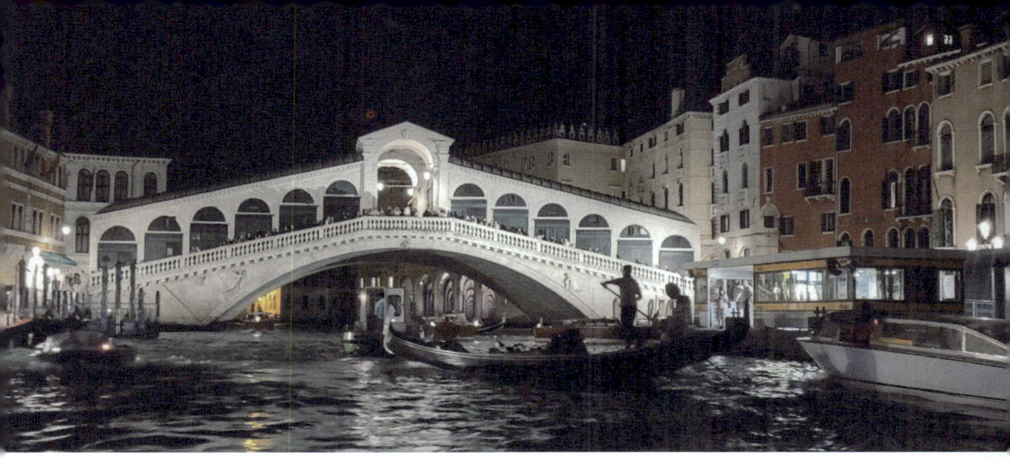

유럽에서 가장 아름다운 석조 아치교인 리알토 다리는 상업과 금융 중심지로 셰익스피어의 <베니스의 상인>에도 나온다. 마르코 폴로가 이곳에서 장사를 했다.

시 내로라하는 장인들이 응모했으나, 베네치아 주민인 토목공학자 안토니오 다 폰테의 설계가 채택되었다. 연약한 지반에 6천 개의 말뚝을 다리 양쪽에 박아 무거운 하중도 견딜 수 있게 설계한 폰테의 멋진 아치형 돌다리가 5백 년 동안 건재하게 활용되고 있다. 베네치아는 현재 4개의 대운하 다리를 포함해서 모두 4백여 개의 교량이 실핏줄 같은 170여 개의 운하를 연결하고 있지만, 19세기까지 대운하를 가로지르는 것은 리알토뿐이었기에 상업 중심지가 되었고 요즘도 관광객은 이곳의 기념품 가게에 꼭 들른다.

베네치아의 중요한 교통수단은 수상버스이지만 대표 경물은 골목골목 실핏줄처럼 얽힌 물길을 왕래하는 곤돌라이다. 곤돌라는 죽은 이의 시신을 변두리 섬으로 옮기는 관선棺船에서 시작했다고 한다. 초기에는 귀족만 타던 고급 승용차여서 부의 상징으로 부자들은 몇 척씩 배를 소유하며 금이나 은으로 치장하고 극도의 사치를 부렸다. 마침내 1562년 총통법령으로 철저히 규제하여 배 색상을 검정색으로 통일하고 한때 5천 척이 넘던 곤돌라는 140여 척으로 제한했다.

현존하는 가장 유명한 곤돌라 조선소는 1884년에 출범한 도메니코 트라몬틴인데, 4명의 장인이 수작업으로 1년에 배 1척을 만든다. 가장 어려운 기술은 평평한 목재를 스팀으로 튼튼하고 멋지게 구부리는 작업이라고 한다. 길이 10m, 너비 1.5m의 곤돌라 1척 값이 1억 원 정도이며 30년 이상 운행할 수 있다. 검은 바지에 줄무늬 셔츠를 입은 뱃사공 곤돌리에는 운항 기술뿐 아니라 베네치아의 역사 문화 전도사로 학식과 품격을 갖추어야 한다. 때로는 멋진 노래도 곁들이는데 연봉이 2억원 정도라고 하니 저절로 노래가 나올 만도 하겠다. 현재 400여 명의 곤돌리에 중에서 산타루치아역 근방의 유대인 게토 지구에 여성 곤돌리에 2명이 있다고 한다.

베네치아는 세기의 초호화 결혼식 장소로도 각광받는다. 2014년 할리우드 스타 조지 클루니가 인권변호사 아말 알라무딘과 2백억 원을 들인 호화 결혼식을 베네치아에서 치른 데 이어, 아마존 창업자 제프 베조스가 방송기자 출신이자 사업가인 로렌 산체스와 2025년 6월 27일 산 조르지오 마조레 성당에서 초호화 결혼식을 올렸다. 사흘간 열린 이 결혼식에는 빌 게이츠, 트럼프 대통령 딸 이방카 부부, 오프라 윈프리, 레오나르도 디카프리오 등 250여 명의 세계 유명인사가 하객으로 참석했다. 첫날인 26일에는 운하와 호텔 일대에서 환영 행사를 열고, 둘째날은 정식 결혼식, 28일에는 도심 아르세날레에서 이른바 파자마 차림으로 참석하는 파자마 파티를 열었다.

베조스는 하객을 위해 베네치아 수상택시 전부와 그리티 팰리스를 비롯한 최고급 호텔 4개를 예약했다. 베조스가 소유한 초호화 요트 코루[Koru]도 손님 운송에 사용했다. 길이 127m에 3개 돛대를 갖춘 세계 최대급 세일링 요트인 코루는 건조비가 5억 달러이며 9개 룸과 수영장, 영화관, 사우나 등이 있고 승무원만 36명이다. 결혼 비용이 얼마인지

정확히는 알 수 없으나 하객 1인당 5만 달러가 소요됐다고 추정하며, 브루나로 베네치아 시장은 “G7 정상회의와 비슷한 행사이므로 베네치아에 수백만 유로의 경제적 이익을 가져올 것이다”라고 말했다.

자동차나 오토바이가 없는 베네치아는 조용하고 맑고 신선하다. 이탈리아에서 많이 쓰는 ‘차오’라는 인사는 중세 베네치아인이 친밀한 사이에 나누는 인사 ‘나는 당신의 노예예요’의 줄임말이다.

지중해의 빵 바구니 시칠리아

인문 여행의 보고

서양에서는 최고 최대의 서사시《일리아스》와《오디세이》를 쓴 그리스의 호머를 인류 최초의 스승으로 모신다. 바티칸궁전 '라파엘로의 방'에 있는 라파엘로의 그림 <파르나소스 산> 중앙 상좌에는 아폴로가 뮤즈 여신들에게 둘러싸여 있고, 그 왼쪽 인간계에서는 그리스의 호머가 이탈리아의 베르길리우스, 단테보다 돋보이는 모습으로 묘사돼 있다.《오디세이》는 에게해 패권을 놓고 10년간 공방을 벌인 트로이 전쟁에서 거대한 목마 아이디어를 제공하여 전쟁을 승리로 이끈 그리스 영웅 오디세이가 고향 이타카로 돌아오면서 겪는 10년간의 험난한 여행기이다.

현대인의 삶을 디지털로 변화시킨 스티브 잡스가 입학한 리드대학은 합격 통지서와 함께《일리아스》와《오디세이》를 신입생에게 보내준다. 고통과 도전이라는 우리의 인생 역정을 그대로 묘사한 오디세이의 여행 경로가 이탈리아 시칠리아 연안이기에 평소 인문 여행을 추구하는 나에게는 이곳이 매력적일 수밖에 없다. 코로나 팬데믹 때 가택연금에서 해방되자마자 맨 먼저 향한 곳이 시칠리아였다.

고대에서 중세까지 서양 중심은 아시아와 아프리카, 유럽이 둘러싼 육지 가운데의 바다인 지중해였으며, 지중해의 중앙 십자로가 시칠리아이다. 이 섬 동쪽에 살던 고대 부족 시켈족Sicels에서 섬 이름이 유래한 시칠리아는 제주도의 14배나 되는 큰 섬으로 온난한 기후에 농산물이 풍부하여 지중해의 '빵 바구니'로 통했다. 로마의 철인 정치가 키케로는 "시칠리아는 로마의 곡물 창고이며 로마 사람의 유모와 같은 땅이다"라고 높이 평가했는가 하면, 이탈리아에 매혹당한 괴테도 "시칠리아를 보지 않고 이탈리아를 말하지 말라"는 찬사를 남겼다.

오늘날 이탈리아 대표 음식이 된 파스타의 발상지가 시칠리아이며 세계에서 파스타를 가장 많이 먹는 지방도 시칠리아다. 13세기 말 마르코 폴로가 중국의 국수를 유럽에 전파했다고 하지만 그의《동방견문록》에는 국수에 관한 아무런 기록도 보이지 않으며, 이보다 3백 년이나 앞선 827년 이슬람이 시칠리아를 정복하면서 사막 지대의 비상식량인 마른 국수가 함께 들어온 것이다. 1120년경 장택단이 북송 수도 가이펑의 생활도를 그린 <청명상하도>에 낙타와 아랍 상인, 국수 가게가 보인다. 12세기에는 시칠리아 트라비아 지방에서 생산한 마른 국수 '이트리아'가 유럽 전역으로 팔려 나갔으며 두 여인이 국수를 만드는 그림도 남아있다.

3천2백여 년 전 신과 인간이 함께 어우러진 전설 같은 이야기라고는 하지만, 그리스 연합군이 트로이를 공격한 것도 스파르타 왕비 헬레나를 되찾기 위한 사랑 전쟁이라기보다, 밀을 실어나르는 지중해와 흑해의 길목에서 트로이가 통과세를 요구하고 해적질을 일삼았기에 이를 해결하기 위한 방안이었다고 추론한다. 트로이전쟁에서 승리한 오디세우스는 오만한 생각으로 바다의 신을 농락했다가 귀국길인 시칠리아에서 온갖 시련을 겪는가 하면, 패자인 아이네아스 유민들도 시칠리아에 한동안 정착하면서 기운을 차리고 군사 훈련을 한 다음 이탈리아 본토에 상륙하여 로마를 건국했다.

이탈리아 본토에서 시칠리아로 건너는 가장 좁은 곳은 3.2km의 메시나해협이다. 로마에서 시칠리아 주도 팔레르모까지 비행기로는 1시간, 기차로 가면 9시간이나 걸린다. 메시나해협에서는 기차를 4등분으로 나누어 페리호에 싣고 바다를 건너는 데만 2시간 정도 걸린다.

이탈리아 국토 면적의 10%이자 500만 명의 주민이 사는 시칠리아를 간편하게 연결하는 다리를 그동안 건설하지 못한 데는 여러 이유가 있다. 우선 바다 폭이 가장 좁은 메시나해협 근방은 3개의 단층이 만나는 곳이라 지진 위협이 크다. 20세기 초만 해도 리히터 규모 7.1의 지진이 발생했기에 흔들리는 땅 위에 기초 시설 공사가 매우 어렵다고 한다. 게다가 190회 이상 화산 폭발로 유럽에서 활동이 가장 활발한 에트나산이 멀리 보여서, 용암이 직접 덮치지는 않더라도 화산재로 교통이 마비될 수 있다. 또한 시칠리아에 본거지를 두는 마피아도 교량 건설에 걸림돌이다. 범죄 조직은 미개발 지역의 으슥한 뒷골목에서 활동하는 것이 속성인데 교량으로 본토와 직결되어 밝은 세상이 되면 수익성이 떨어지기 때문이다. 그러나 2025년 8월 이탈리아 정부가 진도 7.5에서도 견딜 수 있는 특수 공법의 건널목 다리 건설 사업을 승인해 추진하고 있다. 2032년까지 21조 이상 예산을 투입할 계획인데, 지리적 문제와 마피아 문제 등 난관을 뚫고 50년 넘게 추진한 숙원 사업의 결실이 기대된다.

지중해의 보석

시칠리아는 지중해의 보석 같은 요람지였기에 고대 페니키아, 카르타고, 그리스가 서로 경쟁하듯 넘나들었고, 기원전 3세기 말부터 5백 년간 로마 지배를 받았으며 서로마 멸망 무렵에는 반달족과 고트족이 다녀갔다. 중세에는 비잔틴(동로마)이 차지했다가 9세기에는 신흥 제국 사라센(아랍)이 200여 년 통치했으며 11세기에 바이킹족 노르만인이 마침내 시칠리아 왕국을 세웠고 이를 신성로마제국 황제 프리드리히2세가 물려받았다가 프랑스 앙주 가문에 내주었다. 1282년 3월 30일 부활절 성월요일에 수도인 팔레르모 광장에서 시민들이 부활절 만종을 신호로 압제에 항거하며 앙주가를 몰아냈다. 이를 계기로 시칠리아 지배자는 프랑스에서 아라곤 왕조로 바뀌었다. 6주 동안 프랑스인 수천 명을 학살한 이 만종 사건을 애국 음악가 베르디는 <시칠리아의 저녁 기도>라는 5막짜리 그랜드 오페라로 만들었다. 그로부터 411년 동안 시칠리아는 스페인 지배와 영향 아래 지내다가 1861년 통일 이탈리아 왕국에 흡수되었다.

이탈리아 통일 운동가 주세페 가리발디가 이끄는 민병대에 시칠리아가 접수당하는 모습을 시칠리아 토착 귀족 레오폴도 대공의 시각으로 그린 주세페 람페두사의 역사 소설《표범》은 단테《신곡》이후 이탈리아 최고 작품으로 평가된다. 넷플릭스는 소설《표범》을 원전으로 '레오파드The Leopard'라는 이름의 6부작 드라마를 제작해 2025년 3월 공개했다. 가리발디는 해군 복무 중 혁명 운동에 가담하여 궐석 재판에서 사형 선고를 받자 남미로 도주하여 전투 경험을 쌓은 후 1860년 혜성처럼 나타나 붉은셔츠부대 1천여 명을 이끌고 수십 배에 이르는 시칠리아 왕국 군대를 무찌른다.

마르치니의 소설《시칠리아 사람들》에 따르면 일부 시칠리아인은 통일 무렵에야 '이탈리아'라는 말을 처음 들었을 뿐만 아니라 새로운 지배자 이름인 줄 알았다고 한다. 역사가 기록하고 남은 여백은 문학의 몫이라는 말에 공감한다. 시칠리아는 이탈리아와 이질적인 나라이기에 원주민 언어가 통하지 않는다. 이탈리아인은 스페인어보다 시칠리아어를 알아듣기가 어렵다고 한다.

시칠리아는 지중해의 전략적 요충지라 전쟁이 많았는데, 그중에서도 기원전 3세기경 3차에 걸친 포에니(페니키아인)전쟁이 가장 치열했다. 1차는 로마가 카르타고를 물리치고 시칠리아 해상권을 장악했으며, 2차는 뱃길이 어려워지자 스페인에서 알프스를 넘어 북부 이탈리아를 공격한 한니발 전쟁, 3차는 로마가 카르타고를 완전히 섬멸하여 아프리카까지 속주로 만들었다.

이처럼 2천8백 년 동안 어지러울 정도로 14번이나 외세 침략을 받았기에 시칠리아에는 NO라는 단어가 없다고 한다. 상대방의 말을 부정하는 강한 표현은 혀를 차는 것이 고작인데 이는 외래 지배자의 억압 속에 살아남기 위해 체득한 삶의 지혜다. 시칠리아 주민들이 습관적으로 얼굴을 찌푸리는 것은 혐오나 경계심을 넘어 속으로 우는 것이라는 말도 있다. 시칠리아는 침묵이 금이어서 말을 많이 하는 자는 불온한 자이며 음흉한 목적을 가진 외부 침략자로 간주하기도 했다. 시칠리아 곳곳에는 침략자의 군홧발에 짓밟힌 아픈 자국과 함께 외지인의 앞선 문명 흔적도 켜켜이 쌓여 있다.

시칠리아 심볼은 3개의 다리 한가운데 밀을 목도리처럼 감고 있는 메두사 얼굴의 트리나크리아이다. 삼각형이라는 뜻의 트리나크리아는 고대로부터 세모꼴로 생긴 시칠리아의 별칭이었다. 밀은 지중해 곡물창고 시칠리아의 풍요를 상징한다. 메두사는 오늘날도 시칠리아 주 깃발 문양으로 사용되고, 바탕색을 빨강과 노랑으로 나눈 것은 1282년 프랑스 앙주 가문을 몰아낸 두 도시 팔레르모(빨강)와 코를레오네(노랑)를 상징한다. 요즘도 세계 곳곳에 시칠리아인이 모이는 장소에는 이 메두사가 부적처럼 걸려 있다. 고대 그리스인은 메두사가 영혼을 조종하는 괴물이라 생각했다. 원래 메두사는 미녀였으나 바다의 신 포세이돈과 사랑에 빠진 벌로 괴물로 변한 것이다. 메두사를 보는 사람은 돌로 변하니 바다와 사랑에 빠진 시칠리아인이 기암 절벽의 돌 위에 성을 지어 안전을 유지했는지도 모른다.

괴테가 1787년 4월 2일 나폴리에서 사흘의 항해 끝에 시칠리아 팔레르모에 도착하고는 '모든 섬의 여왕', '세상에서 가장 아름다운 도시'라고 격찬한 데 감동받아서 나의 시칠리아 기행도 팔레르모에서 시작했다. 괴테는 37살 때 바이마르 공국의 재무와 행정상을 맡던 시절 친구들과 이탈리아 여행길에 올랐다. 이탈리아 여행 첫날 일기에 '오늘은 내가 다시 태어난 날'이라고 기록했으며 2년 가까이 체류하는 동안 고대 건축물을 탐방하고 많은 예술인과 교류함으로써 그의 문학과 인생에 큰 변화를 가져왔다. 괴테의 외아들 아우구스트도 아버지 권유에 따라 이탈리아 투어에 나섰다가 여행 중 사망했다. 아들의 비보를 접한 괴테는 "그나마 내 아들이 로마에 잠들어 있는 게 자랑스럽다"고 술회한 바 있다.

내가 묵은 팔레르모 구시가지의 피아자 보사 호텔은 4백 년 된 수도원을 개조한 곳이라 고색창연한 기둥과 미로를 거쳐야 하는 기도소 같은 숙소였다. 호텔 맞은편에 은행이 있어서인지 무장한 남녀 군인이 장갑차로 맴돌며 밤낮없이 주위를 감시했다. 중세 때 수도원은 권력의 핵심으로 많은 돈을 모아 은행 역할을 했기에 호텔 지하에는 당시 금고가 공중 목욕탕 사물함처럼 가지런히 줄지어있다.

호텔 문을 나서면 '4개의 모서리'라는 뜻을 가진 콰트로 칸티가 있다. 16세기 바로크양식으로 지어진 4개의 웅장한 건물에 시칠리아 왕국의 훌륭한 왕들을 수호성인처럼 받들고 있다. 봄을 상징하는 남쪽은 샤를 5세, 여름의 서쪽은 필립2세, 가을의 북쪽은 필립3세, 겨울의 동쪽은 필립4세 동상이 세워져 있다. 두 개의 도로가 만나는 조그만 광장이 마치 태양이 나타났다가 사라지는 무대와 같다고 하여 '태양의 극장'이라고 한다.

르네상스 예술과는 거리가 먼 변방이던 팔레르모 중앙의 프레토리아 광장 분수에 벌거벗은 남녀 조각상이 뒤엉켜 있는 것이 특이하다. 1544년 피렌체에 설치된 조각상을 30년 후 해체해서 갖고 온 작품이다. 마침 수녀원이 어깨를 나란히 하고 있어서 바깥을 내다보기가 민망해서인지 '부끄러움의 광장'으로 통한다. 당시 시칠리아 메시나 출신 화가이던 안토넬로가 유일하게 르네상스 시대의 세례를 받아 남긴 작품이 <수태고지>이다. 대천사 가브리엘로부터 아기 예수 임신 소식을 들은 성모마리아의 경외스러워 하는 반응과 표정이 일품이다. 팔레르모 아바텔리스 박물관에 소장한 이 작품을 보기 위해 시칠리아를 찾는 관광객도 많다.

팔레르모는 기원전 8세기경 페니키아인이 정착한 후 카르타고, 로마, 비잔틴 지배를 받다가 노르만이 세운 시칠리아 왕국의 수도가 되면서 각종 유적과 문화유산이 시루떡처럼 켜켜이 쌓여 있다. 신성로마제국 프리드리히2세는 시칠리아 왕위를 물려받은 후 팔레르모를 떠나지 않았다.

시칠리아 주도인 팔레르모 중앙의 프레토리아 광장에는 벌거벗은 남녀 조각상이 있다. 광장 바로 옆에 수녀원이 있기에 '부끄러움의 광장'이라고 한다.

성모마리아 승천을 기념하여 헌정한 팔레르모 대성당은 1185년 착공한 이래 600여 년 동안 통치자와 지배 종교가 바뀜에 따라 개축과 증축을 거듭했기에 건축 박물관이나 다름없다. 비잔틴양식으로 시작하여 바로크, 고딕 양식이 추가되었는가 하면 대성당으로 사용되기 전에는 이슬람 사원이어서 이슬람건축의 특징인 상감 기법과 코란 구절도 눈에 띈다. 성당 한쪽에 팔레르모의 수호성인이자 역병 치료로 유명한 성녀 로살리아를 모시고 있다. 코로나 팬데믹 동안 관광객 발길이 멈췄는데도 로살리아상 앞에는 기도하는 사람이 몰렸다고 한다.

지중해의 푸른 바다를 배경으로 다양한 색상의 사암 석재가 성당 외관을 아름답게 하지만, 내부의 웅장한 조각품과 공중에 떠 있는 느낌을 주는 프레스코화는 또 다른 감동을 자아낸다. 성당의 좁은 통로를 통해 루프 톱에 오르면 팔레르모 시내가 한 눈에 보인다.

노르만이 시칠리아를 정복한 지 70년 만인 1130년 루제로2세가 최초로 왕국을 건설하여 나폴리까지 영토를 확장하면서 시칠리아는 전성기를 맞이했다. 그의 통치 시대에는 아프리카 튀니지도 속국이었으며 시칠리아에 조공을 바쳤다. 팔레르모 예시 마을의 중앙 광장에서 탄생한 그는 혈혈단신 무수한 난관을 극복하고 '법에 의한 통치'와 능력 위주의 행정을 지향한 군주였다. 그는 다양한 민족의 특징을 높이 평가하여 업무를 분장함으로써 이질 문화를 포용한 성군이었다. 노르만인은 나라를 지키는 국방과 축산에 주력하고, 그리스인은 항해, 아랍인은 농사, 유대인은 상업에 전념하도록 했다. 당시 시칠리아 왕국은 유럽 최고의 부국일 뿐만 아니라, 학식 수준도 높아 지성의 본산인 콘스탄티노플이나 코르도바와 경쟁을 했다.

한편 그의 외손계로 왕위를 계승한 프리드리히2세는 시칠리아 왕이 된 뒤 신성로마제국 황제로 등극해 법과 제도를 정비하며 중앙집권을 강화했다. 매 사냥을 특별히 좋아한 그는 자신이 저술한《매 사냥의 기술De arte venandi cum avibus》에서 매 사냥의 요체인 치밀한 판단력, 평정심, 과감한 행동력을 군주의 통치 덕목으로 강조했다. 중세 교황청의 부패한 손길이 시칠리아까지 뻗쳐오는 것을 어릴 때부터 목격한 그는 평생 교황청과 대립각을 세우며 여러 차례 파문을 당했기에, 단테는《신곡》에서 그를 에피쿠로스 철학을 신봉하는 가짜 기독교인이라며 지옥편에 가두었다. 그는 1250년 이탈리아 남부에서 별세했으며 시신은 시칠리아로 운구해 팔레르모 대성당에 안치하였다.

시칠리아 여행에서 꼭 거처야 하는 코스가 몬레알레 대성당이다. 몬은 산이고 레알레는 로열을 뜻하므로, 산에 있는 왕실 성당이다. 노르만 왕국 초기인 1174년 윌리엄2세가 사냥터에서 낮잠에 빠졌는데 꿈속에서 "여기에 하느님 집을 지으라"는 성모마리아의 계시를 받고 시골 외딴 곳에 현존하는 세계 최고의 노르만 성당을 건립했다. 잠에서 깨어난 후 나무 그늘 자리를 파 보니 많은 금은보화가 있었는데, 이것으로 건축비를 대부분 충당했다고 한다. 윌리엄2세는 세상에 하나밖에 없는 성당을 짓기 위해 당시로는 최고의 명성을 가진 비잔틴, 노르만, 아랍 건축의 장인들을 유럽 전역에서 초빙했다. 몬레갈레 대성당은 윌리엄2세의 문화 융합 정책을 구현한 노르만 시대의 마지막 건축물이 되었다.

원래 아랍인이 세운 성채를 왕궁으로 개축하면서 토착민의 전통 문화를 골고루 품어냈기에 그리스 로마 시대의 기둥과 비잔틴의 모자이크, 아랍식 아치가 화려하게 조화를 이루고 있다. 성당 내부의 모든 벽면과 천장을 사방 1cm 작은 유리 모자이크 수십만 개로 만들어 장관이 아닐 수 없다. 특히 석회동굴 종유석 같은 천장 장식은 그라나다의 알람브라궁전을 연상케 한다.

마피아와의 전쟁

시칠리아의 주도 팔레르모는 마피아의 도시로 통한다. 마피아 기원설은 여러 가지가 있으나 잦은 외부 침탈에 가족과 마을을 보호하기 위해 조직한 치안 유지대에서 출발했다는 것이 가장 설득력이 있다. 마피아는 허세, 대담함 등을 의미하는 19세기 시칠리아 방언 Mafiusu에서 유래했다는 설이 유력한데 이는 초기 마피아가 단순히 폭력 조직을 넘어, 지역 공동체와 자신들의 재산을 지키기 위해 대담하게 행동하는 사람들을 지칭하는 데서 비롯된 것으로 볼 수 있다.

특히 1차대전 당시 참전을 거부한 이탈리아 본토의 징병 기피자들이 시칠리아로 도주함으로써 각종 범죄의 온상이 되었기에 마을을 스스로 지켜야 하는 절박한 상황이었을 것이다.

우리의 8.15 광복 시대처럼 이탈리아 통일 직후 치안 부재가 심화되자 마을을 지키던 자경단이 차츰 활동 범위를 넓혀 도시를 장악하는 권력 집단으로 변했다. 19세기 중반 팔레르모에 주재한 영국 영사는 "이곳 비밀결사들은 막강하다. 이른바 마피아들이 노동자 수입을 나눠 갖고 범죄자를 자신들의 보호 아래 은닉하고 있다"는 기록을 남겼다. 당시 팔레르모에서 유일하게 번창한 사업은 폭력이었다. 주민들도 신변 보호 대가로 사례비를 지불하는 것이 관행이었다.

1922년 젊은 총리 무솔리니의 등장은 시칠리아에 엄청난 변화를 가져왔다. 고대 로마제국의 영광을 되찾겠다면서 국가 최우선주의에 폭력과 전쟁도 정당화한 파시스트 무솔리니는 "우리와 의견이 다른 사람과는 논쟁하지 않는다. 우리는 그들을 말살할 것이다"라고 호언장담했다. 평소 본토 중앙정부에 부정적이던 시칠리아는 이 같은 파시즘에 적극 반대했다. 시칠리아에는 파시즘을 지지하는 신문이 하나도 없을 뿐만 아니라 총선거에서 파시스트당 출신은 한 명도 당선되지 않았다.

반정부 현상이 마피아 때문이라고 생각한 무솔리니가 선거 직후 시칠리아를 방문했을 때 마피아 후원을 받던 팔레르모의 쿠치아 시장은 "우리 주민을 건드리지 마라"고 오히려 큰소리쳤다. 이에 격분한 무솔리니는 마피아 소탕을 위한 강력한 군사 작전을 감행했다. 그는 3년 동안 마피아와 그 가족 1만여 명을 구속했다. 이 무렵 무솔리니의 핍박을 피해 미국으로 도주한 시칠리아인들이 뉴욕과 시카고를 중심으로 새롭게 마피아 둥지를 틀었으며 때마침 1920년 금주 시대를 활용하여 오히려 미국에서 크게 번창했다.

무솔리니로부터 핍박받던 시칠리아와 함께 마피아의 전세가 역전된 것은 2차세계대전이었다. 파시스트 정부를 무너뜨린 연합군 임시정부가 팔레르모에 들어서면서 새로운 질서를 수립하는 데 마피아를 파트너로 활용했다. 연합군은 범법 행위로 수감 생활을 하던 마피아 죄수까지 모두 석방, 복권시켜 주었다. 수많은 범죄자가 거리를 활보하며 행패를 부리기도 했다. 1948년 총선거에서 기독교민주당은 마피아의 힘을 빌려 사회당과 공산당에 테러를 가하고 크게 승리하며 마피아는 정계로 파고들었다.

정치권과 커넥션을 가진 마피아는 팔레르모 재건축 사업을 독점했다. 마피아 조직이 팔레르모의 문화 유적지를 멋대로 파헤치면서 세운 아파트가 부실공사로 우리의 와우아파트처럼 많은 인명 피해를 가져오기도 했다. 1950년대부터 거의 30년간 마피아가 주도한 팔레르모 곳곳의 건설 붐을 '팔레르모의 약탈'이라고 한다.

팔레르모에서 암약하던 100여 개 마피아 조직은 '코사 노스트라(우리의 것)'라는 연합체를 구성했다. 이 조직의 핵심 계율은 조직 비밀을 절대 발설하지 않는다는 '오메르타'와 반드시 복수한다는 '벤데타'였다. 어느 마피아 보스 아들이 개과천선하여 조직의 각종 범죄 행위를 경찰에 고백하자 어머니와 누나가 오메르타를 어긴 배반자라며 그를 살해한 적도 있다.

팔레르모 마피아가 국제적으로 문제를 일으킨 것은 마약 밀거래 때문이다. 동남아에서 재배한 양귀비를 프랑스에서 제조하여 미국으로 보내는, 이른바 프렌치 커넥션 카르텔을 마피아가 장악하고 있었다. 미국과 프랑스가 마약 단속을 강력하게 벌이자 마피아 비밀 결사체인 '코사 노스트라'는 시칠리아에서 마약을 직접 제조하여 유통하기 시작했다. 1960년대 초반 미국에서 유통되던 헤로인의 80%를 이탈리아인이 운영하는 피자 가게를 통해 밀거래해서 이를 '피자 커넥션'이라고 한다.

국내뿐만 아니라 국제적으로도 마피아에 대한 원성이 높아지자 이탈리아 공산당 서기 피오 라토레가 '반마피아법'을 발의했으나 피살되고 만다. 1982년 민중 항의에 밀려 마침내 반마피아법이 공식화되었지만 단속은 쉽지 않았다. 마피아 단속을 담당한 경찰은 살해 위협이 그림자처럼 따라다녀 '걸어다니는 송장'이라 불렸다.

이 무렵 마피아 척결에 앞장선 조반니 팔코네와 파올로 보르셀리노라는 두 영웅 검사가 시칠리아에 나타났다. 시칠리아는 외부 침략에 대항하는 전쟁이 아니라 내부 수탈자인 마피아와 전쟁을 선포한다. 마침 마피아 조직끼리 세력 다툼으로 두 아들과 형, 조카, 사위를 잃은 토마스 부쉐타가 환멸을 느껴서 비밀을 지켜야 하는 오메르타 규율을 깨고 수사에 적극 협조한 덕분에 검찰은 475명의 마피아 범죄자를 기소할 수 있었다.

1986년부터 6년간 진행된 막스 재판은 세계 역사상 가장 큰 마피아 재판이었다. 이 재판을 위해 팔레르모시 당국은 마피아들의 로켓 공격도 막아낼 수 있는 강화 콘크리트로 벙커 모양 재판소를 새로이 건립했다. 이 재판에서 마피아 보스 19명은 종신형을 선고받고 344명은 도합 2665년의 징역형을 받았다.

재판이 끝난 지 4개월 후인 1992년 5월 23일 치안 검사 조반니 팔코네 부부가 로마행 비행기를 타러 공항에 가다가 고속도로에서 폭탄 테러로 사망했으며, 이를 수사하던 동료 검사 보르셀리노도 두 달 후에 같은 방식으로 사망했다. 팔레르모 공항은 이들 두 검사를 추모해서 팔코네-보르셀리노 공항으로 명명했고 이들이 암살당한 장소에 각각 추모비를 세웠다.

팔레르모 성당 파드레 프그리시 신부도 마피아를 비난하다가 56세 생일날 살해당하며 마피아 희생자 중 최초의 복자로 추존되었으며 성당 안에 무덤이 있다.

무법천지 마피아의 행패에 분노한 시민들은 이때부터 팔레르모 거리 가게 유리창에 'Addio Pizzo(안녕 피초)'라고 적힌 X자 모양의 노란색

스티커를 붙이기 시작했다. 마피아가 뜯어가는 돈을 피초라고 하므로 '안녕 피초'는 마피아에게 더 이상 돈을 내지 않겠다는 뜻이다. 1990년만 해도 시칠리아 가게 80% 이상이 피초를 냈으며 마피아 전체 수입의 절반을 차지했으나 요즘은 거의 사라지고 있다. 반마피아 운동은 정계에도 파장을 일으켰다. 마피아와 결탁한 국회의원 등 3천여 명의 정치인이 기소되자 마피아 후원자인 기독교민주당은 해산하고 말았다.

시칠리아 하면 우선 마피아를 떠올리는 것은 영화 역사상 최고의 걸작으로 꼽히는 <대부> 때문이 아닌가 한다. 두 차례나 아카데미 작품상을 받은 이 영화는 개봉 반세기가 지났는데도 시칠리아에서 여전히 사랑받고 있으며 관련 기념품이 곳곳에 있다. 많은 범죄영화의 모델이 된 <대부>는 딸을 집단 폭행한 사내들이 집행유예로 풀려나 거리를 활보하는 꼴에 분노를 참지 못한 사람이 마피아 보스에게 보복을 부탁하는 장면으로 시작한다.

이 영화가 마피아 조직을 미화했다는 비난이 있기는 하지만 1960년대 당시 미국의 정계, 재계, 문화계에 마피아의 영향력이 워낙 컸기 때문에 미화할 수밖에 없었을 것이다. 그래서 영화에서는 마피아 대신 '패밀리'라는 단어만 나오고 범죄조직 우두머리라는 말 대신 '갓 파더'를 쓴다. 교황청에서도 마피아 조직원에게는 파문령을 내리고 '대부' 자격을 인정하지 않았지만 이 영화가 휩쓸고 난 후에는 규정이 흐지부지되고 말았다.

<대부>는 블록버스터 효시로 3부작을 통해 10억 달러 이상의 수익을 올렸다. 신인 감독 프랜시스 코폴라는 6만 달러를 받고 파라마운트 영화사의 홀대를 견디며 제작한 1편이 공전의 히트를 치자, 2편에서는 무려 100만 달러를 선불로 받았다. 마리오 푸조의 동명 소설을 바탕으로 시칠리아 이민자이자 마피아 조직의 핵심인 콜레오네 가문의 4대에

걸친 가족사를 그린 이 영화는 과거와 현재, 성聖과 속俗의 장면을 적절히 교차 편집하여 이상주의자인 마이클 콜레오네가 현실주의자인 범죄 조직 보스로 변모하는 과정을 감동적으로 보여준다. 특히 영화 <로미오와 줄리엣>, <태양은 가득히>, <길> 등의 주제곡을 작곡한 영화음악의 거장 니노 로타의 <부드럽게 속삭여 주세요, 내 사랑Speak Softly, Love>이라는 주제곡이 영화 전편에 감미롭게 흐르며 긴 여운을 남긴다.

<대부 3>의 마지막 하이라이트는 팔레르모 마시모 극장에서 이뤄진다. 파리의 오페라 가르니에와 빈의 국립 오페라극장에 이어 유럽 세 번째이며 이탈리아에서 가장 큰 마시모 오페라극장은 성악가들의 꿈의 무대이며 조수미도 이곳에서 공연한 바 있다. 수녀원과 교회를 허문 자리에 조반 바티스타 필리포 바살레의 설계로 1894년에 완공한 이 극장은 그리스 신전을 연상케 하는 웅장한 외관에다 5층으로 구성된 고풍스런 내부에 3천 명을 수용할 수 있다.

영화에서 알파치노가 앉은 2층 로열박스는 전망과 공명이 가장 좋은 곳이다. 마이클 콜레오네는 아들 안소니가 마피아 두목 승계를 거부하고 가수가 되어 고향에서 첫 공연하는 오페라 <카발레리아 루스티카나(시골 기사)>를 보러 가족과 함께 극장을 찾는다. 시칠리아 카타니아 배경의 이 작품은 영웅이 아닌, 평범한 퇴역 군인이 주인공으로 나오는 사실주의 오페라의 효시로 평가받는다. 군소 출판사 공모전에서 최우수작으로 선정된 이 작품은 1890년 로마 극장 초연 때 40번이 넘는 커튼콜을 받고 무명 작곡가 마스카니가 푸치니나 베르디와 버금가는 명사가 되었다. 주인공인 제대 군인 투리두 역을 맡은 대부의 아들이 군복무하는 사이 마부와 결혼한 애인 롤라를 그리워하며 부르는 노래는 시칠리아 향토 음악 리듬에 가사도 시칠리아 사투리가 섞여 있다. 콜레오네가 1시간 정도의 압축된 오페라에 주옥 같은 선율의 노래를 감상

한 후 극장 앞 계단에서 가족과 함께 아들을 축하하려는 순간, 암살자들의 무차별 총격을 받는다. 콜레오네 역을 맡은 알파치노가 가슴에 총을 맞고 숨져가는 딸을 부둥켜안고 입을 크게 벌린 채 울부짖는 명연기가 압권이다. 아수라장이 된 계단에 총성이 멎자 조금 전 극장에서 연주하던 <카발레리아 루스티카나> 간주곡이 엔딩곡으로 흘러나온다.

영화 <러브 스토리>에서도 마스카니의 이 오페라를 언급하는 장면이 있다. 대부호 아들 올리버가 제과점 딸인 제니퍼를 부모에게 소개하자 아버지가 이름을 묻는다. "제니퍼 카발레리아입니다"라고 하자 아버지는 "카발레리아 루스티카나가 생각나는구나"라고 한다. 이에 제니퍼는 "저의 친척은 아닙니다"라고 응대하자 음악 전공이라면서 그 유명한 오페라도 모르냐며 비아냥거리는 표정을 짓고 평범한 가문과의 결혼을 끝까지 반대한다.

<대부>에서 마피아 보스 후계자가 된 사촌오빠를 사랑한 딸 메리는 실제로 코폴라 감독의 딸 소피아 코폴라가 연기했다. 그녀는 대부 1편에서는 갓난아기로 나오고, 2편에서는 비토 콜레오네가 뉴욕으로 이민갈 때 단역으로 나왔으며, 3편에서는 콜레오네 재단 이사장 역을 맡았다. 그녀의 연기가 워낙 엉망이어서 해마다 아카데미 시상식 전날 최악의 연기자를 선정하는 '골든 라즈베리'에서 최악의 여우조연상과 최악의 신인상 2관왕을 차지했다. 그녀는 후에 배우 생활을 접고 감독으로 변신하여 어느 정도의 명성을 얻었다. <대부>는 독일계인 말론 브란도를 제외하면 감독을 비롯한 대부분 출연진이 이탈리아계이며 1편 결혼식 장면에 나오는 가수 쟈니 폰테인 역의 배우 알 마티노도 이탈리아계 가수다.

영화 <대부> 촬영지로 사보카를 빼놓을 수 없다. 영화 제작진이 투

숙한 타오르미나의 호텔 사장이 사보카를 추천했다고 한다. 콜레오네가 아버지의 복수를 위해 살인을 저지른 뒤 시칠리아로 피신해 체류 중 시골 여인 아폴로니아를 만나 사랑을 나누고 결혼한 곳이 산꼭대기 작은 마을 사보카이다. 콜레오네가 장인으로부터 결혼 승락을 받아내던 카페 비텔리에는 관광객이 언제나 길게 줄을 서서 기다린다. 카페 안에는 영화 주요 장면과 기념품이 빼곡히 전시되어있다.

콜레오네가 사제 집전으로 결혼식을 올린 곳은 13세기 요새를 개축해서 지은 산 니콜로 산타루치아 성당인데, 촬영 당시 마침 공사 중이어서 교회 밖에서 결혼식을 올린다. 결혼식 후 비텔리 카페까지 비탈진 마을길을 내려오는 영화 장면을 성당 입구에서 반복 상영한다. 당시 영화에 등장한 축하객은 모두 마을 주민이었으며 꽃을 들었던 화동은 이미 환갑이 넘었다.

시칠리아의 아름다운 도시

팔레르모에서 지중해를 끼고 남쪽으로 1시간 쯤 내려가면 영화 <시네마천국>으로 유명한 체팔루가 나온다. 마을 전체가 유네스코문화유산이어서 자동차가 시내로 들어갈 수가 없다. 제주도의 산방산처럼 바다에 바짝 붙은 높다란 바위산이 제일 먼저 방문객을 맞이한다. 이곳에 이주한 그리스인이 커다란 바위산을 보고 '큰 머리'라고 불렀는데 이것이 희랍어로 체팔루이다.

1989년 칸 영화제에서 '우리 생애 최고의 영화'로 심사위원 대상을 받은 <시네마천국>은 30년간 고향에 돌아가지 않던 토토가 어머니로부터 "알프레드가 죽었다"는 전화를 받으며 시작한다. 어린 시절 친구이자 스승이자 아버지 같던 영사 기사 알프레드의 권유로 로마에 가서 영화감독으로 성공한 토토는 장례식 참석차 고향에 가서 첫사랑 엘레나를 만나고 불타버린 극장을 바라본다.

그 옛날 해안가 방파제에 스크린을 걸고 야외에서 모험 영화 <오디세이아>를 상영할 때 입장권을 살 수 없는 가난한 사람들이 배를 타고 관람하다가 갑작스런 천둥번개에 소낙비를 맞던 영화 속의 그 바다에는 울긋불긋 피서객들이 수영을 즐기고 있다. 이 영화의 음악을 맡은 엔니오 모리코네는 <황야의 무법자>, <미션> 등 500곡을 작곡한 영화음악의 지존으로 웅장한 오케스트라 사운드에 휘파람, 하모니카, 전자음 등 혁신적인 악기를 사용하는 것이 특징이다.

팔레르모, 몬레알레와 함께 시칠리아 3대 보석이라고 하는 체팔루는 영화 <시네마 천국> 촬영지이다. 교황청으로부터 최초로 시칠리아 왕으로 공인받은 루제로2세가 세운 대성당은 비잔틴 예술의 진수를 보여 준다.

교황청으로부터 최초로 시칠리아 왕으로 공인받은 노르만의 루제로2세가 해외 원정을 끝내고 1129년 고향인 팔레르모로 돌아가는 도중 거친 풍랑을 만나 겨우 함선을 정박시키고 목숨을 구한 장소에 체팔루 대성당을 건축했다. 체팔루 대성당은 아랍과 노르만의 혼합 건축양식으로 내부의 유명 모자이크는 비잔틴 예술의 진수를 보여준다. 성당 정면 두 개 탑이 전형적인 노르만양식이어서 군사 방어용 성채로 활용하였다. 시칠리아에는 이같이 아랍 노르만양식의 건축물이 9곳이나 있다. 성당 안에 루제로2세 부부의 영묘를 안치하였으나 노르만의 시칠리아 통치가 끝난 후 팔레르모 대성당으로 옮겼다.

시칠리아 대부분 도시와 마찬가지로 적의 화살을 피하기 위해 체팔루 골목길은 일부러 구부러져 있으며 양편의 주택가 2층에는 각종 장식의 베란다가 밖으로 나와 있다. 여성들의 바깥 출입이 금지된 시절, 지나가는 상인과 흥정을 하고 바구니로 물건을 받아올리면서 그나마 숨통을 트던 곳이다. 구시가지 해안가 골목에 있는 400년 전의 빨래터에는 여전히 맑은 물이 철철 흘러내린다.

체팔루를 경계로 북쪽은 카르타고 속주였고 체팔루까지는 그리스 식민지여서 500개가 넘는 계단을 올라 해발 270m의 산마루에 다다르면 달의 여신 다이애나 신전이 있다. 기원전 3백여 년에 세운 신전과 성채가 아직도 건재하다.

시칠리아는 수천 년 동안 외부 침략을 무수히 받아왔기 때문에 보다 안전한 산꼭대기로 올라가 조성한 마을이 유난히 많다. 더러는 무더위를 피해서, 혹은 흑사병을 피해서 산정으로 올라갔다는 이야기도 있다. 공중에 떠 있는 것 같은 이른바 천공天空의 대표적인 마을은 소금 생산으로 유명한 트라파니 항구에서 750m 올라간 에리체이다.

고대 페니키아인이 3000년 전 트라파니에 정착했고, 비너스와 바다의 신 포세이돈 사이의 아들 에릭스가 하늘과 가까운 산마루에 성과 마을을 건설하고 어머니를 위해 비너스 신전을 세웠다고 한다. 에리체는 '에릭스Erice 마을'이라는 뜻이다. 신의 숨결과 같은 짙은 안개가 가끔씩 마을을 감싸안으면 비너스가 아들에게 키스하는 의미라고 전해진다.

기원전 264년 1차 포에니전쟁 때 카르타고에 의해 이곳 대부분이 파괴되었으며, 후에 이슬람의 침략을 물리친 노르만족이 순교자인 줄리아노를 수호신으로 하여 마을 이름을 7백 년 가까이 '몬테 산 줄리아노'로 사용했으나 1934년 무솔리니 정권 때 에리체라는 본명을 되찾았다. 현재 남아있는 비너스 신전은 12세기경 건설한 것으로 워낙 안개가 많아 수시로 면사포를 쓴다고 하여 '비너스의 베일'이라고 부른다.

옛 대관령 고갯길 같은 고불고불한 S자 산길을 곡예하듯 운전하여 하늘 마을에 도착하면 성모 승천을 기리는 에리체 성당이 나온다. 중세 도시 어느 마을에나 있던 성당은 건축, 종교, 문학, 미술, 음악 등 당대 지식과 문명의 집결체인데 이 성당은 유난히 자그마하면서 아름답고 평화롭다. 특히 에리체 골목길 바닥은 4각의 대리석 안에 조약돌을 촘촘히 박아 기하학적인 격자문양으로 장식되어 있어서 유럽의 가장 아름다운 돌길로 인정받고 있다.

에리체 명품 먹거리는 단맛이 최고로 응집된 디저트이다. 시칠리아에서는 디저트를 '돌체(달콤한 것)'라고 한다. 이탈리아에서 사탕수수가 맨 먼저 들어온 곳도 시칠리아이다.

하늘과 가까운 성채에서 시선을 멀리하면 코발트색 페인트를 쏟아부은 것처럼 푸른 하늘과 바다가 구분이 되지 않고 하나의 캔버스로 보인다. 마치 올림푸스 산정의 제우스가 멀리 인간 세상을 내려다보는 것 같다. 신화와 역사가 뒤섞인 중세 도시 에리체에서 세속의 도시 트라파니로 내려올 때는 10분 정도 걸리는 케이블카를 이용했다.

이탈리아 여행을 할 때마다 아내는 이곳 남자들이 미남이라고 말했는데 그 이유를 설명할 수 있는 근거를 마침내 이곳 트라파니에서 찾았다. 3200여 년 전 트로이전쟁에서 그리스 연합군에 패한 트로이 왕족 아이네이아스는 다리가 불구인 아버지 안키세스를 등에 업고 아들 이울루스를 앞세워 험난한 피난길에 올랐다. 영웅 아이네이아스의 아버지인 안키세스는 미의 여신 아프로디테와 하룻밤 동침한 것을 자랑하고 다니다가 화가 난 장인 제우스의 벼락을 맞아 불구가 되고 말았다. 그러나 그 후손들은 미남미녀 유전자를 받는 축복을 누리고 있다는 것이다. 이들 가족 유민은 우선 조상의 고향인 에게해 크레타섬으로 향했다. 그러나 얼마 후 크레타에 역병이 돌아 다시 지중해를 떠돌다 트라파니에 도착했다고 한다.

아이네이아스는 이곳에서 트로이를 먼저 탈출한 선발대 동포를 만나 "우리 형제들의 나라에 왔다"고 기뻐했다. 비교적 안정된 생활에 젖어있을 무렵 그곳에서 별세한 아버지의 혼백이 나타나 "우리 선조가 태어난 이탈리아로 가서 제2의 트로이를 세우라"는 계시를 받고 다시 신대륙을 찾아 나서려고 하자 기나긴 항해에 지친 부인들이 배에 불을 지르면서 이동을 거부했다. 하는 수 없이 아이네이아스는 젊은 장정을 중심으로 개척단을 구성하고 군대도 재정비한 다음 20척의 배로 출항했으나 항해 도중 험한 폭풍에 13척을 잃고 7척만 카르타고에 좌초하여 기항했다. 아이네이아스가 기진맥진하여 좌절해 있을 때 카르타고 여왕 디도가 함께 살자고 유혹하여 1년간 머무르지만 어머니 아프로디테의 감시와 격려로 건국의 길을 택한다. 아프로디테는 무수한 남성과 외도를 하며 문란한 생활을 했지만 자식 사랑은 끔찍해서 트로이 왕족이 멸족할 지경에 처하자 아이네이아스에게 빨리 조국을 빠져나와 후일을 기약하라고 충고하며 위험한 고비마다 나타나서 목숨을 구해주었다.

아이네이아스는 오디세우스에 버금가는 험난한 뱃길을 뚫고 트로이 출발 8년 만에 이탈리아반도 서쪽 라티움 해안에 상륙하여 라티움 공주와 결혼함으로써 결국 라티움 왕국을 차지했으나 오래가지는 못했다. 아이네이아스 아들 이울루스가 로마 동남쪽 알바노 언덕에 새로운 마을 알바롱가를 세워 정착했다. 알바롱가는 로마의 기틀이 되는 어머니 도시인 셈이다. 이울루스의 15세 후손 로물루스와 레무스가 버림받고 늑대 젖을 먹고 자랄 정도로 무수한 어려움을 극복한 후 기원전 753년 마침내 로마제국을 세웠다는 건국 신화가 전해진다. 그리스 연합군에 처참하게 패배한 트로이인이 후에 로마를 세워 문명 선진국인 그리스를 정복함으로써 복수한 것이다. 고대 로마의 최고 시인 베르길리우스는 율리우스 가문 출신 시저와 초대 황제 아우구스투스가 아이네이아스 아들 이울루스 직계 후손이라고 용비어천가를 읊조렸다.

한편 트로이전쟁의 승자인 오디세우스는 괴물 스킬라와 칼리브디스가 버티고 있는 메시나해협을 아슬아슬하게 통과한 후 감미로운 노래로 선원을 꾀어 바다에 빠뜨리는 사이렌의 유혹을 물리치고 10년 만에 고향 이타카로 돌아갔다. 그러나 단테는 《신곡》에서 오디세우스가 목마의 속임수로 트로이를 멸망시킨 것이 정정당당하지 않다고 판단해서인지 그를 지옥에 가두었다.

북아프리카로 가는 관문인 트라파니는 작열하는 태양과 바닷바람으로 유럽 최고의 소금 생산지이다. 구약성서 민수기에는 영원히 변하지 않은 약속을 '소금 계약'이라고 했으며, 예수 최후의 만찬장에서 돈주머니를 쥐고 있는 유다 옆에 소금병이 쓰러져 있다. 가난한 사람이 사해 소금으로 장사를 했으며, 소금을 동방으로 가져가 비단이나 향료와 교환하던 베네치아는 제노바와 네 차례나 소금 전쟁을 벌였다. 당시 소금이 화폐로 인정될 정도로 귀중품이어서 군인 월급으로 소금을 주었기에 소금salt과 월급salary은 어원이 같다. 1492년 스페인의 기독교 탈환으로 유럽에서 쫓겨난 유대인 37만 명이 대부분 네덜란드로 가서 소금 상권을 장악하여 청어 절임 산업을 주도함으로써 근대 주식회사인 동인도회사가 탄생하였다.

트라파니는 카르타고 때부터 염전을 개발하여 풍차를 이용한 전통 방식으로 명품 소금을 생산해 왔으니 소금 박물관이 있을만 하다. 초기에는 아르키메데스가 개발한 나선형 양수기 원리를 이용했으며 16세기부터 네델란드 풍차 기술로 염전 물을 끌어올리고 있다. 1960년대까지 소금이 전매품이어서 본토로 건너가는 여성들은 치마 속에 소금을 숨겨 갔다고 한다. 요즘도 세계 유명 요리사들이 이곳 천일염을 선호한다. 송로버섯이 들어간 검은색 소금이 특산품이다.

소금길을 따라 조금만 가면 시칠리아 최대 와인 산지인 마르살라로 이어진다. 마르살라는 카르타고가 세운 요새였으나 8세기 사라센제국의 아랍인이 정착하면서 번성하기 시작했다. 지명 마르살라도 '마르사 알라(알라신의 항구)'에서 온 것이다. 마르살라 와인이 세계적 명성을 얻게 된 것은 영국 무역상 존 우드 하우스 덕분이다. 그동안 영국은 헨리2세가 1152년 프랑스 루이7세 왕비였던 엘레로노르와 결혼하며 지참금으로 받은 보르도 지방의 와인을 마음껏 즐겼으나 1453년 백년전쟁에 패함으로써 3백년간 즐기던 보르도 와인을 마실 수 없게 되자 대신 시칠리아, 스페인, 포르투갈 등지로 와인 탐방에 나섰다.

그러나 영국과 35km에 불과한 프랑스와 달리 이들 지역은 2천km 이상 머나먼 바닷길을 건너오는 도중 와인이 상하는 일이 많았다. 존 우드 하우스는 1773년 와인 변질을 막기 위해 40도 이상인 브랜디를 섞어 발효 도중 효모의 활동을 멈추게 함으로써 알코올 도수가 높고 당분이 있는 주정 강화 와인을 고안해 냈다. 오늘날 대표적인 주정 강화 와인은 이탈리아의 마르살라, 스페인의 셰리, 포르투갈의 포트와인과 마데이라이다.

주정 강화 와인의 대표 격인 포트와인은 포루투갈의 제2 도시이자 대서양으로 향하는 수출항 포르투 이름을 그대로 붙인 것이다. 포르투항 근처에는 와인을 실어나르는 도루강을 끼고 축구장 5만 개 넓이의 포도밭이 이어진다. 주정 강화 와인은 대항해시대를 맞아 선호도가 크게 늘어나면서 더욱 발전하게 되었다. 그중에서도 콜럼버스가 항상 배에 싣고 다녔고 셰익스피어 작품에도 등장하는 셰리와 미국 독립선언 후 토머스 제퍼슨이 건배주로 이용한 마데이라가 유명하다.

나폴레옹이 부르고뉴 지방 샹베르탱을 마시며 세계 정복을 꿈꾸었듯이 영국의 넬슨 제독은 마르살라 와인을 즐기면서 나폴레옹을 격파했다. 마르살라 와인은 요리와 디저트용으로도 인기가 높으며, 화이트와인이 숙성되면서 변하는 적갈색을 마르살라색이라고 한다.

마르살라에서 지중해를 끼고 3시간 정도 내려가면 신들의 도시 아그리젠토에 이른다. 아그리젠토는 기원전 8세기부터 크레타와 로도스섬 출신들이 이주해 옴으로써 그리스 식민 도시가 되면서 농업과 광업이 발전했다. 기원전 406년 카르타고가 점령한 후 로마와 격전을 벌인 포에니전쟁 때 아그리젠토는 폐허가 되다시피 했다가 아랍과 노르만 시대를 거치면서 부흥의 계기를 마련했다. 이곳은 사라센 시대부터 근대까지 지르젠티라고 부르다가 1927년 무솔리니에 의해 그리스 로마 시대의 옛 이름 아그리젠토를 되찾았다.

아그리젠토는 그리스 전성기 때 주민이 대거 이주하여 한때 인구 70만의 대도시로 번창하면서 제2의 그리스가 되었다. 이들은 생활 여유가 생기자 조국인 그리스와 똑같이 바다가 보이는 언덕 위에 웅장한 모습의 신전을 세우기 시작했다. 그리스는 대리석을 사용했는데 이곳은 사암을 사용한 것이 다를 뿐이다. 아그리젠토에는 영웅 헤라클레스와 대장장이 헤파이토스, 죽은 사람도 살려냈다는 의술의 신 아스클레피우스 등을 모시는 20여 개의 도리아식 신전이 남아 있으며 아직도 계속 발굴 중이다.

그중 가장 보존 상태가 좋은 것은 조화와 화합의 여신 콘코르디아와 헤라 여신을 모신 헤라 라치니아 신전이다. 다른 신전은 대부분 지진으로 무너졌고, 주민들이 파괴된 석재를 가져다 건축 자재로 활용했다. 다행히 콘코르디아는 교회로 계속 활용한 덕분에 그리스 파르테논신전 못지 않게 36개 기둥이 원래 모습을 갖추고 있다. 파르테논신전은 정면 기둥수의 2배에 하나를 더해 측면 기둥수를 둔다. 콘코르디아도 정면에 기둥이 6개이고 측면이 13개이다.

콘코르디아보다 신전 옆의 추락한 이카로스 청동상이 더 인기가 높아 포토존으로 유명하다. 새 깃털과 밀랍으로 커다란 날개를 만들어 하늘 높이 날다가 태양열에 밀랍이 녹아 추락사한 이카로스의 처참한 모습을 폴란드 조각가 이고르 미토라이가 2011년 헌정한 작품이다. 화합을 해치는 것이 인간의 교만이므로 교만의 상징인 이카로스를 화합의 신전 옆에 새긴 것 아닌가 한다.

제우스의 정실인 헤라 여신은 결혼과 사랑을 관장하므로 많은 젊은이가 다녀간 곳이다. 결혼식 때는 영원한 사랑을 기원하며 암컷 양을 제물로 바쳤으며, 자녀를 출산하면 다시 찾아와 부부로 최종 공인을 받는 것이다.

아그리젠토에서 가장 먼저 세운 신전은 반신반인 헤라클레스 신전이다. 인간도 헤라클레스처럼 신이 되고 싶은 욕망이 있었고 인간을 가장 잘 이해해 주리라는 기대도 있었을 것이다. 초인적인 능력을 발휘한 영웅 헤라클레스 신전에는 최초의 도리아식 근육질 기둥 8개만 남아 있다.

고대 그리스 건축물 중 가장 규모가 큰 아그리젠토의 제우스 신전은 기원전 480년 히메라 전투에서 카르타고를 물리친 승전 기념으로 세운 것이지만 카르타고가 다시 침략했을 때 이 건물부터 폐허로 만들었기에 주춧돌만 남아있다. 4만 2천 명의 관객을 수용할 수 있는 축구장 넓이에 천장이 없는 거대한 신전 안에서 황소 100마리를 잡아서 바치는 제사를 올렸다고 한다.

신전과 신전 사이에 화려한 예복을 입은 대리석 조각상이 있는데 모두 머리 부분이 없는 게 특징이다. 워낙 지배자가 자주 바뀌기 때문에 얼굴 모습만 새롭게 제작해서 접목했다고 한다. 해안선을 끼고 신전 마을을 걷다 보면 순교한 기독교인들의 묘지인 카타쿰이 여기저기 미로처럼 얽혀 있다.

그리스가 시칠리아에 세운 최초의 도시이자 가장 크고 아름다운 도시는 시라쿠사이다. 수많은 지진과 화산 폭발에도 불구하고 시라쿠사의 옛 도시 한복판에 그리스를 상징하는 아폴로 신전이 또렷이 남아있다. 비잔틴 지배 시대에는 교회로, 아랍 시대에는 모스크로 사용하며 그리스 신전의 위용을 지켜올 수 있었다.

기원전 734년 그리스 코린토스인이 원주민을 몰아내고 작은 섬 오르티지아에 정착했다. 그리스 신전의 기둥 중 화려하고 아름답게 장식된 것을 코린토스식이라고 하는데, 코린토스에 많이 서식하는 식물 아칸투스의 잎사귀 모양으로 장식했기 때문이다. 오르티지다는 메추리라는 뜻이므로 아마 이곳에 메추리가 많이 살았던 것 같다. 미국 뉴욕주 남서부에 있는 시러큐스와 인문 예술 분야로 유명한 시러큐스대학도 이곳에서 이름을 따왔다.

시라쿠사는 로마시대까지 시칠리아 중심이었으나 11세기 아랍의 사라센이 점령하고부터는 적국인 그리스나 로마와 마주보는 데다가, 이탈리아반도와 왕래가 잦아지면서 뱃길이 가까운 북부의 팔레르모가 중요해짐으로써 1위 자리를 내주었다. 이탈리아반도 수복을 꿈꾸며 시라쿠사를 동로마제국의 수도로 정한 콘스탄스2세가 668년 황실 관리에게 암살당한 후 콘스탄티노플로 환도했고, 시칠리아는 지중해 변방으로 밀려났으며 그 후 무어인의 이슬람 군대가 시라쿠사를 중심으로 시칠리아 동해안을 휩쓸었다.

시칠리아 대표 특산품인 '무어인의 머리'는 잔인한 사라센 문명의 흔적이라고 할 수 있다. 시라쿠사에 온 유부남 무어인을 사랑한 시라쿠사 처녀가 고국으로 돌아가려는 애인의 목과 머리를 잘라 그 위에 화분처럼 꽃을 심고 눈물로 키웠는데, 그녀도 살인 혐의로 똑같이 머리가 잘리는 형벌을 받았다고 한다. 왕관을 쓰고 있는 남녀 머리 화분이 기념품 가게마다 형형색색으로 장식되어있다. 머리 화분은 대부분 세라믹으로 만드는데 시라쿠사 이웃인 칼타지로네 제품을 으뜸으로 친다고 한다.

시라쿠사의 전성기를 이끈 참주 히에론1세(기원전 478년~467년 통치)는 '그리스 비극의 아버지'로 불리는 아이스킬로스를 초청해서 역사극《페르시아인》을 집필하도록 뒷바라지 했다. 실제 역사적 사건을 다룬 가장 오래된 그리스 비극 작품인《페르시아인》은 그리스에 패배한 적국 페르시아 입장에서 인간의 오만이 가져온 비극을 성찰하게 한다. 이 작품을 통해 기원전 480년에 발발한 살라미스 해전의 참상을 고발하는 한편, 카르타고와 용감하게 맞선 시라쿠사인에게 감동을 선물했다.

고국인 아테네로 갔다가 기원전 456년경 다시 시칠리아를 찾은 아이스킬로스는 비극적으로 죽음을 당했다는 유명한 전설이 전해진다. 독수리가 거북이를 잡아 높이 날아오른 후 바위에 던져 껍질을 깨뜨려 먹으려다, 대머리인 그의 머리를 바위로 착각하여 그 위에 거북이를 떨어뜨렸다는 것이다.

히에론2세(기원전 270년~215년 통치)는 시라쿠사를 55년간 장기 통치하며 시라쿠사의 또 다른 전성기를 이끌었다. 그는 과학자 아르키메데스를 후원한 것으로 잘 알려져 있다.

시라쿠사뿐만 아니라 시칠리아가 배출한 최고의 인물은 수학자이자 물리학자, 천문학자인 아르키메데스이다. 그리스의 코린토스 이주민 후손인 그는 기원전 3세기 중반 알렉산드리아로 유학을 떠나 유클리드가 재직했던 세이온대학에서 수학했다. 신전에 바칠 왕관 제작을 맡긴 히에론2세가 황금 양을 속였다고 의심하여 아르키메데스에게 조사를 의뢰하자 그는 목욕탕에서 고민에 고민을 거듭하다가 마침내 '아르키메데스의 원리'를 발견하고 너무나 흥분한 나머지 '유레카(찾았다)'를 외치면서 알몸으로 뛰쳐나갔다는 일화가 있다.

천재 수학자답게 그는 적분을 통해 공의 표면적과 부피를 찾아냈으며, 2천 년 후 뉴턴과 라이프니츠가 접선 기울기를 구하는 미분이 적분의 역작용임을 발견함으로써 현대문명의 필수불가결 요소인 미적분을 완성했다. 수학의 노벨상이라고 하는 필즈상 메달 앞면에는 아르키메데스 얼굴이, 뒷면에는 원의 부피를 구하는 그의 연구 실적이 새겨져 있다. 영화 <인디아나 존스, 운명의 다이얼>에서 아르키메데스가 만든 것으로 설정한 계산기 안티키테라를 차지하기 위한 갖가지 모험을 전개한다.

오르티지아섬으로 건너는 다리 중간 조그만 광장에 인도의 간디같이 야윈 모습의 아르키메데스가 오른손에 거울을 들고 서 있고, 바닥에는 '유레카'가 새겨져 있다. 그는 로마군이 시라쿠사에 쳐들어왔을 때 자신이 개발한 투석기로 돌덩어리를 적진 멀리 퍼붓고, 커다란 청동 거울에 따가운 햇살을 반사시켜 함선을 불태웠다는 전설이 전해진다. 기원전 212년 72세의 고령인 아르키메데스는 적군이 쳐들어온 줄도 모르고 수학 연구에 몰두하다가 그를 체포한 로마군이 밖으로 나가서 로마 사령관에게 항복하라고 권유했으나 연구를 계속하다 연구실에서 살해당했다. 시라쿠사를 걷다보면 아르키메데스 광장을 비롯하여 그를 기리는 장소와 조형물을 곳곳에서 마주치게 된다.

시라쿠사가 배출한 또 다른 명사는 수호성인이 된 동정녀 루치아이다. 기독교 박해가 한창이던 시절 일찌감치 기독교에 귀의한 루치아가 평생 하느님의 종이 되기로 결정하자 어렸을 때 혼약한 집안이 시라쿠사 집정관 파스카시우스에게 그녀를 고발했다. 루치아가 온갖 고문에도 굴하지 않자 그녀의 두 눈을 뽑고 참수하여 화형에 처했다. 그녀의 시신은 콘스탄티노플을 거쳐 십자군전쟁 때 베네치아로 빼돌려졌다. 베네치아로 진입하는 중앙역이 산타루치아역이다. 고향인 시라쿠사에는 루치아의 손목 뼈만 회수되어 성당 안에 소중히 모시고 있다. 단테는《신곡》에서 루치아가 성모마리아, 베아트리체와 함께 천국에 있는 것으로 묘사한다.

그로부터 3백 년 후 시라쿠사는 순교한 장소에 산타루치아 바실리카 성당을 건축하면서 당대 최고 화가 카라바조에게 루치아를 기리는 성화를 부탁했다. 마침 카라바조는 요한기사단의 섬 몰타에서 기사를 폭행한 혐의로 구속되었는데, 얼마 후 탈옥하여 시라쿠사에 머물던 중이라 사면을 조건으로 <성녀 루치아의 매장>을 그렸는데, 현재 시라쿠사의 산타 루치아 영묘 대성당 중앙 제단화로 걸려 있다. 루치아는 빛, 광명이라는 뜻이며 성녀 루치아 조각상은 두 눈을 뽑힌 형벌을 상징해 접시에 두 눈을 받들고 있는 모습이 일반적이다.

괴팍한 언행으로 파란만장한 삶을 살아온 카라바조는 1608년 10월부터 꼭 1년간 시칠리아에 머물면서 <성녀 루치아의 매장>외에 <성 나사로의 부활>, <목자들의 경배>, <성 로렌초와 성 프란체스코가 성모자를 경배함> 등 4개의 커다란 화폭 명작을 남겼다. 선배 미켈란젤로를 극복하는 것이 생의 목표던 그의 원래 이름은 미켈란젤로 메리시 다 카라바조였는데 같은 이름이 혼돈을 가져와 출신지인 카라바조로 통한다. 그는 이듬해 로마로 돌아가던 중 말라리아에 걸려 38세로 사망했다. 1606년 로마에서 살인을 저지른 카라바조에게 사면을 조건으로 많은 그림을 갈취한 보르게세 추기경이 수집한 바로크 시대 작품을 중심으로 개관한 보르게세미술관은 로마인이 아끼는 보물이다.

유네스코세계문화유산으로 지정된 시라쿠사 구시가지는 수천년 문명이 잠들어있는 거대한 박물관이나 다름없다. 특히 시칠리아의 심장이자 영혼인 시라쿠사 대성당은 백색 대리석으로 더욱 찬란하게 빛난다. 1754년 바로크의 거장 안드레아 팔마가 건축한 이 드오모는 2700년 전 새로운 땅을 찾아 건너온 그리스 코린토스인이 가장 사랑했던 아테나 여신을 모신 신전이다. 외부의 화려한 바로크건축과는 달리 내부에는 그리스 신전의 기둥이 그대로 남아있다.

1693년의 대지진에도 아테네 신전의 도리아식 열주가 성당을 든든하게 지키고 있기에 벽면에는 “시라쿠사 대성당은 성 베드로의 첫 번째 딸(교회)이며 안티오크 이후 그리스도에게 바친 첫 번째 교회다”라고 자부심을 새겨 두었다. 내부 바닥에는 이탈리아가 자랑하는 다양한 색감의 대리석에 아름다운 문양이 치장되어있다.

시라쿠사에 그리스 비극 작가 아이스킬로스의 <페르시아인>을 기원전 488년에 공연한 그리스 극장도 단연 돋보인다. 기원전 5세기에 건설한 이 극장은 67개 계단에 8개의 통로로 9개 구역으르 나눠져 있으며 1만 8천 명을 수용할 수 있는 시칠리아에서 가장 큰 극장이다. 커다란 바위산을 깎아서 만든 그리스 극장은 객석 계단을 내려갈수록 폭이 넓은 고관들의 자리이며 맨 아래 로열박스에는 “히에톤2세 아내에게 헌정한다”는 글귀가 그리스어로 새겨져 있다. 로마 극장은 마차 경주나 검투사 경기가 주 목적이라 원형인데 비해 그리스 극장은 주민 위안과 교육을 위해 하루종일 연극 공연을 했기에 반원형으로 설계했고, 적을 감시하기 위해 항상 바다를 내려다보고 있는 것이 특징이다.

극장 인근 건축용 돌을 캐낸 채석장이 커다란 동굴로 변하자 곡물 저장소로 쓰이다가 후에는 감옥으로 바뀌었다. 기원전 406년 시라쿠사의 새로운 참주로 등장한 디오니소스1세는 이탈리아 출신 개인 용병을 500명이나 거느리면서 백성을 노예처럼 강제 노동에 동원하고 수탈과 고문을 일삼았다. 채석장 동굴은 공명이 워낙 좋아 옆방에서 고문을 당하는 신음소리가 죄수를 겁박하는 데 안성맞춤일 뿐만 아니라 정적이 음모를 꾸미느라 소곤거리는 소리도 엿들었다고 한다. 바로크 예술의 창시자인 천재 화가 카라바조가 높이 23m의 이 채석장 동굴을 폭압 통치자인 디오니소스1세에 빗대어 '디오니소스의 귀'라고 작명했다고 한다.

시라쿠사 구도심인 오르티지아섬에는 유럽에서 가장 아름다운 광장으로 평가받는 두오모 광장이 있다. 이곳은 한때 유럽 최고 미녀라고 불린 모니카 벨루치 주연의 자전적 영화 <말레나> 촬영지로 유명하다. 아름다움과 전쟁, 성장과 욕망을 주제로 한 이 영화는 예수가 "너희 중에 죄 없는 자가 저 여인에게 돌을 던져라"라고 했던 요한복음(8장 2절)의 간음하다 걸린 여인의 기구한 운명을 모티브로 주세페 토르나토레 감독이 2000년에 개봉했다. 광장 가운데서 말레나가 담배를 꺼내자 뭇 사내들이 경쟁적으로 라이터를 갖다대는 장면은 한동안 광고를 비롯한 여러 분야에서 패러디했다.

신약성경 사도행전 28장 12절에 보면 예루살렘에서 체포된 바울이 "로마로 연행되어 가는 중 풍랑을 만나 시라쿠사에 들러 사흘 동안 머물렀다"는 구절이 나온다. 바울은 실제로 서기 61년경 오르티지아섬에 잠시 머물면서 그 짧은 시간에도 유대인 마을 시나고그에 찾아가 선교 활동을 했다고 알려진다.

시칠리아의 최고 휴양 도시는 괴테가 '작은 천국'이라고 극찬한 타오르미나이다. 시라쿠사의 공격을 받은 넥소스인이 산 중턱으로 피신하여 타오로산 절벽 위에 자리 잡은 마을이기에 탁 트인 이오니아해와 에트나 화산을 함께 즐길 수 있다. 18세기 무렵부터 유럽의 부호들이 그랜드 투어 코스로 이곳을 찾아오기 시작했기에 언덕과 해변에는 고급 호텔과 빌라가 즐비하다. 케이블카 대신 아름다운 주변 경관을 따라 계단을 한참 내려가면 타오르미나의 명소인 몽돌 해변 이졸라 벨라에 이른다. 이졸라 벨라는 '아름다운 섬'이라는 뜻으로 한자로는 미도美島이다. 아름다운 해안 휴양지를 이탈리아어로 '리비에라'라고 하는데 그 대표적인 명소가 타오르미나 리비에라이다.

프리다이빙 라이벌인 자크와 엔조의 우정과 경쟁을 그린 뤼크 베송 감독의 바다 영화 <그랑블루> 촬영 장소가 바로 이졸라 벨라이다. 알랭 들롱의 매력 절정기 영화 <태양은 가득히>는 나폴리가 배경이지만 "요트를 타고 멋진 타오르미나에 가고 싶다"는 대사가 나오고 실제 타오르미나에서 촬영도 했다. 전설 속의 이상향 섬 아틀란티스 왕국을 둘러싼 슈퍼 영웅들의 바다 지배 투쟁을 그린 영화 <아쿠아맨>도 이곳과 하와이 등에서 촬영했다.

이탈리아 여행을 으뜸으로 여긴 괴테는 1786년부터 2년 가까이 머무는 동안 나폴리에서 시칠리아로 건너와 《파우스트》를 비롯한 여러 작품을 구상했다고 한다. 특히 타오르미나에서는 오디세우스가 폭풍을 만나 파이아케스 해안에 좌초했을 때 나우시카 공주가 따뜻하게 맞이한 일을 떠올리며 《나우시카》를 집필했다.

산업혁명 당시 석탄 가루 날리던 탄광촌 노팅엄셔 출생인 D.H.로렌스는 1920년부터 3년간 공기 맑은 타오르미나에 살면서 외설 시비로 출판이 금지된《채털리 부인의 사랑》을 집필했다. 그가 골방을 벗어나 가끔씩 바다를 내려다보면서 걷던 산책로는 '로렌스의 길'이 되었다. 이 밖에 오스카 와일드, 테네시 윌리엄스, 헤밍웨이 등도 타오르미나 단골 고객이었다.

타오르미나의 명물 문화 유적지로 그리스 극장을 꼽을 수 있다. 해발 270m의 절벽 위에 세운 그리스 원형극장은 관중석에서 무대와 이오니아 바다와 에트나 활화산을 번갈아 볼 수 있는 아름다운 야외 극장이다. 초기에는 그리스의 반원형 극장이었으나 로마가 새 주인이 되자 검투사 경기를 할 수 있는 원형극장으로 증축함으로써 '그레코 로만 원형극장'이 되었다. 이탈리아 여행을 '나의 제2의 탄생'이라고 예찬한 괴테가 1787년 5월 7일 일기에서 "타오르미나 원형극장 맨 위 좌석에 앉아보니 오른쪽은 커다란 성채이고 왼쪽은 아름다운 해안선이며, 저 멀리 마주 보이는 에트나 화산은 무섭다기보다 온화해 보인다"라고 소회를 밝혔다.

이 극장은 주변 경관의 아름다움뿐만 아니라 청중의 소음은 줄이고 무대 배우의 고주파 대사는 선명하게 들리도록 특수 설계되어 2천 년이 넘게 사용하고 있다. 음향을 뜻하는 어쿠스틱Acoustic이나 연극의 막을 뜻하는 씬Scene이 그리스어라는 게 수긍이 간다. 2017년 8월 타오르미나에서 G7 정상회의를 개최할 때 정명훈이 라 스칼라 오케스트라를 지휘한 곳이 바로 그리스 극장이다. 그는 G7 정상을 위한 축하 공연에서 마지막으로 마스카니의 <카발레리아 루스티카나 간주곡>을 연주했는데, 이 곡은 영화 <대부 3>의 비극적인 엔딩 장면에도 나온다. 세계적인 프리마돈나 소프라노 강혜명은 2016년 7월 타오르미나 페스티벌 개막작인 <나비부인> 주역을 맡았다. 매년 6월이면 타오르미나 영화제가 이곳에서 열린다.

타오르미나를 저 멀리 내려다보고 있는 에트나산은 유럽 최대 활화산이자 해발 3350m로 알프스 이남의 최고 높은 산이다. '타오른다'라는 뜻을 가진 에트나산은 매년 7번 내외의 크고 작은 화산 폭발이 일어나는데 2001년에는 16번이나 분출이 있었다. 2023년 8월 15일에 분출한 용암은 100m 이상 치솟았는가 하면 화산재도 10km 상공까지 올라가 인근 카타니아 공항이 마비되었다. 그리스 신화에 따르면 괴물 타이폰이 에트나산을 들어 파르나소스에 있는 신들에게 던지자 제우스가 100개의 낙뢰로 물리쳐 그를 에트나산 아래 가두었는데, 가끔 타이폰이 몸부림치면 산이 흔들리고 폭발한다고 한다. 기원전 425년에 분화 기록을 갖고 있는 에트나산은 세계 1500여 개 활화산 중 가장 긴 역사를 자랑한다.

에트나산 용암은 흘러내리는 속도가 아주 느려서 하루 500m가 고작이므로 주민들이 산으로 올라가 내려오는 모습을 구경하기도 한다. 1980년 2월에 치솟은 용암은 산 중턱인 2000m까지 흘러내리는 데 4개월이나 걸렸다. 주민들이 십자가나 성모마리아상을 놓고 기도를 드리면 흘러내리던 용암이 멈추거나 비켜 간다고 하여 '엄마 용암' 혹은 '마마 에트나'라고 명명했다.

물이 잘 빠지는 검은 화산재 토양은 포도 재배에 안성맞춤이라고 한다. 불의 신이자 대장장이 헤파이토스가 와인의 신인 디오니소스와 단짝이라는 것도 우연이 아닌 것 같다. 에트나산 아래 주민들은 언제 폭발할지 모르는 활화산과 공생한다. 에트나산 아래 포도밭 주변에는 올리브 나무로 울타리를 만들어 바람막이 역할을 한다. 이곳 올리브가 2022년 전국 올리브유 품질 대회에서 1위를 차지했다고 한다. 에트나산 2000m 고지까지 올라갔다가 내려오는 길에 코타네라 와이너리에서 페어링 오찬을 즐겼다. 와인을 비노Vino라고 부르기 시작한 것도 시칠리아라는 와이너리 사장님의 말에서 포도주에 대한 자부심을 느낄 수 있었다. 그런데 요즘 기후 온난화로 포도나 올리브 대신 열대작물인 망고와 아보카도로 전환하는 농가가 늘고 있다니 아쉽기는 하다.

에트나는 위치로는 시칠리아 동북쪽에 치우쳐 있어서 쉽게 잊어버릴 수도 있지만, 문화 경관으로 가치를 인정받아 2013년 세계문화유산에 등재되었다.

1666년 12월 5일 신성로마제국 황제 레오폴트1세와 조카이자 스페인 공주인 마르가리타 테레사의 초호화 결혼식이 비엔나 호프부르크 궁에서 거행되었을 때 18m의 에트나산 모형을 만들고 그 위에 화산 폭발같이 불을 뿜게 했으며, 밤하늘에는 7만 개 폭죽을 쏘아올리면서 'AEIOU(오스트리아가 세계를 지배한다)'를 새겼다. 이처럼 에트나 화산은 유럽의 명물이 되었다.

에트나산 바로 아래에는 시칠리아의 2번째 도시인 카타니아가 있다. 카타니아는 거무티티한 화산재 위에 건설한 도시라 원주민은 '카타네(거친 땅)'라고 불렀다. 그러나 화산재 토질이 농산물에 밑거름이 되고 물류 중심지로 부각하자 스페인 아라곤 왕가는 1434년 시칠리아 최초로 이곳에 대학을 설립했으며 문화 예술도 번창했다.

카타니아는 에트나산 대폭발로 17차례나 도시가 화산재와 용암으로 뒤덮여서 그리스와 로마 시대 마을이 지하에 켜켜이 묻혀 있다. 특히 1693년 1월 11일 진도 7.3의 대지진이 일어나고, 설상가상으로 에트나산 대폭발로 6만여 명이 희생되었으며 주변 마을이 폐허가 되었다. 시칠리아 동북아 피해 주민은 너무나 황폐된 마을을 재건할 엄두가 나지 않아 먼 곳으로 이주하여 노토나 아볼라 같은 도시를 세웠지만, 카타니아는 폐허를 극복하고 18세기 유행한 바로크양식의 새로운 건물을 건립함으로써 카타니아 구도시는 바로크건축의 전범으로 세계문화유산이 된 것이다. 카타니아는 에트나 화산과 운명적으로 공생하고 있기에 중앙 도로를 에트나길이라고 명명했다.

잿더미 위에서 아름답게 부활한 카타니아 대성당 정면 상부에는 카타니아 수호성녀 아가타 조각상이 관람객을 반긴다. 카타니아 귀족 가문 출신으로 일찌감치 기독교에 귀의한 아가타는 교회 박해가 극심하던 251년 지방 총독 퀸타누스의 청혼을 거절함으로써 두 가슴을 도려내는 형벌을 받았다. 아가타가 모진 고문 끝에 순교한 2월 5일을 축일로 정하고 가슴 모양의 빵을 만들어 그녀를 기린다.

카타니아 두오모 광장 중앙에는 1736년에 건립한 검정색 코끼리상 분수가 있는데, 당시 유럽에는 코끼리가 존재하지 않았으므로 아프리카의 코끼리가 시칠리아에 먼저 건너온 것이 아닌가 한다. 현무암 코끼리 등 위에 이집트 아스완에서 가져온 오벨리스크가 서 있는 것으로 보아 아프리카와 왕래가 잦았던 것 같다. 이집트에서는 하늘이 여자이고 땅이 남자이므로 오벨리스크는 하늘을 향해 다산을 기원하는 남근석이라는 설이 유력하다. 오벨리스크는 그리스어로 '뾰족한 끝'이라는 뜻이며 실제로 끝부분이 뾰족하여 '클레오파트라의 바늘'이라고 한다. 현재 남아있는 오벨리스크는 이집트가 9개인데 비해 이탈리아는 로마 9개를 비롯하여 모두 13개로 원산지보다 많고, 영국은 템스강변을 비롯해 4개, 프랑스 파리의 콩코드, 미국 뉴욕의 센트럴파크, 튀르키예의 이스탄불, 이스라엘, 폴란드에 각각 1개씩 있다. 오벨리스크는 평균 길이 23m에 무게가 150톤이나 되어 타국으로 옮기는 데 6개월 이상 걸린다. 1836년 파리 샹젤리제로 옮긴 오벨리스크는 7년이나 걸렸다.

스테시코로 광장에는 카타니아 출신 음악가 빈첸초 벨리니 동상이 우뚝 서 있다. 그의 작품은 연주나 노래가 워낙 어려워서 피아니스트 대가 슈만도 그의 곡을 받으면 고개를 절레절레 저었다고 한다. '속삭이듯이 아름답게'라는 그의 벨칸토 창법은 살롱 규모에는 알맞지만 대형 홀에서는 어려워 "오페라 가수들의 목을 갉아먹는다"고 조수미가 고충을 털어놓기도 했다. 팝페라계 월드스타인 우리나라의 임형주는 벨리니 곡을 잘 소화하는 가수로 높이 평가받고 있다. 33세 때 프랑스 파리에서 요절한 벨리니의 시신은 카타니아로 운구되어 대성당에 안치되어있으며 대리석 석관 위에는 그의 악보가 새겨져 있다.

광장에 있는 벨리니 동상 아래 사방으로 그의 대표 오페라 <노르마>, <해적>, <청교도>, <몽유병 여인> 주인공 조각상이 각각 세워져 있다. 벨리니는 평소 "만일 나의 배가 가라앉아 모든 것을 잃고 오직 하나만 구해야 한다면 '노르마'를 건지겠다"고 이 오페라에 특별한 애착을 가졌으며, 카타니아 식객들은 '알라 노르마'라는 파스타도 즐겨 찾는다. 카타니아는 벨리니 생가, 벨리니 공원, 벨리니 기념상, 벨리니 오페라 극장, 벨리니 묘소 등 벨리니에 대한 자부심이 대단하여 성녀 아가타에 버금가는 수호성인처럼 느껴진다.

시칠리아 중에서도 타오르미나는 풍광이 아름다울 뿐만 아니라 수천 년 역사와 문화 예술에 관한 인문학적 이야기도 풍성하여 유럽인이 즐겨 찾는 휴양지이다. 제한된 일정에 따라 움직여야하는 관광객으로서는 진수성찬 식탁을 두고 시간에 쫓겨 그대로 나온 것 같은 아쉬움이 든다.

신비의 섬 몰타

시칠리아에서 93km 남쪽에 강화도 크기의 작은 섬나라 몰타공화국이 있다. 시칠리아와 북아프리카 사이 건널목 역할을 하는 작은 보물섬이다. 50여 만 명의 인구 중 90%는 몰타섬에, 나머지 10%는 고조섬에 살고 있으며 중간에 코미노섬이 있다. 우리가 자주 만나는 하얀 실크 같은 긴 털에 새까맣고 동그란 눈을 가진 작은 애완견 몰티즈 원산지이기도 하다. 몰타는 강이나 호수가 없으므로 100m 정도를 굴착해서 끌어올리는 지하수에 의존한다. 전국에 버스터미널이 하나뿐이며 버스를 타고 한 시간이면 어디든지 갈 수 있다. 몰타는 국채를 3억여 원어치 사면 영주권을 주고 다시 그만큼 사서 기부하면 국적을 취득할 수 있기에 '국적 쇼핑'이라는 말도 있지만, 미국 잡지《International Living》은 2007년 세계에서 가장 살기 좋은 나라 1위로 몰타를 선정한 바 있다. 원래 이 섬의 특산품이 벌꿀이었는데, 그리스는 꿀을 멜리, 라틴어로는 멜리타라고 한 데서 몰타가 나왔다고 한다. 지중해 중계지답게 요즘 몰타는 암호화폐 거래소와 블록체인 회사 유치에 국력을 쏟고 있어서 암호화폐 관련 기업이 선호하는 국가 1위로 부상하고 있다. 지중해의 섬 국가로는 서쪽의 몰타와 동쪽의 키프로스가 있다.

몰타는 지중해에서 가장 오래된 기원전 4천 년 신석기시대의 석조 사원인 타르 신전과 지하 묘역이 발견되어 유럽 어느 나라보다 앞선 문명을 자랑한다. 몰타는 시칠리아와 마찬가지로 페니키아로부터 그리스, 로마를 거쳐 서기 870년 아랍 아글라브 왕조의 점령을 받다가 1091년 노르만으로 주인이 바뀌며 기독교로 개종했다. 그 후 로도스 공방전에서 이슬람에 패하여 갈 곳 없이 떠돌던 요한기사단에게 신성로마제국 황제인 카를로스5세가 매년 몰타산 사냥 매 1마리를 헌납하는 조건으로 1530년 이 바위섬을 내주었다. 기사단은 고마움의 표시로 값진 보석과 황금으로 조각한 매를 황제에게 바쳤는데 전쟁 와중에 이 조각상이 제정러시아를 거쳐 어디론가 사라져 버렸다. 기사들이 성배처럼 이 매를 찾으러 다니는 대실 해밋의 추리소설《몰타의 매》가 나왔고, 험프리 보가트 주연의 동명 탐정영화가 1941년에 제작되었다.

프랑스혁명을 거쳐 유럽을 휩쓸던 나폴레옹이 1798년 식수 공급을 핑계로 상륙한 뒤 몰타섬을 차지했으나 넬슨 제독에게 패퇴함으로써 2

년 만에 영국령이 되었다가 1964년 마침내 영연방국으로 독립했다. 2차대전 중에는 영국이 '지중해의 십자로'인 이 섬을 사수하여 독일 롬멜의 아프리카 군단에 보급을 차단시킴으로써 전세를 역전시켰다.

십자군전쟁 때 병사와 순례자 구호단으로 1080년에 출범한 요한기사단은 예루살렘을 이슬람에 내어준 뒤 해적과 같은 떠돌이 생활을 하다가 1309년 비잔틴제국의 배려로 그리스 남동쪽의 로도스섬에 안착했다. 성 요한 기사단은 수도사이자 군인이자 의사였으며 전쟁에 나가서 부상당한 병사 치료가 주 업무였다. 이들이 로도스에 세운 견고한 성곽은 현존하는 가장 완벽한 중세 성으로 인정받는다. 1453년 비잔틴제국이 오스만제국에 몰락하자 성 요한 기사단도 밀려나서 겨우 몰타섬에 정착했지만 이슬람과의 공방은 그치지 않았다. 다행히 몰타섬은 절벽 해안이라 천연 요새인 데다, 성채 바로 앞에는 해자를 깊게 파서 높은 성벽 기능을 하도록 설계했기에 비교적 안전했다. 당시는 적군의 배를 약탈하는 것이 당연시되었으므로 지중해 길목을 지키던 몰타의 해적질에 피해가 많던 이슬람은 몰타를 향해 '그리스도의 뱀 소굴'이라고 비난했다. 심지어 생활이 어려워지자 베니스나 나폴리 같은 가톨릭 국가의 선박까지 노렸기에 유럽에서는 '몰타 해적단'을 멀리했다. 해상 전투에서 지는 쪽은 노예가 되어 적군의 배에서 노 젓는 일을 했는데, 발목에 찬 쇠고랑의 상처와 녹 중독으로 포로들은 채 1년을 견디기도 힘들었다. 몰타는 한때 아프리카 노예들을 유럽에 공급하는 기지 역할도 했다.

몰타는 270여 년간 기사단이 통치한 성채도시 겸 국가였다. 수도 발레타는 1565년 6월 오스만제국의 침입 때 이를 물리친 기사단장 총사령관 장 드 라 발레트의 이름에서 따온 것이다. 당시 요한기사단 500명과 스페인 지원단 1500명, 그리고 몰타 주민이 합세하여 결사항전으로 3만 오스만 군대를 막아냈다. 몰타는 기사단이 정착하면서 바둑판 같이 설계한 초기 도시를 그대로 지켜 왔다. 도시 전체가 세계문화유산으로 지정된 수도 발레타의 500년 전 건물 사이를 걸으면 '유럽 속의 작은 유럽'인 중세 시대로 되돌아간 느낌이다. 50kg가 넘는 갑옷으로 무장한 기사들이 샌프란시스코 같은 비탈진 언덕길을 왕래해야 하므로 시내의 모든 계단 높이가 반 뼘 정도로 매우 낮게 만들어져 있는데, 이것도 바로 오르지 못하고 갈지之자로 걸었다고 한다.

몰타가 자랑하는 대표 명소는 성 요한 대성당이다. 기사단이 어느 정도 평화와 안정을 찾기 시작하자 우선 세례자 요한을 기리기 위한 성전부터 건설했으며 내부를 눈부실 정도로 화려한 바로크양식으로 장식하여 '초기 바로크의 보석'이라고 한다. 아치형 천장에는 성 요한 일대기가 프레스코화에 그림자를 넣어 입체감있게 그려져 있으며, 기사단에 참가한 8개국(아라곤, 프로방스, 이탈리아, 영국, 포르투갈, 카스티아, 바이에른, 오베르뉴)의 수호성인을 모신 8개의 예배당은 금박으로 장식하여 자국 재력을 경쟁적으로 과시했다. 성당 바닥에는 이탈리아와 스페인에서 갖고 온 400개의 화려한 대리석 무덤 위에 기사 개개인의 업적과 문장을 새겼다.

성전 벽면에는 빛과 어둠을 극적으로 대비시키면서 표현한 카라바조의 유명한 대형 그림 <세례자 요한의 참수>가 걸려 있다. 참수당한 요한의 목에서 흘러내린 피로 그림 오른쪽 하단에 카라바조가 자신의 이니셜 사인을 남긴 유일한 작품이다. 신약성경 마가복음 6장에 헤롯왕 의붓딸 살로메의 요청으로 요한의 목을 잘라 쟁반에 담아오는 이야기가 나온다. 미켈란젤로 작품 중에도 순교한 예수를 안고 있는 성모 마리아 어깨띠에 유일하게 서명을 남긴 작품 <피에타>가 바티칸 성 베드로 성당에 있다.

메디치 가문 출신인 교황 레오10세의 면죄부 판매에 반기를 든 마틴 루터의 종교개혁운동으로 궁지에 몰린 가톨릭은 개신교와 차별화를 위해 임팩트가 강한 성화聖畫를 장식했는데 이때 안성맞춤으로 등장한 화가가 카라바조였다. 천재이자 망나니인 카라바조는 평소 사람이 처형당해 죽어가는 모습에 남다른 관심을 갖고 있어서 <예수의 매장>을 비롯하여 <성모의 죽음>, <마태오의 순교>, <골리앗의 머리를 든 다윗>, <목이 잘린 메두사> 등 무서운 명화를 남겼다. 악당으로 소문난 그는 나폴리에서 살인사건으로 재판받던 중 몰타로 탈출하여, 그림 봉사로 속죄와 함께 귀족으로 신분이 상승되었으나 다시 기사단을 폭행하며 시칠리아로 도주했다.

성당 바깥의 기사단 휴식처는 숲이 있는 '위쪽 병영 정원'인 어퍼 바라카 가든이다. 이곳은 해안이 가파른 절벽인 천연 요새여서 선착장으로 내려가려면 10층 정도의 엘리베이터를 타야 한다. 탁 트인 지중해를 내려다보며 적을 공격하기 위해 설치한 대포가 요즘은 관광객을 위해 정오와 오후 4시에 예포를 쏜다. 몰타 기사단의 정식 명칭은 '성 요한의 예루살렘과 로도스와 몰타의 주권 군사 병원 기사단'이다. 2015년 초 몰타 기사단 한국 지부 출범 때 두산그룹 박용만 회장을 비롯하여 대법관 양창수, 국회의원 나경원, 배우 안성기, 지진희 등이 창립 멤버로 참여했다. 독실한 가톨릭 신자이면서 구호에 앞장서고 있는 박용만은 몰타 기사단의 한국 지부장으로 2016년 아태 총회를 서울에서 개최했다.

몰타섬 중서부에 있는 임디나는 고대에서 중세까지 수도였으며 1565년 오스만 침입 때 기사단 기병대 본부가 있던 곳이다. 이슬람 지배 시절 귀족과 상류층 주거지여서 몰타의 베벌리힐스 역할을 했던 임디나에 요즘은 200명 정도의 주민이 살고, 매년 70만 관광객이 바울의 흔적을 만나러 성지순례처럼 이곳에 찾아온다. 성 바울 성당이 임디나의 랜드마크이기 때문이다. 바울은 생전에 예수를 만난 적이 없을 뿐만 아니라 기독교인을 박해하는 고문 기술자였는데도 벼락을 맞고 개종한 후 기독교 전파에 앞장섰기에 '사도 바울'이라고 하면 13번째 제자로 통한다. 임디나에는 인명 구조를 위한 구급차만 차량 진입이 허용된다.

예수의 제자이자 의사인 누가가 바울을 수행하면서 쓴《사도행전》에 따르면 서기 60년 가을 바울이 예루살렘에서 선교하다 체포되어 로마로 호송 중 태풍을 만나 말리데(몰타)섬에 좌초하여 겨울 세 달을 지냈다. 해안에 도착한 바울이 추위를 녹일 겸 모닥불을 피우려는 순간 덤불에서 나타난 독사가 바울을 물었는데도 아무 이상이 없자 주민들이 그를 우러러보기 시작했다. 마침 섬의 추장 격인 보블리오의 아버지가 열병과 이질에 걸려 사경을 헤맬 때 바울이 기도와 치료로 낫게 하자 그는 기독교로 개종했으며 후에 보블리오는 몰타의 초대 주교가 되었다.

바울이 머물면서 주민들에게 포교하던 자리에 몰타 최초로 성당을 지었으나 9세기 이슬람에 의해 파괴되었다가 13세기 노르만 시대에 다시 세웠다. 바울이 수감 생활을 한 동굴에는 많은 예술가의 성화와 조각품이 진열되어있다. 관광객이 바울의 조각상을 만지다 손가락을 파손시킨 이후로 동상에 접근이 금지되었다. 지하에는 기독교인 고문실과 묘지 카타콤이 있다. 공습이 심했던 2차대전 때는 방공호로 사용하였다. 신비의 섬이자 화려한 중세의 성체 도시인 몰타는 영화 촬영지로도 유명하다. 몰타는 <트로이>, <글래디에이터>, <몬테크리스토 백작>, <왕좌의 게임> 등 100여개 작품의 산실이 되었기에 '지중해의 할리우드'로 통한다.

바레타 선착장에서 페리호로 30분 정도 북쪽으로 가면 인구 3만 2

천 명의 두 번째 큰 섬인 고조에 도착한다. 이곳은 이집트 피라미드보다 1천 년이나 앞선 주간티아 사원이 있다. 기원전 5천 년경부터 삶의 흔적을 보관하고 있는 신석기시대 거석 문화 박물관에 진열된 여성은 다산을 기원하느라 엉덩이가 유난히 크게 조각되어있다.

지금은 고조섬 주민이 몰타와 이웃처럼 왕래하지만 과거에는 서로 다른 언어와 문화를 갖고 생활했다. 이곳은 1551년 아프리카 해적단의 대규모 침략으로 약탈당한 것은 물론 대부분의 주민이 납치, 살해되었으며, 1565년 요한기사단이 몰타에서 이슬람을 물리쳤을 때도 지켜주지 못했다.

고조섬 중심지의 원래 이름은 서민이 사는 아랫마을이라는 뜻의 라바타였으나 영국 지배 시절인 1887년 빅토리아 여왕 취임 50주년을 기념하여 빅토리아로 개명했다. 고조섬은 대부분 평원이지만 유일하게 우뚝 솟은 절벽의 시타델에 고조 성당이 자리하고 있다. 과거에 외적이 침입하면 주민들이 피난하던 시타델 요새에 성소를 마련했다. 성당 외부는 비교적 소박한데 내부 장식은 황금색으로 무척 화려하다. 그중에서도 천장의 그림이 돔 모양의 착시 현상을 일으키는 것이 특이하다. 주민의 95%가 기독교인 몰타 안에는 360개가 넘는 크고 작은 성당이 있지만 이 같은 천장 그림은 유일하다. 원래 교회를 돔 형태로 지으려 했으나 자금 부족으로 이루지 못하자 내부 장식으로 보완했다고 한다.

시칠리아 여행을 준비하면서 내가 특별히 기대한 곳은 고조섬의 칼립소 동굴이었는데 출입금지라고 해서 실망이 컸다. 인류 역사에서 최초의 세계대전인 트로이전쟁을 승리로 이끈 오디세우스가 고향 이타카로 돌아가는 도중 포세이돈의 아들 외눈박이 폴리페모스의 공격을 받자 포도주를 주어 취하게 한 후 창으로 눈을 찌르고 겨우 도망쳤으나 요정과 괴물의 방해로 부하를 모두 잃었다. 그가 홀로 표류하여 오기기아 섬에 겨우 도착했을 때 섬 주인인 요정 칼립소가 그를 구해 주고 극진히 간호했다. 칼립소는 오디세우스에게 영원한 생명과 젊음을 주겠다고 유혹했으나 오디세우스가 고향에 돌아가겠다고 끝까지 거절하자 연인에서 죄수로 신분을 바꾸어 7년 동안 칼립소 동굴에 붙잡아 두었다. 오디세우스가 귀향을 그토록 고집하는 이유는 "이타카 왕으로서 백성을 보살펴야 한다는 의무도 있지만 무엇보다도 아내 페넬로페와 단둘이 갖고 있는 추억이 소중하기 때문이다"라고 강조했다. 이를 안타깝게 여긴 아테네 여신이 아버지 제우스에게 간청하여 오디세우스를 보내주라고 명하자 칼립소는 "자기들은 연인과 멋대로 놀아나면서 왜 나는 못하게 하느냐"고 불만을 토로하면서 눈물로 작별했다.

젊은 시절 호머의《오디세이》를 읽고 언젠가는 우리 인생살이와 같은 오디세우스의 여정을 따라가보는 것을 버킷리스트로 선정했는데, 막상 칼립소 동굴 근처까지 와서 포세이돈이 분노하던 지중해를 바라만 보아야 한다는 것이 안타깝기 그지없었다.

[illegible]

① [illegible]

② [illegible]

피렌체 (메디치 가문)

[illegible]

시대사 [illegible]

[illegible]

산악준

[illegible]

3장

아시아

신화와 역사가 공존하는 튀르키예

용감한 민족의 땅

오늘날 튀르키예에 해당하는 해발 500m의 아나톨리아(해 뜨는 곳) 반도는 세계 유일하게 동양과 서양이 만나고, 기독교와 이슬람 성지가 공존하며, 신화와 역사가 혼재하는 곳이다. 우선 이스탄불을 관통하는 보스포루스는 신화에서 가져온 이름이다. 바람둥이 제우스가 이오와 몰래 사랑을 나누다가 이를 눈치챈 아내 헤라를 속이기 위해 이오를 흰 암소로 변장시킨다. 헤라가 100개의 눈을 가진 아르고스를 암소 옆에 두고 감시하자 제우스는 헤르메스를 양치기 소년으로 변장시켜 감미로운 피리를 불어 아르고스를 잠들게 하고 죽여 버린다. 헤라는 죽은 아르고스의 눈을 거둬 아끼던 공작새에 달아 아름답게 장식하고, 암소에게는 쇠파리를 보내 끝까지 따라다니며 잠잘 수도 쉴 수도 없게 괴롭힌다. 그래서 소를 괴롭히는 쇠파리를 '신이 내린 채찍'이라고 한다. 헤라의 질투를 견디지 못한 이오는 이집트 나일강변으로 도망갔으며 이오가 건너간 바다가 이오니아이고, 보스포루스는 '소의 여울'이라는 뜻이다. 제우스와 이오 사이에 태어난 에파포스의 후손이 메두사의 목을 벤 페르세우스와 불세출의 영웅 헤라클레스이며 이들의 후손이 그리스, 페르시아, 아프리카의 시조가 된다.

보스포루스해협을 끼고 유럽과 아시아 두 대륙에 걸쳐 있는 도시 이스탄불의 원래 이름인 비잔티움도 신화와 관련이 있다. 새로운 식민지를 갈구하던 그리스인에게 '맹인들의 도시 맞은편'을 찾으라는 신탁이 내려온다. 왕자 비자스는 신탁의 땅을 찾아헤매다가 이스탄불의 아시아 지역인 칼게톤에 도착했는데, 그곳 주민이 장님이라는 것을 알고 맞은편에 정착하면서 비자스 왕자 이름을 따서 비잔티움이라고 부르기 시작했다고 한다. 이들의 첫 정착지는 골든혼(금각만) 언덕으로 추정된다. 소설《보바리 부인》의 작가 귀스타프 플로베르는 1850년 이스탄불을 방문하고 "100년 후 이스탄불이 세계의 수도가 될 것이다"라고 예찬했다. 다양한 종교와 유구한 역사 문화가 조화를 이룬 튀르키예에 감명을 받은 것이다.

에르도안 대통령은 지난 100년 동안 사용하던 국명 터키를 2022년부터 조상의 원래 이름인 튀르키예로 바꾸었다. 터키가 영어로 날개가 있지만 날지 못하는 칠면조, 겁쟁이, 멍청이 등 별로 좋지 않은 뜻을 갖고 있기 때문이다. 튀르키예인이 닭 대신 커다란 꿩을 잡아서 팔았다고 하는데 신대륙에 이주한 영국 청교도가 추수감사절에 비슷한 모습의 칠면조를 보고 터키인이 팔던 새라고 하여 붙은 이름이라는 설도 있다.

한반도의 3.5배에 이르는 튀르키예를 돌아보면 타임머신을 타지 않아도 인류 초기의 삶을 가늠하는 시간 여행을 할 수 있다. 최근 튀르키예 동남부, 아브라함이 살던 하란 근방에서 메소포타미아나 이집트 피라미드보다 수천 년이나 앞선, 약 12,000년 전 인류 초기 유적 괴베클리 테페가 발굴되었다. 괴베클리 테페의 신전 기둥에는 표효하는 맹수를 비롯한 다양한 동물상이 양각으로 부조되어있다. 또한 아나톨리아 중앙의 차탈회위크는 다수의 벽화와 여신상으로 장식한 신석기 정착지로, 약 3500~8000명에 이르는 사람이 거주한 것으로 추정된다. 기원전 1600년경 세계에서 가장 이른 철기 사용 국가인 히타이트 제국을 비롯하여 고대 도시가 새롭게 발굴됨으로써 아나톨리아는 인류 문명의 어머니로 자리를 잡았다. 우리는 메소포타미아문명권을 인류 역사의 선구자라고 배웠을 뿐, 티그리스와 유프라테스강 상류 지역인 아나톨리아의 찬란한 선진 문명을 조망하지 못한 것이 사실이다.

흔히 우리는 튀르키예와 형제국이라고 하는데, 그럴 만한 사연이 있다. 중국은 세상의 중심이라는 중화사상에 젖어 주변 유목민을 오랑캐라고 불렀다. 특히 중국 북쪽의 몽골에서 카자흐스탄으로 이어지는 넓은 초원을 차지하던 훈(따뜻한 사람)족에 흉노匈奴라는 흉한 이름을 붙였다. 몽골을 '우매하고 낡았다'는 뜻의 몽고蒙古로 부른 것과 같다. 진시황이 만리장성을 쌓기 시작한 것도 훈족의 침략을 막기 위해서였다. 중국 최강 국가인 한나라를 세운 유방은 훈족에게 막대한 조공을 바치며 화평을 유지했다. 한때 중국과 대등한 관계를 유지한 훈족이 4세기 중반 내부 분란에다 한 무제의 공격으로 서쪽으로 이동함으로써 유럽 전역을 공포에 몰아넣었으며, 게르만족의 대이동은 서로마제국 멸망의 방아쇠가 되었다. 바자르족이 세운 헝가리는 훈족 지도자 아틸라를 흠모하여 건국 신화에 접목했으며 최근 마자르 엘리트의 유전자 검사에서 훈족의 흔적이 드러나기도 했다. 우리나라 대표 성인 김씨가 훈족 왕인 김일제의 후손이라는 학설도 있다.

이들 유목민은 기후 변화에 따라 초원을 찾아 대거 이동하며 살아야 했다. 그 유명한 '삼국지' 시대 이후 150년간 '5호16국 시대'는 이른바 오랑캐라고 하는 흉노, 선비, 저, 갈, 강 등 5종족 유목민이 중국 본토에 들어와서 수많은 나라를 세운 혼란기이다. 마침내 수나라가 등장하여 중국을 통일하자 북방의 유목 제국을 잇는 돌궐이 고구려와 형제국으로 동맹을 맺고 수나라에 맞섰다.

초원에 남아있던 훈족의 대표적인 잔류파가 튀르키예(용감한 사람)이며, 중국은 한자 차음으로 돌궐突厥이라고 했다. 돌궐은 '돌진하며 달려드는 오랑캐'라는 뜻이다. 훈족 가운데 가장 총명하고 용맹한 부족으로 알려진 돌궐족은 조상이 늑대라고 믿었다. 이들은 기존 유목민과 달리 자신의 고유한 문자를 갖고 있었으며 "사방에 군대를 보내 머리 가진 자는 머리 숙이게 하고, 무릎 가진 자는 무릎 꿇게 했다"는 비문이 곳곳에 남아있다. 돌궐은 중국 비단을 사서 동로마에 파는 중계무역으로 부富를 쌓음으로써 한때는 파미르고원을 넘어 카스피해에 이르는 거대한 유목 제국을 세웠다.

그러나 당나라의 집요한 이간책과 내분으로 돌궐 국가는 몰락을 거듭하면서 사분오열하고 말았다. 이들은 당시 황금기를 맞은 이슬람 아바스왕조의 용병이 되어 정착함으로써 유목민 습성을 버리고 이슬람으로 개종했다. 즉, 6세기에서 9세기까지 북아시아와 몽골 초원에 살다가 기후 변화와 당나라에 밀려 서쪽으로 이동하면서 이슬람을 받아들인 유목민이 돌궐이다. 668년 고구려가 당나라에 패망하자 보장왕을 비롯한 왕족과 유민들은 돌궐에 합류하고 일부는 말갈족에 들어가 발해국을 세우면서 고구려 부활에 큰 힘이 되었다. 751년 돌궐은 탈라스 전투에서 아바스와 한편이 되어 고선지 장군이 이끄는 당나라를 격파했다. 이때 1만 5천 명의 당나라 포로가 바그다드로 끌려갔는데 이들은 직업군인이 아니라 징용병이어서 각종 기술을 가진 장인이 많았다. 이슬람에 종이 제조와 비단 직조, 나침반, 화약 등이 전해진 것은 포로가 된 당나라 기술자 덕분이다. 또한 10세기 초 유례없는 백두산 대폭

발로 중국 변방의 초원이 황폐해지면서 남아있던 돌궐 유목민이 대거 서쪽으로 이동하여 이슬람 지역에 먼저 간 돌궐족과 합류했다.

그 후 이들 튀르크족이 지나간 자리에 카자흐스탄, 우즈베키스탄, 키르기스스탄, 아제르바이잔, 위구르, 튀르크메니스탄 등이 생겼으며, 마침내 1037년 셀주크튀르크가 탄생하였다. 셀주크는 정복과 영토 확장이라는 유목 제국 특유의 기질을 발휘하여 비잔틴제국을 침공하면서 오늘날 튀르키예 대부분 지역을 장악했다. 이들이 기독교 성지 예루살렘을 점령함으로써 십자군전쟁을 일으켰고, 기독교 진영과의 오랜 전쟁으로 국력을 소진한 데다 칭기즈칸의 몽골군 침입으로 2백 년도 못가 패망했다.

그러나 튀르크의 불씨는 꺼지지 않았다. 몽골이 물러나자 1299년 오스만튀르크가 제국으로 다시 살아났다. 1453년 동로마제국을 멸망시킨 오스만튀르크는 6백 년간 세계 최강국으로 군림하면서 이슬람 중심 국가가 되었다. 아나톨리아반도는 히타이트, 페르시아, 알렉산더, 로마, 몽골을 거쳐 중국 변방과 소아시아 유목민인 튀르키예가 마지막 주인이 되었다.

튀르키예 공화국 역사 교과서에는 “우리 조상은 중앙아시아 초원의 훈족이다. 우리는 1천년 동안 8천km를 걸어서 이곳에 왔다. 장소는 달랐지만 튀르키예 건국 연도는 돌궐이 최초로 나라를 세운 552년이다”라고 밝히고 있다. 당나라에 망한 고구려 유민이 돌궐에 합류하여 당나라를 물리치기도 하고 생사를 같이하면서 함께 서쪽으로 이동하여, 튀르키예 건국에 일조했음을 잊지 않고 있다는 것이다. 남북으로 이동했다면 기후 변화로 어려움이 많았겠지만 튀르키예는 초원을 따라 서진한 유목민이었기에 비슷한 기온대에서 번영을 계속할 수 있었다. 튀르키예 학생들은 자신이 살고 있는 아나톨리아의 원주민인 히타이트나 리디아 역사와 함께 자신들의 조상인 아시아 유목민에 관한 역사를 동시에 배우고 있다.

한국전쟁 당시 튀르키예는 미국, 영국, 캐나다 다음으로 많은 1만 5천 명의 군인을 파병하여 741명이 전사하고 175명 실종, 2068명이 부상, 234명이 포로가 되면서 파병 숫자 대비 가장 많은 희생자를 낼 정도로 용감히 싸워 혁혁한 전공을 남겼다고 평가한다. 튀르키예가 한국전에 대거 파병한 이유는 유럽국으로 인정받아 NATO에 가입하고, 적성국인 소련을 격파하고자 했기 때문이다. 용인 에버랜드 입구에 튀르키예 참전비가 있으며 여의도에는 앙카라공원이 있다. 튀르키예는 수원에 전쟁고아를 위한 앙카라학교를 세워 640여 명을 수용했으며 1966년까지 운영했다.

이 무렵 튀르키예 군인이 즐겨 부르던 노래 <위스퀴다트>가 크게 유행하여 어린 소녀들은 이 노래를 부르며 고무줄놀이를 했다. 튀르크 민요인 이 노래는 리듬이 경쾌하여 군가로 사용하였으며 휴전 무렵인 1953년 미국 가수 어스 키트가 취입한 초판 레코드가 12만 장이나 팔릴 정도로 히트했다. 위스퀴다르는 이스탄불의 아시아쪽 땅끝 마을 이름이며 오스만 초기 그리스 건설 노동자가 이주해 살던 곳이다. 위스퀴다르는 해질 무렵이면 보스포루스해협에 반사되는 햇빛에 황금색으로 물들어 '황금 마을'로 통했다. 이곳은 소아시아를 횡단하는 바그다드 철도 시발역이며, 아시아 지역인이 메카로 가는 성지순례 출발지였다. 지금은 아름다운 해변 산책 명소이지만 1854년 크림전쟁 때는 '백의의 천사' 나이팅게일이 야전병원에서 부상병을 치료하던 곳이다.

세계 유일의 유엔 기념 묘지인 부산의 유엔기념공원 홈페이지는 한국어 외에 영어, 프랑스어, 튀르키예어를 서비스한다. 유언묘지에 안장된 유엔군 약 2300구 유해 중 영국에 이어 튀르키예가 462명으로 가장 많다.

2002년 한일 월드컵 때 한국과 튀르키예 3,4위전 경기장에서 한국 붉은악마 응원단이 태극기보다 더 큰 튀르키예 국기를 펼쳐 성원하면서 세계 언론이 '세상에서 가장 아름다운 경기'라는 찬사를 보냈다. 대한무역진흥투자공사에 따르면 월드컵 다음 해 튀르키예 수출액이 전년보다 71% 증가했다고 한다. 2023년 튀르키예가 큰 지진 피해를 당했을 때 한국은 빠르게 대규모 구조단을 파견하고 위문품을 전달했다.

튀르키예 같은 유목민은 본래 친절한 성품을 갖고 있다. 초원에서 소나 말, 양 같은 동물만 보고 지내다 사람을 만나면 무척 반가울 뿐 아니라 외부 소식도 전해주기 때문에 칙사 대접을 하는 전통이 생겼다.

튀르키예 언어와 우리 한국어는 모두 어순과 문법이 같고 조사를 쓰는 것도 같다. 어쩌면 양쪽 조상이 우랄알타이산맥 근처에 같이 살다가 우리는 동쪽으로, 그들은 서쪽으로 헤어진 것이 아닌가 한다. 최근 한 연구에 따르면 튀르키예와 한국, 몽골, 일본의 언어가 유사한 것은 이들 조상이 8천 년 전인 석기시대에 만주 요하강 근처에서 어깨를 맞대고 함께 살았기 때문이라고 한다.

인류 문명의 옥외 박물관

4세기 들어 로마는 거대해진 제국을 혼자 다스리기 어려워지자 한동안 2명의 황제와 2명의 부황제로 분할통치를 했다. 그러다 4인의 분할통치에 따른 혼란과 내란을 종식시키고 제국을 다시 통일한 콘스탄티누스1세는 313년 밀라노칙령에 따라 기독교를 받아들임으로써 기독교 역사에 중요한 인물로 평가받았고, 이후 유럽의 정신과 문화 형성의 초석을 다졌다. 그는 330년 로마제국의 속지이자 그리스인 주거지인 에게해 연안 비잔틴으로 수도를 옮기고 콘스탄티누스의 도시인 콘스탄티노폴리스(영어로 콘스탄티노플)라고 개명했다. 콘스탄티노플 수도 이전에 따라 정치와 경제, 안보의 중심이 동방으로 옮겨 가면서 기존 서로마 지역은 급속히 몰락하기 시작했다. 5개의 기독교 교구 중 로마만 서쪽이고 콘스탄티노플, 알렉산드리아, 예루살렘, 안티오크는 동방이라 무게추가 동쪽으로 기울었다. 기원전 658년 그리스 식민지가 된 비잔틴은 1세기 초 로마에 점령당한 속지였다가 콘스탄티노플, 이스탄불을 거치면서 세계 문명을 꽃피운 2700년 역사의 고도가 되었다.

통일로마제국의 마지막 황제인 테오도시우스는 250년 이상 탄압하던 기독교를 국교로 지정하고 392년에는 제국 안의 모든 이교도 신전을 폐쇄하고 이교도를 대역죄로 다스렸다. 그는 395년 로마제국을 동과 서로 분할하여 두 아들인 아르카디우스와 오노리우스에게 각각 통치하도록 했다. 서로마는 80년 만인 476년 게르만 용병 대장 오도아케르에 의해 멸망했으나 동로마는 옛 로마제국의 명성을 회복하면서 1천년 이상 영광을 이어갔다.

동로마의 비잔틴제국이 1천년을 버틸 수 있었던 것은 테오도시우스 2세가 413년에 세운 난공불락의 방어 성벽 덕분이다. 콘스탄티노플은 지중해 방면의 해안 2개 면이 거친 파도에다 절벽으로 된 천연 요새이고 나머지 흑해로 통하는 좁은 보스포루스해협 입구인 골든혼(금각만)은 쇠사슬로 가로막아 외적의 해안 침투가 불가능하도록 했다. 반도와 육지 사이에 깊숙이 들어온 좁고 긴 금각만은 군사 요충지이기에 러시아도 블라디보스토크의 비슷한 지형을 금각만이라고 명명했다. 이스탄불은 금각만 위에 갈라타 다리를 세웠고, 블라디보스토크는 금각교라는 멋진 사장교를 세웠다.

금각만 내륙으로 이어진 6km의 육지에는 너비 2m 높이 8m의 철통같은 성벽을 구축했으며, 성 안쪽에는 너비 5m 높이 12m인 내성벽을 세우고 92개의 망루탑을 내벽의 탑과 엇갈리게 배치했다. 또 그 안에 항상 물이 차 있는 폭 18m의 해자를 파서 방어한 3중 구조의 철옹성을 구축했다. 테오도시우스의 1천 년 성벽 역사는 중세 역사와 운명을 같이 한다.

보통 동로마와 비잔틴제국은 동일시되지만 이를 애써 구분하는 학자도 있다. 수도를 비잔틴으로 옮긴 직후 황족이나 지배 귀족은 라틴어를 쓰고 백성은 그리스어를 사용하던 초기를 동로마제국이라고 하고, 지배층과 백성이 모두 그리스어를 사용하던 6세기부터 비잔틴제국이 되었다는 것이다. 그러나 비잔틴이 멸망할 때까지 자신들은 로마의 정통성을 이은 동로마제국이라고 생각했으며 비잔틴제국은 17세기 역사학자들이 후에 붙인 이름이다.

로마 비잔틴제국의 공식 언어는 그리스어이고 상징은 머리가 두 개인 독수리이며, 그리스의 공식 종교는 비잔틴 종교인 동방정교, 즉 희랍정교이다. 변질된 가톨릭과는 달리 예수의 사도들이 전수한 가르침과 전례를 이어간다는 뜻으로 정교회正教會라고 구분했다. 정교회는 초대 교회 전통대로 악기를 사용하지 않고 목소리로만 성가를 부르며, 중앙집권적인 교황의 가톨릭과는 달리 총대주교 의견을 중시하는 평등주의 교회이다. 가톨릭이 성부, 성자, 성신의 삼위일체를 주장하는데 반해 정교회는 '성령은 성부에게서만 나온다'고 믿는다. 정교회는 전통적으로 성화Icon를 신앙의 중요 부분으로 지켜왔으나 8세기 중엽 이슬람 세력의 위협이 다가오자 비잔틴의 레오3세는 "우상을 섬기지 마라"는 십계명을 어긴 벌이라고 생각하여 성모마리아를 비롯한 성상을 파괴하는 운동을 대대적으로 벌임으로써 유럽의 가톨릭과 신학적 정치적으로 갈라서는 요인이 되었다. 마침내 1054년 가톨릭의 교황 레오9세와 정교회 총대주교 미카엘은 상호 파문을 선언하고 갈라섰으며

1204년 4차 십자군전쟁 때 서방 교회가 동방 교회를 공격하면서 원수지간이 되었다. 비잔틴제국의 찬란한 문화는 로마제국의 정치적 전통과 그리스의 헬레니즘, 기독교의 헤브라이즘, 이슬람의 동양적 요소를 합쳐 형성한 것이다.

동로마를 비잔틴제국으로 키운 위대한 지도자는 콘스탄티누스1세, 테오도시우스1세, 유스티니아누스1세이며 모두 황제 대신 대제大帝로 통한다. 최초로 기독교를 받아들인 콘스탄티누스는 다신교인 로마보다는 새로운 기독교 성지를 만들기 위해 동서양 교역의 요충지인 비잔틴으로 수도를 옮겼으며, 테오도시우스는 380년 기독교를 국교로 정하고 수도 콘스탄티노플을 난공불락의 안전한 성채 도시로 가꾸었다. 이로써 신생 콘스탄티노플은 로마, 알렉산드리아, 안티오키아, 예루살렘과 함께 5대 총대주교구 도시로 승격하였다.

527년 즉위하여 비잔틴제국 전성기를 이루어낸 유스티니아누스는 동방정교회의 발전에 크게 기여하며 황제와 교황 지위를 겸임하는 정교일치의 강력한 지배체제를 구축했다. 그는 훗날 유럽 법 체계의 바탕이 된 '로마법대전'을 제정했으며 비잔틴제국의 보물인 성 소피아 성당을 건축함으로써 옛 로마의 영광을 되찾았다.

라틴어를 사용한 마지막 황제 유스티니아누스의 위대한 업적에는 부인 테오도라의 내조가 큰 힘이 되었다. 그녀의 아버지가 전차 경기장의 말 조련사였으며 그녀도 경기장에서 춤추는 무희였으나 16살 때 아프리카 알렉산드리아로 건너가 견문을 넓힌 뒤 콘스탄티노플로 돌아와서 양모를 짜는 일을 했다. 당시 황족 가문이던 유스티니아누스가 그녀의 미모와 지성에 매료되어 삼촌인 황제를 설득하여 귀족과 천민 간의 혼인 금지법을 고쳐서 그녀를 아내로 맞이했다. 황비가 된 테오도라는 성폭력 금지나 인신매매 금지 등 여성 인권 신장에 관한 법 제정에 앞장섰으며 이 같은 시민법에는 여러 차례 그녀의 이름이 함께 명시되어있다. 그녀의 영향을 받은 로마법대전은 함무라비법전, 나폴레옹법전과 함께 세계 3대 법전으로 평가받고 있다. '내조의 왕' 테오도라는 황제 몰래 강대국 페르시아에 평화 외교사절을 보내기도 했는데, 페르시아는 한때 비잔틴을 '여자가 지배하는 나라'로 알고 있었다.

유스티니아누스 집권 5년째인 532년, 새로운 개혁에 따른 과중한 세금에 반발한 시민들이 히포드롬 경기장에서 '니카(승리)' 구호를 외치며 봉기한 '니카 폭동 사건'으로 콘스탄티노플이 불바다가 되고 반군이 새로운 황제를 옹립하며 몰려오자 유스티니아누스는 망명을 결심했다. 이때 테오도라는 "황제는 등을 보이며 도망치지 말고 영광스런 죽음을 택하라. 자주색 황제 옷이 가장 고귀한 수의다"라면서 결사적으로 가로막고 나섰다. 아내의 충언에 감동한 황제는 소수정예 부대로 결사항전하여 마침내 폭동을 제압했다.

테오도라는 예수가 신과 인간성 모두를 갖추었다는 당시의 양성론을 멀리하고, 인성은 모두 허울뿐이므로 신성神性만을 강조한 단성론을 옹호하면서 가난한 서민에게 자비를 베풀고 수도원과 대성당 건립을 권유했다. 남편과 나란히 공동 황제로 추앙받은 그녀는 자신의 뜻에 반대하는 사람들은 비밀요원을 통해 철저히 제압했다. 테오도라가 유방암으로 유스티니아누스보다 17년 먼저 세상을 떠나자 황비를 잃은 황제의 통치도 흔들리기 시작했다. 그녀의 삶을 조명한 1954년 리카르도 프레디 감독의 영화 <테오도라>에서 조르주 마르샬이 황제, 지아나 카날레가 황비역을 맡았다. 정교회에서는 동로마제국 부활을 이룬 유스티니아누스를 성인으로 추대하고 테오도라를 성녀로 기린다. 역대 로마 황제에게 '아우구스투스'라는 칭호를 붙이는데, 이의 여성형인 '아우구스타'라는 칭호와 함께 실질적 황권을 행사한 사람은 테오도라가 유일하다.

로마 황제의 원래 이름은 '임페라토(최고사령관)'로 전쟁터를 누벼야 하는 남자에게만 허용되었다. 오직 예외적으로 레오4세의 부인 이레네는 10세 때 황제에 오른 아들 콘스탄티누스6세를 대신하여 10여 년간 섭정을 했다. 그녀는 아들이 성인이 되었는데도 황위를 물려주기 않고 대결하다가 797년 자신의 호위무사를 시켜 아들의 눈을 뽑고 여제가 되었으나 5년 만에 축출되어 레스보스섬에 유배되었다. 불법적인 여제의 등장으로 로마제국의 정통성을 인정하지 않은 서로마 후예는 신성로마제국을 건설하여 샤를마뉴를 새로운 황제로 추대했다.

유스티니아누스 황제는 니카 반란을 진압하는 과정에서 주민의 15%나 되는 3만 명을 무자비하게 학살한 데 대한 죄책감을 털고 싶었다. 죽은 백성의 영혼을 위로하고, 한편으로 강력한 통치권을 상징하는 랜드마크로 세운 '지상의 천국'이 비잔틴제국 대표 건물인 아야소피아(거룩한 지혜, 즉 예수. 그리스어로는 하기아 소피아) 성당이다. 콘스탄티누스1세 아들인 2세가 360년 바실리카양식의 아담한 교회를 맨 처음 건축했고 반세기 후 테오도시우스2세가 증축했으나 니카 반란으로 파괴된 것을 완전히 새롭게 지은 것이다. "네모난 땅과 둥근 천국을 이 땅에 재현하라"는 황제의 지시에 따라 당시 유럽 각지의 건축가, 과학자, 수학자를 초빙하여 55m 높이의 4개 기둥 위에 지름 32m 아치 돔을 얹은 펜덴티브Pendentive 구조로 교회를 만들었다. 로마의 판테온이 유명하기는 하지만 원형 건물 위에 돔을 얹은 것이고, 넓은 공간을 마련하기 위해 4각 기둥 위에 원형 돔을 올린 것은 최초이다. 1593년 로마의 베드로 성당을 짓기 전까지 1천년 동안 소피아 성당은 가장 큰 돔으로 지존을 지켰다. 모두 107개 기둥 중 주축을 이루는 4개의 거대한 기둥 일부는 북아프리카에서 가져온 것으로 추정된다. 땅에 해당하는 4개 기둥이 벽쪽으로 밀려나 있기에 중앙에 넓은 홀이 생기고 영원한 천국에 해당하는 아치형 돔이 우아하고 신비한 모습으로 내려다본다. 아치 무게를 줄이기 위해 작은 구멍이 많은 로도스섬의 벽돌을 이용했고 그리스 신전을 허물어 좋은 석재를 갖고 오는가 하면, 이집트와 시리아 등지에서도 각종 자료를 조달했다. 특히 에페수스의 아르테미스 신전과 델피의 아폴론 신전이 아야소피아를 위해 많이 희생되었다고 전해진다.

'거룩한 지혜'를 뜻하는 아야소피아는 1500년 동안 교회, 사원, 박물관으로 변모하면서 종교와 역사, 예술의 복합유산이 되었다. 기하학적 완벽함과 빛의 연출이 혁신적이어서 '지상의 천국'이라 칭송한다.

1923년 튀르키예 공화국이 세속주의를 채택함에 따라 1935년 아야소피아 모스크가 박물관으로 바뀌었다. 박물관이라고 해서 유물을 전시하는 것이 아니라 벽면 일부 회칠을 벗겨내어 비잔틴의 화려한 성화를 복원함으로써 기독교와 이슬람의 공동 문화유산으로 세계적인 관광지가 되었다. 1500년을 굳건히 버틴 아야소피아의 커다란 홀이 2020년부터 이슬람 모스크로 바뀌면서 예배 시간 동안은 1층 기도 구역에 관광객 출입이 제한된다. 15층 높이나 되는 2층으로 오르는 길을 계단이 아니라 완만하게 휘어돌아가게 한 것은, 당나귀로 건축 자재를 운반하려는 목적도 있었지만 몸이 불편한 아내 테오도라를 위한 사랑의 배려였다고 전해진다. 그동안 성당으로, 박물관으로, 모스크로 사용 목적은 바뀌었지만 화려하고 웅장한 건물의 위압감에는 변함이 없다.

각양각색의 모자이크 벽화에 매료되어 계속 위를 쳐다보며 걷다가 우연히 난간 쪽 모퉁이 한구석 대리석 바닥에 '엔리코 단돌로'라고 적힌 이름을 발견하고 나는 깜짝 놀라 걸음을 멈추었다. 비잔틴제국이 오스만에 멸망하기 250년 전, 같은 기독교 연합군인 십자군 원정대로부터 치욕적인 약탈을 당했을 때 그 점령군의 우두머리가 베네치아 도제 엔리코 단돌로였기 때문이다.

1204년의 4차 십자군은 한때 비잔틴의 금고였다가 이슬람의 금고로 변한 이집트를 공격 목표로 삼고 뱃길을 택했다. 해상 강국인 베네치아가 먼저 전비를 부담했는데 각국 참여가 부진하여 투자한 돈을 받을 길이 없었다. 이때 삼촌에게 비잔틴 황제 자리를 빼앗기고 베네치아로 망명한 알렉시우스가 황제권을 되찾아주면 전쟁 비용의 몇 배를 보상하겠다는 제안을 한다. 30년 전인 1171년 비잔틴 황실의 은밀한 선동으로 콘스탄티노플에 거주하던 1만여 명의 베네치아 상인이 괴롭힘을 당하고 주거지가 불타는 사건이 발생해 20년 동안 국교를 단절한 적도 있던 터라, 베네치아는 이 제안을 받아들이고 총력전을 벌인다. 로마 교황청이 같은 기독교 나라를 공격하는 부도덕한 십자군에게 파문령을 내리자 일부 연합군은 대열에서 이탈하기도 했지만 상인 국가 베네치아는 개의치 않고 진군했다. 사실 베네치아는 6세기 무렵만 해도 비잔틴제국 지배하에 제국의 강력한 보호 아래 교역을 통해 급성장했지만 그런 은혜가 목전의 이익을 향한 뱃길을 막지는 못했다.

십자군 선두에 선 단돌로 도제는 이미 90대 노령이었으며 콘스탄티노플의 각종 보물을 베네치아로 빼돌린 후 별세하자 유해를 소피아 대성당 내부에 안장하였다. 베네치아는 58년 동안 비잔틴에 허수아비 왕국 라틴제국을 세우고 내정간섭을 했다. 비잔틴제국이 1261년 마침내 십자군을 몰아내고 국권을 회복했을 때 이미 해골이 된 도제의 유골을 부관참시하여 개에게 나눠주고 무덤 자리에 명판을 만들어 짓밟고 지나가게 했다고 한다. 심판의 날 벌을 주려는 듯이 예수님의 시선이 그 무덤 자리를 향하고 있다. 교황 요한 바오로2세는 그로부터 800년이 지난 2001년 4차 십자군이 저지른 잘못을 공개 사과했고, 로마 교황청과 그리스정교회는 2004년 서로 화해했음을 공식 발표했다. 1999년 7월 유럽의 기독교 평화 운동가들은 “십자군이 저지른 야만적 만행을 진심으로 사죄하고 용서와 화해를 청한다”고 선언한 후 십자군 루트를 따라 참회의 사죄 순례에 나선 바 있다.

하기아 소피아는 그리스정교회의 성당이자 총대주교 본산이었지만 4차 십자군 이후 60년은 로마가톨릭 성당으로 개조되었다가 다시 정교회 성당으로 복귀했다. 2020년 에르도안 대통령은 박물관으로 활용하던 아야소피아를 하기아 소피아 그랜드 모스크로 환원했다.

아야소피아 건너편 잔디 공원을 사이에 두고 이에 필적하는 블루 모스크가 마주보고 있다. 아야소피아가 비잔틴의 아이콘이라면 블루 모스크는 오스만의 아이콘이므로 서로 경쟁하면서 공존하는 셈이다. 아야소피아를 세우고 1천년 후인 1616년 술탄 아흐메트1세가 오스만제국의 자존심을 걸고 건축한 명품 건물이다. 원래 이름은 '술탄 아흐메트1세 자미'인데 외벽의 2만 장의 청색 타일과 2백 개가 넘는 푸른색 스테인드글라스가 돋보여 블루 모스크로 통한다. 자미는 이슬람 사원을 뜻하는 모스크인데 '꿇어 엎드려 경배하는 곳'이라는 뜻이다. 이스탄불에는 오스만제국 수도 5백 년 동안 3천 개가 넘는 자미가 있지만 블루 모스크가 단연 백미이며 세계에서 가장 아름다운 모스크로 통한다. 자미에 들어갈 때 남자는 긴 바지를 입어야 하고 여자는 치마를 입고 머릿수건을 쓰는 드레스코드를 지켜야 한다. 교황 베네딕트16세가 2006년 11월에 이곳을 방문한 적이 있다.

비잔틴의 아야소피아에 대적하기 위해 건립한 술탄 아흐메트 모스크는 오스만 이슬람건축의 최고 걸작으로 벽면의 푸른 타일이 돋보여 '블루 모스크'라고 불린다.

블루 모스크는 아야소피아의 축소판이지만 화려함은 더한 것 같다. 푸른색 외모도 돋보이지만 천장과 내부 벽에 나무와 꽃을 기하학적으로 반복하거나 코란의 글귀를 아름답게 장식한 아라베스크가 일품이다. 모스크 외곽의 첨탑 미나렛은 자미를 만든 사람의 지위에 따라 정해지는데, 아야소피아가 4개인데 비해 블루 모스크는 메카의 카바 신전과 맞먹는 6개로 격상했다. 이를 두고 논란이 계속되자 메카 신전이 7개로 증설하여 차별화했다. 어쨌든 개인 사원으로 미나렛 6개는 블루 모스크가 유일하다.

비잔틴의 상징이자 현존하는 최고 걸작인 성 소피아 성당은 5년 10개월 동안 100명의 감독 아래 1만여 명의 공인을 동원하여 완공했다. 설계 책임자인 안테미오스는 아르키메데스의 원리를 연구한 비잔틴의 건축가 겸 수학자, 공학자이다. 537년 12월 27일 성당 개관 봉축식을 올리는 자리에서 유스티니아누스 황제는 "완공을 허락해 주신 하느님께 영광을 드립니다. 솔로몬 왕이시여, 내가 그대를 이겼노라"고 찬탄했다. 지혜의 왕 솔로몬이 세운 예루살렘 성전을 능가했다는 자부심의 표현이다. 인문 기행에 관심이 있는 사람이라면 "한 나라만 여행해야 한다면 튀르키예를 가고, 하루만 머물러야 한다면 이스탄불에 있어야 하고, 이스탄불에서 단 한 곳만 봐야 한다면 성 소피아 성당을 보라"는 말에 공감할 것이다.《희랍인 조르바》를 쓴 크레타섬 출신 작가 카잔차키스는 "죽기 전에 그리스와 튀르키예 사이 에게해 여행의 행운을 누린자는 복 있도다"라고 단언한 바 있다.

성당 입구 대리석에 예수의 제자를 상징하는 12마리 양 조각은 첫 번째 교회 때 것이고 십자가 흔적이 남아있는 받침돌 석재는 두 번째 교회의 산물이다. 성당에 들어서면 창문 사이로 들어오는 찬란한 빛 때문에 거대한 돔이 공중에 떠 있는 느낌이 든다. 벽면에는 기독교 성화가 화려한 모자이크와 황금빛 세공술로 장식되어있다. 홀 바닥 중앙에 화려한 대리석으로 장식한 옴팔리온(배꼽)은 황제의 대관식이 열리는 곳이다. 교회는 종교뿐만 아니라 국가 의전을 집행하는 중요한 정치적 공간이기도 했다. 8세기 성상 파괴 운동과 4차 십자군 약탈, 이슬람의 모스크로 전용되면서 덧칠로 가려지고 훼손되기는 했지만 복원된 일부 성화만으로도 위대한 예술적 가치를 가늠할 수 있다.

특히 마리아와 세례자 요한이 양쪽에서 가운데의 예수를 향해 인류의 죄를 용서해 달라고 탄원(데이시스)하는 모자이크가 돋보인다. 콘스탄티누스9세와 부인 조에가 예수에게 건축 기금을 바치는 장면과 콤메누스 황제와 부인 이레네가 성모자에게 건축 기금을 바치는 모습은 황금 모자이크로 아름답게 장식되어있다. 황금색이 천국을 가장 잘 표현한다고 믿었던 것이다. 출구에는 유스티니아누스가 성모자에게 소피아 성당을 바치고 콘스탄티누스가 도시 자체를 바치는 모습이 거울에 비치도록 모자이크로 장식되어있다.

1453년 비잔틴제국을 함락시킨 메흐메트2세가 성 소피아 성당에 매료되어 병사들에게 사흘간 콘스탄티노플 시내 약탈을 허락하면서도 이곳만은 훼손 금지령을 내리는 대신 군자금을 하사했다. 성당을 모스크로 개조하면서 사람이나 동물 모습을 새길 수 없는 이슬람 율법에 따라 6개의 날개 달린 수호천사 벽면 성화는 회칠로 가렸다. 코란에 나오는 이슬람의 신앙 고백 문장을 아름다운 글씨의 대형 원판으로 걸었으며 메카를 향해 기도할 수 있도록 방향 표시를 한 출입문 같은 장식의 미흐랍을 새롭게 마련하고, 바깥에는 하루 5번의 기도 시간(아잠)을 알리는 높은 첨탑 기둥 미나렛 4개를 세웠을 뿐이다. 이슬람 창시기인 7세기에는 시계가 없었기에 실제로 사람이 첨탑에 올라가서 기도 시간을 외쳐야 했다.

정복왕 메흐메트의 문화 예술에 관한 높은 안목 덕분에 성 소피아 성당이 중세의 박물관이자 보물창고로 남아있다. 교회를 파괴하지 않고 이슬람의 모스크 사원으로 활용했기에 온전히 보존될 수 있었다. 그러나 726년 레오3세는 십계명의 으뜸인 '우상을 섬기지 마라'를 어겨서 이슬람의 침략을 받는다고 생각하여 성상숭배금지운동을 대대적으로 벌임으로써 아야소피아의 성모상과 성화를 파괴하도록 명령했다. 지금 남아있는 성화는 성상숭배금지령이 해제된 843년 이후에 만든 것이고 예수와 성모마리아를 그린 모자이크도 십자군을 내쫓은 후에 제작한 것이다.

비잔틴미술의 진수가 모자이크 벽화인데 아야소피아는 모스크로 개조되고 수난을 겪으면서 많은 성화가 훼손되고 가려져 있다. 규모는 작지만 비잔틴 시대의 모자이크를 제대로 보려면 이탈리아 라벤나의 성 비탈레 성당을 찾으면 된다. 유스티니아누스1세가 멸망한 로마제국 영토를 회복한 기념으로 547년에 건립한 성 비탈레 성당은 아야소피아의 비잔틴 모자이크를 그대로 받아 1500년을 온전히 보존했기에 '초기 기독교 기념물'로 유네스코세계문화유산이 되었다. 그중 유스티니아누스가 성직자, 군인, 관리를 대동하고 빵 바구니를 예물로 바치는 성화는 비잔틴 모자이크 벽화의 백미다.

정복의 왕, 메흐메트

1299년 몽골의 말발굽에 패망한 셀주크튀르크의 뒤를 이어 새롭게 등장한 부족장 오스만은 발칸반도와 아나톨리아를 중심으로 난립하던 소국을 규합하여 재빠르게 세력을 확대함으로써 이슬람 국가 역사상 가장 강력한 군사력과 국력을 갖춘 제국을 만들었다. 오스만은 비잔틴제국 주변을 모두 점령하고 마지막 섬처럼 남은 심장부 콘스탄티노플을 차지하기 위해 21살의 술탄 메흐메트2세가 공격 2년 전부터 주도면밀하게 계획을 세웠다. 어려서부터 총명했던 메흐메트2세는 라틴어로 쓰인 카이사르의《갈리아 전기》를 줄줄 외울 정도였고, 알렉산더 전기를 그리스어로 손수 번역도 했다고 한다. 한편 그의 성격은 매우 잔인하여 12살 때는 집에 수박이 없어지자 범인을 찾아내겠다며 하인 12명의 배를 모두 갈라서 확인했다는 등의 일화도 전해진다. 그는 1451년 황제에 등극하자마자 3살짜리 어린 동생 아흐메트를 죽이는, 악명 높은 형제 살해 관습을 최초로 시행한 장본인이다. 오스만은 장자 상속이 아니라 최강자가 술탄이 되므로 왕자의 난이 자주 일어났으며 1595년 메흐메트3세는 권좌에 오르자마자 19명의 등생을 동시에 처형했다. 이처럼 형제를 살해하거나 감옥에 가둠으로써 군주 지위를 안정시킨 제도는 1640년 이부라힘 즉위 이후로 완전히 금지되었다.

보스포루스는 아시아와 유럽의 경계선이자 흑해와 에게해를 잇는 수로다. 마르마라해와 보스포루스가 맞닿은 금각만은 경제적 군사적 전략적 요충지여서 비잔틴제국의 해군 본부가 있었다. 이곳 언덕배기에 집단으로 거주하던 베네치아와 제노아 상인들이 1348년 등대 역할을 하는 높이 67m의 갈라타 탑을 세우고 멀리서 다가오는 배를 감시하기도 했다. 우뚝 선 갈라타 탑은 오늘날도 이스탄불의 멋진 풍광을 즐길 수 있는 관광 명소이자 국제무역의 상징이다.

메흐메트2세는 우선 갈라타 탑 해안에 루멜리 히사리(요새)라는 성채를 쌓고 중간중간에 크고 작은 16개의 망루와 최신 대포를 설치했다. 건너편 아시아쪽에도 아나돌루 히사리 성채를 쌓아 짝을 이루며 바닷길을 감시했다. 보스포루스해협을 통해 왕래하는 물자와 인력을 철저히 통제하여 콘스탄티노플을 고사시키겠다는 작전이었다. 통행 정지 명령을 어기고 운행하던 베네치아 상선을 나포하여 물건을 빼앗고 선장의 몸속에 막대기를 꽂아 배 위에 전시해 3일 동안 서서히 죽게 만들었다. 그동안 베네치아 상선의 선원들은 해군 역할을 겸했기에 안전 수송 대가로 비잔틴제국으로부터 세금 면제 혜택을 받아왔다.

비잔틴의 콘스탄티누스11세도 방어 시설을 강화하고 로마 교황청에는 정교회의 통수권을 넘겨주는 조건으로 십자군 동원을 요청했고 다른 유럽 국가에게 이슬람 침공을 막아달라고 외교전을 펼쳤으나 군대를 파견한 나라는 자국민 보호를 감안한 제노아와 베네치아뿐이었다. 당시 강대국인 영국과 프랑스는 100년 전쟁 막바지였고 스페인은 레콩키스타(재정복)라고 하는 이베리아반도의 기독교 탈환 운동을 벌이고 있어서 지원할 여력이 없었다. 게다가 콘스탄티노플 시민들도 기독교 우호국의 지원군 진입을 반대했다. 4차 십자군의 치욕적인 약탈을 전해들은 트라우마가 있던 터라 “이교도의 터번에 무릎 꿇을지언정 교황의 지원군 도움은 받지 않겠다”는 입장이었다. 십자군전쟁은 1270년 8차례로 모두 끝났지만 트라우마는 계속 이어져서 나폴레옹의 이집트 침공과 이스라엘의 아랍 공격을 각각 9차, 10차 십자군전쟁이라고 보는 시각도 있다.

비록 비잔틴이 외부와의 보급 차단으로 고립되기는 했지만 전성기에는 40만 주민에게 무상 급식을 해주었을 정도로 식량 여유가 있었고, 8만 톤의 물을 저장한 에레바탄 사라이를 비롯한 지하 저수조가 여러 곳 있어서 지구전을 펴는 데 큰 어려움이 없었다. 전성기 비잔틴은 경제적으로 부유한 데다 이웃 사랑을 바탕으로 하는 기독교 국가이기에 잔인하게 살상하지 않는다는 소문이 나서 여러 민족이 콘스탄티노플을 침공했지만 난공불락의 테오도시우스 성벽 앞에서 며칠간 진을 치고 전쟁하는 시늉을 하다가 노자를 받고 돌아가는 일이 다반사였다고 한다. 유럽을 휩쓴 훈족의 아틸라나 서로마를 멸망시킨 게르만도 이 성벽을 넘지 못했다.

그러나 튀르크족은 달랐다. 1071년 동로마는 만지케르트 전투에서 셀주크튀르크에 크게 패배하여 아나톨리아 많은 영토를 빼앗기고 황제 로마노스4세가 포로로 잡힌 후 나라가 서서히 기울기 시작했다. 이때 셀주크의 장군 아슬란이 "만약 내가 당신의 포로가 되었다면 어떻게 하겠소?"라고 묻자 로마노스는 "아마 당신을 죽이고 콘스탄티노플 거리에 내걸었을 것이다"라고 답했다. 이에 아슬란은 "내 처분은 더 무겁소. 당신을 용서하고 돌려보내겠소"라고 하면서 풀어주었다. 로마노스는 귀국 후 왕위를 빼앗기고 눈을 뽑힌 채 추방당했다. 동로마는 '살인하지 말라'는 10계명에 따라 가장 큰 형벌이 눈을 뽑는 것이다. 15세기에는 거대한 동로마제국이 펠로폰네스반도 일부와 콘스탄티노플 주변만 남아있는 도시국가로 전락하고 말았다.

마침내 1453년 4월 6일 오스만튀르크의 공격이 시작되었다. 베네치아와 제노아 용병 2천 명에 비잔틴 5천을 주축으로 한 7천의 수비군에 비해 오스만은 10배가 넘는 정예군에다 각종 신무기를 동원해 대규모 공세를 펼쳤으나 천연 요새 때문에 한 달 이상 지루한 공방전만 지속되었다. 육지는 3중 갑옷 같은 성벽이라 파괴할 수가 없고 마르마라해안 쪽은 홑겹 성벽이지만 가파른 절벽인 데다 물살이 거세어 배를 정박할 수가 없었다. 유일하게 보스포루스해협에서 콘스탄티노플로 들어가는 금각만 운하가 취약 지점이기는 하지만 입구에는 무게만 20톤이 넘는다고 추정되는 대형 쇠사슬로 연결되어 진입할 수가 없었다. 지금은 쇠사슬이 연결되었던 금각만 자리 바로 위에 아래쪽 구시가지의 갈라타와 위쪽 신시가지의 에미뇌뉘를 이어주는 길이 490m, 폭 49m의 갈라타 다리가 있다. 1845년 나무로 된 갈라타 다리가 처음 세워졌을 때 보스포루스의 유일한 다리였으므로 그저 '다리'로 불렸다. 콘스탄티노플 점령 직후에는 오스만 군대가 배를 연결해서 이곳에 임시 부교를 만들었으며, 1503년 바예지드2세는 레오나르도 다빈치에게 길이 240m,

폭 24m의 다리 설계를 요청했다고 한다.

내가 방문할 당시 2층 구조로 된 갈라타교 위에는 멀쩡한 회사원 차림의 고등어 낚시꾼이 줄을 이었고, 다리 밑으로 고등어 케밥 식당이 즐비했다. 이스탄불 여행자가 꼭 먹어야 한다는 케밥과 요구르트로 만든 전통 음료 아이란은 기대보다는 별로였다. 이곳은 에게해에서 흑해로 가는 고기들의 길목이다. 식당의 야간 불빛을 보고 고기가 몰려들기에 밤낚시가 성황을 이룬다. 갈라타 다리의 낚시꾼 수를 보면 이스탄불 실업자 상황을 알 수 있다고 한다.

오스만이 가진 비장의 무기는 길이 8.2m에 포신 두께가 20cm로 무게가 19톤이나 되는 성벽 공격용 우르반 청동 대포였다. 헝가리의 대포 기술자 우르반은 먼저 콘스탄티누스11세를 찾아가 자신이 개발한 신무기 구입을 권유했으나 당시 성벽이 튼튼했고 자금 사정은 넉넉지 않아 거절하자, 메흐메트2세를 만나 3배나 비싼 값으로 파는 횡재를 했다. '바실리카'라고 명명한 우르반 대포는 270kg이나 되는 돌덩어리를 1.5km까지 보낼 수 있어서 두꺼운 외성을 파괴할 정도로 위력은 대단하지만 한 번 쏘면 포신을 식혀 다시 장전하기까지 5시간 가까이 걸리는 흠결이 있었다. 5시간이면 포탄을 맞아 훼손된 곳을 보수할 수 있었기에 치명적인 타격을 입히지는 못했다.

5월 21일 메흐메트는 "항복하면 황제는 펠로폰네소스 총독으로 임명하고 시민 목숨도 보장하겠다"고 제안했으나 콘스탄티누스11세는 이를 거절하고 백성에게 "우리는 그리스 로마 영웅의 후손이므로 예수 그리스도 자리에 술탄을 앉히려는 음모를 물리치자"고 독려했다고 한다. 치욕스럽기는 해도 황제가 일찌감치 신흥 대국 오스만에 항복했더라면 백성들의 희생은 크지 않았을 것이다. 우리도 병자호란 때 남한산성에서 최명길의 항복 제안을 물리치고 김상헌의 대의명분을 따르다가

온 나라가 쑥대밭이 되지 않았던가.

메흐메트는 한 달 넘게 대포를 집중 퍼부었으나 외성만 일부 파손시켰을 뿐, 별다른 효과가 없자 광부를 동원하여 여러 곳에 땅굴을 파는 두더지 작전까지 벌였으나 정보가 새어나가 인명 손실만 보았다. 오스만은 총력전을 폈는데도 물자와 인명 손실만 거듭되자 공격을 포기하자는 분위기가 돌기 시작했다. 특히 2인자인 재상 할리파샤는 신중론을 제기했다. 이대로 퇴각하는 경우 술탄 지위마저 위태로울 것임을 알고 있던 메흐메트2세는 기존의 육상 공격을 벗어나 육해 합동 공격으로 방향을 바꾸었다. 배를 끌고 언덕을 넘어 내해로 침투하는, 상상할 수 없는 역발상 작전을 진두지휘했다. 나무를 베고 땅을 파서 길을 만들고 통나무와 배에 기름칠을 하여 약 70척의 배를 4월 22일 초승달 아래 하룻밤 사이에 옮긴 것이다. 4월 23일 새벽 비잔틴 진영은 골든혼 내항에 적들의 배가 가득한 것을 보고 눈을 의심할 정도로 놀랐다. 메흐메트는 배를 끌고 가느라 밤새도록 지친 병사에게 "전투에서 승리하면 3일간 무제한 약탈을 보장하겠다"고 격려하면서 진두지휘했다. "배가 산으로 간다"는 어처구니없는 속설을 실현한 이 작전은 워낙 유명하여 비잔틴 정복 500주년을 맞이한 1953년 기념우표도 배를 끌고 산을 넘어가는 장면으로 도안하였다.

이른 새벽부터 공방전을 벌이고 얼마 지나지 않아서 비잔틴 총사령관인 제노아 출신 용병 주스티니아누스가 복부 중상으로 쓰러지자 비잔틴 사기가 급속히 저하되었다. 설상가상으로 수비병들이 성 밖 기습공격을 위해 드나드는 성벽 작은 문 케르카포르타가 실수로 잠겨 있지 않은 것을 발견한 튀르크 병사 하산이 이 문으로 들어가 비잔틴제국의 쌍두 독수리 깃발을 내리고 오스만튀르크의 붉은 깃발을 내걸었다. 그러자 비잔틴 용병들은 전의를 상실했고 일부 병사는 배를 타고 탈출했다. 시민군도 가족을 지키기 위해 도주하거나 비참한 죽음을 맞이했다.

요즘도 테오도시우스 성벽을 찾는 관광객은 패망의 도화선이 된 이 문 앞에서 기념사진을 찍는다. 당시 상황에 대해 "도시에 흐르는 피가 소나기 후 도랑 속 물길 같았다"는 기록이 있다. 군인 다수가 살해되었고 수만 명의 시민이 노예로 끌려갔다. 인류사에 가장 유명한 공성전攻城戰이자 튀르키예 역사에 가장 영광스런 날인 5월 29일을 승전기념일로 매년 기리고 있다. 튀르키예의 가장 영광스런 승전일에 메흐메트2세는 전쟁 반대의 선봉장인 재상 할리파샤를 처형했다. 카리시우스 문으로 입성한 20대 초반의 술탄 메흐메트2세는 도시의 주인, 국가의 주인, 역사의 주인을 바꾼 '정복의 왕'이 되었다.

승전의 기쁨을 안고 제일 먼저 하기아 소피아를 찾아간 술탄은 그 웅장함과 수려함에 감탄하여 "예수의 공간이 아니라 알라의 공간으로 만들겠다"면서 파괴하는 대신 모스크로 인테리어를 바꾸라고 지시했다. 점령 후인 6월 1일 메흐메트2세는 아야소피아 성당에서 금요 대예배 '쿠트바'를 거행했다. 그 후 오스만제국은 국가의 절대가치를 종교에 두지 않고 로마가톨릭이나 그리스정교, 유대교, 아르메니아 그리스도교 등 다양한 민족과 종교의 공동체인 밀레트(민족) 제도를 도입하여 인두세와 군대 의무만 부과했다. 오스만이 세계 유례가 없는 623년의 찬란한 제국을 유지할 수 있었던 것은 이 같은 관용과 포용의 통치 방식 덕분이라고 하겠다.

콘스탄티누스11세는 황제 표식을 모두 떼어내고 일반 병사 복장으로 위장하여 싸우다 장렬하게 전사했지만 오늘날까지 시신이나 유해가 발굴되지 않고 오리무중이다. 시민들이 황제의 시신을 비밀스런 곳에 안장했다고만 추정된다. 오스만에 정복당한 망국의 군주이지만 워낙 평판이 좋아서 시민들이 많은 고초를 겪으면서도 그의 무덤 장소를 발설하지 않았다는 것이 가이드 설명이다. 콘스탄티누스11세는 마케도니아의 알렉산더 대왕과 '사자의 아들'로 칭송받던 스파르타 왕 레오니다스1세에 이어 그리스의 3대 군주로 올라 있으며 그리스정교회는 그를 순교자로 추앙한다. 우연인지 모르지만 도시국가 로마의 건국자와 서로마 마지막 황제가 로물루스이고 동로마의 첫 황제와 마지막 황제가 콘스탄티누스여서 시작과 끝의 통치자가 같은 이름이다.

이로써 1천 년의 동로마, 2천2백 년의 로마제국이 막을 내렸다. 동로마는 고대 메소포타미아로부터 아테네, 알렉산드리아, 안티오크 등지의 선진 문화를 받아들이고 425년에 콘스탄티노플대학을 설립하여 철학, 의학, 수사학 등 새로운 고등교육을 정착한 헬레니즘 문화의 중심지였다. 그래서 정복왕 오스만의 메흐메트2세는 자신이 로마 황제 자리를 잇는 것이라고 생각하여 스스로를 '카이세리 룸(로마 황제)'이라고 자랑스럽게 칭했다. 콘스탄티노플을 사이에 두고 동서로 나뉘어 수도를 두 곳에 두었던 오스만제국은 영토를 하나로 통합하면서 수도를 콘스탄티노플로 옮기고 이후 이름도 이스탄불로 개명했다. 이슬람 창시자는 아랍 쪽인데 튀르크의 오스만이 종주국으로 부상하게 되었다.

오스만제국의 승리로 이슬람 세력의 확장과는 반대로 스페인은 1492년 8백 년간 지배하던 무슬림을 몰아내고 기독교로 회복하는 레콩키스타(재정복) 때문에 축출당한 유대인을 데려오기 위해 오스만은 스페인에 수송선을 보냈다. 유대인을 추방한 후 스페인은 쇠락의 길로 접어든 반면 오스만제국은 경제적, 문화적으로 많은 발전을 가져왔다.

현재 러시아 국교로 지정된 동방정교의 총본부는 이슬람 나라인 튀르키예에 있다. 오스만제국 시대 그리스인, 유대인, 아르데니아인을 주축으로 외국인이 살던 금각만 서안의 발라트 지역에 '동방정교회의 바티칸' 격인 콘스탄티노플 총대주교청이 있다. 중요한 종교의식이 거행되는 게오르기오스 대성당이나 동방정교회 신학교인 할키신학원은 비잔틴 시대가 아니라 오스만제국 시대에 건립한 것이다. 그리스인은 조상의 생활 근거지인 이스탄불에 강한 유대감을 갖고 있으며 아직도 이스탄불을 콘스탄티노플이라고 부르면서 옛 영광지를 즐겨 찾는다. 8백 년간 비잔틴으로 살다가 3백 년간 오스만 지배를 받아온 키프로스는 아직도 주민 간 종교 분쟁으로 아픔을 겪고 있다.

한편 이교도 이슬람을 막는 방파제 역할을 했던 비잔틴제국의 함락은 유럽 기독교 국가들에게 지구 종말과 같은 허탈감과 두려움을 안겨 주었다. 그동안 콘스탄티노플은 유럽에서 가장 크고 찬란하고 부유한 도시였으며 로마 교황과 동방정교 총대주교는 세계를 지배하는 두 거두였다. 중세 유럽 사람은 자신들을 로마인이라 생각했기에 동로마제국 멸망은 충격이 컸을 뿐만 아니라 중세의 몰락과 근대로의 새로운 길이 열리는 세계사의 물줄기를 바꾼 중요 사건이었다.

유럽 해양국은 해상무역길인 지중해를 빼앗기자 대서양을 중심으로 새로운 길을 개척해야 했다. 콜럼버스가 미 대륙을 찾아가고 포르투갈을 앞세운 이른바 대항해시대가 열린 것은 비잔틴제국의 멸망에 따른 전화위복의 결과이다. 게다가 고대 그리스와 로마 문화를 이어온 비잔틴의 많은 학자, 기술자, 지식인이 이탈리아를 비롯한 서유럽으로 탈출함으로써 르네상스가 싹텄다.

비잔틴제국의 몰락으로 동방정교회 신자들이 차별과 탄압을 받기는 했지만 신앙의 자유는 계속되었으며 총대주교가 오스만제국과 신자들 사이 중재자 역할을 했다. 비잔틴제국의 마지막 황제인 콘스탄티누스 11세의 유일한 조카딸 소피아 팔레올로기나가 탈출하여 모스크바 대공 이반3세와 결혼한 후 비잔틴의 모든 의식과 궁정 예법을 크렘린궁정에 도입함으로써 모스크바를 '제3의 로마'로 격상시켰다. 16세기부터 러시아정교회가 동방정교의 정통성을 이어받아 부흥하기 시작했으며 이스탄불을 비롯한 해외 정교회를 적극 지원했다. 이반3세가 차르

칭호를 쓰고, 동로마의 상징인 쌍두 독수리 문양을 모스크바 문장에 도입한 것도 이때부터이다.

아야소피아 뒤편 보스포루스해협이 내려다보이는 언덕 끝자락에 술탄 집무 공간인 톱카피궁전이 있다. 톱은 대포이고 카피는 문이라는 뜻이며, 궁전 입구 양쪽에 대포가 전시되어있다.

튀르키예 여행을 하면서 어느 곳을 가든지 마치 비행기 탑승 때처럼 몸 수색과 짐 검사가 철저했다. 쿠르드족의 무장 테러 때문이라고 한다. 단체 관광객은 길게 줄을 서는데 개인 가이드를 고용하면 바로 입장하는 특혜를 준다.

메흐메트2세가 1478년에 건립하여 378년 동안 우리의 경복궁처럼 법궁으로 사용하던 이 궁전이 이제는 오스만제국을 한 눈에 바라볼 수 있도록 모든 것을 집대성한 박물관으로 변했다. 술탄과 측근만 출입하는 '지복의 문'과 일반 백성이 출입하는 '존경의 문'이 엄연히 구분되고 참수된 죄인의 목을 얹어두던 대리석, 사형집행자의 손과 칼을 씻던 우물, 할례방, 도서관이 있고 진기한 보물, 무기, 귀금속, 도자기 등 분야별 박물관이 여러 곳 있다. 홍해를 가른 모세의 지팡이, 골리앗 머리를 친 다윗의 칼, 무함마드의 턱수염, 아브라함의 식기 등이 과연 진품인지 신기하기도 했다. 톱카피궁전의 보물을 다 팔면 튀르키예 전 국민이 4년간 먹고 지낼 수 있을 정도로 값어치가 높다고 한다.

톱카피궁전에서 가장 관심이 간 곳은 비밀스런 여성들의 공간인 하렘이었다. '금지된 장소'라는 뜻의 하렘은 술탄의 어머니와 자녀는 물론, 술탄에게 수청을 들기 위해 기다리는 수많은 여성의 거처이자 교육장이다. 15세기 중반부터 술탄은 결혼을 하지 않고 정부인도 두지 않았다. 1402년 오스만의 바야지트1세가 앙카라전투에서 티무르에 패배하여 포로가 되었는데, 함께 잡혀간 왕비가 속옷만 걸친 채 적장의 술 시중을 들어야 하는 것을 본 후로 술탄은 독신을 유지하는 대신 여러 정복지에서 납치한 여성에게서 후손을 얻는 제도를 채택했다. 그로부터 120년이 지난 후 오스만제국의 전성기를 이룬 쉴레이만 대제가 우크라이나 출신 록셀란과 결혼함으로써 술탄의 형식상 독신 전통이 깨지고 말았다.

톱카피궁전의 비밀스런 여성 공간인 하렘의 화려한 내부와 술탄이 앉았던 의자.

방이 250개가 넘을 정도로 여성이 많던 하렘은 술탄 1명을 차지하기 위해 피비린내 나는 암투를 벌인 은밀한 장소였다. 각 방의 장식 중 가장 값진 것은 중국 도자기였다. 술탄의 접견실에는 수도꼭지를 설치하여 밀담이 새어나가지 못하도록 물소리로 보안을 유지했다고 한다.

오스만제국은 장자가 상속하는 것이 아니라 형제 중 가장 강자가 권좌를 승계하므로 하렘의 여성은 일단 아들을 낳는 것이 무엇보다 중요했다. 술탄은 연회장인 홀에서 여성들이 추는 밸리댄스를 보고 마음에 드는 사람을 골라 하룻밤을 같이 지낸다. 그러나 마음에 든다고 마음대로 합방하는 것이 아니라 어머니인 발리데 술탄의 추천을 받아 후궁을 맞이했다. 어머니의 뜻을 물어보고 허락이 나면 간택한 여성 어깨에 손수건을 얹어줬다고 한다. 비잔틴제국을 멸망시킨 메흐메트2세의 어머니도 노예로 잡혀와 하렘에서 무라트2세의 간택을 받은 여성이다.
술탄과 잠자리를 하거나 임신한 여성은 특별 대우를 받는다. 산모는 자녀의 인성에 지대한 영향을 주므로 특별한 육아 교육도 실시한다. 대체로 30대 초반까지 한 번도 간택을 받지 못하면 일정한 퇴직금을 받고 궁전 바깥으로 나가서 고위 관리나 외국 사신과 결혼하는 경우가 많다. 당대 최고 교육을 받은 여성이라 배필로 선호도가 높았다. 오직 한 사람의 술탄을 두고 무수한 여성이 치열하게 경쟁하는 하렘에서는 질투와 증오에 따른 독살이 일어나기도 했다. 색이나 맛에 변화가 드러나지 않는 비소를 음식에 첨가하는 경우가 많아서 술탄 음식은 주방에서 나올 때 모두 봉인해 운반했다. 하렘에 시중드는 남자는 원칙적으로 거세를 한 흑인이다. 여성은 모두 백인이므로 혹시라도 발생할 불륜을 차단하기 위해서이다.

궁전 바깥쪽 정원은 오스만제국의 특수 정예부대 '예니체리(새로운 군대)' 훈련장과 합숙소가 있던 자리다. 3대 술탄인 무라트1세가 1360년대에 창설한 예니체리는 우리의 특전사 최정예부대인 707특수임무단과 대통령경호처를 겸한 조직이다. 원래 오스만제국은 유목민이라 말을 타고 공격하는 기마병 위주여서 속도전과 야전에는 강하지만, 공성전에는 약하므로 전쟁을 마무리할 강력한 보병이 필요했던 것이다.

이를 위해 점령지의 기독교 가정에서 자란 10대 소년을 차출하여 튀르크인 가정에 맡기고 튀르크 언어와 문화 풍습을 익힌 뒤 이슬람으로 개종시켰다. 20세가 되면 이들은 대부분 일반 보병으로 입대하지만 그중 출중한 청년은 궁정 내 교육기관에서 특수교육을 받고 개인 능력에 따라 성직자, 예술가, 고위급 군인으로 발탁하였다. 심지어 능력에 따라 총독이나 재상까지 승진할 수 있는 지배 엘리트이기도 했지만 신분은 노예였으므로 카푸쿨루(왕의 노예)라고 불렀다. '소년 공납 제도'로 통한 이 제도는 인재 등용뿐만 아니라 정복지의 다양한 민족을 다스리기 위한 통치책이기도 했다.

기존 유목민 병사는 여러 부족의 집합체라 결속력과 충성도가 약한 데 비해, '인간병기'인 예니체리는 특별한 대우를 받았으며 "술탄을 위해 목숨 바치면 천국 간다"고 충성 교육을 시켰기에 술탄을 아버지처럼 모셨다. 술탄의 노예 출신이지만 새로운 지배 계급으로 등장하고 때로는 술도 마시고 예배 의무를 지키지 않는 경우가 있었으므로 이슬람 사원의 예배 인도자인 이맘은 예니체리를 이단으로 혐오하기도 했다. 이맘의 젊은 아내를 사랑한 어느 예니체리가 그녀를 납치하여 머리칼을 잘라 소년처럼 위장해서 지내다가 발각되자 그의 팔과 다리를 잘라서 대포 포신에 넣어 하늘로 쏘는 형벌을 가했다는 전승이 있다.

다만 이들은 특혜를 누리는 대신 결혼과 사유재산이 허락되지 않아 세습이 원천적으로 봉쇄된 전쟁 기계였다. 일본의 카미카제처럼 알라와 술탄을 위해 목숨을 바치는 것이 영광이었기에 모자 속에 천국행 수의를 갖고 다녔다고 한다. 아들을 빼앗긴 기독교 가정은 '인간 세금'이라고 비난하기도 하고, 일부 가정에서는 신분 상승을 위해 아들이 선발되도록 로비를 하기도 했다.

콧수염과 머리 중앙만 기르고 뵈르크라는 붉은 모자를 쓴 예니체리 부대는 유럽 기독교에서는 '악마의 군단'으로 통했으며 콘스탄티노플 공성전 때 마지막으로 침투하여 적진을 소탕하는 역할을 했다. 이 외에도 1448년 발칸반도를 장악하고 기독교 세력을 제압한 코소보전투, 1526년 헝가리 왕국 궤멸 등은 예니체리의 공적이라고 할 수 있다.

전쟁터에 군악대가 등장한 것도 예니체리 부대에서 시작했다. 예니체리 부대가 1526년 8월 29일 '메흐테르'라는 군악대 팡파레를 울린지 두 시간 만에 유럽의 방패 역할을 하던 헝가리 왕국을 제압했다. 기존 악기는 부대 간 소통이 목적이었으나 타악기 중심의 군악은 군인들의 사기 진작과 적에게 공포심을 조장하는 이중 효과를 가져왔다. 유럽의 왕들은 이들을 궁정에 초청하여 우렁찬 연주를 즐기기도 했다. 요즘 군악대장이 선두에서 지휘봉을 공중으로 던지는 멋진 모습도 예니체리 군악대에서 나온 전통이다. 모차르트와 베토벤의 유명한 터키행진곡은 지금의 튀르키예가 아니라 오스만제국의 군악대가 배경이다.

16세기 후반 들어 예니체리 소년병이 이슬람 가정 출신으로 바뀌는가 하면 결혼도 허락되고 규율이 완화되면서 전투력이 약해지자 이를 바로잡으러 나선 오스만2세와 셀렘3세를 예니체리가 오히려 살해하면서 무소불위의 권력을 휘둘렀다. 마침내 1826년 셀렘3세의 사촌동생 마흐무트2세는 신식 군대의 도움을 받아 반란을 일으킨 예니체리군을 대포로 공격하여 2천여 명을 사살, 처형함으로써 462년간 영광을 누리던 이 특수부대는 해체되었다.

아시아의 끝, 유럽의 시작

돌마바흐체 궁전도 이스탄불 여행에서 꼭 찾아야 할 명소이다. '가득 찬 정원'이라는 뜻의 돌마바흐체는 트램역 카바타쉬에서 왼쪽 해안으로 내려가면 마주치는 화려한 석조 건물이다. 1856년 31대 술탄 압둘마지드가 보스포루스해협의 유럽쪽 해안을 메워서 건축한 이 '바다 위의 궁전'은 오스만제국의 마지막 황제 6명이 지낸 곳이다.

유럽식 교육을 받고 프랑스 문화를 흡수한 압둘마지드는 한때 세계를 호령한 제국의 위상을 만회하고자 베르사유를 닮은 화려하고 멋진 궁전을 건축하기로 하고 오스만 궁정 건축가 발리안에게 설계를 의뢰했다. 돌마바흐체는 바로크, 로코코, 신고전주의 양식을 혼합해 유럽의 세련미와 아랍의 화려함을 조화시킨 명품 궁전이다. 마침 오스만이 러시아와 크림전쟁 중이어서 로스차일드 가문으로부터 거액의 공사비를 빌렸다고 한다. 18세기 들어 '유럽의 환자'로 조롱받으며 기울어가던 오스만이 13년 동안 세수 25%를 투입할 정도로 분에 넘치는 화려함을 추구하다가 완공 다음 해인 1875년에는 정부가 재정난으로 파산 신청을 하게 되었다.

매표소보다 소지품 검사 줄이 더 긴 까다로운 절차를 거쳐 입장하면 우선 비닐 덧신부터 신어야 한다. 다행히 한국어 오디오 가이드의 도움을 받을 수 있는데 그 설명대로 움직이면 3시간 정도 걸린다. 돌마바흐체 궁전은 남자들의 공간인 셀람리크와 금남 지역인 하렘, 그리고 연회와 행사장인 홀 등 세 구역으로 구분된다. 궁전 안에는 285개의 방에 화장실이 68개, 홀이 43개, 이집트 옥돌로 장식된 욕탕이 6개, 세계 명화가 6백 점 가까이 된다. 궁 안에서 일하고 기거하는 사람이 전성기에는 최대 5천3백 명에 이르렀다고 한다. 세계 각국에서 받은 희귀한 선물과 화려한 보석, 찻잔, 주방기구, 도자기 등이 방마다 가득하다.

베르사유궁전과는 달리 생활 흔적이 그대로 남아있고 일부 커튼은 너무 헤져 내려앉을 것만 같다. 천장과 벽면 장식에 금 14톤과 은 40톤을 사용하였다고 한다. 하렘은 여성뿐만 아니라 어린이들의 생활 공간이므로 대리석 대신 왕골로 바닥을 깔아 부상을 막는 배려도 했다.

돌마바흐체 궁의 가장 대표적인 전시품은 천장 높이가 36m인 술탄방 한가운데 걸린 체코 보헤미안산 크리스탈 샹들리에가 아닌가 한다. 영국 빅토리아 여왕이 선물한 것으로 알려졌다가 샹들리에 값을 지불한 영수증이 2006년에 발견되었다. 세계 최대로 알려진 이 샹들리에는 750개의 램프에 전체 길이가 약 8m, 무게가 4.5톤이나 되며 조립하는 데 2개월이 걸렸다고 한다. 창문을 열면 해변의 미풍에 크리스탈의 영롱한 마찰 소리가 아름다운 화음을 이룬다고 설명한다. 술탄 집무실에는 37.4평이나 되는 세계에서 제일 크고 비싼 헤레케 카펫이 깔려 있다. 궁전 내부는 촬영이 금지되어 있지만 그 많은 입장객을 모두 감시할 수 없으므로 슬쩍슬쩍 사진에 담을 수 있다.

해안을 끼고 600m에 이르는 궁전을 따라 하얀 철제 울타리가 아름답게 장식되어있고, 중간에 바다와 통하는 멋진 출입문은 바깥 바다배경이 커다란 거울처럼 보인다. 돌마바흐체 궁전은 바다가 바로 정원이다. 워낙 유명한 포토존이라 신혼부부만 해도 몇 쌍이 순서를 기다리고 있었다. 이곳은 국경이자 성문 선착장이므로 외국 사신은 지중해를 거처 궁전으로 바로 상륙했을 것이다. 실제로 페르시아 왕자 팔레비, 독일 황제 빌헬름2세, 오스트리아 황제 프란츠 요제프, 이라크 왕 파이잘, 나폴레옹3세 부인 등이 이곳을 통해 입국했다. 러시아와 우크라이나가 전쟁을 시작한 지 3년 만인 2025년 5월 16일 양측 포로 1000명 씩 교환하기로 합의한 최초의 평화 협상도 돌마바흐체에서 열렸다. 과거의 자랑스런 영광을 기념하려는 듯 화려한 대리석으로 장식한 4층 시계탑 옆에는 난공불락의 테오도시우스 성과 비잔틴제국을 무너뜨린 우르반 대포를 전시해 두었다.

튀르키예 국부이자 초대 대통령인 무스타파 케말은 오스만 제정이 몰락한 후 1차세계대전 중 독립전쟁을 벌여 연합군을 물리치고 1923년 터키 공화국을 선포하고 초대 대통령으로 취임했다. 섬나라 일본이 러시아를 침몰시킨 데 깊은 인상을 받은 그는 일본의 메이지유신을 모델로 튀르키예에 종교와 국가를 분리하고 라틴 문자를 채택하는 근대화를 추진했다. 국회로부터 '아타튀르크(튀르크의 아버지)'라는 성을 부여받은 그는 튀르키예 공화국 설립 이듬해인 1924년 궁전에 살던 술탄 가족을 해외로 추방하고 여성들의 공간인 하렘의 방 4개를 집무실, 거실, 욕실, 침실로 사용하다가 1938년 11월 10일 오전 9시 5분에 집무실에서 간경화로 별세했다. 돌마바흐체 궁전 안의 모든 시계는 그의 서거 시간인 9시 5분에 정지해 있다. 매년 11월 10일 9시 5분이 되면 그를 기리는 사이렌이 울린다. 법으로 국부 모독죄를 제정하여 정부는 비난할 수 있어도 무스타파 아타튀르크를 비난하면 처벌받는다. 그런데 에르도안 정부가 2005년 이에 편승해서 아타튀르크뿐만 아니라 공화국 대통령을 모욕하면 4년까지 징역에 처하도록 형법을 개정하자 유럽인권재판소가 표현의 자유를 침해한다는 판결을 내렸으나 튀르키예는 막무가내로 버티고 있다.

궁전의 원래 상태를 그대로 유지해 온 돌마바흐체에서 유일하게 개조한 곳은 무릎 관절염으로 보행이 불편한 케말 대통령을 위해 2층 침실까지 엘리베이터를 설치한 것뿐이다. 그가 영면한 침대는 초승달과 샛별이 선명한 빨간 튀르키예 국기로 덮여 있다. 이스탄불에는 이스탄불 공항 외에 사비하 괵첸 공항이 있는데, 사비하 괵첸은 무스타파 케말의 양녀로 튀르키예 최초 여성 공군 조종사이다. 무스타파 케말은 친자녀가 없고 양녀가 유일한 후손이라는 것이 공식 발표이다. 그는 우리의 세종대왕과 이순신, 이승만, 박정희, 김대중이 혼합된 이미지를 갖고 있어서 국민의 절대적인 추앙을 받으며 모든 지폐에 그의 초상화가 그려져 있다.

한편 추방된 오스만 왕족 글루(자손)들은 유럽 각지에 흩어져 살고 있으며 여성 후손은 1951년, 남성은 1973년 입국이 허용되어 일부 귀국하기도 했다. 마지막 술탄이자 칼리프인 메흐메트6세 후손 중 뒤운데르 알리 오스만이 몰락한 황실 가문의 우두머리 노릇을 하다 2021년 사망 후 동생 하룬 오스만이 뒤를 잇고 있다. 오스만제국이 지배한 광활한 영토에 지금은 40여 개 국가가 있으니 어디를 가도 조상 흔적이 있을 것이다.

갈라타 다리를 중심으로 위쪽은 아야소피아 박물관을 비롯한 유적지인 구시가지이고, 아래쪽 신시가지인 이스티클랄 거리에는 20세기 초 등장한 트램 전차가 1.6km 정도 왕래하면서 향수를 불러일으킨다. 내가 방문한 당시에는 시내버스는 아무데서나 손을 들어 탈 수 있었고, 승객이 앞사람에게 요금을 내면 차례로 기사에게 전달하고 기사는 거스름돈을 역순으로 승객을 통해 뒷자리로 전달하는 방식이 하도 신기해서 귀국 후에도 오랫동안 기억에 남는다(지금은 지정 정류장에서만 승차하고, 교통카드 방식으로 바뀌었다).

2022년 3월 29일 러시아와 우크라이나 평화 협상이 열린 돌마바흐체 궁전 바로 옆에는 1903년 오스만 노동자들이 시작한 최초 축구팀 베식타스JK의 보다폰 아레나 경기장이 있다. 이스탄불은 기원전 658년 그리스 식민지로 시작하여 약 1100년 동안 로마를 구하고 수도가 되었다가 500년 동안 무함마드의 근거지인 아랍을 제치고 이슬람 중심으로서 세계 문명을 꽃피웠다. 2500년 동안 다양한 문화가 겹겹이 쌓여 있는 이스탄불 도심을 거닐면 곳곳에서 비잔틴과 오스만의 찬란한 역사와 마주치게 된다.

아직도 건재한 1500년 전 동로마의 해안가 성벽을 지나서 찾아간 곳은 오스만제국의 근대화 상징인 시르케지 기차역이다. 프랑스 파리에서 출발해 뮌헨, 비엔나, 부다페스트를 거쳐 사흘 만에 이스탄불에 도착하는 오리엔트 특급열차의 종착역이기 때문이다. 1884년 10월 4일 처음 운행한 오리엔트 특급열차는 다뉴브강을 페리로 건넌 뒤 열차를 갈아타야 했지만 6년 뒤부터는 파리 리옹역에서 이스탄불 시르케지까지 7개국 3500km를 횡단하여 논스톱으로 연결되었다. 욕실 딸린 침실 열차를 타고 유럽 각지를 거처 신비스런 동양까지 편안하게 다녀온다는 것은 유럽 부유층의 럭서리 여행 상품이자 로망이었다. 유럽의 마지막 종착역인 시르케지에서 마르마라해만 잠깐 건너면 아시아가 시작된다.

그러나 2차세계대전 이후 60시간이 걸리던 오리엔트 특급 대신 4시간 만에 도착하는 비행기가 등장하면서 차츰 경쟁력을 잃다가 1977년 5월 20일 파리를 출발한 후 6개국을 횡단하여 이스탄불에 도착하는 기차가 마지막 운행이 되었다. 1920년대 '꿈의 기차'였던 오리엔트 특급열차의 VIP 승객에게는 100년 이상 숙성한 세계 최고급 꼬냑 '루이 13세'를 제공했다고 한다.

지난 1세기 동안 수많은 유럽인을 받아들인 시르케지역은 프랑스 아르누보 양식과 오스만제국의 전통 미학이 조화를 이룬다. 오스트리아에서 수입한 3백 개의 가스 랜턴, 타일 난로, 흰색과 붉은색의 벽돌, 아름다운 스테인드글라스가 돋보이는 시르케지역은 현재 해저터널역으로 사용하고 있다. 오리엔트 특급 기관실과 화려한 객석, 승무원이 사용한 종, 운행 시간표, 각종 기념품은 철도박물관에 보관하고 있다.

애거사 크리스티가 이스탄불의 페라 팰리스 호텔에 묵으면서 영감을 얻어 집필한 작품이 그 유명한 추리소설《오리엔트 특급살인》이다. 명탐정 푸아로가 오리엔트 급행을 타고 이스탄불에서 칼레로 가던 중 승객 한 명이 살해당하자 철도회사의 부탁으로 용의자인 승객 12명을 심문하여 예상치 못한 범인을 찾아내는 과정을 그린 것이다. 애거사 크리스티가 자신의 대표 작품 중 하나로 내세운 이 소설은 영화와 드라마로 수차례 제작되었다. 오리엔트는 라틴어 오리엔스(해 뜨는 곳)에서 유래했으므로 유럽인의 시각에서 나온 말이다.

튀르키예 수도는 앙카라이지만 1600년 동안 동로마와 오스만제국의 수도인 이스탄불은 육상 실크로드의 종착지이자, 지중해를 거쳐 베네치아나 제노바로 가는 해상 실크로드의 출발지로 교역 중심지다. 역사학자 토인비는 "이스탄불은 인류 문명의 옥외 박물관"이라 평가했다.

세계의 돈과 물자, 문화가 오간 실크로드 길목인 이스탄불에 방문하면 꼭 쇼핑을 하지 않더라도 찾는 곳이 그랜드 바자르이다. 바자르는 페르시아어로 '시장'이라는 뜻이다. 바자르는 물품 거래뿐만 아니라 정치, 경제와 시민 활동 장소이다. 그랜드 바자르는 실크로드의 중간 교착지에 마련된 가장 오래되고 큰 시장이다. 구시가지 심장부에 위치한 바자르 입구 문에는 '카팔르 차르쉬 1461'이라고 새겨져 있다. 메흐메트2세가 콘스탄티노플 정복 8년 만인 1461년에 세운 시장이라는 뜻이다. 비잔틴 시대 이곳은 실크로드 상인이 묵던 숙소, 낙타와 말 우리가 모여 있었다.

축구장 1.5배가 넘는 시장에는 성문처럼 생긴 아치형 출입구가 22개인데 문 입구마다 경비원이 X레이 보안 검색대로 짐 검사를 한다. 시장 안에 들어서면 화려한 조명 아래 금은 세공품, 보석, 카펫, 향신료, 차, 그릇, 액세서리, 기념품에 각종 먹거리 등 5천 개에 이르는 점포가 미로같이 얽혀 길을 잃기 십상이다. 오전 8시 반에 개장하여 저녁 7시에 문을 닫는데 꼼꼼히 진열품을 살피면서 모든 점포를 거치면 1주일이 걸린다고 한다. 어느 기념품 가게나 빠지지 않는 것은 뚫어지게 바라보는 눈동자를 새긴 나자르 본주이다. 이집트의 '호루스의 눈' 처럼 사악한 기운을 막아준다고 하여 목걸이나 열쇠고리, 액세서리에 새긴다.

상인이 대부분 남자라는 것도 특이하다. 화장품 가게도 남자 상인이 향수를 뿌리고 손등에 크림을 비비며 설명한다. 그렇다고 튀르키예가 남성우월주의 사회는 아니다. 한 세기 전만 해도 이스탄불에 거주하던 영국 외교관 부인들이 가장 부러워한 것이 여성 투표권과 상속권이었다고 한다.

나는 바자르에서 '터키쉬 딜라이트'라고 하는 전통 디저트 로콤과 이슬람 수니파의 세마춤을 추는 인형을 기념으로 샀다. 이곳에는 술탄과 예니체리에게 사탕을 바쳤다는 3백 년 된 가게가 있다. 튀르키예는 결혼식이나 잔칫날에 사탕을 나누는 관습이 있으며 "달콤한 것을 먹고 달콤하게 말하라"는 속담도 있다. 튀르키예에 전해지는 세마춤은 고깔 모양의 기다란 모자를 쓰고 한 손은 하늘로, 다른 손은 땅을 가리키며 제자리에서 빙글빙글 도는 단순한 동작이다. 춤이라기보다 경건한 의식인데 가만히 보기만 해도 영혼이 맑아질 듯 빠져드는 것을 느꼈다. 이 회전 명상춤은 일종의 도취 상태에서 신과 교감하는 과정이라고 한다. 가수 송창식이 매일 몇 시간씩 세마춤 의식을 지키기 위해 외부 공연 일정을 조정하는가 하면, 장거리 해외여행은 자제한다는 이야기를 직접 들은 적이 있다.

시장 안 곳곳에 물을 마시는 음수대가 있지만 튀르키예인은 삼삼오오 모이기만 하면 술 대신 차이(차)를 마신다. 하루 10잔 정도 차이를 마시면서 흥정하는 고객에게도 접대하다 보니 주전자와 허리가 잘록한 조그만 유리잔을 들고 배달하는 사람이 바쁘게 돌아다닌다. 주문하면 2분 만에 도착하며 플라스틱 표적을 100개 단위로 사서 차이 잔에 하나씩 넣으면 결제가 된다. 홍차를 가장 많이 소비하는 나라가 영국이 아니라 튀르키예라고 한다.

튀르키예 전통 커피도 마셔볼 만 하다. 원래 커피는 이슬람에서 기독교 세계로 전파되었기에 이스탄불의 커피점은 베네치아보다 1세기 앞선 1554년 세계 최초로 '카흐베(커피) 하네(집)'라는 이름으로 문을 열었다. 뜨거운 모래 위에 끓인 분말 커피를 마시면 진한 향과 풍미가 유난히 강하게 느껴진다. 하얀 잔에 남은 커피 무늬를 보고 그날의 운수를 점치기도 한다. 2013년 우리의 김장과 함께 튀르키예 전통 커피가 유네스코인류무형문화유산으로 등재되었다. 커피를 생산하지 않는 나라인데도 초미세로 분쇄한 커피가루를 직접 끓여 가루가 섞인 채 마시는 튀르키예식 커피는 단순한 음료가 아니라 사회 문화의 상징이다.

튀르키예에서 차이나 커피와 함께 먹는 바클라바 디저트도 놓치면 안 된다. 오스만제국의 술탄에게 진상했다고 하는 바클라바는 습자지처럼 얇은 밀가루 반죽을 40겹으로 쌓은 페스트리 속에 견과류를 넣고 시럽에 찍어 먹는데 바삭한 맛이 일품이다.

'돈두르마(냉동)'라고 하는 튀르키예 아이스크림은 독특한 맛과 질감, 그리고 길거리 퍼포먼스로 유명하다. 난초 뿌리의 전분이 들어있어서 일반 아이스크림보다 쫄깃하고 천천히 녹으며 밀가루 반죽처럼 길게 늘리거나 자를 수도 있다. 길거리에서 전통 복장을 한 판매상이 아이스크림을 주는 척 하며 빼앗고 콘만 주고 아이스크림을 빼기도 하는 익살스런 행동으로 장난을 치는 문화적 볼거리로 관광객에게 인기가 많다.

그랜드 바자르에서 값을 흥정할 자신이 없으면 이곳은 눈요기만 하고 바로 건너편의 이집션 바자르를 가는 게 가성비가 훨씬 좋다. 이집션은 속주인 이집트를 다스리던 행정관이 투자해 세운 시장이라고 해서 붙은 이름이다.

아야소피아와 블루 모스크 이웃에는 로마시대 마차 경기장인 히포드롬 광장이 있다. 동로마가 콘스탄티노플로 수도를 옮긴 기념으로 최대 5만 명을 수용하는 대형 경기장을 건설했는데, 뒤에 오스만제국이 술탄 아흐메트 광장으로 개명했다. 로마는 전통적으로 먹고 사는 문제를 해결하고 볼거리를 제공하는 '빵과 서커스' 정책으로 시민이 정치에 무관심하게 만들었다. 서로마가 콜로세움에서 오락거리를 제공했다면 동로마는 히포드롬에서 4두마차 경주로 대신했다. 오늘날 포뮬러1[F1] 같은 마차 경기에 당시 시민들이 열광했다.

영화 <벤허> 제작진은 최초로 마차 경주가 열린 이 경기장을 모델로 세트장을 만들었다. 경기장에 있던 역동적인 모습의 청동마 4마리는 4차 십자군전쟁 때 베네치아가 전리품으로 가져갔다. 베네치아는 산마르코 광장에 기마상 모형을 세우고 약탈한 진품은 박물관에 보관하고 있다. 오늘날 시민 반정부 시위가 신시가지 탁심에서 일어나듯이 과거 니카 반란과 예니체리 반란의 진원지는 도심인 히포드롬이었다.

히포드롬에는 테오도시우스 황제가 390년에 세운 오벨리스크가 우뚝 서 있다. 기원전 1490년 이집트의 투트모세3세가 페르시아전쟁 승전 기념으로 룩소르 카르나크 신전에 짝을 이뤄 세운 것을 동, 서로마가 각각 하나씩 빼앗아온 것이다. 이 오벨리스크에는 투트모세가 유프라테스강 유역을 점령한 것을 기리는 내용이 상형문자로 새겨져 있다. 지진에 대비해 마련한 하얀 대리석 받침대에는 황제가 가족과 전차 경기를 관람하는 모습과 오벨리스크를 이동 설치하는 공사 장면이 부조되어있다. 오벨리스크 옆에는 푸른색 뱀이 몸을 휘감으며 올라가는 모습의 기둥이 머리가 잘려나간 채 서 있다. 기원전 479년 그리스에서 가장 유명한 성소이자 신탁을 받는 델포이의 아폴론 신전에 있던 것을 콘스탄티누스1세가 갖고 왔다고 한다. 원래 세 마리의 뱀이 서로 뒤엉켜서 지름 1m의 금 도금 제기를 받치고 있었는데 황금 장식은 십자군 때 베네치아에 약탈당했고, 뱀 머리 3개는 현재 이스탄불 박물관과 대영박물관이 각각 머리 하나씩 보관하고 있으며 나머지 하나는 행방불명이다.

광장 한구석에는 독일 빌헬름2세가 1898년 오스만제국 방문 기념으로 선물한 푸른색 원형 지붕의 체슈메(우물)가 있다. 이슬람 지역은 물이 귀해 서민에게 물을 공급하는 것이 가장 큰 선행이었다. 독일에서 좋은 자재를 갖고 와서 세운 멋진 우물 정자의 천장은 황금 장식으로 꾸며져 있으며 한때는 수도꼭지에서 맑은 물이 나와 시민에게 개방하기도 했다. 명판에는 '독일 빌헬름2세가 위대한 오스만의 술탄 압둘 하미드2세 방문 기념으로 헌정한다'고 새겨져 있다. 영국 빅토리아 여왕의 외손자이자 독일제국 3대 황제인 빌헬름2세는 베를린에서 이스탄불(비잔틴), 바그다드를 연결하는 철도 부설로 지하자원을 개발하는 이른바 3B정책을 주도하면서 튀르키예에 선심을 베풀었으나 케이프타운, 카이로, 캘커타를 연결하는 영국 주도의 3C정책과 마찰이 생기면서 1차대전의 불씨가 되었다. 오스만제국은 이 멋진 우물을 선물받고 1차대전 때 독일 편에 섰다가 이집트와 이라크, 팔레스타인은 영국에 넘겨주고, 모로코와 튀니지, 시리아를 프랑스에, 에게해의 섬 대부분을 그리스에 빼앗기고 겨우 아나톨리아반도로 축소당하는 아픔을 겪었기에 2차대전 때는 중립을 지켰다. 독일어 Gift는 선물이라는 뜻과 독毒이라는 뜻을 함께 갖고 있다.

비잔틴제국의 위대함을 보여주는 것 중 하나가 지하 물 저장고이다. 유스티아누스 황제가 532년 아야소피아 서쪽 거대한 바실리카 교회 지하에 조성한 바실리카 시스턴은 19km 떨어진 벨그라드 숲에서 끌어온 8만 톤의 물을 저장할 수 있는 '지하 물 궁전'이다. 내부는 길이 180m, 폭 70m, 높이 9m의 거대한 공간에 336개 석조 기둥이 떠받치고 있다. 대부분의 자재를 그리스 신전에서 가져왔기에 지하 궁전을 건축하는 데 2년이 채 걸리지 않았다고 한다. 기둥 모양과 조형물이 제각각이고 길이도 일정하지 않고, 거꾸로 된 메두사 얼굴과 옆으로 누운 얼굴이 주춧돌 받침대로 쓰인다. 메두사가 정면으로 바라보면 돌로 변한다는 저주가 있기에 거꾸로 했다고 한다. 오스만 시대에 오래 방치하여 쓰레기장으로 변했으나 1987년 이스탄불 시청이 복원하여 요즘은 유명 관광지로 각광받고 있다. 기둥에 물방울이 흘러내리는 경우가 많아 눈물 기둥으로 통하며, 걸음걸음마다 오색찬란한 조명이 물결에 반사되어 신비한 장면을 연출한다. 이러한 물 저장고가 여러 곳이어서 당시 수십만 인구가 1~2년은 먹을 물을 저장했다고 한다.

아시아의 끝이자 유럽의 시작인 이스탄불 시외를 벗어나 시골로 가면 곳곳에 시리아 피난민이 천막촌 생활을 하고 있다. 튀르키예와 시리아는 과거에 같은 오스만제국이었고 900km 국경을 맞대고 있어서 시리아 내전이 장기화되자 반군을 지원하는 튀르키예 쪽으로 피난민이 지속적으로 몰려왔다. 난민 보호에 따른 국제 지원이 있기는 하지만 290만 명에 이를 정도로 포화 상태가 되어 어려움이 많았는데, 2024년 12월 시리아에 50여 년 동안 대를 이어온 독재자 아사드 대통령이 러시아로 망명함으로써 난민들이 고국에 돌아갈 희망이 생겼다.

우리의 전통 민속 격투기 시합이 씨름이라면 튀르키예는 14세기 중반 오스만 군대에서 유래한 레슬링이 있다. 우리의 샅바 대신 레슬링은 상대 어깨를 잡으며, 등이 땅에 닿으면 지는 게임이다. 레슬러는 독실한 이슬람 신자가 참여하는 게 원칙이므로 시합 전에 서로 두 손을 잡고 알라신에게 기도부터 드린다. 유목민답게 소가죽 바지를 입고 온몸에 기름을 바르고 넓은 초원에서 여러 시합이 동시에 열린다. 모기가 귀찮게 하는 것을 막기 위해 기름을 바르기 시작했으나 상대방의 공격에 몸이 쉽게 빠져나갈 수 있다는 장점도 있다. 땀과 기름이 눈으로 흘러들어 앞이 보이지 않은 채 미끄러운 몸을 무너뜨리기 위해 혼신을 다하다 보면 밤을 새워도 승부가 나지 않아 두 선수가 죽었다는 일화도 있다. 경기가 워낙 격렬하여 시합을 한 번 하면 300번 이상 목을 얻어맞는다고 한다.

동양과 서양이 만나는 이스탄불은 다양한 문화와 정체성이 공존하는 독특한 도시다. 이곳에 몇 주간 체류한 독일의 피나 바우쉬는 <네페스>라는 무용 작품을 2003년 발표했다. 그녀는 이스탄불에서 현지인과 호흡하며 느낀 생의 기운과 감정을 색깔, 리듬, 햇살, 소리, 웃음, 눈물 등으로 안무 작업에 표현했다. 네페스는 튀르키예어로 '숨, 호흡, 생명'을 뜻하며 작품 완성도를 높이기 위해 무용수도 함께 이스탄불을 방문하여 도시를 거닐고 시장을 둘러보며 호흡을 같이했다.

이슬람 국가 중에서 누구보다 먼저 세속주의를 표방하고 이방인과 어깨동무하면서 살고 있는 나라가 튀르키예다. 튀르키예에 사는 유대인은 종교가 달라도 서로를 존중하는 전통을 이어간다. 그리스정교 총본산이 지금도 이스탄불에 남아있다.

페르시아를 간직한 이란

내가 이란에 관심을 갖게 된 것은 1970년대 중반 석유파동을 겪은 후 안정적인 에너지 공급을 위해 한국이 산유국 이란과 합작해 설립한 한·이 석유회사에 업무 관계로 드나들면서부터였다. 그러나 1979년 이슬람 율법학자 루홀라 호메이니의 혁명으로 팔레비왕조가 무너지면서 어쩔 수 없이 결별하고 말았다.

그로부터 40여 년 후 코로나19 칩거 시절 넷플릭스를 통해 우연히 만난 영화 <페르시아어 수업>이 이란을 향한 호기심을 다시 일으켰다. 1942년 수용소로 끌려간 유대인 '질'과 독일군 장교 '코흐'의 만남이 이야기의 시작이다. 이란 테헤란에 있는 동생과 식당을 차릴 꿈을 가진 코흐 앞에서 유대인 질은 목숨을 구하기 위해 이란인 행세를 하게 된다. 페르시아어를 가르쳐 달라는 코흐에게 질은 가짜 단어를 만들어내 가짜 페르시아어를 가르친다. 둘은 매일 밤을 새우다시피 하면서 엉터리 페르시아어 공부에 매진한다. 마침내 전쟁이 끝나고 코흐는 이스탄불 공항에서 테헤란행 비행 수속을 하는데 페르시아어 소통이 되지 않자 밀입국자로 오인받아 붙잡히고, 질은 연합군 조사를 받으며 그동안 가짜 단어를 만드는 데 쓰느라 외워 둔 유대인 수용자 2840명의 이름을 정확히 제공한다. 실화를 바탕으로 바담 피를만 감독이 만든 이 영화는 2020년 독일과 러시아, 벨기에가 공동 제작했으며 전 세계 영화제에서 호평을 받아 9개 부문에 수상했다.

서울 서대문 사직터널 근방에는 국가 등록 문화재인 2층 벽돌집 딜쿠샤가 있다. 일제강점기 AP통신원 테일러가 이곳에 신혼 보금자리를 마련하고 페르시아어로 '기쁜 마음'이라는 뜻의 딜쿠샤를 택호로 내걸었다. 그는 3.1 독립선언서를 구두 뒤축에 숨기고 일본 AP지사에 가서 이를 전 세계에 알렸으며, 제암리학살사건 특종 기사도 썼다. 1942년 추방령을 받고 딜쿠샤에서 이별 파티를 했다. 내가 몇 년 전 이 딜쿠샤를 방문한 것도 페르시아 탐방의 자극제가 되었다.

페르시안 나이트

이란은 중동에 위치하고 있지만 아랍이 아니다. 이란 사람은 아랍인 취급받는 것을 가장 싫어할 정도로 자부심이 강하다고 한다. 아랍은 사막에서 유목 생활을 하던 서남아시아 셈족과 북아프리카의 햄족으로 구성되는데, '고귀하다'는 뜻을 가진 아리안족의 이란은 일찌감치 메소포타미아 지방에서 양치기를 하다가 농경 생활을 이어왔다. 아랍인은 아랍어를 쓰지만 이란은 알파벳이 4개 더 많은 페르시아어를 사용하고 문화도 다르다.

이슬람 세력의 중동 지방은 아랍과 페르시아, 튀르키예 민족으로 나눠진다. 페르시아의 이란은 7세기에 아랍, 11세기 튀르키예, 13세기 몽골 침공으로 큰 변화를 겪었지만 독자적인 정체성을 유지했다. 오늘날 페르시아어를 쓰는 나라는 이란 외에 아프가니스탄, 타지키스탄이며 우즈베키스탄과 파키스탄, 아제르바이잔, 바레인, 이라크 일부 지역이다. 우리 일상 용품인 소파, 카펫, 매트는 페르시아에서 온 말이고, 일제강점기 때 비누를 부르던 사분이란 단어도 프랑스가 아니라 페르시아어에서 유래했다는 설이 있다. 우리가 마시는 소주는 페르시아가 개발한 알코올 증류 기법을 몽골을 통해 전수받은 것이다.

우리가 잘 아는 《천일야화》, 즉 《아라비안 나이트》는 7세기경 페르시아어로 쓰인 《천 개의 이야기(하자르 아프사나)》에서 가져왔다. 이 설화 속에 왕에게 매일 이야기를 이어감으로써 목숨을 구하는 세헤라자드가 등장한다. 9세기 초 아바스왕조의 알 마문 칼리프 시대에 이것을 아랍어로 번역하면서 등장인물과 장소를 변경하여 유럽 전역에 전파했으므로 '페르시안 나이트'라고 하는 게 더 정확한 표현이다.

세계 최초로 아랍 문법책 《알 키타브》를 쓴 시부와이히, 이슬람 윤리학의 고전인 《정화의 책》 저자 미스카와이, 이슬람 역사와 코란 해석의 권위자 알타바리, 중세의 대표 의학자 이븐 시나는 모두 페르시아인이다. 특히 철학자이기도 한 이븐 시나는 '의학의 아버지', '동방의 아리스토텔레스'라고 불리웠으며 토마스 아퀴나스나 단테 등 중세 유럽 학자들에게 많은 영향을 미쳤고 그의 저서 《의학정전》이나 《치유의 책》은 라틴어로 번역되어 11세기부터 17세기까지 유럽과 이슬람권 의학 교과서로 활용되었다. 중동에서 이란은 극동아시아에서 중국과 같은 위상으로 역할을 해왔다.

한때 미국은 최첨단 전략 무기를 이란에 유일하게 공유할 정도로 최우방국이었다. 1975년 3월 25일 사우디아라비아 국왕 파이살 압둘 아지즈가 조카에게 암살당했을 때 미국은 정유 시설 보호를 이란에 맡기는 계획을 세울 정도로 중동의 맹주로 이란에 깊은 신뢰를 가졌다.

그러나 이란혁명을 기점으로 미국과 적대국이 됨으로써 이란 여행은 쉽지 않게 되었다. 남북한과 동시 수교국이기는 하지만 이란을 방문하면 미국이나 이스라엘 입국이 불가하므로 우리 외무부에서도 가능한 여행 자제를 권하는 입장이었다. 보통 비자 신청에는 여권 카피 제출이 원칙인데 이란은 과거 출입국 기록을 확인하려는 듯, 여권 자체를 제출토록 했다. 미국이나 이스라엘을 다녀온 흔적이 있으면 여권을 새롭게 발급받아 제출해야 한다.

테헤란에 가려면 이스탄불이나 두바이에서 환승해야 하는데 나는 9시간 이상 두바이 비행을 거쳐 다시 2시간 정도 비행기를 갈아타고 테헤란 호메이니 공항에 도착했다. 동양인으로는 미국과 대척 관계인 중국인이 간혹 입국할 정도이므로 우리 일행을 본 공항 관계자는 당연히 통과 승객으로 생각하여 환승 쪽으로 안내를 했다.

이란은 우리와 5시간 30분 시차가 있으며 남한의 16배가 넘는 광활한 나라여서 영하 20도에서 영상 70도에 이를 정도로 지구상의 15개 기후대 중 13개를 가진 기후대 부자 나라이다. 해발 1400m에 위치한 수도 테헤란 북쪽은 엘부르즈 산맥이 카스피해 쪽으르 가로질러 있으며 해발 5600m의 최고봉 담반드산은 활화산이자 중등에서 가장 높은 산이어서 호텔 방에서 만년설이 건너다 보인다. 테헤란에서 자동차로 30분만 가면 세계 10대 스키장인 토찰리 스키장이 나온다. 한국 축구팀이 이란에 가기만 하면 고전하는 이유는 테헤란이 고산지대이기 때문이 아닌가 한다.

인구 9천만이 넘는 이란은 다민족 국가이다. 페르시아인이 62%이고 아제르바이잔 17%, 쿠르드족 8%, 루르족 6%, 아랍인, 아르메니아인, 유대인 등이 각각 1% 정도 된다. 이란은 이들 소수민족 고유의 종교와 언어, 문화를 수용할 뿐만 아니라 5석의 국회의원 의석도 할당해 준다.

테헤란의 '테'는 '아래'라는 뜻이고 '란'은 '산등성이'라는 뜻이다. 서쪽으로는 험준한 자그로스산맥이 1500km 뻗어 이란과 국경을 이루므로 테헤란은 천연 요새의 분지이다. 동쪽은 한반도보다 큰 카비르의 소금 사막과 자연 살균이 되는 섭씨 70도의 루트사막이 사람의 발길을 허락하지 않는다. 이란은 강수량이 부족하여 국토의 10%만이 경작 가능한 땅이다. 테헤란은 고대부터 설산의 눈 녹은 물을 카나트라는 지하 관개시설을 통해 공급해 왔다. '눈이 풍부한 중동국가'인 이란은 나무를 무척 애지중지해서인지 거리의 가로수에는 물길이 나란히 흐르고 있다.

최근 사우디아라비아와 튀르키예가 해외 자동차 생산 시설을 유치하여 자체 브랜드를 육성하고 있지만 중동에서 최초로 자동차를 생산한 나라는 이란이다. 현대자동차가 2004년 이란의 커먼 모터, 기아자동차는 사이파와 합작으로 자동차를 생산하다가 2018년 미국의 제제 조치로 모두 철수했으며 현재는 푸조의 도움을 받아 연간 1백만 대의 각종 자동차를 생산하고 있다. 이란은 정부 보조 덕분에 휘발유 가격이 세계 최저 수준으로, 2025년 5월 기준 리터당 우리 돈 508원 정도이니 많은 차가 거리로 나와 하루 종일 주차장을 만든다. 게다가 정제 시설이 좋지 않아 질이 낮은 자동차 연료가 매연을 내뿜고 다니므로 인구 1천만이 넘는 분지인 테헤란은 공해가 매우 심한 편이다.

이란에서 결혼 혼수품으로 삼성이나 LG의 가전제품이 인기가 많았다. 이들 회사도 트럼프 대통령의 제재 조치로 철수하자 그 공장 시설에서 유사한 브랜드인 SAM과 G Plus라는 가전제품을 생산하고 있다.

테헤란에 문화와 역사를 느낄 수 있는 전통시장 바자르와 모스크, 박물관, 미술관 등이 있지만 1796년 카자르왕조 시기에 수도로 지정되었기에 과거 찬란한 페르시아 문화를 맛볼 수는 없다. 새롭게 출범한 카자르왕조는 시라즈나 이스파한과 같은 과거 전통 토호 세력과 멀리 떨어져서 강력한 중앙집권체제를 구축하기 위해 자기 권력 기반인 북부 테헤란으로 이전했다. 우리 조선조가 새롭게 출범하면서 고려의 토호 세력이 있는 개경을 버리고 한양으로 천도한 것과 마찬가지이다. 특히 테헤란은 엘부르즈산맥 기슭이라 정원이 많고 풍광이 아름다울 뿐만 아니라 외침의 방어에도 유리했기에 천도와 함께 사드아바드 궁을 지었다.

그러나 궁궐로 제 모습을 갖춘 것은 팔레비왕조를 세운 레자 샤가 1930년부터 8년간 증개축을 함으로써 가능했다. 사드아바드 궁은 모든 집기를 프랑스제로 꾸민 녹궁綠宮과 왕비의 거처로 활용한 백궁白宮으로 구분된다. 아름다운 푸른색 대리석과 조각 거울로 유명한 녹궁의 영빈관은 카터 대통령을 영접하기도 한 연회장으로 쓰였다. 지금은 모두 박물관으로 개조되어 군사시설과 현대미술품이 전시되어있다. 궁전 앞에 있던 팔레비 국왕의 거대한 동상이 잘려 나가고 부츠를 신은 무릎까지만 남아있는 것이 이슬람 혁명의 광풍을 연상시킨다.

호메이니 혁명으로 팔레비 왕궁은 미술관으로 바뀌었으며 궁전 앞에 서 있던 팔레비 동상도 잘려 나가고 부츠만 남아있다.

현재 테헤란의 상징물은 고대 페르시아의 위대함과 현대 이란의 자부심을 나타내는 '자유의 탑(아자디 타워)'이다. 테헤란 서쪽 아자드 광장에 아케메네스와 사산조 페르시아의 분위기에다 이슬람건축의 특징을 가미한 높이 45m의 곡선형 아치가 하얗게 빛나고 있다. 1971년 페르시아제국 2500년을 기념하여 세웠기에 초기 이름은 '샤야드 타워(왕을 기리는 탑)'였으나 이란혁명 이후 '자유의 탑'으로 개명했다. 탑 외벽은 하얀색 이란산 대리석이며 내부에는 이란 역사와 문화를 소개하는 박물관이 있다. 아자드는 이란의 가장 큰 광장이므로 정부의 주요 행사장이었으나 요즘은 그 이름에 걸맞게 자유를 외치는 반정부 시위장으로 활용한다.

이란 최초로 국가 모습을 갖춘 왕조는 오늘날의 튀르키예, 이란, 이라크, 시리아 등지에 흩어져 있는 3천만 명이 넘는 세계 최대 유랑 민족인 쿠르드족이 기원전 728년 건국한 메디아이다. 메디아의 마지막 왕 이슈투메구스의 외손자인 키루스가 기원전 550년 메디아를 무찌르고 아케메네스 왕조를 세움으로써 페르시아가 시작된 것이다. 메디아의 속주인 파르스 지방에서 시작한 아케메네스는 인도에서부터 이집트까지 아시아, 유럽, 아프리카를 잇는 세계 최초의 대제국으로 발전했으며 후에 로마제국은 이를 모델로 도로와 역참 제도를 도입했다.

아케메네스의 발생지 파르스를 그리스는 페르세, 로마는 페르시아로 발음했기에 뒤이은 사산조, 사파비, 잔더, 카자르 등을 외부에서는 페르시아국으로 불렀지만 내부에서는 '이란(아리안의 땅)'이라는 명칭으로 불렀다. 1925년 쿠데타로 카자르왕조를 무너뜨리고 권력을 잡은 레자 샤 팔레비는 공화국을 주창했으나 왕으로 변신했다. 그는 서구 열강에 휘둘리던 페르시아의 낡은 이미지를 벗고 근대 국가로 차별화를 원한 데다가, 마침 외교적으로 가깝던 독일의 히틀러가 주창한 아리안 민족의 선민의식에 동승하고 싶었기에 1935년 이란으로 국명을 바꾸었다. 레자의 아들 무하마드 팔레비는 과거 찬란한 문화와 예술의 페르시아를 버릴 수 없다며 1959년부터 두 이름을 허용했으나 1979년 이란혁명 이후부터는 '이란 이슬람 공화국'으로 국호를 바꾸었다.

호메이니의 이슬람 신정 체제가 들어서기 전, 팔레비왕조 치하의 이란은 서구식 근대화를 빠르게 추진했다. 레자 샤 시절에는 여성의 히잡 착용이 금지되기도 했고, 1960~70년대 테헤란 거리는 미니스커트와 서구식 클럽, 디스코장으로 활기를 띠었다. 중동에서 가장 크다는 술집이 테헤란에 있을 정도로 자유분방한 분위기였다. 1963년부터 추진한 근대식 교육, 토지개혁, 산업화 등의 백색 혁명이 어느 정도 근대화와 서구화를 이루긴 했으나 빈부격차, 부정부패, 비밀경찰을 통한 정치 탄압이 심화되면서 종교 지도자와 금융권을 쥔 거대 상인의 반발이 반정부 시위로 폭발했다. 백색은 비폭력, 무혈혁명이라는 뜻이다. 그동안 이란은 영국이나 미국에 지나치게 의지하고 가깝게 지내다가 석유 개발에 따른 이익을 외국 자본이 차지하자 "나라를 팔아먹는다"는 비판과 함께 민심 이반이 가속화되었다.

1979년 1월 16일 암 치료차 출국한 팔레비가 미국에서 돌아오지 않았고, 파리에서 망명 생활을 하던 호메이니는 수백만 국민의 환영을 받으면서 귀국했다. 그는 15년 동안 망명 생활을 하면서 육성 녹음으로 국민을 계몽했기에 '카세트 테이프 혁명'이라고 한다. 팔레비의 이란 송환을 미국이 거부하자 반미 감정이 격화된 '이맘의 추종자들'이라는 대학생 단체가 테헤란에 있는 미국 대사관 외교관과 직원 52명을 444일 동안 인질로 억류했다. 미군 특수부대가 1980년 4월 24일 인질 구출 작전을 벌였지만 사막에서 헬리콥터 사고로 미군 8명이 사망하는 참사만 남겼다. 이로부터 채 한 달이 되지 않아 우리나라 광주에서 대규모 반정부 시위가 벌어지자 해외 문제로 난국에 빠진 미국은 진압군 공수부대 이동을 암묵적으로 승인함으로써 광주에서 참혹한 사태가 벌어졌고, 이로 인해 한국 대학생들의 미 문화원 점거를 비롯한 반미 운동이 일어난 것도 이란혁명과 무관하지 않다.

이란의 인질 외교관 중 6명이 캐나다대사관으로 피신한 실화를 다룬 영화 <아르고>는 CIA 요원이 인질을 구출하기 위해 가짜 SF영화 제작팀으로 위장하여 테헤란에 잠입하는 이야기로, 2013년 아카데미 작품상을 수상했다. '아르고'는 CIA가 실제로 만든 가짜 영화 제목이다. 당시 인질 사건은 지미 카터 대통령의 재선 실패에 영향을 주었고, 이란은 레이건 대통령이 취임한 바로 그날 억류자 52명을 석방했다.

테헤란의 호메이니 공항 근처에 호메이니 영묘가 있다. 단순한 묘지가 아니라 모스크와 기도 공간, 도서관, 박물관, 숙박 공간, 세미나실, 상점가를 갖춘 단지여서 국가 행사나 종교 집회장으로 쓰인다. 운동장처럼 넓은 홀 앞자리에 마련된 무덤은 금박과 거울장식이 화려하고, 바닥에는 대리석 위에 카펫이 깔려 있다. 비싼 대리석이 지천으로 깔린 것을 보니 "이란은 땅을 파면 석유가 나오고 산을 자르면 대리석이 나온다"는 속설이 빈말이 아닌 것 같다.

땅값 1위에 대기업 본사를 비롯한 초고층 빌딩 집결지이자 유명 IT, 밴처기업이 모인 한국의 실리콘밸리가 서울 강남의 테헤란로이다. 원래 이곳은 허허벌판에 신작로를 건설하면서 도로 중간인 삼성동에 성종과 계비 정현왕후, 그리고 중종 세 무덤이 있는 삼릉공원이 있어 삼릉로三陵路라고 했다.

1970년대 중반 전 세계가 오일 쇼크를 겪은 후 산유국으로부터 안정적으로 석유 공급과 중동 건설 붐에 동참하기 위해 중동의 대표 개방국인 이란과 산업 외교가 절실했기에 서울시는 1977년 6월 27일 테헤란과 자매결연을 맺었다. 구자춘 서울시장과 골람레자 닉페이 테헤란

시장은 우호 친선을 위해 새로운 도로 한 곳을 지정하여 서울은 '테헤란로', 테헤란에는 '서울로'를 붙이기로 했다.

서울의 테헤란로는 한국 경제의 심장이 되었고, 테헤란의 서울로는 북부의 타지리쉬 지역에 있으며 화려하지는 않지만 고급 주택과 대사관이 많은 곳으로 한국 대사관이 근처에 있다. LG기업의 네모 받침대 위 원형 석판에 한글과 페르시아어 영어로 '서울로'가 새겨져 있다. 그 아래쪽에 한글로 또렷하게 새긴 '서울공원'과 '서울광장'도 있다. 테헤란에 공원과 광장까지 개설하면서 친선을 주도한 닉페이 시장은 2년도 채 되지 않아 호메이니 혁명 때 부정부패 혐의를 받고 처형되었다.

서울 강남역 1번 출구를 나오면 한글과 페르시아어로 '테헤란로'라고 쓴 원형 표지석이 세워져 있고 그 옆에 이란 국기가 걸려 있다.
이란혁명 전 국기는 초록, 흰, 빨강의 3색기로 중앙에 왕실 문장인 사자와 태양이 있었으나 혁명 후부터는 '알라'라는 글씨가 이란 국화인 튤립 모양을 하고 있다. 그리고 위 아래에 '알라 아크바르(알라는 위대하다)'라는 글씨가 11번씩 모두 22개 들어있다. 혁명이 성공한 1979년 2월 11일은 이란력으로 1357년 11월 22일이기에 22일을 기념하기 위해서다.
간혹 해외에서 반정부 시위를 할 때 옛날 국기를 들고 나온다.

이란의 커튼은 두껍다

이란은 중동에서 유일하게 이슬람 종교 체제와 공화제가 융합된 이슬람 공화국이다. 대통령을 선거로 선출하지만 행정부의 수장일 뿐 국군 통수권이 없다. 종신제인 종교 최고지도자 라흐바르가 모든 권한을 쥐고 있으므로 속된 말로 대통령은 '바지사장'이다. 현재 최고지도자는 1989년 선임된 알리 하메네이다. 우리의 경우 대통령이나 국회의원 출마자는 공탁금을 내지만 이란은 최고 의결 기구인 헌법수호위원회에서 개인별 출마 자격 여부를 심사한다. 우리의 헌법재판소와 대법원을 겸비한 헌법수호위는 국회가 통과시킨 법안이 헌법이나 이슬람 율법에 어긋난다고 판단하면 반려하거나 수정 요구를 할 수 있다.

전 세계 무슬림 인구의 87% 정도를 차지하는 수니파의 종주국은 메카와 메디나를 갖고 있는 사우디아라비아이고, 이란은 소수파인 시아파의 종주국이다. 원래 선조인 페르시아는 국교가 조로아스터교였으며 7세기에 이슬람 수니파를 받아들였으나 1501년 사파비왕조의 이스마일1세가 오스만제국과 대립하면서 수니파인 적과 차별화하기 위해 시아파를 국교로 채택했으니 정치적 선택이었다. 시아는 '추종한다'는 뜻이며 이슬람 창시자인 무함마드 사촌이자 사위인 알라가 진정한 후계자이므로 시아파는 '알리를 따르는 종파'이다. 혈통주의 시아파에서 알라의 대리 역할을 하던 12번째 종교 지도자 이맘이 941년 실종되었다. 불교의 미륵처럼 언젠가 세상을 구하기 위해 12번째 이맘이 나타날 때까지 종교 지도자인 이슬람 법학자가 국가를 통치해야 한다는 것이다. 이란 헌법에는 "시아파의 구세주인 마흐디가 재림할 경우 그에게 국가 통치권을 양도한다"는 조문이 명시되어있다. 원리주의를 앞세운 시아파는 소수였기에 항상 박해와 압박의 울분이 쌓여서인지 '과격 시아파 반군 세력'으로 낙인이 찍혀 있다. 이란 시아파는 넥타이를 금지한다.

넥타이가 기독교식 문화이자 제국주의 잔재라고 믿기 때문이다.

이란의 신정과 공화정의 하이브리드 체제에 대해 주변 이슬람 국가들은 그 추이를 눈여겨보고 있다. 사우디아라비아나 쿠웨이트 등 아랍 왕족 국가는 이란의 이슬람 공화제가 침투해 올까봐 전전긍긍한다. 아랍의 맹주라고 자부하는 사우디아라비아에 대해 이란은 국가명에 왕족 이름인 사우디가 들어있는 것부터 비판한다. 대한민국 같으면 초대 대통령 이승만을 받들어 '승만민국'이라고 부르는 것과 같기 때문이다.

1970년대까지 세속주의에 따른 자유의 세례를 흠뻑 받은 이란인은 신정 체제의 숨막히는 통제를 견딜 수 없었다. "이란의 커튼은 두껍다"는 말이 있다. 겉으로는 엄격한 이슬람 풍습을 강요하지만 커튼 뒤로 들어가면 음주가무와 섹스가 범람하는 이중 생활을 풍자하는 말이다. 호텔이나 숙박업소 방 천장에는 메카를 향한 기도 방향 표시가 있지만 무슬림식으로 하루 5회 기도하는 사람은 27% 정도이고 전혀 기도하지 않는 사람이 60%나 된다고 한다.

이란행 비행기 안에서도 자유분방한 모습의 여성들이 테헤란 공항 착륙이 가까워지자 주섬주섬 머리와 엉덩이를 가리기 시작했다. 더러는 에르메스나 버버리 같은 명품으로 패션을 자랑하기도 했다. 외국 여성도 예외일 수 없어서 동행한 아내도 머리와 엉덩이를 가리고 입국심사를 받아야 했다. 2016년 이란을 방문한 박근혜 대통령도 로하니 대통령과 정상회담 때 스카프로 두르는 루싸리 히잡을 착용했다. 남성은 소매가 없는 상의와 반바지가 금지이다.

히잡(가리다)은 정숙과 겸손의 상징이며 천주교에서도 미사포를 쓰고 수녀복도 별반 다르지 않다고 현지인이 설명했다. 코란에 히잡이 구체적으로 나오지는 않지만 "여성이 남자를 유혹해서는 안 된다"는 구절이 있다고 한다. 1979년 세속 왕정이 공화정으로 바뀌자마자 호메이니는 “히잡을 쓰지 않으면 발가벗은 것과 같다”면서 히잡을 갖추지 않은 여성을 매춘부와 마찬가지로 취급했다. 1981년에는 히잡 착용 의무를 법제화하고 정도에 따라 감옥행이나 벌금, 매질을 시행했다. 짙은 화장이나 야한 복장, 남녀 간 악수는 태형이다. 친족 이외의 남녀 간 악수는 가벼운 성행위로 간주한다. 간통 여성은 어깨까지 땅속에 묻고 돌을 던져 살해하는 형벌이 법적으로 존재한다. 파키스탄이나 이집트, 모로코 등은 히잡 의무 규정이 없는데도 일부 여성이 스스로 착용하고 있다.

2022년 9월 22살의 젊은 여성 마흐사 아미니가 히잡을 제대로 착용하지 않았다는 이유로 도덕경찰(가쉬테 에르샤드) 조사 과정에서 사망한 데 이어 2023년 10월에는 지하철에서 히잡을 쓰지 않아 경찰과 실랑이를 벌이다 의식을 잃은 아르미타라는 여성도 결국 사망했다. 히잡 철폐와 여권 신장을 요구하는 시위가 대학가와 젊은 여성을 중심으로 일기 시작했다. 이란 국기와 히잡을 불태우는 일도 일어났다. UN의 여성차별철폐협약에 이란은 아직 가입하지 않았다. 국회에서는 비준을 통과했으나 헌법수호위원회가 거부했다. 세계적인 인기를 얻고 있는 K-POP도 여성 가수의 앨범 표지 옷차림 때문에 제재를 받는 경우가 있다.

이란은 초등학교부터 고등학교까지는 남녀 구분이다. 테헤란의 시내버스도 남녀 칸이 구분되어있다. ‘남녀7세부동석’이라는 우리 옛 풍습을 여기서 확인할 수 있다. 히잡 중에 가장 개방적인 루싸리를 착용한 여성은 스카프 밖으로 염색한 머리칼을 내보이기도 한다. 물론 이런 차림의 여성을 출입금지하는 공공기관도 있다. 종교경찰이 히잡을 쓰지 않는 고객을 받아들이는 업소를 찾아 보름 정도 영업정지를 내리기도 한다.

최근 정부는 히잡 착용을 강행하기 위해 드론을 띄우고, 감시카메라 등 얼굴 인식과 전자 감시를 강화하면서 히잡 미착용 여성을 신고하는 모바일 앱도 운영 중이다. 심지어 중국의 고성능 CCTV를 이용하여 자동차 안에서 히잡을 쓰지 않고 있는 사람 사진을 촬영하여 경고장을 보내기도 한다.

2024년부터는 여성뿐만 아니라 인플레이션으로 실질소득이 줄어든 퇴직자와 노동자도 합세하여 경제적 불평등과 정부 부패에 항의하며 거리로 나섰다. 바이든 정부 때는 미국 통제하에서도 원유 뒷거래를 해왔는데 트럼프가 집권한 후로 기름을 팔 수 없게 되자 심각한 인플레이션에 중산층이 무너졌기 때문이다. 게다가 가자지구 하마스, 레바논의 헤즈볼라, 예멘의 후티 반군, 시리아의 아사드 정권, 이라크 시아파 민병대를 이란이 뒷바라지하고 있기에 나라 살림은 더욱 어려워졌다.

반정부 시위꾼이 2025년 들어서는 테헤란, 카라지, 하마단 등지에서 '진입금지' 도로 표지판의 흰색 선을 녹색으로 덧칠하여 교통마비를 일으키는가 하면, 지폐에 붉은 글씨로 반정부 시위 구호를 적어 유통하고 있다. 이란 화폐는 미국 1달러에 백만 리알이 넘을 정도로 인플레이션이 심해서 부담 없이 지폐를 시위 도구로 활용하자, 이를 수거하여 폐기하는 것이 보통 일이 아니라 은행은 하루 고객이 인출할 수 있는 금액을 소액으로 제한하고 있다. 과거에는 바자르 상인이 3일만 가게문을 닫으면 마치 정전이 난 것처럼 도시가 마비되므로 요구를 들어줄 수밖에 없었다고 한다.

테헤란에는 간혹 굶주린 어린이들이 쓰레기더미에서 먹을 것과 입을 것을 뒤지는 일도 있지만 그렇다고 중국이나 인도처럼 길거리에서 낯선 사람을 따라다니며 집요하게 구걸하는 경우는 거의 없다. 가난하지만 착하고 선한 아이들의 눈빛을 마주칠 때마다 마지드 마지디 감독의 영화 <천국의 아이들>이 떠오른다. 테헤란의 가난한 소년 알리가 여동생 자라의 신발을 잃어버리면서 벌어지는 이야기다. 남매는 형편이 어려운 부모님에게 새 신발을 사달라고 할 수 없어, 수업시간이 겹치지 않도록 조율하며 한 켤레를 교대로 바꿔 신고 등교한다. 지극히 가난하지만 순수한 아이의 눈으로 바라본 따뜻한 세상이 큰 여운을 남긴 명작이다.

이란을 찾는 외국 관광객이 거의 없어서인지 우리를 마주치면 중국인인 줄 알고 "니 하오"라고 인사말을 걸면서 같이 사진을 찍자고 하는가 하면, 길 건너편이나 자동차 안에서도 손을 흔든다. 그리고 한국에서 왔다고 하면 드라마 <주몽> 이야기를 꺼낸다. 이란의 모든 방송에는 연예 오락 프로가 없는 데다, 현대극은 옷차림이나 언행이 이슬람 정서에 맞지 않아 사극만 허용한다고 한다. 소수의 중국인을 제외하고는 여행객이 거의 없기 때문에 주요 유적지 관리나 관광을 위한 기본 인프라가 되어있지 않다.

이슬람에서 손님은 신이 보내준 귀한 존재이므로 지나가는 과객도 융숭히 대접하는 DNA가 있어서인지 이란 사람들은 매우 친절하다. 이란에는 숙박을 제공하는 인터넷 여행 커뮤니티인 카우치 서핑이 있다. 경제적 이익이 아니라 신뢰 기반의 커뮤니티 서비스라는 것이 특징이다. 여행자가 무료로 잠을 잘 수 있는 소파Couch를 찾아다닌다Surfing는 뜻이다.

중동의 이슬람 국가들은 음력 기준 달력을 사용하지만 이란은 양력 기준이다. 이슬람 창시자 무함마드가 박해를 피해 메카에서 메디나로 이주한 622년 헤지라를 기준으로 1년을 365일로 하지만, 1월부터 6월까지는 31일이고 7월부터 11월까지는 30일이며 12월은 29일이나 30일이다. 기독교 전통의 일요일이 아닌 금요일이 공식 휴일이다.

테헤란의 대표 전통 음식은 양고기, 병아리콩, 감자, 토마토, 라임 등을 넣고 돌냄비에 끓인 압구쉬트인데, 국물은 따로 먹고 건더기는 으깨어 납작한 빵에 싸서 먹는다. 이란 식당은 인도와 튀르키예 음식을 혼합한 것 같은 느낌이 들었다. 도시나 시골은 물론, 고속도로 휴게소 식당에서도 한결같이 찰지지 않은 볶은 밥에 과일 절인 것과 샤프란을 얹고 전채로 풍성한 야채 접시가 나왔다. 한국의 곡물 자급률이 20% 안팎에 머무는 데 비해, 이란은 경제 제재 속에서도 '식량 안보'를 중시해 곡물 기준 약 70% 안팎, 전체 식량 자급률은 60~80% 수준에 이르는 농업국가다. 맛과 향이 우수한 쌀은 기본이고 피스타치오, 대추, 살구, 아몬드, 오렌지 등이 경쟁력을 갖춘 대표 농산품이다

이란 여행을 하면서 다양하게 요리한 양고기를 실컷 먹어보았다. 특히 30분간 줄을 서서 기다렸다가 들어간 테헤란 '샤흐라자드'의 어린 양고기 맛이 으뜸이었다. 샤흐라자드는 아라비안 나이트에 나오는 세헤라자드의 페르시아어 발음이고 내부 장식과 물병까지 페르시아와 아랍의 전통문화가 어우러져 잊을 수가 없다. 다만 술이 금지된 나라여서 알코올이 들어 있지 않은 맥주로 대신 해야 하니 아쉬웠다.

중국 문화권에서는 양고기가 크면 아름답다美고 하고 양고기를 보고 침을 흘리는 모습에서 나온 한자가 부러울 선羨이다. 우리 조상도 양새끼는 무릎을 꿇고 어미젖을 먹으므로 효도를 아는 짐승이라고 하여 높이 평가했다.

열흘간 이란 여행을 마치고 돌아오는 비행기에서 예술의 자유를 주장하던 이란 반체제 영화감독 자파르 파나히가 78회 칸 영화제 황금종려상을 받았다는 반가운 소식을 접했다. 그는 베네치아의 황금사자상, 베를린의 황금곰상과 함께 세계 3대 국제 영화제 최우수상을 모두 석권하는 영예를 차지했다. 나는 오래 전 그의 작품 <하얀 풍선>, <택시> 등에 감명받아 남다른 관심으로 그의 행적을 지켜봐 왔다. 그는 반정

부 시위에 동조했다는 이유로 20년간 출국과 영화 제작, 집필, 언론 인터뷰 금지 처분을 받고 투옥되어 단식투쟁 끝에 2023년 2월 3일 보석으로 풀려났다. 석방되자마자 정치범 수감 생활을 다룬 <그저 사고였을 뿐It was just an accident>이라는 영화를 비밀리에 만들어 이번에 수상의 영광을 차지한 것이다.

시인의 도시, 시라즈

2016년 5월 1일 박근혜 대통령은 이란을 국빈 방문하면서 경제사절단 외에 특이하게도 김후란, 신달자, 정호승, 문태준 등 유명 시인을 문화사절단으로 함께 동행했다. 체류 3일 동안 양국 시인들은 '한·이란 시의 만남', '시 낭송과 간담회', '한국 현대시문학과의 만남' 등 각종 행사를 벌였다. 당시 우리 사회는 이념, 지역, 빈부, 남녀 갈등으로 어려움을 겪고 있었기에 정서 순화를 위해 내가 시 낭송 활동을 적극적으로 벌이던 터라 특별한 관심이 갈 수밖에 없었다. 시 낭송 전도사로 강의를 할 때면 항상 이백과 두보가 활동하던 중국 당나라를 '시의 나라'라고 소개했는데, 이란이 고대부터 시를 중시하는 문화국이었으며 하페즈, 사디 등 세계적인 시인을 배출한 시라즈가 '시인들의 도시'라는 것을 알게 되었다.

테헤란에서 비행기로 1시간 반 정도 남쪽에 있는 시라즈는 첫 페르시아제국인 아케메네스 왕조 발상지이며 아랍 통치의 사파비왕조 시대 크게 발전한 도시로 아름다운 정원, 시와 철학, 와인과 장미로 유명하다. 1320년 시라즈에서 태어난 국민시인 하페즈의 본명은 모하마드 삼스 오딘이었으나 1389년 임종 무렵 '코란을 암송하는 유일한 사람'이라는 뜻의 하페즈 칭호를 얻었다.

이란 문학을 대표하는 하페즈는 신비주의 시인으로 그의 시집《디반(시집)》은 코란과 함께 가정에 필수품으로 비치한다고 한다. 이란인은 매일 하페즈 시집을 무작위로 펼쳐서 거기 나오는 시구를 음미함으로써 하루 일진을 점쳐 본다는 말도 있다. 페르시아 문학을 깊이 탐구한 괴테는 하페즈에 감명받아 '그는 나의 쌍둥이 영혼'이라고 했으며 하페즈에 바치는 시집《동서 디반》을 출간했다. 박근혜 대통령도 한·이란 비즈니스포럼 치사에서 "우정의 나무를 심으면 그 열매는 행운이다"라는 하페즈의 시를 인용했다.

하페즈보다 1세기 앞선 사디는 윤리적 교훈과 인류애를 담은 서정시로 유명하며 대표 시집《장미정원》과《과수원》이 널리 암송된다. 30여 년 동안 중동, 중앙아시아, 인도, 북아프리카 등지를 방랑하면서 이슬람 성지인 메카와 메디나를 순례한 그는 십자군전쟁과 몽골의 침입 소용돌이 속에서 포로로 잡혀 노예 생활을 하기도 했다. 우화나 일화, 여행담을 통해 인간의 지혜와 도덕률을 묘사한《장미정원》1장 10절에 나오는 유명 구절인 "인간은 한 몸과 같다. 한 지체가 아프면, 다른 지체도 함께 아프다"는 인류애의 상징 문구가 되어 유네스코 본부 벽에 새겨져 있다.

이란 사람은 암송에 워낙 능해서 이분들의 시집이 모드 사라진다 해도 채록을 해 완벽하게 재구성할 수 있다고 한다. 이란에서 암송이 일반화된 것은 매일 코란을 낭독하는 데다, 과거에 재산 상속법이 너무 복잡하여 구구단 외우듯이 관련 법규를 달달 외우던 율법 교육 습관에서 유래했다고 한다.

우리도 조선시대 세종의 현손인 도화서 이징이 그린 난죽도蘭竹圖에 기묘사화 주역인 조광조의 오언절구 시를 곁들인 8폭 병풍이 워낙 유명하여 당시 선비들이 그 시를 베껴서 암송하곤 했다. 80여 년이 지난 후 임진왜란 때 병풍이 소실되자 조광조의 고손자가 전국을 수소문하여 그 시를 암송하고 있는 선비들을 만나 7수를 복원해서 만든 병풍이 일부 훼손되기는 했지만 문화재로 등록되어 있다.

하페즈나 사디와 같은 유명 시인의 영묘는 사원이나 공원처럼 꾸며져 있어서 매일 참배객과 나들이객으로 붐빈다. 특히 영묘 근처 노점상에는 언제나 시집이 비치되어 있는데, 일부 고급 시집은 가죽으로 된 하드커버에 책을 펼치면 향 냄새가 난다. 향을 내뿜는 특수용지를 사용하여 실제로 시의 향기에 취할 수 있도록 한 것이다. 몇 군데 서점을 찾았을 때도 코란과 시집은 고급 장정으로 꾸며져 매대에서도 특별 대접을 받고 있었다. 소설은 구체적인 이야기를 묘사해야 하므로 엄혹한 통제의 검열을 피해가기 어려웠지만, 시는 은유적 표현이므로 민중 속에 파고들어 크게 발전하지 않았나 한다. 요즘은 정부를 비판하는 거리 시위 구호에도 시적인 표현이 자주 등장한다.

1390년 안치된 하페즈 영묘는 8각 돌기둥이 떠받치고 있는 정자 중앙에 이슬람 탁발승 모자 모양의 코플라가 설치되어있다. 궁정 시인이면서 사랑과 술, 자유를 노래한 멋진 시구詩句들이 정자 곳곳의 대리석에 새겨져 있다. 묘지 주변에는 아름다운 정원과 연못이 조성되어 안식을 누리기에 안성맞춤이다.

하페즈 영묘 인근에는 시라즈의 동북쪽 관문인 '코란 게이트'가 있다. 먼 길을 떠나는 여행자에게 안전과 행운을 가져온다는 종교, 문화적 상징물이다. 10세기 부이드 왕조 시대에 건립한 후 18세기에 오늘날과 같은 아치형으로 재건했으며 문 위에는 방 2개를 만들어 손으로 정성스레 쓴 코란 2권을 보관했다고 한다. 그 코란은 현재 파르스 박물관에 보관 중이라 비어있지만 코란에 대한 믿음은 여전하다.

이란은 가족이 전쟁이나 먼 곳으로 떠날 때 코란을 머리 위에 들고 안전을 위해 기도하는 풍습이 있으므로 이를 형상화한 것이다. 지난 1

천년 동안 얼마나 많은 사람이 이 문을 오가면서 간절한 마음으로 기원했을까. 가끔씩 신혼부부도 이곳을 지나면서 앞날의 행복을 기원한다. 밤이 되면 화려한 조명에다 공원과 산책로, 전망대가 있어서 시민들의 휴식 공간으로 안성맞춤이다.

시라즈의 나시르 알 물크 모스크는 이슬람건축의 섬세함과 색채미가 절정을 이루는 세계적으로 아름다운 모스크이다. 카자르왕조 시대 시라즈 총독이던 하산 나시르 알 물크가 13년 공사 끝에 1888년 완공한 이 모스크는 전통 페르시아 장식에 유럽의 근대 문화를 접목시킨 가지각색의 스테인드글라스로 유명하며 모스크의 3대 특징인 돔과 메카를 알리는 아치형 메흐랍, 미나렛 중 돔이 없어서 얼핏 보면 일반 교회 모습이다.

오전 9시 전후 햇살을 받으면 바닥과 벽면이 무지갯빛으로 물드는 환상적인 모습을 연출한다. 드문드문 양탄자에 돌부처처럼 앉아서 빛이 만드는 예술의 향연을 즐기려고 찾아오는 사람도 있다. 한겨울 따스한 색깔의 햇살을 받으면 신의 은총이 그대로 다가오는 것을 느낀다고 한다. 이곳 모스크의 타일과 채광창 색채가 분홍색 위주여서 '핑크 모스크'로 알려져 있으며, 타일에는 꽃무늬와 아라베스크의 기하학 문양, 코란 구절이 아름답게 새겨져 발길을 오래 머물게 한다.

내가 핑크 모스크를 방문했을 때 마침 소녀 성년식이 거행되고 있었다. 이란 시아파는 소녀가 9살이 되면 생물학적이 아니라 종교적 성년이 된다. 이날부터 매일 코란을 낭송하고 5번의 기도를 올리며 히잡 착용과 금식 등을 지켜야 한다. 종교적 통과 의례라고는 하지만 아직도 시골에는 9살 조혼 풍습이 있어서 사회 문제가 되고 있다. 이슬람의 창시자 무함마드의 두 번째 부인 아이샤도 9살 때 결혼했다고 전해진다. 남자는 15세에 성년식을 치르고 기도, 금식, 자선, 신앙 고백, 성지순례 등 이슬람의 5가지 의무를 지켜야 하며 18세가 되면 군복무 등을 할 수 있다. 1979년 이란혁명 후 선거 연령이 세계에서 가장 낮은 15세였으나 2007년 18세로 올렸다.

시라즈라고 하면 호주의 유명한 와인이 생각나는데 실제로 직접 연관성이 없다고 하니 아쉬웠다. '호주 와인의 아버지'라고 불리는 스코틀랜드 출신 버스비가 1832년 프랑스 론 지방의 포도 품종인 쉬라를 호주 남부 바로사 밸리로 가져 가서 레드와인을 생산하기 시작했다. 지리적·유전적으로 이란 시라즈와는 무관하지만, 호주에서 쉬라 와인의 명성이 높아지자 페르시아 문화 예술의 고도古都인 시라즈의 이름을 빌려 고급 이미지를 더하려는 마케팅 전략에서 비롯했다는 와인 업계의 흥미로운 설이 있다.

하페즈나 사디의 시에는 고향 시라즈 와인에 대한 찬사가 나온다. 하페즈는 "시라즈 와인을 가져오라, 이성이 물러가야 할 때이니라"라고 읊었으며 와인은 영적 해방과 신과의 합일을 상징하는 신비주의적 체험 매개체로 인용했다. 시라즈는 오랫동안 유명한 와인을 생산했지만, 이슬람혁명 이후부터는 알코올이 법적으로 금지되면서 와인 생산도 중단되었다.

시라즈 북서쪽에는 9백 년 전 셀주크튀르크 시대 조성한 페르시아 전통 양식의 에람 정원이 있다. 에람은 기독교의 에덴에 해당하는 낙원을 뜻한다. 유네스코세계유산에 등재된 에람 정원은 중앙 분수를 기준으로 에덴동산처럼 4개 구역으로 나뉘고 다양한 나무와 수로, 정자, 산책로가 대칭을 이룬다. 재스민, 오렌지, 석류, 야자수 등이 돋보였는데, 내가 찾아간 4월은 정원 가득한 장미가 다양한 색깔과 향기를 뽐내고 있어서 '장미 정원'이라고 해도 될 것 같았다. "전쟁의 반대는 정원이다"라는 조지 오웰의 깊고 아름다운 철학이 문득 떠오른다.

이란의 다른 8개 정원과 함께 유네스코문화유산으로 선정된 에람 정원 한가운데의 3층짜리 아담한 궁전이 석양의 연못에 비쳐 몽환적인 분위기를 자아낸다. 카자르 시대 전통 문양의 타일로 장식한 궁전 벽면 곳곳에 하페즈와 사디의 시구가 새겨져 있어서 에람 정원은 '정원 속의 시'라고 불리며 문학 애호가들이 즐겨 찾는 곳이다. 둥근 접시꽃이 피어오르는 것 같은 둥근 지붕은 7가지 무지개 색상 타일로 장식되어있다.

고흐가 그림 소재로 삼았을 법한 사이프러스 가로수 사이로 산책길이 지평선처럼 길게 뻗어있다. 자연과 인간, 천국과 지상의 연결이라는 페르시아 정원의 철학과 미학이 응축된 살아있는 공간이다. 현재 이 정원은 시라즈대학교가 관리하면서 식물학 연구소와 박물관으로 사용하고 있다.

시라즈 중심부에는 카림 칸 잔드가 창시한 잔드 왕조의 왕궁이자 요새가 있다. 정면 중앙의 두껍고 견고한 아치형 성벽 입구에는 잔드 왕조를 상징하는 사자와 태양 문양이 방문객을 맞이한다. 궁전 모서리에는 14m의 원형탑 4개가 우뚝 서 있는데 그중 남서쪽 탑이 기울어져 있어서 '피사의 사탑'이라고 한다. 내부에는 왕실 전용 욕탕인 하맘, 아름다운 벽화와 전통 페르시아식 타일, 사각형 정원과 연못이 중앙에 있지만 궁전이라기보다 외침 방지용 군사 요새에 치중한 느낌이다.

사파비왕조 이후 군웅할거의 혼란기를 거쳐 카림 칸이 지방 호족을 제압하고 시라즈를 수도로 삼아 1751년 잔드를 건국했으나 43년 만에 카자르왕조에 멸망하고 말았다. 그는 지배 군주가 아닌 '시민의 종'이라면서 샤(왕) 칭호를 거부하고 도시 발전과 예술 후원에 심혈을 기울였다. 짧은 통치 기간이었지만 카림 칸 요새, 바크르 바자르, 모스크 바크르 등 많은 건축물을 남겼으며 잔드 양식은 후대 왕조에 많은 영향을 미쳤다. 팔레비는 이 요새를 감옥으로 사용했으며 지금은 일부 시설이 박물관으로 변했다.

잔드 왕조 시절 시라즈를 경제와 문화 중심지로 만든 핵심 유산은 바크르 바자르이다. 바크르는 잔드를 호칭하는 '백성의 대리인'이라는 뜻이고 바자르는 길게 회랑식 지붕이 있는 전통시장을 말한다. 바자르는 단순한 시장이 아니라 정치, 경제, 사회, 사교의 장이자 이슬람 도시의 심장이다.

동서 방향으로 200m나 되는 바자르는 아치형 높은 돔 천장이라 채광이 좋을 뿐만 아니라, 여름에는 시원하고 겨울에는 외풍을 막아주어 쾌적하다. 먼 길을 오가는 카라반 대상의 숙소 겸 창고, 낙타 우리도 옛 모습 그대로 남아있다. 바자르 군데군데 낙타 사진 간판의 정육점 안에 걸린 빨간 생고기 다리가 무척 신기했다.

화려한 조명 아래 카펫과 금속 세공품, 전통 직물, 향신료, 장미수, 건과일 등 눈길을 끄는 것이 많았지만, 나는 이란의 각종 요리에 감초처럼 들어가는 노란 샤프란(장홍화)과 견과류 피스타치오를 기념 선물로 샀다. 페르시아 왕이 즐겨 마신 샤프란 차 1g을 얻기 위해 샤프란 암술 5백 개가 필요했기에 같은 노란색인 황금과 같은 무게로 교환했다고 한다. 가장 비싼 식물성 재료인 샤프란을 네로 황제가 축제 때 로마 거리에 뿌렸다는 극도의 사치를 상징하는 일화가 있다.

또한 이란 피스타치오는 질과 양에서 세계 1위로 정평이 나 있어서 이란 사람은 자신을 피스타치오라고 자랑한다. 겉은 딱딱하지만 속은 부드럽고 고소하다는 것이다. 수천년 동안 건조하고 뜨거운 기후와 풍부한 일조량, 모래질 토양에 최적화된 이란의 피스타치오는 껍질이 잘 벗겨지고 기름기가 많고 고소하여 '페르시아의 녹색 보석'이라고 한다. 최근에는 피스타치오 크림을 이용한 고급 초콜릿이 두바이를 시작으로 크게 인기를 얻어 품귀현상을 보이기도 했다. 미국이 이란 압박 수단으로 석유와 카펫, 피스타치오 수출 금지에 주력하고 있다.

《천일야화》에 하늘을 나는 마법의 양탄자가 나올 정도로 이란은 세계 최고의 카펫을 생산한다. 이란 고산지대 양모는 부드럽고 광택과 색상이 좋으며 튀르키예와 매듭 방식이 달라서 선호도가 높다고 한다.

이란은 알렉산더의 마케도니아로부터 아랍, 몽골, 튀르키예, 러시아의 침략을 차례로 받은 데다 19세기 카자르 시대부터는 영국이 석유 시추권, 철도 부설권, 담배 전매권, 화폐 발행권까지 차지했다. 그 뒤를 이어 미국의 군사 압박과 경제 제재에 시달리고 있어서 외세 혐오증이 심하고 자립갱생 의지도 강한 편이다.

이란의 도시나 시골 어디든 거리에 젊은이들의 사진이 곳곳에 걸려 있다. 1980년부터 8년간 지속된 이라크와의 전쟁에서 민간인 6만 명을 포함하여 모두 50만 명 가까운 희생자가 발생했는데 그들을 잊지 말자는 것이다. 간혹 "미국에게 죽음을!"이라는 플래카드도 나부낀다. 유프라테스와 티그리스강이 만나는 샤트 알 아랍 강은 이란과 이라크 국경이라 통행료 분쟁이 잦고 호르무즈해협 영유권을 둘러싸고 양국 원한이 쌓여 왔다. 이란이 이라크 북부 쿠르드족 분리 독립을 지원하는가 하면, 이라크는 이란 남부 지역 아랍족 독립을 부추겼다.

페르시아의 심장, 페르세폴리스

시라즈에서 70km 북쪽에 있는 페르세폴리스는 세계 최초 제국인 아케메네스 왕조의 진면목을 볼 수 있는 페르시아의 심장이자 이란의 자부심이 느껴지는 도시이다. 기원전 550년에 출범한 아케메네스 페르시아제국은 동쪽의 인도 파키스탄으로부터 서쪽은 그리스 일부와 리비아, 이집트 지역, 남쪽은 페르시아만, 북쪽은 중앙아시아와 코카서스까지 당시 세계 인구의 35%인 5000만 명 이상을 속국으로 다스렸다. 민족도 메디아인, 바빌로니아인, 엘람인, 유대인, 리디아인, 이집트인, 그리스인 등 다민족이고 지역도 방대하여 중앙집권과 지방분권을 융합한 '사트라피'라고 하는 총독의 통치 제도를 도입했다.

초기 수도는 바사르가다이였으나 전성기에는 바빌론에서 행정 업무를 보고 여름은 에크바타나, 겨울은 수사, 그리고 축제나 새해 맞이는 페르세폴리스를 이용했으니 4개의 수도를 가진 것이다. 그리스어로 '페르시아 도시'라는 뜻의 페르세폴리스는 축제나 외빈 접대용 궁전인 셈이다.

기원전 559년 인류 역사상 최초로 대제국 아케메네스의 황제로 등극한 키루스2세는 구약성서 이사야 45장에 '여호와의 기름 부음을 받은 자'로 등장하는 고레스이다. 고대 이스라엘에서는 하느님의 특별한 사명을 받은 사람에게 머리에 기름을 붓는 의식이 있었으며, 그리스도나 메시아도 '기름 부음을 받은 자'라는 뜻이다. 유대인이 아닌 사람으로 메시아적 칭호를 받은 사람은 키루스2세가 유일하다.

세계 7대 불가사의인 공중정원으로 유명한 바빌로니아의 네부카드네자르2세는 기원전 597년 유다 왕국이 조공을 거절하자 예루살렘을 공격하여 왕자를 비롯한 유대인 3천 명을 바빌론으로 끌고 갔다. 10년 후에 다시 5천 명을 납치하여 60여 년 동안 노예로 고용했다.

이란의 정신적 지주인 키루스 대왕은 BC 539년 바빌로니아를 정복한 후 노예 생활을 하던 유대인에게 그동안 받지 못한 노임까지 계산해서 해방시켜 주었기에 오늘날 이스라엘이 존재하게 된 것이다. 키루스 덕분에 이른바 '바빌론 유수幽囚'에서 풀려난 유대인은 받은 돈으로 성전을 짓고 '타락의 도시' 바빌론에 온갖 저주를 퍼부었다. 키루스가 만든 '키루스 원통'에는 종교의 자유, 민족의 자유, 노예해방 등이 담겨 있다. 세계 최초의 인권선언문이라 불리기도 했으며 유엔에 전시한 바도 있다.

그리스 역사학자 헤로도토스, 미국 제퍼슨 대통령, 이스라엘 초대 총리 벤구리온 등은 키루스를 인류 역사상 가장 위대한 지도자로 찬양했다. 소크라테스의 제자 크세노폰은 키루스의 생애와 품성, 통치술 등을 《키루스의 교육》이라는 8권의 역사소설로 저술했다. '하느님이 보낸 유대인의 구원자'로 찬양한 키루스의 후손 이란과 이스라엘이 오늘날은 불구대천으로 맞서고 있으니 안타깝기만 하다.

1842년에 초연한 주세페 베르디의 오페라 <나부코> 3막에 나오는 '히브리 노예들의 합창'은 바빌론에서 포로 생활을 하던 유대인이 조국을 그리워하며 부르는 노래다. 나부코는 예루살렘을 정복한 바빌로니아 왕 네브카드의 이탈리아식 발음이다.

아케메네스 제국을 가장 번성시킨 통치자 다리우스1세가 기원전 518년 제국의 위엄을 상징하기 위해 페르세폴리스를 짓기 시작하여 후계자 크세르크세스, 아르타 크세르크세스 등으로 150년 동안 증축이 이어졌다. 세계의 모든 기술과 예술품이 동원된 유서 깊은 고대 도시 페르세폴리스는 수 세기 동안 먼지와 흙 속에 묻혀 있었기에 오늘날까지 그 모습을 간직할 수 있었다.

이란은 몹시 건조하여 산에 나무 한 그루도 자라지 않을 정도로 벌거숭이인데 페르세폴리스에 이르는 도로변에는 거목이 즐비하다. 레자 팔레비가 1971년 키루스 대왕의 페르시아제국 창건 2500년 기념으로 세계 60여 개국의 정상, 왕족, 귀빈을 이곳에 초청하여 임시 천막 궁전인 '텐트 시티'를 건설하면서 대규모 식수를 시작한 덕분이다. 레자 팔레비는 인근 파사르가다에 있는 키루스 대왕 무덤 앞에 가서 "잠들라, 오 키루스여! 우리는 깨어있으며 그대의 꿈은 여전히 살아있도다"는 연설을 했다. 당시 빈곤과 인권 문제를 겪던 이란이 2억 달러짜리 초호화 파티를 개최한 데 대해 국내외 비판이 일었고 8년 후 이란혁명의 빌미가 되기도 했다.

유네스코문화유산인 키루스의 무덤은 6단의 높은 기단 위 석실을 갖춰 간결하고 위엄있다. 지금은 사라졌지만, 고대 그리스 역사가 아리아노스에 따르면 원래 비문은 "오, 나그네여, 나는 페르시아의 왕이며 세계를 지배한 키루스다. 나의 무덤을 훼손하지 마라"고 간단하게 되어 있었다고 한다.

페르세폴리스는 제국이 지배했던 모든 속국의 최고 기술과 자재가 총동원된 당시 세계의 보물과 기술 집합체이다. 우선 말을 탄 채로 올라갈 수 있도록 10cm 정도 높이로 완만하게 설계된 111개의 석조 계단을 오르면 모든 나라 사신이 통과해야 하는 '만국의 문'이 나온다. 11m 높이의 거대한 돌기둥 위에 엘람어와 바빌로니아어, 페르시아어로 각각 표시된 '만국의 문'을 들어서면 위압감과 경외감을 느끼지 않을 수 없었을 것이다. 문 양옆에 있는 사람 얼굴에 황소의 다리, 새의 날개를 형상화한 아시리아의 수호 동물 라마수는 이란을 소개하는 책자에 반드시 등장해 페르시아제국의 위엄을 과시한다. 인간과 궁정을 재앙으로부터 지켜주는 수호신 라마수의 날개에는 크세르크세스1세를 찬양하는 글이 쐐기문자로 쓰여 있다.

대문을 지나면 오른편에 왕이 23개 속주 대표를 맞이하던 아파다나 궁전의 대형 알현실이 나온다. 레바논 삼나무로 지은 천장에 20m 높이의 웅장한 돌기둥 72개가 하늘을 찌를듯이 솟아있었지만 지금은 몇 개만 남아있다. 기둥 상단은 황소 뿔이나 사자 머리로 장식되어있고,

벽면 부조에는 각기 다른 민족의 고유한 옷차림을 한 사절이 공물을 들고 줄지어 등장하는 모습이 새겨져 있다. 엘람인은 황금 잔, 메디아는 가축, 바빌로니아는 향유, 파르티아는 말, 아라비아는 낙타, 이집트는 상아, 인도는 코끼리, 스키타이는 모직물, 에티오피아는 동물 가죽을 공손하게 양손으로 들고 있는 모습이 생생해 살아있는 것 같다.

'페르시아의 도시'라는 뜻을 가진 페르세폴리스에 새해가 되면 23개 속주국 대표들이 자국의 특산품 조공을 바치느라 긴 행렬을 이뤘다.

아파다나 뒤쪽 페르세폴리스 중심부에는 다리우스1세 개인 집무실인 백주전百柱殿이 있다. 높이 14m나 되는 돌기둥 100개가 줄지어있는 사방 70m의 넓은 홀은 공식 연회나 외국 사절을 접견하던 곳이다. 각

기둥 머리에는 쌍둥이 황소나 태양신을 보호하는 그리핀이 장식되어있고 벽면 부조에는 왕과 신하, 경비병 등이 새겨져 있다. 왕의 머리 위에는 조로아스터교의 최고신인 아흐라 마즈다(지혜로운 주님)를 상징하는 '날개달린 태양'이 있다.

조로아스터(자라투스트라)교는 기원전 10세기경 페르시아에서 시작한 가장 오래된 계시 종교로 다신교 사회에서 최초로 유일신 개념을 도입했다. 좋은 말, 좋은 행동, 좋은 생각으로 구원받을 수 있다는 조로아스터교는 천국과 지옥, 사탄, 영혼, 최후의 심판 등 오늘날 유대교와 기독교, 이슬람의 선악 이원론, 종말론 등 후대 종교에 많은 영향을 미쳤다. 페르시아는 7세기 아랍의 이슬람이 들어오기 전까지 민족 종교인 조로아스터교를 국교로 삼았다. 조로아스터가 '낙타를 다스리는 사람'이라는 뜻이라고 하니 유목민 냄새가 난다.

이슬람의 핍박에도 개종하지 않고 사막 도시 야즈드로 피신한 조르아스터교 신자들은 1174년부터 '영원히 타오르는 성스러운 불꽃'인 아케슈카데를 아타쉬 베흐람(승리의 불꽃) 사원에 지키고 있다. 영화 <보헤미안 랩소디> 주인공 프레디 머큐리는 8세기 이슬람 압박을 피해 인도로 이주한 조로아스터교 신자 가정에서 태어났다. 영화에서도 부모는 파르시족 전통 의상을 입고 선한 언행과 생각을 강요하며, 마지막 프레디의 장례식도 조로아스터교 전통에 따라 가족과 친지 중심으로 비밀리에 간소하게 치러진다.

자연과 합일을 최우선으로 하는 조로아스터 교인은 시신을 새에게 맡기는 조장鳥葬을 지켜오고 있다. 독수리가 망자의 오른쪽 눈을 먼저 먹으면 영혼이 좋은 곳으로 가고 왼쪽이면 그 반대라고 생각하기에 성직자가 곁에서 지켜본다고 한다.

아케메네스의 다리우스 대왕은 남서부 유적 도시 수사에서 튀르키예 사르디스까지 2700km에 이르는 '왕의 길'을 건설했고 말을 갈아타면 10일 만에 메시지를 전달하는 역참 제도를 최초로 도입했으며, 세계 각지의 도량형을 통일하고 금과 은 화폐를 주조했다. 폭 6.5m의 도로는 그리스 원정길이었으므로 "페르시아인은 학보다 빨리 달린다"는 속담이 그리스에 남아있다. 마키아벨리는《군주론》에서 페르시아제국을 다스린 다리우스 대왕을 구체적으로 적시하면서 훌륭한 지도자로 높이 평가했다.

사치와 향락은 오래 가지 못하는 법인가, 영원히 세상을 지배할 것 같던 아케메네스왕조가 2백 년 만에 갑자기 무너지고 말았다. 마케도니아의 알렉산더 대왕은 기원전 331년 가우가멜라 전투에서 다리우스 3세를 격파한 뒤, 수도 바빌론과 수사를 차례로 점령하고 이듬해 파죽지세로 페르세폴리스에 입성했다. 150년 전 크세르크세스가 아테네를 불태운 데 대한 복수전이었다. 플루타르코스《영웅전》등에 따르면 금과 은을 비롯한 귀중한 보석은 노새 2만 마리와 낙타 5천 마리를 동원하여 약탈해 싣고 가고 나머지 궁궐은 중국의 아방궁과 마찬가지로 모두 불태웠다. 알렉산더가 가장 위대한 정복자로 평가받는 것은 난공불락으로 여기던 대제국 페르시아를 무너뜨렸기 때문이다. 해상국인 그리스는 지중해 섬을 점령하면서 영토를 조금씩 넓혀 갔는데 알렉산더가 일거에 유럽과 아시아에 걸친 대륙을 차지했으니 놀랄 만도 했으리라. 알렉산더가 32살 때 바빌론의 네부카드네자르 궁에서 사망할 무렵 술 취한 김에 페르세폴리스를 방화한 것을 크게 후회했다고 한다.

알렉산더의 방화 이후 페르세폴리스는 황폐화되었으며 그 후 사산조 페르시아, 아랍의 이슬람 시대, 몽골 지배를 거치면서 2천년 넘게 모래와 흙, 산사태로 덮힌 채 잊힌 도시였다. 그 후 18세기 유럽 탐험가가 유적을 발굴하고 19세기 들어 쐐기문자를 해독함으로써 페르시아제국의 진면목이 드러났다. 1930년대 들어 페르세폴리스에 대한 본격적인 발굴을 시작하여 유네스코문화유산으로 결정됨으로써 이란 정부와 국제기구가 협력해 오늘날까지 보존과 복원 작업을 진행 중이다.

일찍이 비옥한 무역 중계지 이오니아를 점령한 아케메네스는 참주에게 통치를 위탁했는데 세금과 폭정에 시달린 주민들이 아테네에 호소하여 기원전 499년 페르시아와의 전쟁이 시작되었다. 역사학자 헤로도토스, 철학자 탈레스, 의학자 히포크라테스가 이오니아 출신이며, 아테네는 이오니아인이 세운 도시국가였기에 이오니아와 아테네는 특수관계다.

다리우스1세는 2만 대군을 이끌고 아테네 동북부 마라톤 평원으로 원정갔으나 참패당하고 말았다. 마라톤전투 때 페이디피데스가 승전보를 전하기 위해 달려갔다는 길이 마라톤 코스가 되었지만, 이는 헤로도토스 전쟁사에 등장하지 않는 전설일 뿐이다. 다만 그리스 전령 페이디피데스가 스파르타에 원병을 요청하기 위해 이틀 만에 240km를 달렸다는 기록이 있다. 이란이 마라톤전투 패배 역사 때문에 마라톤 경기에 출전하지 않는다는 것은 가짜뉴스다. 삼국지에 나오는 적벽, 관도, 이릉 등 3대 전투의 공통점은 원정군이 패배한다는 것이다. 원정군은 방어보다 3배 정도 경쟁력이 있어야 승리할 수 있다고 한다. 페르시아전쟁에서는 그리스가 방어에 성공했다.

이로부터 10년 후 다리우스의 아들 크세르크세스1세가 데르모필레에서 그리스 연합군의 선봉장인 스파르타 왕 레오니다스를 물리쳤다. 그러나 이 전쟁을 바탕으로 한 영화 <300>에서는 다민족의 문화와 종교적 다양성을 인정한 크세르크세스를 피어싱을 한 악마처럼 묘사하는가 하면 레오니다스는 육체미 넘치는 전사로 나온다. 특히 7천 명의 그리스 연합군 중 스파르타 참전군이 300명인 것을, 스파르타 정예병 300명만 참전하여 결사항전한 것으로 묘사하고 있다. 서양 문화의 원조인 그리스와 대척점에 있는 페르시아를 선과 악의 2분법적 시각으로 그린 것이어서 역사 왜곡에 대한 평론가들의 비평을 받은 영화이다.

페르세폴리스 북서쪽으로 12km 떨어진 낙쉐로스탐 바위산에 아케메네스왕조 무덤이 있다. 높다란 절벽에 왼쪽으로부터 다리우스1세, 아르타르세르크세스1세, 크세르크세스1세, 다리우스2세의 무덤이 있고 주변에 독수리가 먹고 남은 뼈를 보관하는 석함이 있다. 절벽 왕릉은 이집트의 피라미드와 같은 의미일 것이다. 아케메네스 왕릉 아래에는 정통 후계자임을 과시하려는 듯 사산왕조의 주요 행적이 부조되어 있다. 로마의 발레리아누스 황제가 사산왕조 샤푸르1세의 포로가 된 것은 서양 황제가 동양 군주에게 사로잡힌 유일한 사건이므로 항복 장면을 새겨 두었다. 또한 아르다시르1세의 왕위 수여 장면과 조로아스터교의 상징인 신전 불꽃도 부조되어있다.

알렉산더가 페르세폴리스를 파괴한 후 그의 뒤를 이은 셀레우코스왕조가 잠시 이란을 지배하며 헬레니즘 문화를 확산시키기는 했으나 기원전 247년 아르사케스가 바그다드 근처에서 파르티아라는 이란 왕조를 부흥시킴으로써 헬레니즘 지배를 벗어났다. 스키타이 영향을 받은 파르티아는 기마술과 궁술이 워낙 강하여 달리는 말 위에서 뒤를 돌아보며 활을 쏘는 것을 '파르티안 샷'이라고 한다. 유목 문화와 페르시아 전통을 결합한 파르티아는 동방의 강국답게 로마와 대등하게 맞서며 470여 년을 지속한 최장기 왕조이다.

세상의 절반, 이스파한

이란 중부의 고도 이스파한은 페르시아의 보석이자 이슬람 세계에서 가장 아름다운 도시로 평가받는다. 이스파한은 이슬람 세계의 전통 건축과 과학과 공예의 중심지여서 이슬람의 예술 수도라고 할 수 있으며 다양한 종교와 민족이 공존한 다문화 도시이다. 그래서 "이스파한을 본 사람은 세상을 본 것과 같다"는 말도 있다.

사파비왕조의 수도 타브리즈가 국토 북단에 있어서 오스만제국의 침입에 취약하므로 사파비의 5대 왕인 아바스1세가 1598년 나라 중심부에 위치한 이스파한으로 천도했다. 이때부터 "이스파한은 세상의 절반이다"라는 말이 퍼지기 시작했으며 이런 제목의 책과 노래도 출시되었고 사파비 제국의 문화, 건축, 예술의 황금기를 누렸다. 사파비왕조 설립자 이스마엘1세는 수니파인 오스만제국과 차별화하고 자신이 정통 혈통을 가진 이맘의 대리자임을 과시하기 위해 시아파 이슬람을 국교로 받아들였다. 종래 수니파 이슬람 왕조 통치자가 사용하던 칼리프, 술탄, 아미르 대신 고대 페르시아 황제 칭호인 '샤한샤(왕중왕)'를 사용함으로써 오늘날 이란이 시아파 종주국이 되는 기틀을 마련했다.

사파비는 수도를 이스파한으로 옮기자마자 제일 먼저 도심에 아주 넓은 광장을 마련했다. 가로 560m, 폭 160m의 '이맘 광장'은 축구장 13개가 들어가는 16세기 세계 최대 도심 광장이었으며 정치, 종교, 상업, 문화의 중심지가 되었다. 광장 둘레에는 궁전과 모스크, 시장을 적절히 안배하여 한 공간에 통합 도시 기능을 모두 갖추도록 했다.

왕의 거처이자 집무실인 알리카푸(높은 문) 궁전은 6층으로 구성되며 각 층마다 기능과 장식이 다르다. 가장 유명한 공간은 3층 테라스로 광장에서 벌어지는 각종 퍼레이드와 경기를 내려다볼 수 있는 전망대이다. 페르시아 기병대 훈련용으로 출범한 폴로가 왕실과 귀족 스포츠로 정착되면서 워낙 인기가 좋아서 폴로 경기를 목적으로 이맘 광장을 만들었기에 폴로 경기 골대 문이 아직도 남아있다. 궁전 안의 좁은 나선형 계단을 따라 오르면 5층과 6층은 음악당이다. 천장과 벽면에 구

페르시아 건축과 도시계획의 정수를 보여주는 이맘 광장은 길이 500m, 너비 160m의 대형 광장 주변으로 알리카푸 궁전, 이맘 모스크, 로트폴라 모스크, 케이샤리에 바자르가 있다.

멍을 뚫어서 소리를 부드럽게 증폭할 수 있는 특수한 공명의 음향 장치를 만들었으며 벽면에는 하프나 바이올린처럼 보이는 악기 그림도 걸려 있다. 왕실 권위와 예술성을 보여주는 실제 연주 공간이었다.

광장에는 모스크가 2개 있는데 남쪽에 위치한 이맘 모스크는 규모나 장식, 구조, 종교 문화적 의미에서 페르시아 이슬람건축의 백미로 평가받는다. 이맘 모스크의 명성 덕분에 이곳을 이맘 광장이라고 하지만 정식 이름은 나크세 자한(세상의 모습)이다. 이맘 모스크는 메카 방향과 맞추기 위해 광장의 축선과 45도 각도로 틀어져 있으며, 입구의 반원형 아치 공간인 이완은 아름답고 정교한 타일의 상감세공이 벌집 모양으로 장식되어있다. 이맘 모스크 곳곳에 새겨진 쿠파체 글씨의 코란 경구가 푸른 타일로 아름답게 꾸며져서 '블루 모스크'라고도 한다.

모스크 중앙에 있는 높이 52m, 지름 20m의 커다란 돔 바로 아래서 연설이나 기도를 하면 천장의 반향을 통해 7번이나 되풀이해 군중에게 전달되는 고대 음향 기술의 진수를 체험할 수 있다. 많은 관광객이 검은 대리석으로 표시된 지점에서 박수를 친 다음 7번 울림을 확인하기 위해 줄을 서서 기다린다. 낮과 밤, 해와 그림자 각도에 따라 타일 색조가 변하는 환상적인 모습을 맛보기 위해 관광객이 몰려오므로 요즘은 종교 시설 기능보다 문화유산과 관광지로 더 유명하다.

동쪽에 있는 셰이크로트폴라 모스크는 일반인 출입이 금지된 왕실 전용이기에 규모는 작지만 장식과 정교함은 세계 최고 수준이다. 아바스1세가 장인인 셰이크로트폴라에게 헌정한 모스크인데, 로트폴라는 레바논 출신의 시아파 성직자이면서 사파비왕조의 유명한 이맘(신학자)이었다. 이곳은 외부에 기도 시간을 알릴 필요가 없으므로 미나렛이 없으며, 왕실 여성의 이동에 따른 노출을 막기 위해 광장에서 내부 지하 통로를 통해 돔으로 들어가게 되어있다. 돔 외부는 공작색 타일이지만 내부는 천장 자연광이 다양한 색상의 타일과 만나서 만드는 빛의 조화로 인해 하늘에 떠 있는 것 같은 느낌을 준다. 왕실 상징인 황금색이 많아 '핑크 모스크'라고도 한다.

북쪽의 카이세리에 시장은 왕실과 귀족을 위한 상가였기에 건물 입구부터 거대한 아치의 이완에 전투와 사냥의 프레스코화가 그려져 있고 벽에는 물고기와 사자들이 파란색과 노란색의 전통 타일 무늬로 정교하게 장식되어있다. 카이세리에 출구를 나오면 이스파한 그랑드 바자르로 연결되며 아치형 천장과 미로형 골목 시장이 이어진다. 이맘 광장을 완성하는 데는 33년이나 걸렸으며 이를 주도한 아바스1세는 공기 단축을 위해 밤에 직접 횃불을 들고 인부를 독려했지만 아들인 아바스2세에 가서야 공사가 마무리되었다. 이맘 광장은 정치, 종교, 경제, 문화를 통합하는 종합 공간이다.

이스파한 기독교인 집단촌인 뉴줄파에는 아르메니아정교회의 반크 성당이 있다. 이란뿐만 아니라 이슬람 세계에서 보기 드문 기독교 성당이므로 건축양식이나 종교, 문화적으로 매우 특별한 의미가 있다. 반크는 아르메니아어로 수도원이라는 뜻이다. 아바스1세는 오스만제국과 전쟁 중 튀르키예로부터 학대를 받던 아르메니아 줄파 지역 주민을 이스파한으로 이주시키면서 뉴줄파라는 아르메니아 정착촌을 마련하고 종교 자유도 허락했다. 기독교와 이슬람, 페르시아와 아르메니아, 유럽과 중동의 전통 양식이 적절히 조화를 이룬 독특한 건물이다. 그래서 미나렛 대신 종탑이 있고 금빛 타일의 돔 꼭대기에 피뢰침처럼 작은 십자가가 세워져 있다. 성당 내부에는 천지창조부터 각종 성서 이야기가 벽화와 유화로 섬세하게 장식되어있다.

1979년 호메이니 혁명 때도 개신교 일부 교회가 불타고 사제와 목사가 살해당했지만 아르메니아 사도 교회 성당은 비교적 무사했다. 아르메니아인은 그동안 무역, 산업, 예술 분야에서 많은 공헌을 해 왔고, 팔레비왕조 시절 유대인 우대 정책으로 차별을 받았기 때문에 소수 종교로 인정을 받은 것이다.

성당 앞마당 한쪽에는 아르메니아 사제 무덤과 1915년 오스만제국의 아르메니아인 학살 희생자를 추모하는 기념비도 있다. 1차대전 때 러시아에 패배한 튀르키예(당시 오스만제국)는 적군 편을 들었다는 이유로 아르메니아인 130여만 명을 집단학살했는데, '내전과 혼란 속의 희생'이었다는 것이 정부의 공식 입장이었다. 이 사건은 진실성을 두고 논란이 많았으나 2021년 미국 바이든 대통령이 최초로 '집단학살'이라고 공식 천명했다.

성당 맞은편에 있는 아르메니아 박물관에는 로마보다 32년 앞서 최초로 기독교를 받아들인 아르메니아답게 고대 아르메니아어 필사본 성경과 머리카락에 새긴 세계에서 가장 작은 글씨의 성경이 있고 아르메니아인 학살 관련 사진과 디오라마 등 각종 자료가 전시되어있다.

아담의 10세 후손인 노아가 홍수를 피해 방주를 건조했다는 아라랏산은 아르메니아 민족의 정체성을 나타내는 신성한 산이었으나 1920년 튀르키예 전쟁과 이듬해 카르스조약으로 빼앗겨 '잃어버린 고토'가 되었다. 아르메니아 국가 문장에는 여전히 아라랏산이 들어있다. 튀르키예가 "왜 남의 영토를 문장에 넣느냐"고 항의하자 아르메니아는 "그럼 당신 나라의 달과 별도 지우라"고 응수했다는 조크가 있다.

이스파한 시민과 관광객이 가장 즐겨 찾는 곳은 자얀데루드강 위에 있는 시오세폴이다. 시오세는 33이고 폴은 다리인데, 33개의 아치가 있기에 붙은 이름이다. 사파비왕조의 아바스1세가 1602년에 건설한 길이 297m, 폭이 14m의 이 다리는 아치 덕분에 구조적으로 튼튼하며 시각적으로 매우 아름답다. 위층은 보행자 통로이고 아래층에는 물의 흐름을 분산하는 기능을 갖추고 있다. 시오세폴은 단순한 다리 개념을 넘어 왕실 행렬이나 축제, 연회 행사 뿐만 아니라 시 낭송과 같은 문화 행사도 벌인다. 밤이 되면 화려한 조명이 강물에 반사되는 파노라마를 즐기려는 연인들의 산책로로 인기가 높다.

규모는 작지만 수량 조절의 댐 역할을 하는 카주 다리도 시오세폴과 쌍벽을 이루는 아름다운 걸작이다. 카주는 정자라는 뜻이며, 실제로 이곳에 정자를 짓고 왕실과 귀족이 풍류를 즐겼다. 카주는 아치가 23개이며 다리 길이가 132m, 폭은 12m로 아담하다. 아바스1세가 시오세를 건설했으니, 아바스2세는 카주를 건설하면서 선대의 위용을 넘지 않도록 의식한 게 아닌가 한다. 요즘은 강수량 부족으로 야간 조명이 연출하는 환상적인 분위기를 만끽할 수 있는 날이 줄어들고 있다니 아쉽기만 하다.

한편 이스파한 외곽을 지날 때 현지 안내인이 저 멀리 외부인 접근이 금지된 쪽을 가리키며 핵 개발 관련 시설이 있다고 추정된다고 설명했는데 실제로 귀국 보름 후인 2025년 6월 이스라엘과 미국의 대규모 기습 공격이 있었다. 특히 미국 토마호크 미사일 공격으로 이스파한의 우라늄 농축 시설이 크게 파손된 것으로 알려진다.

지금은 이란과 이스라엘이 불구대천의 원수가 되었지만 팔레비 정권 시대만 해도 '이란과 이스라엘은 미국이 중동에서 기르는 두 마리의 사냥개'라고 할 정도의 동맹국이었다. 미국은 1976년 최첨단 전략 무기 F-14톰캣 79대를 해외에는 유일하게 이란에 제공할 정도로 가까운 나라였다. 영화 <탑건>에서 톰 크루즈가 몰던 이 전투기는 항공사의 상징적 존재이며, 반세기가 지났는데도 이란의 주력 기종으로 활용하고 있다. 이집트의 수에즈운하 폐쇄로 이란의 석유 수출이 어려워지자 이스라엘이 홍해까지 파이프 라인을 설치하여 자국을 통과해서 유럽에 기름을 팔도록 배려했으며, 중동에서 유일하게 이스라엘이 핵무기를 개발하고서도 이를 실어나를 미사일이 없어 고민하자, 이란이 약 1조 8천억 원을 투자해 이스라엘과 미사일을 공동 개발하는 이른바 플라워 프로젝트Flower Project를 미국 몰래 추진하던 중 1979년 이란혁명으로 중단되고 말았다. 이처럼 1970년대까지만 해도 이란과 이스라엘은 외교와 경제, 군사적으로 긴밀한 협력국이었다.

'엘버강의 피렌체'로 불리던 독일의 바로크 문화 도시 드레스덴이 2차대전 때 연합군 공격으로 무참히 파괴되었듯이 페르시아의 찬란한 문화유산을 간직한 고도 이스파한이 중동의 화약고가 되지 않을까 우려된다.

파르티아 왕조 말기 혼란을 틈타 파르스 지방 지배자 아르다시르가 224년 새롭게 세운 사산왕조는 조로아스터교를 국교로 삼았다. 인도 북부부터 튀르키예까지 대제국을 건설한 사푸르1세는 고르디아누스, 플립, 발레리아누스 등 로마 황제 3명을 차례로 무찔렀다. 사산왕조는 중앙아시아와 지중해를 잇는 동서 교역의 강국이었으나 주변의 기독교 국가와 종교 갈등이 그치지 않았다. 사산조 페르시아의 조로아스터교와 동로마 기독교와의 대결은 종교로 인한 문명 충돌의 대표 사례이다. 마침내 7세기 들어 황무지에서 유목 생활을 하던 모래알 같은 아랍인들이 신생 종교 이슬람으로 뭉쳐 파죽지세로 침략해 오자 사산왕조는 멸망하고 말았다.

이란이 기존의 조로아스터교를 버리고 유목민 종교인 이슬람을 큰 저항 없이 받아들인 것은 조로아스터교가 계급 사회인데 비해 이슬람은 평등 사회를 지향했기 때문이다. "아랍인은 도둑처럼 다가와서 우리를 때렸다. 그러나 그들은 우리에게 아름다운 종교를 주었다"라고 이란인은 신흥종교 이슬람에 호의적이었다.

사산조의 마지막 왕 야즈데게르드가 651년 암살당하자 왕자인 페로즈가 실크로드를 통한 교역국 당나라로 망명했다. 일부 전승에는 당이 페르시아 왕족 일부를 신라로 피신시켰다는 이야기도 전해지지만, 확실한 사료는 없다. 실제로 중국 시진핑 주석은 2021년 3월 일대일로一帶一路 정책을 추진하면서 "중국과 이란은 2000년 전 실크로드로 연결된 고대 문명의 친구이며, 다시 전략적 협력의 새 장을 연다"고 발언했다.

역사와 신화가 혼재한 이란 고대 서사시집 《쿠쉬나메》는 대영박물관에 소장되어 있던 페르시아어 필사본이 2009년 학계의 주목을 받으며 재조명되었다. 여기에 잠쉬드 자손인 아브탄이 황금이 널려 있는 지상낙원인 신라(다실라)로 갔다는 구절이 나온다. 잠쉬드는 우리의 단군과 같은 존재이며 "다리우스는 잠쉬드의 계보를 잇는 왕"이라는 표현이 자주 나온다. 페르세폴리스는 후대에 타크트에 잠쉬드(잠쉬드의 왕좌)라는 이름으로 불렸다. 나라를 잃고 망명한 아브탄 왕자가 신라 공주와 결혼하여 아들 헤레이둔을 낳는다. 그는 패망한 조국 이야기를 듣고 신라의 지원을 받아 페르시아로 돌아갔지만 잃어버린 고토를 회복하지는 못하고 카스피해 동쪽에 '아모리'라는 은둔국을 세웠다고 한다. 민간설화로 내려오는 이 전설을 11세기 이란샤흐 이븐 아비 알카이르가 집대성한《쿠쉬나메》는 모두 10,129절의 대서사시인데 신라와 관련된 이야기가 많다. 이 책이 19세기 말 학계에 알려졌고 한국에서도 해석을 시도하는 연구가 등장하며 고대 이란과 중국, 한국 사이에 있던 교류와 사건을 유추할 수 있게 되었다.

신라가 7세기 무렵부터 활발히 해상무역을 하면서 인도, 페르시아 상인과 접촉했던 것은 사실이다. 아브탄 왕자의 실존 여부는 확인되지 않지만 페르시아인과 교류에 따라 신라에 들어온 서역계 사람들이 '왕자'로 미화되어 전승됐다고 보는 견해가 많다.

문부식의《삼국사기》에서 화랑이 말을 타고 즐겼다는 '격구擊毬'는 고대 페르시아 왕족 스포츠인 폴로를 말한다. 폴로는 원래 기마병 훈련용으로 시작했으며 건장한 남자들의 패기를 보여주는 이란 인기 스포츠로 자리잡은 지 3천 년이나 된다. 격구는 고려시대에 더욱 성행했으며 왕실의 대표적인 인기 스포츠가 되었다. "의종이 공을 치니 따를 자가 없었다"라는 구절이《고려사》에 나온다.

경주 고분에서 출토된 페르시아 유리 제품, 페르시아 여신이 새겨진 보물 627호 은그릇, 나무 양쪽에 새가 있는 페르시아 문양 입수쌍조문立樹雙鳥紋의 석등, 원성 왕릉을 지키는 터번을 쓴 무인 석상 등은 활발한 양국 교류를 입증한다. 민간 풍속을 소개한 정약용의《아언각비》에 나오는 2개의 주사위로 말판 위에서 놀이하는 쌍륙 게임도 페르시아가 원산지이다.

9세기 페르시아 지리학자 이븐 후르다드비흐가 쓴 《도로와 왕국총람》은 동서 무역로와 중국, 인도, 한국 등의 특징을 소개한다. 이 책은 신라를 '사일라'라고 표기하면서 "신라는 중국 동쪽 끝에 있는 잘 다스려진 나라이며 금과 은, 비단, 진주 등 물산이 풍부하고 젊은이가 많아 노랫소리가 그치지 않는다. 일단 신라에 들어가면 즐거움에 매료되어 그곳을 떠나지 않는다"라고 묘사한다.

《삼국유사》에 수록된 '처용가' 주인공은 아랍인이라는 흥미로운 가설도 있다. 고려가사 '쌍화점'에 "쌍화(중앙아시아 만두) 사러 갔더니 회회아비(이슬람 주인)가 내 손목을 쥐더이다"라는 내용이 있고, 고려 말 개성에 회회인 집단촌과 예궁(모스크)이 있었으며 조선조 세종은 1427년 '회회인의 오랑캐 습속 금지령'을 내릴 정도였으니 중동과의 교류를 짐작할 수 있다.

한국과 이란은 1970년대 이후 신라 공주와 페르시아 왕자 이야기를 양국 우호의 상징으로 내세우고 있다. 경주는 축제나 문화 콘텐츠 소재로 이를 활용하고 이란도 '수사Susa와 신라의 전설'이라고 부르며 학술과 문화 교류의 서사로 자주 인용한다. 중국과 일본에도 서역인과의 혼인 설화가 있다.

하늘나라, 천축국 인도

관광과 여행은 비슷해 보이지만 뉘앙스가 다르다. 관광은 "다른 나라의 빛나는 문물을 본다"는 《시경》의 관국지광觀國之光이서 나온 말로 일반적으로 다른 지역의 풍물을 즐기기 위한 나들이인데 비해, 여행은 나만의 호기심과 안목으로 새로운 풍광을 보는 것이다. 따라서 여행은 교육과 마찬가지로 나를 변화시키는 배움의 과정이다.

우선 여행은 아늑한 집을 떠나기 때문에 불편함이 따른다. '집 나가면 고생'이라 했듯이 여행은 고통과 인내를 수반하기 마련이다. 영어의 'Travel'과 'Trouble'이 같은 어원이라는 것만 봐도 알 수 있다. 그래서 성지순례 여행은 종교적 의미 외에도 시련을 이기는 극기훈련의 하나로 활용되었다. 중세 교회에서는 고해성사 때 죄질이 무거울 경우, 사제가 신도에게 여행을 통해 보속하는 벌을 내리곤 했다. 더러는 인생의 늘그막에 재산을 가족이나 이웃에게 나눠주고 성지 여행을 떠남으로써 삶의 대미를 장식하는 경우도 있었다.

간혹 여행 도중 환자가 발생하거나 구호가 필요할 때 이를 돕는 기관이 수도원이다. 그래서 수도원은 세속과 단절해서 도를 닦는 일 못지않게 병원 구실을 하고, 여행객을 따뜻하게 보살피는 일을 했다. 영어의 'Hospital(병원)'과 'Hospitality(환대)'는 같은 뿌리에서 나온 말이다. 중세에는 학문을 배우기 위해 도시마다 떠돌던 학생과 순례자가 많았다. 수도원만으로 이들을 다 수용하기 어려워, 일부 민가나 여관이 숙식을 제공하곤 했다. 여행길 주변의 민가에서는 여유있는 방 수를 알리기 위해 별 모양 등의 상징물을 대문에 표시하기도 했다. 이를테면 방 하나를 제공할 수 있으면 별 하나, 세 개를 내줄 수 있으면 별 세개로 표시한 것이다.

인도의 힘

요즘과 같이 먹고 즐기며 휴식하는 오락 중심의 관광이 아닌, 여행 본래의 의미를 되새기며 우리와 다른 사람들의 생활에 관용과 이해를 앞세운다면 인도만큼 좋은 여행지는 없을 것 같다. 무엇보다도 인간의 원초적 본성과 삶이 그대로 투영되어있기 때문이다.

1300년 전 신라의 혜초가 4년간 인도에 머물면서 남긴《왕오천축국전》이나 120여 년 전 '미국 문학의 아버지' 마크 트웨인의《적도 여행기》에 묘사된 '옷을 입지 않고, 살생을 하지 않으며, 흙구덩이 속에서 밥을 짓는(넓고 얇게 부친 빵인 난)' 전통 생활양식이 오늘날에도 공존한다. 아무리 내세의 또 다른 삶을 기대한다지만 득도한 사람처럼 느긋한 모습이다. 혜초나 삼장법사 현장이 불경을 구하러 간 인도를 천축국天竺國이라 한 것은 '하늘나라'라는 뜻이다. 불교의 기원인 인도에 대한 경외심의 표현이 아닌가 한다. 그 말대로 인도 사람은 득도한 것처럼 마음이 느긋했다. 약속을 지키지 않고 엉뚱한 짓을 해서 어쩌다 화라도 낼라치면 '노 프라블럼'만 되풀이하며 조급해하는 우리를 되레 이상한 눈으로 본다. 인도에 진출한 현대자동차는 이 같은 느긋한 인도 문화를 개선하기 위해 공장 입구에 'No Problum is Problum'이라 내걸고 회사의 품질 관리 슬로건으로 사용했지만 별반 효과가 없었다고 한다.

유럽에서 인도에 지대한 관심을 갖게 된 데 마르코 폴로의《동방견문록》이 큰 영향을 미쳤다. 그의 허풍에 매료된 콜럼버스가 스페인의 이사벨라 여왕으로부터 벤처 투자를 받아 인도로 가던 중 엉뚱하게 미 대륙을 발견했지만, 콜럼버스는 죽을 때까지 그곳이 인도인 줄 알았고, 원주민을 인디언이라고 부르는 실수를 저질렀다.

영국이 인도를 지배함으로써 인도에 대한 본격적인 평가절하가 시작된다. 인도에 대한 모욕적인 언사인 "셰익스피어와 인도를 바꾸지 않겠다"는 역사학자 칼라일의 말은 잘못 전해진 것이라 치더라도 인도를 가난, 질병, 미개 국가로 정형화한 것은 동양에 대한 서양의 우월주의에서 나온 것이다. 영국뿐만 아니라 세계 어린이가 즐겨 읽는 프랜시스 버넷의 소설《소공녀》나《비밀의 화원》의 주인공 부모는 모두 인도에서 전염병에 걸려 죽는다. 그런가 하면 우리나라 소설 손기원의《안으로의 여행》이나 강석경의《세상의 별은 다 라사에서 뜬다》에서는 현실의 삶에 절망한 주인공이 정신의 구원을 위해 인도로 향한다. 그들은 인도인의 비참해 보이는 바닥 생활에서 상대적으로 위안을 받기도 하는데, 이처럼 인도를 카타르시스 대상으로 보는 것은 표피적인 관찰일 뿐이다. 얼굴 검고 허름한 차림이라고 해서 낮은 신분이라고 단정한 한비야의 인도 여행기도 마찬가지가 아닌가 한다.

특이한 것은 6.25 전쟁이 끝난 후 반공 포로로 석방된 76명의 우리나라 젊은이 모두가 이데올로기 갈등이 없는 제3세계, 즉 인도로 향했다는 것이다. 당시 18세의 인민군 중위 현동화는 북행을 거부한 채 아스토리아호에 몸을 싣고 인도와 남미를 택한 동료들의 파란만장한 삶을 그린 책《격랑의 세월 인도에 닻을 내리고》를 출간했다. 한때 대학생 필독서이던 최인훈의《광장》에서는 주인공 이명준이 포로에서 석방된 후 환멸의 남과 북 모두를 버리고 인도로 가던 중 투신자살한다.

흔히 인도의 힘은 물질이 아닌 정신세계라고 하지만, '0'이라는 개념을 최초로 찾아낸 인도의 과학적 저력은 대단하다. 이집트의 프톨레마이우스 전통을 이어받은 이슬람의 천문학과 인도 힌두 천문학을 융합 발전시킨 무굴제국 천문학은 중세기 최고 수준이었다. 무굴의 마하라자자이싱2세는 천문 측정 도구인 잔타르 만타르를 자이푸르 등 5곳에 설치했다. 수학과 천문학에 해박한 자이싱2세가 1728년 자이푸르에 건설을 시작해 1734년에 완성한 잔타르 만타르는 19개의 거대한 천문 관측 기구가 천체 움직임을 관찰하고 시간과 계절을 측정하는 세계에서 가장 잘 보존된 고대 천문대로 세계문화유산으로 지정되었다.

정신세계와 과학의 조화는 정보사회의 가장 큰 잠재력이므로 빌 게이츠도 인도가 놀라운 속도로 발전하여 글로벌 강국이 될 것이라고 예측한 바 있다. 현재 인도가 중국을 제치고 미국에 거주하는 해외 유학생 1위를 차지하고 있으며, 전 세계에 우수 IT 인력 공급의 산실 역할을 하고 있다. 또한 인도는 코로나19 백신 개발 및 생산에서 중요한 역할을 했으며, 아스트라제네카 백신을 생산해 전 세계에 공급했다.

《잃어버린 시간을 찾아서》로 유명한 프랑스 소설가 마르셀 프루스트는 "인생을 마무리하는 시간이 다가오면 무엇을 하겠느냐"는 한 언론의 질문에 "죽음이 눈앞에 다가오면 마지막으로 인도 여행을 하고 싶다"고 말했다. 인도를 가장 따뜻한 눈으로 바라본 유럽인은 아무래도 헤르만 헤세인 것 같다. "인도 여행을 통해 내 안의 나를 발견했으며, 시련을 이겨내는 법을 깨달았다"는 그의 말이 가슴에 와 닿는다.

비틀즈는 1968년 초 마하리시 요기 초청으로 초월적 명상을 배우기 위해 인도로 단체 여행을 떠났다. 존 레논은 마약이 아니라 명상으로 내면을 들여다보는 정신적 성찰을 터득했으며 그의 음악에도 많은 변화를 가져왔다. 조지 해리스와 레논은 인도 전통악기와 사운드를 도입하여 현지에서 30여 곡을 만들었다.

스티브 잡스도 인생의 방황기인 19세 때 수개월 인도에 체류하면서 힌두교, 불교의 선禪사상을 접하고 단순함과 직관의 가치에 눈을 뜨게 되었다. 깨어있음Awareness과 현재에 집중하는 법을 인도에서 터득했다. "단순함이 궁극의 정교함이다"라는 그의 미니멀한 디자인 철학이 탄생한 것도 인도 여행 덕분이라고 한다. 항상 검은 터틀넥의 단순한 옷차림도 이런 세계관에서 나온 듯하다.

시공을 초월한 사랑, 타지마할

무굴은 몽골의 페르시아식 발음이다. 실제로 무굴제국은 칭기즈칸의 후손이 세운 나라이므로 우리와 형제국이라고 할 수 있다. 무굴제국의 전성기를 이끈 5대 황제 샤 자한은 예술과 건축에도 관심이 많아 무굴 건축의 백미인 타지마할을 남겼다. 대단한 애처가였던 샤 자한은 왕비 뭄타즈 마할이 1631년 14번째 아기를 출산하다 세상을 떠나자 너무나 비통한 나머지 식음을 전폐하고 밤을 꼬박 새웠는데 하룻밤 사이에 머리가 하얗게 변해 버렸다는 이야기가 전해진다.

고려 왕실에서는 여러 부인을 두는 것을 용인하였지만, 몽골의 칸들은 정실 부인과의 유대가 깊은 경우가 많았다. 한때 몽골 지배를 받은 고려는 몽골 공주를 일곱 차례나 왕비로 맞이해야 하는 사실상의 사위국이었는데, 생활양식과 가치관의 차이로 왕실 내 갈등이 생기기도 했다. 쿠빌라이의 외손자인 고려 26대 충선왕은 의욕적으로 국가 개혁을 단행했으나 몽골 출신 왕비를 박대했다는 죄목으로 7개월 만에 옥쇄를 내주고 원나라에 소환되어 10년간 처가살이를 한 후에 다시 옥좌에 올랐다. 그러나 충선왕은 다시 원나라의 미움을 사서 왕권을 아들에게 물려주고 3년간 유배 생활을 하다 1325년 머나먼 타국 내몽골에서 쓸쓸한 죽음을 맞이했다.

이에 비해 샤 자한과 마할은 유난히 금실이 좋았다. 부모가 모두 페르시아계 무굴 귀족 가문 출신인 뭄타즈 마할은 밝은 성격에 총명하여 왕의 마음을 속속들이 읽었다. 임종 무렵에도 왕이 갈증으로 자다 깼을 때 만삭의 왕비가 황금 잔에 음료수를 들고 밤을 새우며 기다리고 있을 정도였다. 마할 왕비는 결혼 17년 동안 쉴 새 없이 아기를 가진 데다 출산 사고사였으므로 왕비에 대한 죄책감을 보상하기 위해 샤 자한은 인류 역사상 가장 아름다운 건축물이자 화려한 무덤인 '타지마할(마할의 왕관)'을 세웠다.

원래 건축광이던 샤 자한은 22년 동안 타지마할 건축에 모든 정성과 국력을 쏟아부었다. 당시 이슬람 사원의 최고 설계자인 페르시아의 우스타드 라호리를 비롯하여 이탈리아, 프랑스, 튀르키예, 중국의 일류 석공과 조각가, 서예가, 금속 세공사를 초빙했다. 또한 하루 2만 명의 인부와 1천여 마리 코끼리를 동원하여 전국 각지의 대리석을 운반해왔다. 하얀 대리석에 새긴 코란이나 아름다운 문양은 대리석을 파내고 그 속에 보석이나 색채 대리석을 정교하게 끼워 넣는 '피에트라 두라Pietra Dura' 기법을 사용한 것이다. 중국의 비취, 미얀마의 루비, 시리아 진주 등 각국에서 보석을 수입했다.

코란을 새긴 기둥은 위, 아래의 글씨가 같게 보이도록 원거리의 위쪽은 점차 크게 새겼다. 본관 사방에 세운 미나렛 첨탑도 2도 정도 바깥으로 기울게 하여 지진 등 천재지변이 일어나더라도 무덤 쪽을 덮치지 않도록 세심하게 배려했다. 특히 붉은 사암으로 된 정문에서 길게 뻗은 중앙 운하에 비치는 타지마할의 모습은 사막의 신기루이다. 하루 네 번씩 색깔이 바뀌는 타지마할의 백미는 역시 붉게 물드는 낙조와 상아색 보름달 아래의 모습이다. 대리석 하나하나에 새긴 정성은 말할 것도 없고, 각 건물의 대칭 비례와 주위 공간과의 조화는 신비의 표상이다.

타지마할은 건축 미학적으로도 뛰어나지만, 시공時空을 초월한 사랑의 결정체結晶體이자 영원한 만남의 장소이다. 입구의 긴 수로를 따라 걸으면 우윳빛 대리석의 화사함에 눈이 부시고 양파 모양의 돔과 벽감아치형에 드리워지는 그림자 때문에 입체감이 돋보인다.

중앙의 거대한 돔은 높이가 35m로 떠 있는 느낌을 주며, 낙원을 상징하는 4구역으로 나눠진 정원은 페르시아의 '차하르 바그' 양식을 채택했다. 이슬람에서 물은 정결과 생명, 영원을 상징하며 천국에는 물과 우유, 꿀, 포도주가 흐르는 4개의 강이 십자 모양의 수로를 이룬다고 한다. 건물 내부는 소리를 증폭시키는 정밀한 음향 구조까지 생각해 설계했다. 타지마할은 단순한 무덤이 아니라 미술, 과학, 서예, 건축, 종교가 사랑으로 결합된 종합 예술작품이다.

이슬람 침략자들은 인도 각지에 크고 작은 술탄 왕국을 세웠고, 16세기에 무굴제국이 이들을 통일하면서 황제가 여러 지역 출신 왕비와 정략결혼을 해 통치함으로써 배다른 자식들의 후계 문제가 항상 내란의 원인이었다. 샤 자한 역시 부친 자한기르에게 반란을 일으켜 즉위했으며, 여러 황비 중 오직 두 번째 아내인 뭄타즈 마할을 무척 총애했다.

샤 자한은 통치 초기에 제국 발전에 많은 기여를 했다. 그러나 타지마할 건설에 막대한 재정을 투입하면서 재정이 부담을 받게 되었고, 그러는 사이 그의 아들들 사이의 왕위 다툼이 격화되었다. 타지마할 건너편에 검정 대리석으로 자신의 무덤 궁을 다시 건설하려고 하자 마침내 아들 아우랑제브가 쿠데타를 일으켜 왕권을 차지하고 궁 건설을 중

지시켰을 뿐 아니라, 아버지 샤 자한을 아그라 성에 유폐한다. 무려 8년이라는 세월을 감금된 채 야무나강 너머의 타지마할을 건너다보며 아내와의 애틋한 사랑을 되새기다 쓸쓸히 눈을 감은 샤 자한은 죽고 나서야 비로소 아내 곁에 다가가 행복하게 영면할 수 있었을지 모르겠다. 그는 재위 기간 동안 무굴제국을 세계 최대의 부국으로 이끌었고, 죽음 이후에도 그 유산은 제국의 번영으로 이어졌다.

공해로 찌든 인도의 일상적인 거리와는 달리 타지마할은 배터리 차로 접근하고, 몸수색을 거쳐 신발을 벗고 덧신으로 올라야 한다. 일단 대문에 들어서면 갑자기 세속을 떠나 선경仙境에 이르는 것 같다. 과연 사랑의 힘으로 지었다는 것이 실감이 난다. 아내와 함께하지 못한 이번 여행이 못내 아쉽기만 하다.

세계에서 가장 아름다운 묘소인 타지마할은 세계문화유산 중에서 방문객이 가장 많은 유적지 중 하나이고, 촬영 장소로도 많이 쓰인다고 한다. 달빛 속의 타지마할은 문학과 예술에도 자주 인용된다. 미국 탐정소설가 레이먼드 챈들러의 소설《시골 아가씨》에서 냉소적이고 거친 성격의 탐정가 필립 마를로가 신비롭고 매혹적인 여성을 만났을 때 "그녀가 풍기는 냄새는 달빛에 비친 타지마할 같았다"고 표현한다.

그런가 하면 인도의 시골을 다니면서 까무잡잡하고 갸름한 얼굴에 눈망울이 또렷한 소녀들을 만날 때마다 연극 <달을 묻을래>가 떠오른다. 화장실이 부족하여 온종일 갈증이 나도 물을 마시지 않고 용변을 참고 견디는 인도 여성들의 안타까운 이야기이다. 시골 마을의 어린 소녀 라티카가 밤이면 들판으로 나가 용변을 보는데 달빛이 부끄러워 달을 묻어버리고 싶다는 심정을 그린다.

아직도 세계 인구의 36% 정도가 제대로 된 화장실을 사용하지 못하고 있는 실정이다. 화장실 부족으로 인한 사회문제에 관심을 촉구하고,

화장실이 갖는 평화, 안전, 보호라는 메시지를 전달하기 위해 2013년 유엔에서 매년 11월 19일을 '세계 화장실의 날'로 제정한 바 있다.

안개도시 중경

1960년대 햇볕 가득한 서울에서 방황하던 어느 지식인이 안개 낀 고향 무진으로 내려가 잃어버린 자화상을 발견한다는 김승옥의 소설 《무진기행霧津紀行》에서 "안개는 마치 이승에 한이 있어서 매일 밤 찾아오는 여귀가 뿜어내놓는 입김과 같다"고 묘사한다. 안개는 일반적으로 현실세계와는 다른 이미지를 갖고 있다. 세속과 거리를 둔 은자가 많이 살던 중국의 여산廬山은 한 해 절반 이상이 안개에 쌓여 있다. 불교의 고승 혜원이 은거하던 여산에 하루는 도교의 육수정과 유교의 도연명이 찾아와 고담준론을 실컷 나누고 호계에서 헤어질 때 호랑이 울음소리를 듣고 파안대소했다는 일화에서 종교의 벽을 넘어 서로를 포용하는 모습을 호계삼소虎溪三笑라고 한다. 우리나라에도 불교의 비구니, 가톨릭과 성공회의 수녀, 원불교의 교무 등 여성 수도자 모임인 삼소회 일행 16명이 세계의 종교 성지순례를 마치고 마지막으로 교황을 알현하는 모습이 퍽 인상적이었다.

중경의 안개는 여산에 비할 바가 아니다. 정훈희의 노래 <안개>가 깔려 있는 영화 <헤어질 결심>이 연상된다. 일 년 내내 짙은 안개에 가려져 있다시피 하기에 어쩌다 날씨가 화창하면 너무 낯설어서 강아지들이 짖어댄다는 농담도 있다. 안개가 심할 경우에는 자기 손끝이 보이지 않을 정도이다. 안개가 심한 날에는 고속도로를 10시까지 통제하는가 하면 빨래를 말리는 데도 며칠씩 걸린다. 내륙의 산악지대인 데다 이런 날씨 때문에 중국을 점령한 일본군도 이곳은 침략을 포기했기에 장개석의 국민당이 중경에 본거지를 정했으며 우리 임시정부도 상하이에서 이곳으로 뒤따라 옮겼다. 그래서 중경을 안개도시, 무도霧都라고 한다. 게다가 5월에서 10월까지의 긴 여름에는 45도 가까운 가마솥 더위가 엄습하기에 남경, 무한과 함께 중국의 '3대 화덕'이라고 하며, 이곳 사람들은 '찐빵도시'라고도 한다.

그러나 안개 덕분에 좋은 술을 빚을 수 있다는 이점도 있다. 중경이 있는 사천四川 지방은 남한의 1.5배가 넘는 땅이 움푹 들어간 분지인데, 이름 그대로 4개의 강이 흐르고 있어서 안개가 유난히 많다. 안개는 술이 숙성되는 동안 알코올 휘발을 막아주는 역할을 한다. 안개가 많은 영국이나 스코틀랜드에 명품 위스키가 많은 것도 이 때문이다. 안개 속으로 증발하는 미량의 알코올을 영국에서는 '천사의 몫Angel's Share'이라고 부른다. 이웃 귀주에 마오타이주가 유명한 것도 그온다습한 기후 덕분이다. 중경에는 많은 술이 있지만 대표적인 것은 아무래도 '시선이백詩仙李白'이 아닌가 한다. 술을 넘길 때 목에서 발진하는 짜릿한 전율과 코를 찌르는 진한 향이 오랫동안 여운으로 남는 게 특징이다. 하늘에서 귀양 온 신선이라고 하여 적선謫仙이라고 불리던 이백이 술과 달을 노래하며 풍류를 즐긴 곳이 여기서 멀지 않다.

북경, 상해, 천진과 함께 중국 4대 직할시 중에서 1997년 가장 마지막으로 진입한 중경은 남한의 80% 가까운 8만 평방킬로미터 면적에 인구가 3400만 명에 이른다. 북경과 천진을 합해도 중경 면적의 절반도 안 된다. 중경 시내에만 3km가 넘는 터널이 두 개나 있고 고속도로를 4시간 이상 달려도 여전히 중경시를 벗어나지 못할 정도로 광활하다. 히말라야에서 발원해 6300km를 흐르는 장강長江과 가릉강嘉陵江이 만나는 요지에 자리한 중경은 고대 파巴나라의 도읍이었으며, 당시 성문인 조천문朝天門은 복원되어 지금도 서부 개발의 베이스캠프로, 삼협댐으로 향하는 유람선의 시발점이자 종착역이다. 특히 가릉강의 옛 이름이 유수渝水이고 이 강을 끼고 도시가 발전함으로써 중경은 유주라는 이름을 갖고 있었기에, 이곳 자동차 번호판에는 유渝가 맨 앞을 차지한다. 중경에서 성도에 이르는 일대가 삼국지 무대가 되는 파촉巴蜀 지방인데, 한자 '蜀'에 들어있는 벌레虫가 누에를 상징하듯이 이 지역은 최초로 비단을 생산한 곳이다.

중경은 문자 그대로 '경사가 겹친다雙重喜慶'라는 뜻에서 가져온 말이다. 원래 이곳은 3천 년 역사를 지닌 고도이지만 반란이 잦은 지역이라 '공손하라'는 뜻의 공주恭州로 개명했다가 1189년 초 남송 시대 효종의 차남인 조돈이 공왕恭王으로 부임한 지 2개월 만에 광종光宗 황제로 등극함으로써 같은 해 두 번의 경사가 일어났다고 하여 중경이라고 명명하게 되었다.

그 후 1938년 항일투쟁을 하던 국민당 정부가 중경에 임시수도를 정함으로써 새로이 각광받기 시작했다. 김구가 이끌던 우리 임시정부도 윤봉길 의사의 홍구공원 의거 이후 일본 감시망을 피해 상해에서 열 차례 이상 옮겨 다니다, 장개석의 도움으로 1940년 이곳에 안착하여 광복군을 창설하는 등 본격적인 활동을 할 수 있었다. 상해 임시정부는 초라한데 이곳은 다소 여유 있게 꾸며져 있다. 현재는 중국 정부가 관리하지만, 한국과 협력해 보존·운영하고 있다.

일본 패전 직후인 1945년 8월 28일, 장제스는 공산당 대표 마오쩌둥을 중경으로 초청해 약 40여 일간 협상을 벌였으나 성사되지 않아 다시 내전에 들어갔으며, 결국 국민당은 타이완으로 밀려나고 말았다. 당시 공산당 대표단은 홍암촌紅岩村에 머물며 활동했는데, 이름 그대로 붉은 바위인 홍암은 주은래의 옛 거처와 혁명기념관이 있어 혁명 성지로 유명하다. 이곳을 배경으로 한 혁명소설《홍암》은 국공내전 시기 중경 감옥에서 공산당원들의 투쟁과 희생을 그렸으며 이를 바탕으로 연극, 영화, 드라마, 혁명가요도 제작되었다. 공산당에 패배한 국민당은 중국의 귀중한 문화재를 대거 타이완으로 반출했으나 오직 두 가지, 만리장성과 장강을 갖고 가지 못해 아쉬워한다는 풍자적 말이 전해진다.

사천성 일대 파촉 지방은 중원의 한족 문화와 뿌리가 다르다. 먹을 것이 풍부해서 하늘이 내려준 곳간이라고 하여 천부지국天府之國이나 어미지향魚米之鄕이라고 했기에 촉한의 유비가 중원을 노렸다. 청나라 말부터는 전란을 피해 많은 사람이 중경으로 몰려들었으며 중일전쟁 때 국민당 정부와 대한민국 임시정부가 이곳으로 옮겼다.

중경을 대표하는 음식은 훠궈火鍋다. 우리의 신선로나 샤브샤브처럼 끓는 육수에 양고기나 쇠고기, 생선, 야채를 넣어 익힌 후 각종 양념에 찍어 먹는 음식이다. 특이한 것은 한 솥을 바깥쪽과 안쪽, 혹은 태극무늬 모양으로 나누어 매운 것과 덜 매운 것으로 육수를 구분하여 끓이는 것이다. 한 솥 안에 두 가지 맛의 요리를 함께 한다고 하여 '원앙솥鴛鴦鍋'이라고도 한다.

사천성 요리는 맵다기보다 머리가 띵하며 얼얼한 느낌이 든다. 산초의 얼얼한 맛과 고추의 매운맛이 상승 작용을 하기 때문이다. 중경이 습기 찬 지역이기에 맵고 뜨거운 음식으로 땀을 흘리게 하기 위해 개발한 음식인 것 같다. 또한 자극이 강한 향신료는 음식 보관에 효자이기도 하다. 주변의 귀주, 운남, 호남 요리도 맵기로 유명하다. 호남성 출신의 마오쩌둥은 매운 음식을 즐겼으며 “매운 것을 못 먹으면 혁명도 못 한다”는 말을 했다고 전해진다. 공교롭게도 사회주의 혁명에 앞장선 등소평, 주덕, 양상군은 사천 출신이고 팽덕회, 유소기, 호요방, 주용기는 호남 출신이다.

우리나라에 알려진 사천 지방의 대표 요리로 국수에 돼지볶음과 매운 고추기름으로 맛을 낸 딴딴미엔擔擔麵이 있다. 중경의 별미인데, 어깨에 메고 다니면서 팔아서 그런 이름이 나온 것 같다. 이른바 누룽지탕이라고 하는 꾸어빠탕鍋巴湯도 중경의 명성으로 유명해졌다. 튀긴 누룽지에 직접 뜨거운 해물소스를 부어 쏴 하는 소리와 함께 김이 솟구쳐 오르는 모습이 일본 패망을 촉발한 원자폭탄을 상기한다고 하여 장개석이 마오쩌둥에게 처음 대접한 요리라고 전해지고 있기 때문이다.

중경은 산악지대 도시라 산성山城이라고 불리는 만큼 언덕길이 많다. 도심권 인구가 1천만 명 정도인 중경에는 이른바 삼다일소三多一小가 있다. 계단, 다리, 터널이 어느 도시보다 많은 반면, 중국 대중교통 수단인 자전거는 거의 보이지 않는다. 옛날에 지은 10층 이하의 아파트는 대부분 엘리베이터가 없어서 간단한 짐을 집까지 옮겨다 주는 짐꾼 ‘빵방쥔棒棒軍’이 한때 10만 명에 이를 정도로 많았다. 시골에서 올라온 이들 막노동꾼은 주로 주부의 시장 바구니를 대나무 막대기 양쪽에 메고 배달해 주는 수고비로 몇 위안을 받았다.

이 지방의 관광지로는 세계문화유산으로 지정된 대족大足의 석각石刻을 꼽는다. 자오즈펑 스님을 비롯한 조각승들이 수백 년에 걸쳐 마애불상 형식의 조각 5만여 점에 비문 10만여 자를 새긴 것이다. 칼날을 양쪽으로 세운 것 같은 각양각색의 기암절벽 사이로 계곡물 따라 가슴 조이며 2km 정도 걸으면 나오는 금도협金刀峽도 절경이다.

2024년부터 중경에서 장강 삼협댐이 있는 의창까지 193km 리버크루즈 여행이 가능해짐으로써 삼국지의 갖가지 설화가 잠들어있는 배경을 찾아보면서 장강을 끼고 굽이굽이 전개되는 절경을 즐길 수 있게 되었다. 길이 약 6300km로 세계에서 세 번째 긴 강인 장강은 시대와 지역에 따라 여러 이름으로 불렸다. 오늘날에는 상류의 발원지부터 구간에 따라 당곡하, 통천하, 금사강, 천강, 형자강, 양자강 등 여섯 개 이름이 통용된다. 장강 유역은 이름 그대로 중국 면적의 19%를 차지하는 곡창지대이다. 우리에게 익숙한 양자강은 양주 근방의 하류 이름이며, 상해를 드나들던 외국인이 해외에 양자강이라는 이름으로 소개했기 때문에 대표명이 되었다. 마치 공주와 부여 사이의 금강을 백마강이라고 부르는 것과 같다.

삼국지에는 적벽대전, 관도대전, 이릉대전 등 3대 전투가 있는데, 삼협댐으로 가는 길은 221년 유비가 관우와 장비의 원수를 갚기 위해 이릉으로 출정한 진격로이자 삼국지 주무대이다.

장강 삼협이 시작되는 구당협 입구에는 유비가 관우 원수를 갚기 위해 약 5만 명의 대군을 동원했으나 오나라에 패한 뒤 중병을 얻어 쓸쓸하게 눈을 감은 백제성이 있다. 임종 직전 제갈량을 불러 아들을 부탁했다는 탁고당託孤堂에는 당시 모습이 생생하게 조각되어 있다. 백제성은 중원 쪽에서 들어오는 적군을 방어할 수 있는 군사 요충지여서 이곳을 찾은 이백, 두보 등이 삼협 경관을 바라보며 한 많은 시를 남겼기에 시성詩城이라고 한다.

관문인 기문을 지나면 협곡 양쪽으로 1200m의 깎아지른 절벽 군데군데 원숭이 울음소리가 처량했다고 한다. 두보는 '등고登高'라는 시에서 "세찬 바람 높은 하늘 원숭이 울음소리 슬픈데, 가없는 낙엽은 쓸쓸히 떨어지고, 끝없는 장강은 넘실넘실 흐른다"고 이곳을 묘사한다.

삼협댐 건설이 중국 최대 이슈이던 2천 년대 중반, 고향 땅이 수몰되어도 삶은 계속되어야 하는 중국인들의 현실을 사실적으로 묘사한 영화 <삼협호인三峽好人>을 본 적이 있다. 영화를 보고 삼협댐을 직접 만나기 위해 코로나 해제만을 기다렸다. 이 영화가 베니스 영화제 황금사자상을 받고 중국 영화 사상 최고급이라는 칭찬을 받았지만 실제 댐의 모습은 그리 많이 나오지 않아 무척 아쉬웠던 것이다.

세계 최대 인공 저수지인 장강 삼협댐은 만리장성에 버금가는 초대형 토목공사였다. 삼협댐으로 가는 길에는 유비가 작고한 백제성을 비롯하여 삼국지의 무궁한 이야기가 흐른다. (사진 출처: CTG 공식홈페이지 www.ctg.com.cn)

만리장성 이후 최대 토목공사인 삼협댐은 장강의 수량 조절과 전력 생산, 물류 수송 등 다목적댐이며 1994년 착공하여 12년 만에 완공했다. 댐 높이는 181m, 길이는 2335m, 상부 너비는 40m, 하부 너비는 151m이며 댐 공사로 인해 장강 상류 수심이 90m 이상 높아지면서 130만 명 이상이 이주했다고 한다. 만약 댐이 무너지면 한꺼번에 100억 톤의 물이 쏟아지므로 수천만 주민이 엄청난 피해를 입는 대재앙이 될 것이다. 물론 안전성에 만전을 기했을 것이므로 실제로 댐이 붕괴하는 일은 없겠지만, 엄청난 저수량의 지반 압력에 따른 지진이나 산사태가 날 가능성이 우려된다.

먼 길을 마다 않고 실제로 찾아가 보니 삼협댐에 직접 오르는 꿈은 한낱 망상이었다. 댐 근처는 교도소보다 높은 시멘트 담장에 가시덩굴까지 얹어서 접근금지는 물론이고 볼 수도 없게 차단했다. 다만 1km 정도 아래쪽에 댐을 배경으로 사진을 찍을 수 있는 곳만 일부 개방해 두었다. 그것도 가장 좋은 포토존은 돈을 받고 찍도록 허락해 준다. 2013년 뉴욕 북쪽에 있는 보우만 애비뉴 댐의 사이버 수력 시설이 해킹당한 적이 있지만 다행히 수문이 열리지는 않았다. 이를 계기로 전 세계 주요 댐이 보안을 강화했고, 삼협댐도 예외는 아니었다. 삼협댐은 원격제어뿐만 아니라 수동제어를 겸비하여 보안 관리를 강화했다고 한다. 실제로 2025년 4월에는 노르웨이 브래망에르 댐이 사이버 침해를 당했다. 시스템을 장악한 해커들은 4시간 동안 수문을 열고 물을 방류했다.

허탈한 마음으로 다시 장강을 따라 중경으로 돌아왔다. 가락국 시조 김수로왕 부인인 허왕옥이 권력 다툼으로 사천성 안악에서 쫓겨난 뒤 장강을 따라 황해를 거쳐 우리나라로 와서는 반란민 신분을 감추기 위해 인도 아유타국 공주라고 사칭했다고 알려진다. 또 명나라 태조 주원장은 명옥진明玉珍이 이곳에 세운 대하국大夏國을 토벌한 뒤 그 후손을 고려로 보냈다. 허왕옥과 같은 뱃길로 와서 우리나라에 정착한 명씨 후손은 매년 조상의 뿌리를 찾아 중경을 방문한다고 한다.

료마의 길, 시코쿠를 가다

유신의 풍운아, 사카모토 료마

지난 1천 년간 일본 역사상 가장 공헌도가 높은 인물을 뽑는 한 언론사 여론조사에서 놀랍게도 하급 무사 출신인 사카모토 료마坂本龍馬가 선정되었다. 천하를 통일한 도쿠가와 이에야스나 임진왜란을 일으킨 도요토미 히데요시, 카리스마 장군 오다 노부나가 같은 기존 걸물을 모두 제치고 료마가 1위로 추앙받은 것은 변방의 섬나라 일본을 열강으로 끌어올린 메이지유신 핵심 인물이었기 때문이다.

내가 메이지유신과 사카모토 료마에 관심을 갖게 된 것은 19세기 후반 아시아 대부분 나라가 서양 대포 위력에 굴복하여 식민지로 전락해 가는데 유독 일본만은 '근대화의 우등생'이 되어 서구 열강 반열에 올라간 것이 부러웠기 때문이다.

2000년대 초 사카모토 료마 행적지를 탐방하기 위해 맨 처음 찾아간 곳은 그의 고향인 시코쿠四國의 도사土佐였다. 불도그와 마스티프 등을 교배해서 생산한 '사무라이 개'라는 별명을 가진 일본 대표 투견인 도사견의 원산지다. 지금은 에히메, 가가와, 고치, 도쿠시마 등 4개 현으로 나뉘어 있지만 이름만 바뀌었을 뿐, 오래전부터 네 개의 나라가 있어 시코쿠四国라고 한다.

가가와는 일본에서 가장 작은 현이면서 사누키우동으로 유명하여 '우동현'이라고도 한다. 옛 지명이 사누키인 가가와현은 일본에서 우동을 가장 많이 먹는 지역답게 800개가 넘는 우동집이 있고 다카마쓰시에는 우동 맛집만 순례하는 우동버스도 운행한다. 우리나라 부산에 돼지국밥집이 750여 개 있는 것과 마찬가지다.

이 지역은 강수량이 적어 밀 재배 적지인 데다 멸치가 많이 잡혀 우동 국물 맛이 구수하다. 특히 즉석에서 반죽하여 만들기에 졸깃졸깃한 면발이 특징이다. 외국인 관광객을 상대로 직접 우동을 만들어 시식하는 우동 체험 학교도 있다. 소설가 무라카미 하루키가 현지인처럼 아침부터 저녁까지 우동만 먹고 지낸 우동 투어 경험을 수필집《하루키의 여행법》에 쓰기도 했다. 그는 부드러우면서 탱글탱글한 면발을 잊지 못해서 다시 가고 싶은 곳으로 가가와현 다카마쓰 외곽의 '나카무라 우동집'을 소개했다. 오전 9시부터 오후 2시까지만 영업을 하는 이 식당은 반죽을 발로 밟는 전통 방식을 여전히 사용한다고 한다.

일본은 예로부터 수많은 봉건 영주 지배 체제였기에 각자가 조그만 나라라고 여겼다. 노벨문학상 수상 작가 가와바타 야스나리의《설국》첫 장면이 "국경의 긴 터널을 지나면"이라고 시작하는 것도 이 때문이다. 시코쿠는 일본 전통 시 형식인 5-7-5 음절의 하이쿠俳句 선구자인 마사오카 시키와 노벨문학상 수상자인 오에 겐자부로의 고향이자 나쓰메 소세키의 소설《도련님》과 시바 료타로의《언덕 위의 구름》등 수

많은 명작의 무대이기도 하다. 에히메현 마쓰야마 출신인 마사오카 시키의 본래 이름은 마사오카 쓰네노였으나 폐결핵에 걸린 자신이 피를 토하며 울다가 죽는다는 두견새시키, 子規와 처지가 같다고 생각하여 필명으로 사용했다.

시코쿠 전체 인구는 요코하마보다 적은 360여만 명이지만 막부 타도와 메이지유신의 길을 열었고, 그 후에도 일본 자유민권운동의 중심지가 되었다.

도쿠가와 막부 시대 264년은 그토록 평화롭다가, 메이지유신 이후부터 이웃나라에 악마의 손길을 뻗기 시작한 이유는 1853년 미국 함대 흑선이 무력으로 일본 문호 개방을 강요한 데 자극받은 것일지 모른다.

칼날을 쓰지 않고 방어용으로 칼등만 사용했다는 이야기가 전해질 만큼 검술의 달인이면서도 남의 목숨을 해치지 않는 평화주의자 사카모토 료마와 같은 '괜찮은' 사람이 대부분 정쟁으로 일찍이 제거되고, 이토 히로부미가 메이지 정부를 주도함으로써 일본은 무자비하게 침략을 하다 끝내 파멸의 길로 접어든 것이 아닌가 한다.

막부 타도에 앞장선 사카모토 료마는 1862년 막부군 총사령관인 카츠 카이슈勝海舟를 살해하러 갔다가 그로부터 세계 정세를 듣고 감명받아 스승으로 모시게 된다. 카이슈가 미국 건국과 대통령제에 따른 의회 민주정치 제도를 소개하자 료마는 "워싱턴 대통령의 아들은 무엇을 합니까?"라고 물었다. 이에 카이슈는 "아들이 누구인지 뭘 하는지 아무도 관심이 없다"고 대답했다는 일화가 있다. 외세 배격에서 개화 선구자로 바뀐 료마는 일본 해군 창시자인 카이슈로부터 바깥 세상과 해양술을 배우는가 하면, 퇴계학 계승자인 요코이 쇼난横井小楠의 훈도로 인본 사상의 윤리를 터득했다. 조선의 주자학이 사카모토 료마에게 닿기까지는 3세기를 거슬러 올라가야 한다.

주자학의 스승, 강항

정유재란 때 이순신 장군의 병참을 돕는 의병 활동을 하다 영광군 법성포 인근에서 일본군에 붙잡힌 형조좌랑(종 6품) 강항姜沆은 아들과 친족을 잃고 에히메현 오즈시大洲市로 끌려갔다. 그는 선비 옷을 입고 있었기에 죽임을 당하지 않고 지식인 대우를 받았으며, 오즈시의 출석사出石寺 승려 요시히토好仁와 필담으로 일본 역사와 지리, 정세를 알아내고 조선의 과거 제도, 왕실 교육 제도인 경연經筵 등을 설명했다. 조선 포로의 높은 학문에 감명받은 요시히토는 강항을 스승으로 깍듯이 모셨다고 한다. 조선 포로의 높은 학문 소식을 듣고 찾아온 의사 요시다 이안吉田意安과 교류하면서 그가 저술한 의학서적에 서문을 써주자 이에 감명받은 요시다는 큰스님 후지와라 세이카에게 강항을 소개했다. 강항으로부터 《4서5경》 원리를 전수받은 세이카는 승적을 버리고 주자학(성리학)에 몰두하여 일본 유학의 비조가 되었으며, 제자인 하야시 라잔은 유학을 에도 막부의 국가 이념으로 정착시키면서 하야시 학파를 형성했다. 이후 요코이 쇼난은 하야시 이론을 넘어서 도덕과 경제가 조화를 이루는 새로운 통치 이념을 강조했다. 이는 사카모토 료마에게 깊은 영향을 주었다. 그러나 메이지 정부는 이를 받아들이지 않고 서구 열강의 비스마르크식 '약육강식' 정책을 택했다. 오즈시 출석사에서는 한·일 불교계가 공동으로 매년 강항 선생 추모제를 연다.

신유한의 조선통신사 일기《해유록》에 따르면 후시미성 남쪽 요도 강가에 '진주시마'라는 조선인 마을이 있다고 한다. 임진왜란과 정유재란 당시 10만여 명의 조선인이 잡혀가 일본 사회에 필요한 기술자는 일본에 정착하고, 나머지는 노예로 팔려나갔다. 실제로 17세기 초 조선인 포로 때문에 한때 국제 노예 거래 값이 크게 내렸다는 기록도 있다. 벨기에 출신 바로크회화 거장 파울 루벤스가 그린 동양인 스케치는 묶은 머리와 도포 형태의 옷으로 보아 조선인 노예로 추정된다.

이튿날은 오즈시로 가서 우선 강항 선생의 유적지를 찾았다. 그는 32개월간 고난의 포로 생활 속에서도 일본의 풍속, 지리, 군사, 정세 등 각종 기밀 정보를 명나라 사신을 통해 조선 조정에 3번이나 밀서로 보냈다. 일본의 '강항 선생 연구회'는 성리학을 전수한 강항 선생을 기려서 1991년 오즈시청 옆에 '강항 선생 현창비'를 세웠다. 비석 뒷면에는 가족을 잃고 고국을 그리며 눈물로 쓴 그의 시가 적혀 있다. 일본 성리학에 이바지한 공을 기리는 기념비이기는 하지만, "대마도라도 가서 고국인 부산을 바라볼 수 있다면 얼마나 좋을까"라는 시구를 보니 그 당시의 괴로움을 어찌 추량할 수 있겠는가.

오즈성 안에 세워진 강항 선생 추모 기념비. (사진 출처: 오즈시청 홈페이지 www.city.ozu.ehime.jp)

그 다음 날 다시 험난한 시코쿠 산맥을 지나는 터널 사이사이로 전개되는 아름다운 계곡의 절경을 두어 시간 즐기다 보니 어느덧 사카모토 료마의 본거지 고치高知에 도착했다. 러일전쟁을 그린 시바 료타로의 소설《언덕 위의 구름》을 연상하는 '구름 위의 식당'에서 맛본 우동 맛도 일품이었다. 주변 고갯마루에는 사카모토 료마의 도망길 노정표가 굽이굽이 세워져 있으며, 탈번脫藩 행적지를 답사하는 관광 코스도 있었다.

임진왜란 당시 이곳 시코쿠를 평정한 다이묘 조소카베 모토치카長宗我部元親가 병사 3천 명을 이끌고 진해(웅천)에 상륙했으며, 진주성 싸움에서 붙잡힌 많은 조선인을 고치로 끌고 갔다. 노예 같은 삶을 이어가던 조선인은 명절이 되면 고향이 그리워 여러 가지 전통음식으로 차례를 지냈는데, 그중 비교적 구하기 쉬운 콩으로 만들어 먹던 두부가 지금은 '고치두부'로 유명세를 타고 있다. 기존의 일본 두부는 부드러운 연두부인데, 조선인이 보자기에 짜서 건조해 만든 두부는 둥글고 단단하다고 해서 '토진唐人'이라는 브랜드로 팔린다. 일본에서는 한국이나 중국 등 아시아 외지인을 당인이라고 부르고 외지로 떠나는 항구를 '가라츠唐津'라고 했다. 진해 출신 박호일이라는 사람이 다이묘에게 인삼 재배 기술을 전수하고 두부 제조도 선보였다는 전승이 전해진다.

다음 날 아침 나는 1601년부터 10년에 걸쳐 축성한 고치성을 찾았다. 성주가 기거한 혼마루가 온전히 보존된 곳은 고치성이 유일하다고 한다. 고치성에서 조금 떨어진 카쓰라하마 해변 언덕에 있는 사카모토 료마 기념관에는 료마 서신과 사진, 영상 등이 조성되어있다. 일찍 부모를 잃은 료마의 엄마 역할을 했던 3살 위 누나 오토메乙女에게 보낸 편지도 전시되어있다. 오토메는 동생에게 가보인 칼을 내주며 중죄에 해당하는 그의 탈번을 도왔다. 이후 료마가 탈번 직전 결의를 다지며 조상에게 신고차 들렀다는 화령 신사神社를 무척 힘들게 찾았다. 버스와 택시를 갈아타고 기록의 편린에 의한 추정 지역으로 찾아가서 수십 명에게 물어보고 한참 헤매기도 했다. 시내 곳곳에 료마를 이용한 상업 간판이 수두룩한데도, 탈번의 시발점인 화령 신사는 사람 발길도 없는 산 중턱에 너무나 초라하게 있었다. 일본에는 8만 개의 신사가 있고, 그중 한국인을 모시는 신사도 10여 개로 추정된다. 료마 가문이 대대로 모시던 화령 신사의 화령은 경상도 지방의 사투리 '화렝이(무당)'에서 온 것으로 보아 가야나 신라의 무당을 기리는 신사인 것 같다.

사카모토 료마가 재평가받게 된 것은 역사소설가 시바 료타로 덕분이다. "일본 역사는 료타로가 가르친다"고 할 정도로 철저히 사료에 의존했던 그는 사마천을 사숙하여 본명인 후쿠다 사다이치福田定一 대신 "사마천에 따라가려면 요원하다"는 뜻의 시바 료타로司馬遼太郎를 필명으로 사용했다. 시바 료타로는 흉노에게 붙잡혀 포로가 된 이릉 장군을 옹호하다 한 무제로부터 치욕의 궁형(거세)을 당한 사마천의 기록 정신에 매료되었기 때문이다. 이릉은 한나라 사신으로 왔다가 볼모로 잡힌 친구 소무蘇武에게 전향을 권유했으나 그는 완강히 거절하며 19년간 바이칼호 부근에서 양치기로 유배 생활을 했다. 강항도 마찬가지이다. 정유재란 때 남원에서 함께 붙들려 간 도공 심수관, 이삼평 등은 어쩔 수 없이 일본 정착을 결심하지만, 강항은 일본의 끈질긴 회유와 협박을 거부하고 후지와라 세이카의 도움으로 1600년 5월 19일 적지를 탈출했다.

선조는 강항의 애국심에 감명받아 벼슬을 내렸으나 그는 죄인이라며 끝내 사양하고 고향인 영광에 낙향하여 후학 양성에 힘썼다. 강항은 일본에서 보고 들은 각종 정보를 집대성해 《간양록看羊錄》을 저술했다. 그는 죄수들이 유배갈 때 싣고 가던 나무수레 건거巾車에 빗대어 '건거록'이라고 제목을 붙였으나 제자들이 양치기하며 절개를 지킨 소무에 빗대어《간양록》으로 바꾸었다. 일본에 대한 상세 정보가 실린《간양록》은 조선통신사나 실학자의 참고가 되었다. 가수 조용필이 부른 MBC 역사드라마 <간양록>의 동명 주제곡도 "이국땅 삼경이면 밤마다 찬서리 내리고, 어버이 한숨쉬는 새벽 달일세"로 시작하는 애절한 가사로 큰 인기를 얻었다. 강항은 7살 때 책 장사꾼에게《맹자》를 잠깐 빌려서 읽은 뒤 모두 외웠다고 하여 고향인 영광에 '맹자정'이 있으며 강항을 배향하는 내산 서원이 불갑면에 있다.

마지막 날은 혼슈와 시코쿠 사이를 흐르는 세토나이카이를 찾았다. 우리 조상이 이주하고 통신사가 이용했던 뱃길이자 임진왜란이나 왜구들의 침략로였던 내해內海 위에는 전장 17km의 대교가 다섯 개 섬을 디디고 걸려 있다. 다리 중간의 식당 유리창 너머로 화륜선이 보인다. 에도 말기 미국 침략을 받고 세상에 눈을 뜬 일본이 7년 만에 자력으로 화륜선을 만들어 미국에 갔던 그 배 모형이다. 한일 간 무수한 애환이 서린 세토나이카이는 다도해인데도 물살이 거세 생선 맛이 좋기로 유명하다.

1868년 대정봉환을 성사시킨 명치유신 공로자로 사이고 다카모리, 오쿠보 도시미치, 기도 다카요시를 유신 3걸이라고 한다. 사쓰마와 조슈의 샷쵸동맹을 성사시킴으로써 에도 막부를 무너뜨리고 일본을 근대 국가로 변모하게 만든 사카모토 료마나 다카스기 신사쿠는 명치유신 직전에 사망해 유공 반열에 오르지 못했다.

에도 막부 쇄국정책 시기에도 유일하게 서양 문물의 도입 창구인 개방 도시 나가사키에 가서 '료마의 길'을 따라 가자가시라風頭 공원에 오르면 사카모토 동상과 그가 최초로 설립한 무역회사이자 해군을 겸한 '가이엔타이海援隊' 깃발이 나부낀다.

일본 최고 부자인 재일교포 3세 손정의가 가장 존경하는 인물이 사카모토 료마이다. 그가 창립한 모기업 소프트뱅크의 두 줄짜리 로고는 가이엔타이 깃발에서 가져온 것이다. 손정의는 20대 후반에 만성 간염으로 3년간 투병 생활을 했는데 병상에서 3천 권이 넘는 책을 읽고는 "병원 침대에서 평생 먹고 살 지식을 얻었다"고 했는데 오직 시바 료타로의 《료마가 가다》만 2번 반복해 읽었다고 한다. 세상 흐름을 먼저 파악하고 남이 가지 않은 새로운 길을 개척한 사카모토 료마를 인생 모델로 삼았다는 것이다.

료마의 고향 친구인 이와사키 야타로가 가이엔타이 경리로 일하다 후에 도사번으로부터 회사를 인수하여 발전시킨 것이 미쓰비시이다. 미쓰비시는 명치유신 주도자와의 인맥을 바탕으로 군함도 같은 탄광과 조선소에서 강제 노역으로 전쟁 물자를 생산하고 수송을 전담한 대표적 전범 기업이다.

유신의 풍운아 료마는 수구파 막부의 견제와 탈번이라는 원죄로 인해 항상 신변의 위협을 받았다. 명치유신 2년 전인 1866년 료마가 삿쵸동맹을 위한 회담을 하던 교토 데라다 여관에 막부의 비선 조직이 난입했을 때 료마가 부상을 입고 2층에서 뛰어내려 겨우 목숨을 구한 사건이 있었다. 그는 침입 정보를 알려준 여종업원 오료와 함께 기리시마 시오비타 온천에 가서 요양을 했는데, 이것이 일본 최초의 신혼여행이 되었다. 일본 사무라이는 칼부림으로 생긴 상처를 온천에 가서 치료하는 이른바 탕치湯治문화가 있었다.

그 이듬해 12월 료마는 교토 가와라 마을 간장 가게로 위장한 오미야 여관에 은둔하면서 새로운 세상을 논의하던 중, 고향 벗이자 '리쿠엔타이陸援隊' 대장인 나카오카 신타로와 함께 자객에게 그의 생일날 살해당했다. 사카모토 료마 일대기는 시바 료타로의 소설 《료마가 가다》를 바탕으로 몇 차례 대하 드라마로 방영되었는데 살해범이 누구인지는 160년이 지난 오늘날까지도 미궁에 빠져 있다. 에도 막부 타도에 앞장선 데 앙심을 품은 막부의 자객설과 막부 완전 타도에 반대한 사쓰마설, 선박 충돌로 료마의 회사에 거액의 배상금을 물어야 했던 기슈번설, 료마의 고향인 도사번 내부 견제설 등이 있을 뿐이다.

한일 우호의 선구자를 찾아

2000년대 초반 일본에 관심이 많은 지인과 함께 한일 우호 선구자를 찾아 관동 지역을 다녀온 적이 있다. 한국 전통공예에 심취하여 이를 발굴하고 수집, 조사, 연구하여 집대성했을 뿐만 아니라 한국인의 문화적 가치를 해외에 널리 알린 야나기 무네요시柳宗悅와 아사카와 노리타카淺川伯教, 아사카와 다쿠미淺川巧 형제 등 세 일본인의 행적을 찾아가는 문화 탐방길이다.

이들의 행적과 업적에 대한 예비 지식을 충전하기 위해 헌책방을 수소문한 덕분에 에미야 다카유키江宮隆之의 인물소설《백자 같은 사람》과 다카사키 소지高崎宗司의 다큐멘터리 <조선의 흙이 된 일본인>을 접한 것은 행운이었다. 마치《난중일기》를 바탕으로 김훈이《칼의 노래》를 썼듯이 아사카와 다쿠미의 생애를 그린《백자 같은 사람》은 <조선의 흙이 된 일본인>에서 나온 파생 작품이다.

한국 공예에 매료된 일본인

김포에서 비행기로 하네다에 내린 후 맨 먼저 찾아간 곳은 야나기 무네요시가 세운 민예관民藝館이다. 동경대 철학과 출신인 야나기는 1910년대 문예잡지《시라카바白樺》를 중심으로 일본 신문화운동을 벌인 백화파 중심 인물이었는데, 우연히 아사카와 노리타카를 통해 한국 도자기를 접하고서는 한국 민속문화와 공예에 심취하면서 조선에 대한 인식이 달라지게 되었다. 사범학교 출신인 노리타카는 이보다 앞서 조선 공예품에 관심을 갖고 1913년 한국에 나와 교편 생활(미술)을 하던 중 야나기가 로댕의 조각 작품을 소유하고 있다는 소식을 듣고 수소문하여 일본을 방문하면서 조선 백자를 선물로 갖고 간 것이다.

야나기는 이를 계기로 20여 차례나 한국을 방문하면서 독특한 예술적 심미안으로 조선 민중의 생활용품에서 전문 예술가보다 뛰어난 미적 가치를 발견했으며, 이를 민중예술, 즉 민예民藝라는 이름으로 특화시켰다. 1937년 5월 2일 관부연락선을 타고 부산에 온 그는 부산진 시장에서 낙동강 갈대에 알록달록 색실을 넣어 만든 빗자루를 보고 "값싼 물건을 왜 이토록 정성들여 만들까. 꽃처럼 피어있는 빗자루를 사지 않을 수 없다"고 감탄했다. 야나기는 대나무를 잘게 쪼개서 만든 담양 반궤함과 그림이 그려진 낙죽 단소, 전주의 합죽선, 나주반盤, 장수와 다산을 기원하는 동식물을 수놓은 베갯잇, 아낙네들이 항아리를 일 때 쓰는 똬리까지 조선의 갖가지 민예품을 일본 공예 잡지에 '전라기행'이라는 이름으로 연재 소개했다.

일본 명문가 출신 야나기는 사이토 마코토 총독 등과 개인적 유대관계를 활용하여 경복궁 안의 집경당緝敬堂을 확보하여 아사카와 형제와 함께 수집한 자료를 모아, 1924년 4월 9일 이곳에 조선 민족 미술관을 개관했다. 총독부 건물 건축으로 광화문을 철거한다는 소식을 듣고 이를 반대하는 글을 잡지《改造》에 기고하고 호소하여 철거를 막는 데 앞장서기도 했다. 이 글은 당시 동아일보 1면에 5차례 번역 연재되었으며 광복 후에는 중학교 국어 교과서에 실리기도 했다. 또한 유명한 성악가인 그의 부인 야나기 가네코柳兼子는 조선 민족 미술관 설립 모금을 위해 조선에 와서 순회공연을 했다. 가네코의 음악회는 조선 최초의 본격적인 자선 독창회 중 하나였다. 평소 그는 한국이 비록 식민지이지만 민족 자긍심을 잃지 않기 위해 국보급 문화재는 한국에 두어야 한다고 주창했다. 그러나 실제로 민예관에 조선왕조 시대의 귀중한 도자기와 민화, 목공품 등이 상당수에 이르는 것을 보고 뒷갓이 씁쓸하기도 했다.

해질 무렵 아사카와 형제의 고향인 야마나시山梨 쪽으로 향하는 고속도로의 5월은 정말 아름다웠다. 안치환의 노래는 사람이 꽃보다 아름답다고 하지만, 꽃이 사람보다 아름다운 계절은 바로 5월이 아닌가 한다. 그들이 태어난 야마나시현 기타코마군北巨摩郡은 그 이름으로 보아 고구려 유민이 이주한 곳으로 추정되며, 아사카와 형제도 어쩌면 한반도 도래인 후손일 가능성이 있다는 생각이 든다. 후지산 폭발로 생긴 5개의 호수 중 가와구치 호수변 호텔에서 온천욕을 한 후 다음 날 아침 창문을 여니 하얗게 단장한 후지산 설봉이 성큼 다가서 있었다.

한국의 흙이 된 아사카와 형제

후지산의 눈 녹은 물이 솟아나와 8개의 연못을 이룬 천연기념물, 오시노 핫카이忍野八海를 돌아본 다음, 마을 도서관으로도 함께 쓰는 '아사카와 노리타카와 다쿠미 형제 자료관'으로 향했다. 평소 조선 미술 공예에 관심이 많던 형 노리타카는 1914년 5월 조선으로 와 남대문소학교 미술 교사로, 부인은 이화전문과 숙명여학교 교사로 봉직했다. 일본 엔카演歌의 여왕 미소라 히바리를 키운 엔카의 원조 고가 마사오古賀政男도 노리타카를 통해 한국 민요의 영향을 받았다는 이야기도 있다. 노리타카는 한동안 교직에 충실했지만 차츰 한국 도자기에 심취하면서 교직도 버리고 조선 8도를 누비며 수백 곳의 도자기 가마터를 답사하여 발굴 조사했다. 그가 남긴 '조선시대 도자기'를 비롯한 몇몇 논문은 오늘날도 남북한이 공유하는 귀중한 자료이다.

8.15 광복 이후 많은 일본인이 한국인의 보복이 두려워 도망가면서도 귀중한 문화재를 밀항선으로 빼돌리던 시절, 노리타카는 이웃 주민의 보호와 미군정청 허락을 받아 이듬해 11월까지 한국에 머무르면서 도자기와 공예품 자료 정리에 매달렸다. 아사카와 형제가 수집한 공예품 3천여 점과 도편 30여 상자를 바탕으로 1946년 민속박물관 전신에 해당하는 민족 자료 전시실을 마련했고 1974년에 정식으로 경복궁에 국립민속박물관을 개관했다.

동생 다쿠미는 고향의 농림학교를 졸업한 후 형 노리타카의 권유로 형보다 한 해 뒤인 1914년 한국으로 나와 총독부 산하 임업시험소 하급직으로 근무했다. 그는 우선 한국의 산림 황폐화를 막기 위해 잣나무 씨앗을 뿌리는 노천 재배법을 개발했으며, 지리산과 내장산, 묘향산 등을 다니면서 우리나라 거목과 노목 5300여 수를 실사 측량하여 목록을 작성하기도 했다.

다쿠미가 부임할 무렵 우리나라는 나무가 거의 없는 민둥산이었다. 숙종 12년(1686년) 10월 12일 "진주에 눈이 내려 제비와 참새가 얼어 죽었다"는 기록이 있을 정도로 17세기 후반 전 지구적으로 소빙하기가 덮쳐 오면서 벼가 익지 않은 채 시드는 경신대기근을 겪으며, 북한의 추운 지방에서 주로 사용하던 온돌이 남한 전역에 확산되었다. 온

돌 보급은 생활의 안락함을 가져왔지만, 동시에 땔감 수요를 크게 늘려 산림 훼손을 가속화하는 요인이 되었다. 영조는 "내가 어릴 때만 해도 백악산이 푸르고 울창했는데 이제는 모래와 돌뿐이다"고 민둥산을 한탄했다. 그는 청계천이 토사로 막히자 준설하면서 퍼낸 흙 언덕에 꽃을 심어 방산芳山이라고 했으며 오늘날 방산시장이 여기서 나온 것이다.

한일합병과 함께 일제는 조선의 산림 자원 확보를 위해 동경대 임학과 출신인 사이토 오토사쿠齊藤音作를 대한제국 임정과장으로 임명하고 1910년 4월 3일 제1회 식목 기념식을 시작으로 광복 때까지 산림 녹화 행사를 이어왔다. 식목일을 4월 3일로 정한 것은 일본 제1대 천황인 진무神武의 기일이기 때문이다. 다쿠미는 이 같은 일제의 산림 정책에 호응하여 조선 산림 녹화에 온몸을 바쳤다.

실제로 다쿠미 기념관에는 그가 새로운 재배법으로 포천 지역에 심은 씨앗이 아름드리 통나무 숲을 이룬 모습이 전시되어있다. 기념관 인테리어도 그가 사랑했던 한국 나무로 되어있다. 다쿠미 또한 형의 영향으로 조선 민속공예에 남다른 관심을 가졌으며 야나기가 주도한 조선 민족 미술관 설립에 적극 참여했다. 미술관 기금 모금을 위해 다쿠미는 결혼식도 야나기 집에서 간소하게 치르고 어머니가 보내준 자신의 결혼 예복값을 미술관에 희사할 정도로 미술관 건립에 열성적이었다.

다쿠미가 저술한 《조선의 소반》은 통영반과 해주, 나주반 등 우리나라 대표 소반의 특징을 도면으로 비교 설명하면서 친근하고 우아한 한국 소반의 우수함을 찾아냈다. 한국 제품은 중국의 아류라며 사대주의 문화로 매도하던 당시 풍토에서, 한국 소반은 중국의 식탁 문화와는 무관한 한국 고유 공예품임을 강조했다. 이 책 마지막에는 "조선이여, 남의 흉내를 내지 말라. 스스로를 잃지 않는다면 머지않아 자신을 자랑스러워 할 날이 올 것이다" 라고 민족의식을 일깨은다. 또한 우리나라 각종 도자기의 본래 이름과 쓰임새를 규명한 《조선도자명고朝鮮陶

瓷名考》는 지금까지 남북한을 통틀어 가장 대표적인 해설서이며, 조선인으로 하여금 조선 전통문화에 눈 돌리게 한 계기가 되었기에 최남선도 그의 공적에 감탄을 표한 바가 있다.

다쿠미의 한국에 대한 남다른 애정은 그의 사생활에도 잘 나타난다. 우선 한국인과 구별이 어려울 정도로 한국어에 능통했으며 종종 한복을 입고 한국식 음식을 먹고 장죽 담뱃대를 애용하고 술도 막걸리만 찾을 정도였다. 이런 생활 때문에 일본인이나 순사로부터 심한 구박을 받기도 했다. 그는 같은 일을 하고서도 일본인이라는 이유로 훨씬 나은 급여를 받는 것이 부담스러워 차등액 전부를 어렵게 생활하는 동료 한국인 자녀 학비로 남몰래 지원했다는 이야기가 전해진다.

1923년 9월 관동대지진이 일어난 직후, 일본 전역에는 "조선인들이 폭동을 일으켰다"는 유언비어가 퍼져 수많은 조선인이 희생되었다. 당시 임업시험소 조회에서 상관이 "조선인들이 이번 재해를 틈타 방화, 살인, 강도, 강간 등 만행을 저지르고 있으니 더욱 엄격하게 다스려라"고 훈시했다는 이야기가 있다. 그러나 아사카와 다쿠미는 그때 이렇게 기록했다고 한다. "설령 극소수 조선인이 잘못을 저질렀더라도, 조선인 전체를 핍박해서는 안 된다. 얌전하고 일 잘하는 조선 농촌의 소를 일본에 데려가 매질하니 난폭해진 것처럼, 조선 노동자들을 일본인이 핍박했기 때문에 일어난 일이므로 일본 책임이 더 크다"

아사카와 형제와 야나기는 신분의 벽을 넘어 조선 공예를 매개로 인간적인 교류를 했지만 한국에 대한 인식에는 미묘한 차이가 있다. 야나기가 조선의 백의민족이 조선 고유 '悲哀의 美'에서 나왔다는 주장을 펼 때 노리타카는 흰 옷은 샤머니즘에서 온 것일 뿐, 오히려 농악이나 탈춤에서 보듯이 한민족은 낙천적이라는 견해를 폈다. 그러나 야나기와 노리타카 둘 다 일제의 제도적 틀 속에서 활동하며, 의도치 않게 일제가 편 교묘하고 기만적인 문화정책에 협력한 측면이 있던 반면, 다쿠미는 분명히 달랐다. '비애의 미'와 같은 조선인의 비참한 삶을 강조하는 것은 식민지 합리화의 구실을 주는 것이므로 다쿠미는 이를 받아들이지 않았다. 또한 야나기가 "조선인은 생활의 즐거움이 없다는 증거로 어린이 장난감이 거의 없다"고 할 때 다쿠미는 어린이들의 각종 놀이기구 수십 종을 수집하여 순회강연하면서 이를 반박했다. 다쿠미는 민예 운동은 단순히 취미 차원이 아니라 민중이 각성하고 스스로 생각해 나가는 전인적 운동이라고 강조했다. 야나기는 "다쿠미만큼 조선 예술을 알고 조선 역사에 통달한 사람은 있겠지만, 그처럼 조선인의 마음으로 들어가 그들과 산 사람이 있겠는가"라고 했다.

다쿠미가 1931년 4월 2일 40세로 아쉽게 삶을 마감할 때 그의 유언대로 한복 수의를 입고 조선의 흙이 되었다. 조선인들이 장대비 속에서도 서로 상여를 메려고 했으며 청량리에서 이문리 언덕으로 가는 장례길에서 마을 사람들이 노제를 지내라며 상여를 붙잡았다고 한다.

일본 문화 답사 출발 전날 나는 망우리공동묘지(현재는 망우역사문화공원)의 다쿠미 묘소를 일부러 찾아보았다. 한일회담 반대 데모가 절정이던 60년대 중반, 임업시험소 후배들이 묘소를 정비하면서 "한국의 산과 민예를 사랑하고 한국인의 마음 속에 살다간 일본인, 여기 한국의 흙이 되다"라는 묘비명을 새겨 두었다. 다쿠미의 지원으로 공부를 하게 된 임업시험소 동료의 아들 한상배 씨 가족이 요즘 묘소를 돌보고 있다고 한다. 우리 정부가 1984년 야나기 무네요시에게는 문화훈장을 수여하면서 다쿠미를 배제한 것이 못내 아쉽기만 했다.

망우역사문화공원 아사카와 다쿠미 묘지 앞 설명문.
(사진 출처: 내 손안에 서울 https://mediahub.seoul.go.kr/archives/2010825)

아사카와 형제의 이웃에 산다는 70대 노인으로부터 이들 생애에 관한 열정적인 설명을 듣고 기념관을 나오자 입구에 다쿠미를 소재로 한 영화를 제작한다는 포스터가 있어서 금일봉을 전달했다. 아사카와 형제가 뛰어놀았을 것 같은 남 알프스 고지의 산장에서 숙박한 후 동경으로 향하는 차 안에서 다쿠미가 별세했을 때 경성대 아베 요시시게 교수가 쓴 추도사(나중에 일본 국어 교과서에 수록)와 야나기의 광화문 철거 반대 호소문을 다시 읽어보았다.

최근 일본은 한국 침략의 교주인 요시다 쇼인吉田松陰 생가를 세계문화유산에 등재시키는가 하면, 대륙 침략에 나선 메이지유신 초기와 같은 군국주의 분위기가 고조되고 있기는 하지만, 그래도 일본 안에는 많은 양심적인 인사가 있었다. 특히 을사조약 이후 조선의 많은 선각 애국자가 자결로 항거할 때 일본인 니시자카 유타카西坂豊와 요코야마 야스타케横山安武도 목숨을 걸고 조선 침략에 반대했다.

니시자카는 러일전쟁 후 일본이 한국 점령을 본격화하자 조선으로 나와 이등박문에게 직접 항의했으나 아무런 변화가 없자 1906년 12월 6일 종로구 운니동 시라누이不知火 여관에서 27살 나이르 할복 자살했다. 또한 일본 외무성 관리 사타 하쿠보佐田伯茅가 울릉도와 독도가 조선 땅이 된 사연을 조사하기 위해 조선 탐사를 마친 후 "2개 연대만 있으면 조선을 정벌할 수 있다"고 호언장담한 데 격분한 요코야마는 정한론 반대 건의서를 중의원에 내고 할복 자살했다. 그는 이토 내각 초대 문부대신 모리 아리노리의 친형이다.

일본 압제에 항거하는 학생들의 투쟁 방법인 동맹 휴학을 최초로 주도한 학생은 놀랍게도 해주고보 일본인 학생 야마자키 나카에이山岐仲英이다. 일본 동북부 미야기현에서 전학온 그는 일본인 교사의 조선인 학생 차별에 항의하기 위해 1931년 10월 26일 수업 거부와 단식 농성을 주도한 혐의로 징역 8개월에 집행유예 5년을 선고받았다. 미성년자에 일본인임을 고려하면 중형을 선고받은 것으로 당시 신문은 평가했다. 사회주의자인 대구고보 교사 시바타 겐스케柴田建助는 1927년 말부터 은밀하게 200여 명의 제자를 설득해 신우동맹, 역우동맹, 적우동맹 등 경북 최초의 비밀결사단을 조직하여 독립운동을 도왔다. 그는 치안유지법 위반으로 대구 형무소에서 7개월 격리 수감되었다.

이 밖에도 일본 천황제를 반대하고 조선 독립을 주장하다 24세로 옥중에서 의문사한 무정부주의자 가네코 후미코金子文子, 조선 독립과 자결권을 주장한 책자 《조선민족의 해방》을 배포하다 투옥된 아라키 소타로, 러일전쟁과 조선 병합에 반대하면서 "일본은 정의를 잃었다. 조선 독립은 일본의 영혼을 살리는 길"이라고 강조한 기독교 사상가 우치무라 간조內村鑑三도 잊어서는 안 된다.

조선인 변호에 앞장서다 변호사 자격을 3번 박탈당하고 면허 취소까지 당한 인권변호사 후세 다쓰지布施辰治나 야나기 무네요시는 우리 정부의 훈장을 이미 받았지만, 한국의 흙이 된 아사카와 형제와 한국에까지 와서 자결한 니시자카 유타카, 그리고 조선 독립에 기여한 양심적인 일본인에 대해서 올바른 평가와 적절한 보답이 하루 빨리 이루어져야 할 것이다.

작지만 강한 나라 싱가포르

도시국가인 싱가포르는 무역과 금융의 허브이다. 사자 머리와 물고기 몸을 가진 상징물 머라이언(바다사자)이 입에서 물을 내뿜는 모습이 인상적이다. (사진 출처: 싱가포르 관광청 홈페이지 visitsingapore.com)

싱가포르는 우리나라 부산 정도 면적에 인구 600만의 작은 도시국가에 불과하지만, 용의 여의주처럼 아시아의 보배 역할을 하면서 세계 강소국強小國으로 자리 잡았다. 180여 년 전만 해도 말레이반도 남단의 조그만 어촌에 불과하던 싱가푸라Singapura(사자의 도시)가 남양 무역의 요지로 발전하게 된 것은 서구 열강의 동남아 확장 정책에서 비롯했다. 싱가포르의 상징 머라이언(인어Mermaid와 사자Lion 합성어)은 사자 머리와 물고기 몸을 가진 상상의 동물이며 머라이언 공원에는 높이 8.6m에 무게가 70톤이나 되는 하얀 머라이언이 물을 내뿜는다.

19세기 초 말레이시아를 점령한 영국은 인도네시아를 지배하던 라이벌 네덜란드의 확장을 막기 위해 동인도회사의 토머스 스탬퍼드 래플스 부총독에게 새로운 무역 기지 건설을 지시했다. 스탬퍼드 래플스는 14살 때 동인도회사 급사로 들어가 말레이어와 풍습을 익히고 발빠르게 현지에 적응하면서 승승장구했다. 그는 말라카해협에 무역항이 필요하다는 것을 절감하고 싱가포르를 동인도회사에 편입시키는 데 앞장섰다.

당시 이곳을 지배하던 조호르 국왕으로부터 1819년 조치권을 확보한 래플스 경은 우선 매립을 시작하여 확장 조성한 지역을 '래플스 구역Raffles Place'으로 명명함으로써 싱가포르 건국의 아버지로 추앙받게 된다. 래플스는 자유무역항을 만들고 중국인, 인도, 말레이인을 적극 유입하여 싱가포르 인구를 대폭 늘렸다. 인도와 말레이시아, 호주를 식민지로 둔 영국은 싱가포르를 식민지 네트워크 거점으로 활용했다.

영국은 19세기 말까지만 해도 식민지 인도와 말레이시아로 가려면 풍력과 조류에 의존하는, 이른바 '죽음의 배'라고 하는 Coffin Ship棺船을 타고 아프리카 남단을 돌며 목숨을 걸어야 했다. 산업혁명을 주도하며 증기선 개발로 1869년에 수에즈운하를 개통하고, 지브랄타해협을 통해 이집트를 거처 동양을 왕래하는 정기선을 운행하면서 말라카해협의 끝 싱가포르가 국제무역의 중심에 서게 되었다.

오늘날 싱가포르에서 스탬퍼드나 래플스라는 이름이 들어가는 것은 일류로 인식된다. 한때 세계에서 가장 높은 73층 호텔이 스위소텔 더 스탬퍼드이며, 120년 전통의 래플스 호텔은 세계 명사들이 즐겨 찾는 싱가포르의 상징이다. 항해 중 배에서 태어난 래플스 경은 유창한 말레이어를 구사하며 수마트라 총독을 지냈고, 동식물 연구 조사에 특별한 재능을 발휘하여 영국 런던동물학회 초대 회장을 역임했다. 그가 수마트라 지역을 탐험하면서 발견한 직경 1.2m나 되는 세계 최대의 꽃도 '래플스 플라워'로 명명했다.

1887년 페낭의 갑부 사르키스가 세운 래플스 호텔은 숲과 바다가 어우러진 아름다운 경관에다 고급스런 장식, 다양한 진미의 식당이 명성을 떨쳐, 유럽 왕실의 안식처로 각광을 받았다. 특히 롱바에서 석양을 바라보면서 마시는 노을빛 칵테일(드라이 진, 체리 브랜디, 라임 주스, 시럽 등을 섞어 만든 칵테일) '싱가포르 슬링(마신다는 뜻의 독일어 슈링겐에서 유래했다는 설이 있음)'은 세계 명품이 되었다. 작가 서머셋 몸은 이 칵테일을 '동양의 신비'라고 격찬하기도 했다.

래플스 호텔을 즐겨 찾은 예술인은 찰리 채플린과 모리스 슈발리에 등 배우를 비롯하여,《정글북》을 쓴 키플링, 해양소설의 대부 조셉 콘래드,《달과 6펜스》의 서머셋 몸 등이다. 그들은 이곳에서 작품 구상을 하거나 집필한 것으로 알려진다. 인간의 악마성을 고발한 영화 <지옥의 묵시록>은 월남전쟁을 배경으로 하지만, 그 원전은 아프리카 콩고를 찾아간 뱃사나이들의 잔혹한 경험을 신비롭게 그린 조셉 콘래드의 소설《암흑의 핵심》이다. 바다라고는 구경도 할 수 없는 내륙 국가 폴란드 출신이면서 해양소설가가 된 조셉 콘래드에 감명을 받은 버트런트 러셀은 자기 아들 이름을 콘래드로 작명했다.

싱가포르의 기초를 닦은 사람이 래플스라면 여기에 찬란한 금자탑을 세운 사람은 리콴유李光耀 전 수상이다. 영국 케임브리지대학을 나온 변호사 출신 리콴유는 영국 식민지 시대 싱가포르에서 태어나 일제 점령 시대인 2차대전 때에는 일본군 보도부에 근무했으며, 종전 후 말레이시아 연방의 싱가포르 주정부 총리를 역임함으로 세 나라의 애국가를 번갈아 부르며 산 기구한 운명의 사나이다.

마침내 1965년 말레이시아로부터 독립한 싱가포르의 초대 수상이 된 리콴유는 25년간 집권하면서 철저한 통제 정책으로 사회 제도를 개혁하고 경제 성장에 총력을 기울였다. 정부의 비방이나 집회 결사의 자유가 없는 권위주의적 개발 독재 국가였지만, 공정한 선거를 통한 절차적 민주주의만은 철저히 고수했다. 놀이나 도박, 술을 금지하고 극단적 청교도 생활을 하던 크롬웰 시대나, 타락한 교황청을 밀어내고 수도사 사보나롤라가 주도한 15세기 말 피렌체가 연상될 정도의 엄격하고 투명한 사회를 지향했기에 싱가포르의 대표적인 친환경 슬로건이 '푸르고 깨끗한Clean & Green'이다. 나라 전체가 테마 공원처럼 꾸며진 데다, 보타닉 식물원에는 평범한 난蘭에다 배용준이나 다이애나 같은 이름을 붙일 정도의 상술도 있으니 그 작은 도시국가에 우리나라보다 훨씬 많은 관광객이 몰린다.

Fine Country

싱가포르를 지칭하는 이름 중 대표적인 것이 '좋은 나라Fine Country'다. 영어 Fine은 '좋다'라는 뜻 외에 '벌금'이라는 뜻이 있다. 싱가포르처럼 경범죄도 무거운 벌금으로 철저히 규제하는 나라는 아마 없을 것이다. 거리에 휴지를 버리거나 침을 뱉거나 손으로 코를 풀거나 담배를 피우면 수십 만원의 벌금을 문다. 흡연 장소도 보물찾기처럼 어려울 뿐만 아니라 미성년자에게 담배를 팔면 최대 500만 원 상당 벌금형이며, 싱가포르는 호주, 뉴질랜드와 함께 세계에서 흡연 억제 정책이 가장 강한 나라 중 하나다. 껌도 판매를 금지하다가 세계무역기구 압력으로 개방하기는 했지만, 치아에 해가 없는 무가당만 허가한 데다 약국에서만 팔면서 구매자 인적사항을 남기도록 규제하고 있으므로 껌을 씹고 다니는 싱가포리안을 찾을 수가 없다.

싱가포르는 국민소득이 우리의 3배가 넘는 선진국인데도 후진국에서나 찾아볼 수 있는 태형笞刑으로 범죄자를 다스린다. 태형은 15세에서 50세의 남자에게만 적용되지만 1대 맞으면 기절할 정도이므로 의사 입회 아래 집행한다. 불법 입국은 3대, 무기 탄약 소지는 6대, 밀수와 강간은 12대이다. 1994년 차량에 낙서한 미국 청년 마이클 페이에게 공공기물 훼손죄로 6대의 태형을 선고했는데, 클린턴 대통령의 간곡한 선처 요구를 감안하여 4대의 매질을 한 후 추방한 일이 있었다. 2002년에는 전 세계 반대 시위에도 불구하고 마약 400g을 운반한 25세 호주 청년을 '원칙대로' 사형 집행했다. 국민이 공포와 엄한 형벌을 통해 범죄 없는 청정 사회를 원하기 때문이다. 미국 소설가 윌리엄 깁슨은 싱가포르를 '사형을 남발하는 디즈니랜드'라고 표현하기도 했다.

싱가포르는 적도 바로 위에 위치한 상하常夏의 기온이기는 하지만 역설적으로 '가장 추운 나라'로 알려져 있다. 바깥은 덥지만 실내는 어디든지 냉방시설이 아주 잘 되어 실내외 온도 차이가 커서 항상 춥게 느껴지기 때문이다. 더운 지방은 개발도상국이 많다는 인식이 있는데, 싱가포르는 예외로 아테네 이후 가장 훌륭한 도시국가 모델이라 평가받고 있다.

중계무역으로 국민소득 세계 5위가 된 싱가포르가 자랑스러워하는 것은 높은 청렴도이다. 최근 국제투명성기구가 조사한 국가별 부패 인식 지수를 보면 한국은 62점으로 32위인데 비해 싱가포르는 83점으로 아시아 최고 수준이다. 싱가포르는 학교 성적 상위권 학생을 선발해 공무원으로 채용한다. 고교 시절부터 우수 학생에게는 장학금을 주고 대학은 해외 명문대로 보내서 세계 엘리트와 교우 관계를 맺도록 지원한다. 공무원 경쟁력 세계 1위답게 임금도 최고급으로 대우해줌으로써 부정부패의 유혹을 원천적으로 막는다.

특히 싱가포르는 '글로벌 스쿨 하우스'라는 국가 목표 아래 MIT나 와튼스쿨, 존스홉킨스 등 세계 10대 명문대와 제휴하거나 자체 캠퍼스를 유치하여 우수한 인력 배출은 물론, 싱가포르를 아시아 대학 허브로 만들고 있다. 영국의 대학 평가 기관에 따르면, 2004년 서울대가 세계 118위일 때 싱가포르국립대학은 18위였고, 2025년 현재 싱가포르대학은 아시아 1위, 세계 8위를 차지한다. 이 같은 싱가포르대학 명성에 힘입어 한때 외국인 학생 2천 명 모집에 2만 5천 명 이상이 몰리며 13:1 경쟁률을 보였다.

또한 싱가포르는 한 해 수십만 명 이상의 외국 환자가 몰려드는 아시아 의료 허브로도 각광받고 있다. 6성급 호텔 서비스를 하는 글리니글스병원은 환자 보호자들의 여가 시간에 관광 안내를 위한 자격 가이드까지 고용한다. 이미 주식시장에 상장된 이 병원은 고객 절반이 외국인이다.

싱가포르는 중국인이 74%, 말레이인 13%, 인도 9%, 방글라데시 등 기타 민족이 4%인 다민족 국가에 무지개처럼 다양한 종교가 있지만, 오순도순 화합하면서 성공 신화를 이룩한 배경은 독특한 '사회 통합' 정책 덕분이다. 인도 사람이 특유의 향이 나는 카레를 즐기자, 이를 배척하지 않고 오히려 매년 8월 셋째 주 토요일을 '커리의 날'로 정해서 화합을 주도했다. 중국어, 영어, 인도 타밀어, 말레이어 등 4개의 공용어를 쓰며, 제1 공용어는 영어이고 헌법상 국어는 말레이어이다. 모든 화폐에는 초대 대통령 말레이인 이스학이 그려져 있다.

국토의 90%를 국가가 소유하는 싱가포르는 국민 72%가 공공임대주택에 살기 때문에 집 걱정이 없는 나라다. 사회주의국가처럼 대부분 토지는 국가 소유이고 신혼부부에게는 99년간 사용권을 가진 주택을 공급한다. 그래서 젊은이가 애인에게 "주택 개발청에 아파트 신청하러 가자"는 말은 결혼 프로포즈로 통한다. 싱가포르의 아파트는 발코니와 테라스가 있고, 획일적 설계를 피하는 디자인 정책 덕분에 모양이 다양하고 예쁘다.

중국계인 리콴유는 "중국인들의 나쁜 습관을 뿌리 뽑겠다"면서 중국 중심 정책을 멀리하고, 질서를 넘어서는 자유를 용납하지 않았다. 세계 지도자를 무수히 만난 헨리 키신저는 "리콴유처럼 값은 것을 가르쳐 준 사람은 없다"고 했다. 세계의 화교 상인을 연결하여 무서운 힘을 발휘하는 세계화상대회 창안자도 바로 리콴유 수상이다. 등소평도 싱가포르를 방문한 후 개혁개방정책을 추진했다. 31년간 집권한 리콴유는 총리 퇴임 후 원로장관을 거쳐 스승장관Minister of Mentor으로 추앙받았으며, 그의 아들 리센룽 총리 재임 기간 20년을 합하면 무려 반세기 이상 그 집안이 나라를 다스렸다. 리콴유는 2015년 91세로 타계하기 전 "내 몸은 태우고 내 집은 기념관으로 만들지 말고 허물어라"는 유언을 남겼다.

중국의 상인 정신이 깔려 있는 나라 싱가포르는 말레이시아로부터 송수관을 통해 물을 공급받고, 이 물을 첨단 정수 시설에서 가공해 되팔고 있다. 중국인 거부들이 코로나 팬데믹 때 상하이 철통 봉쇄에 놀란 데다 미국과 중국 간의 심각한 갈등 속에 편안하고 자유로운 중립지대 싱가포르로 이주하는 붐이 일어나고 있다.

싱가포르는 2024년 기준으로 국민 1인당 GDP 8만 8450달러로 세계 최상위권이지만 민주주의지수는 69위이고, 국경없는기자회 언론자유지수도 126위로 최하위권이다. 인민행동당PAP의 장기 집권으로 야당 존재는 미미하다. 이처럼 싱가포르는 서구식 민주화와 다른 길을 가면서도 경제 번영을 지속하는 특이한 도시국가이다.

우리나라와 마찬가지로 싱가포르도 고령화에 출산율이 낮아지자 정년을 연장하고 시니어 재교육을 통해 은퇴자의 숙련된 기술과 지혜를 활용하는, 이른바 엘더노믹스Eldernomics 정책을 적극 추진한다. 최근에는 로봇이나 AI가 인간을 대체하는 디지털 시대를 맞아 약 600만 명의 인구 중 170만 명이나 되는 외국 근로자 거취가 새로운 문제로 대두되고 있다.

싱가포르는 세계에서 외식을 가장 많이 하는 나라이기도 하다. 국민의 72%가 저녁은 외식을 하고 점심은 66%, 아침도 15%는 바깥에서 해결하므로 작은 도시국가에 식당이 2만 8천 개나 된다. 임대주택은 아예 부엌이 없는 곳이 있는가 하면 요리 금지 조건이 붙을 정도로 부엌이 좁은 곳도 있다. 19세기 초 무역 전진기지항으로 개발하던 래플스 시대에 남성 부두 노동자를 위한 노점식당 호커가 대중화되었다. 아파트 단지나 사무실 인근에는 값싸고 다양한 식단의 호커가 그림자처럼 따라다니며 지금은 유네스코무형문화재로 등재되었다. 다만 핵가족 외식 문화가 가족 유대감을 해치고 비만을 야기한다는 우려에 정부는 고심하고 있다.

싱가포르 남단 인공섬 센토사는 유니버셜 스튜디오, 워터파크, 스카이라인 루지, 골프장, 비치, 쇼핑몰이 몰려있는 동남아 대표 휴양지이다. 특히 2013년부터 미국 LPGA투어 HSBC위민스 골프대회가 열리는 센토사 골프클럽은 2021년 세계 최초로 탄소 중립을 선언했다. 골프장 운영에 따른 탄소 배출량을 최대한 줄이는 것은 물론, 남은 배출량은 국제 기후 프로젝트에 참여해 배출권을 구매하고 있다. 또한 회원들에게 라운딩당 1달러씩 거둬서 페루와 인도네시아의 숲과 늪지대 보호 실천에 앞장선다. 센토사 골프클럽은 1년 회원권이 67만 달러나 되는데도 중국인 부자들이 선호하는 클럽이다.

1996년 출범한 아세안 축구 선수권 대회는 싱가포르 타이거 맥주 후원을 받아 타이거컵으로 이름이 바뀌었으며, 한때 이강인이 소속된 스페인 발렌시아FC 구단주도 싱가포르 부호 피터 림이다. 피터 림의 딸인 킴 림은 한국에서 모델로 활동한 바 있다.

16세기 조선시대 봉건적 질곡 속에 역동적인 평민들의 삶을 그린 소설《임꺽정》작가 홍명희는 20대 중반인 1914년부터 3년가량 싱가포르에 체류했다고 알려진다. 한일병합에 절망한 부친 홍범식이 자결한 후 상하이로 건너간 홍명희는 신규식의 권유로 임시정부 재정 후원을 받기 위해 남양南洋에 갔다. 중국혁명을 주도한 쑨원이 싱가포르를 비롯한 남양을 10차례나 방문하여 큰 도움을 받았으나, 미국과 달리 당시 한국 교포 사회는 기반이 열악하여 별다른 성과를 이루지 못했다.

작지만 강한 나라 싱가포르, 폭력과 겨울과 산이 없는 3無의 나라 싱가포르, 아시아의 스마트시티 1위인 싱가포르. 세계 최고급이라는 창이공항을 비롯하여 시내 주요 건물 건축에 한국 기업이 이름을 남긴 것에 만족하고 있을 때가 아니다. 대표적인 친미 국가이면서 중국과 우호 관계를 유지함으로써 막대한 경제적 이익을 얻어내는 싱가포르를 부러워하고만 있을 때가 아니다.

죄수들이 세운 유토피아, 시드니

해외를 자주 드나드는 내 주변 사람 중에서도 호주 수도가 캔버라라는 것을 아는 경우가 흔치 않다. 호주는 1901년 영국으로부터 독립하면서 시드니와 멜버른이 서로 국가 대표 도시를 자임하며 7년이나 다투자 우리나라 세종시처럼 중간 지점에 새로운 계획도시 캔버라를 건설하여 행정 수도로 정했다. 오스트레일리아는 '남쪽의 땅'이라는 뜻이다. 예로부터 유럽인은 남반구 어딘가에 알려지지 않은 땅이 있다고 믿어왔는데, 항해자들이 호주 대륙을 발견하자 오스트레일리아로 명명했다. 이곳을 한자로는 호주濠州라고 표기한다. 일본에서 한자로 차음하여 호태자리아濠太剌利亞로 표기했는데 그 첫 글자를 가져온 것이다.

호주는 우리나라 77배에 해당하는 넓은 국토지만 인구는 우리의 절반인 2700여만 명에 불과하다. 우리는 1평방km에 5백 명 이상이 북적거리는 데 비해 호주는 같은 면적에 3명이 산다. 지질학적으로 대륙으로 분리되는 호주는 섬 하나가 대륙이자 단일국가인 유일한 사례다. 대항해시대를 맞아 1644년 이 대륙의 북쪽에 상륙한 네덜란드 탐험대는

'새로운 네덜란드New Holland'라고 명명했지만 열대기후의 혹독한 더위 때문에 식민지 개척을 포기했다. 한편 영국 탐험가 제임스 쿡은 아시아와 유럽 대륙이 북반구에 위치해 있으므로 남쪽에도 대륙이 존재할 것이라고 생각하고 1770년 4월 타히티, 뉴질랜드를 거쳐 호주 동남부 보타니만에 상륙하여 '뉴 사우스 웨일스'라고 작명했다. 지형이 영국 웨일스와 비슷하다고 생각했기 때문이다. 뉴 사우스 웨일스 초대 총독인 아서 필립이 새로운 식민지 건설을 위해 1788년 죄수선단을 이끌고 보타니만에 도착했으나 여건이 좋지 않아 다시 해안선을 따라 북으로 옮겨 새로운 터전을 마련하고 당시 내무부장관이던 시드니의 이름을 붙였다.

죄수의 후예

영국은 18세기 산업혁명을 계기로 농어민들이 일자리를 찾아 도시로 몰려들면서 빈부 격차가 심해지고 각종 범죄도 함께 증가했다. 런던은 50년 동안 인구가 3배로 늘어나면서 범죄자를 수용할 감옥이 모자라자 템스강의 헐크Hulk라고 하는 낡은 배 안에 이들을 수감했다가 만원이 되면 승선한 범죄자 전원을 식민지 미국으로 유배 보냈다. 1783년 미국 독립 이후에는 새로운 식민지 호주 시드니로 죄수를 실어보내기로 했다. 1787년 5월 13일 정부 감옥선 11척이 죄수 1420여 명을 싣고 런던을 출발하여 8개월 후인 이듬해 1월 호주에 도착했다. 쇠사슬에 묶인 채 열악한 환경에서 오랜 기간 항해를 하다 보니 수송 도중 사망자가 최대 40%나 되기도 했다. 영국 당국은 이를 개선하기 위해 민간업자에게 수송을 맡기고 호주 현지 도착 때 생존자 기준으로 수송 비용을 지불하는 방식으로 바꾸자 생존자가 98%까지 늘어났다. 호주는 첫 감옥선이 도착한 1월 26일을 '호주의 날'로 정해 공휴일로 기념한다.

영국은 1868년까지 800여 척의 선박으로 죄수 16만 2천여 명을 호주로 이주시켰지만 그렇다고 영국 범죄율이 낮아지지는 않았고, 반면 호주는 세계에서 가장 범죄율이 낮은 청정국가가 된 것을 보면 엄한 형벌만이 능사가 아님을 알 수 있다. 범죄자라고 하지만 배고픔을 견디지 못해 빵을 훔친 장발장식 단순 절도범이 대부분이고 간혹 산업혁명의 기계화에 반대하여 러다이트운동을 주도한 정치범이나 노숙자도 함께 붙들려 왔다. 이들은 해외 유배지에서 일정 기간 형기를 채우면 자유인이 되었다. 오늘날 호주 인구의 약 20%가 영국 죄수의 후예라고 추정된다.

버나드 쇼의 희곡 《피그말리온》을 영화로 만든 《마이 페어 레이디》에서 언어학자 히긴스가 런던 시장바닥의 꽃팔이 여성 일라이자를 데려와 혹독한 개인교습을 해 상류사회 귀부인 영어로 바꾸는 힘든 과정에서 보여주듯이 영국 사회는 계층에 따라 언어가 달라지는데, 호주 영어는 당시 런던 하위 계층의 사투리인 코크니Cockney가 많이 남아있다. 이를테면 "오늘이 나의 월급날이다, Today is my pay day"를 호주에서는 "투다이 이즈 마이 파이 다이"라고 런던 서민층 영어로 발음한다.

한때 호주는 인종차별이 매우 심한 나라였다. 1850년대 호주 동남부에 채굴이 간편한 대규모 금광이 발견되자 미국 캘리포니아와 같은 골드러시 광풍이 불기 시작했다. 5만 명의 중국인을 비롯한 값싼 유색인 노동자가 몰려들어 백인 일자리를 빼앗자 마침내 황화론黃禍論, Yellow peril이 팽배해지고 백인주의 사회를 외치는 이른바 '백호주의白濠主義'가 등장했다. 초기에는 영어 시험을 통해 이민자 입국을 막았지만, 영어를 잘하는 아시아인이 늘어나자 언어 중 가장 어렵기로 정평이 난 그리스어 시험을 치르도록 했다. 아시아계와 흑인을 차별하는 백호주의는

1901년부터 1973년까지 지속되었기에 오늘날도 호주는 전체 인구의 70%가 유럽계이며 유색인종이 30%에 불과하다.

뉴질랜드에 원주민 마오리족이 있듯 호주에는 원주민 에버리지니족이 있다. 에버리지니는 6만 년 전 아시아 인도네시아와 파푸아뉴기니 지역에서 최초로 큰 바다를 건너간 민족으로 추정된다. 영국 감옥선이 처음 도착했을 때 50여만 명이던 에버리지니는 120년 후에 6만여 명으로 줄어들었으며 그것도 보호구역에 격리시켰다. 이주 초기는 남성 사회여서 원주민 여성은 성범죄 대상이 되기도 했다. 인구 증가를 위해 일부 관리들은 이를 묵인하거나 방치했다. 후에는 영국 미혼여성 이민자에게 특별 지원 제도를 도입함으로써 가족 이민이 늘어났다.

호주 당국은 이 대륙의 주인이던 에버리지니족을 문명화한다는 명목으로 유아 시절부터 백인 가정에 강제로 입양시키거나 집단 기숙 시설로 보내 '인종세탁'을 했다. 부모와 생이별한 어린이는 문명 교육이라는 본래 취지와는 달리 고된 노동과 백인들의 학대가 다반사였다. 이처럼 초창기 호주는 악명 높은 인종차별 국가였지만 반성과 개선을 거듭하면서 오늘날 성공한 다문화 국가로 탈바꿈했다.

2008년 2월 13일 노동당 당수인 케빈 러드 총리는 국회의사당에 원주민인 에버리지니를 가득 모시고 공식 사과했다. 특히 부모와 강제로 떨어진 '도둑맞은 세대Stolen Generation'에게 "여러분의 자랑스러운 문화에 모욕과 수치심을 준 잘못을 깊이 사과드린다"고 했다. 이날 러드는 원주민 대표를 포옹하면서 6차례나 Sorry를 반복했다. 호주는 1998년부터 5월 26일을 '국립 사과의 날National Sorry Day'로 지켜 온다. '원주민 자녀를 집으로 데려오라Bring Them Home'는 보고서가 출판된 날이기 때문이다.

호주 정신

호주를 혁신적으로 개혁한 사람은 5대 총독 멕쿼리다. '호주의 아버지'로 추앙받는 그는 형기를 마친 자유인들에게 일정 면적의 농지를 무상으로 지급했다. 원래 죄수는 자유인이 되어 고국에 돌아가도 별다른 희망이 없었는데 갑자기 지주가 되면서 호주에 그대로 머물며 새로운 삶을 개척했다.

죄수 중 모범수는 공직에 채용되었는데 대표적인 인물이 최초 우체국장인 아이작 니콜스이다. 이주민들이 고국의 그리운 가족에게 보내는 애절한 소식 전달은 수송선 선장 책임인데, 배달료만 받고 주소지를 찾아가는 대신 우편물을 폐기 처분하기 일쑤였다. 그러나 니콜스는 보내온 편지를 선장에게 위임받아 빠짐없이 전달했다. 배가 영국을 출발해 시드니에 도착하면 주소지가 없는 사람도 니콜스의 집에 와서 편지를 찾아가곤 하다가 그의 집이 우체국으로 발전한 것이다.

이탈리아 나폴리, 브라질 리우데자네이루와 함께 세계 3대 미항으로 꼽히는 시드니는 1년 중 300일 이상이 쾌청한 날이며 아름다운 자연경관을 해치지 않기 위해 요란스러운 옥외광고를 철저히 규제하는 도시이다. 휘황찬란한 지상의 네온이 없기에 밤이 되면 도심에서 하늘의 별을 선명히 볼 수 있다.

시드니의 두 가지 명물인 오페라하우스와 하버브리지를 동시에 볼 수 있는 장소가 미세스 맥쿼리 포인트이다. 맥쿼리 총독 부인이 출장 간 남편을 기다리던 의자 모양의 바위인 망부석望夫席이다. 세계에서 가장 유명한 공연장인 오페라하우스는 덴마크 건축가 예른 웃손이 오렌지 껍질을 벗기는 데서 착안한 조개껍데기 모양의 지붕이 압권이다. 에메랄드빛 바다를 배경으로 반사가 되지 않는 아이보리색 타일을 일정한 패턴으로 촘촘히 모자이크하느라 공사가 14년이나 걸렸다.

하버브리지는 아시아 최초 도개교인 부산 영도다리보다 2년 앞선 1932년 개통한 134m 아치교이다. 멀리서 보면 반원형 아치가 옷걸이 모양이라 'Coat Hanger'로 통한다. 옷걸이 중간의 손잡이 자리에 호주 국기와 원주민 깃발이 나란히 걸려 있다. 30만 원 정도를 내면 옷걸이 맨 윗부분까지 올라갈 수 있다. 음주 측정을 한 후 안전장비 사용 교육을 30분 정도 받아야 한다. 짜릿짜릿한 가슴을 걸음걸음에 실으며 30분 정도 올라가면 시드니의 멋진 풍광을 한 눈에 내려다보는 천상의 즐거움을 누릴 수 있다.

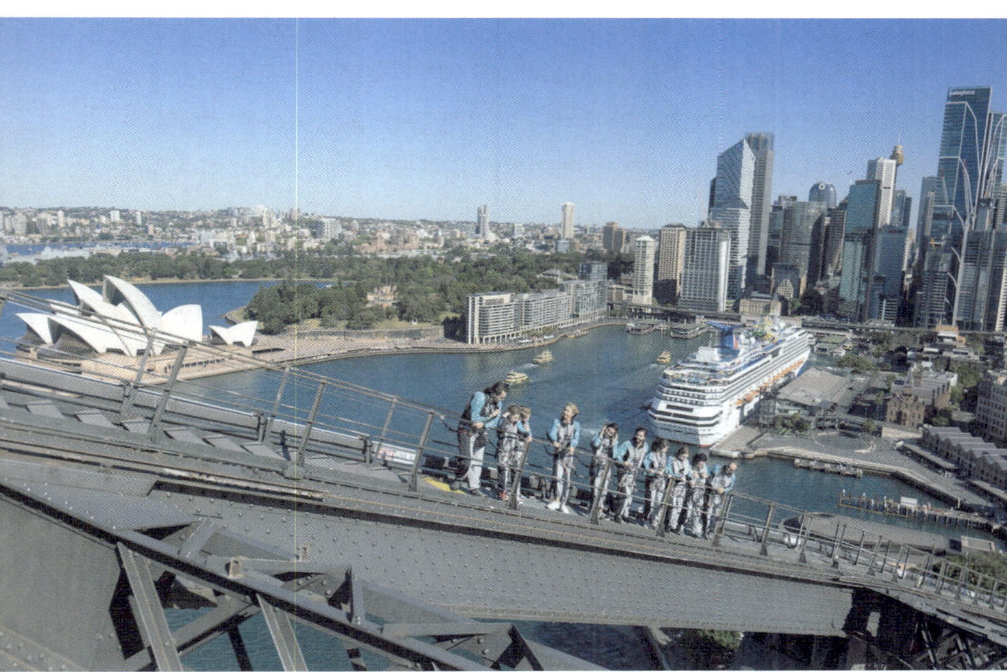

하버브리지의 보행자 전용 도로. 걷는 동안 여러 절경 포인트를 감상할 수 있다. (사진 출처: BRIDGECLIMBSYDNEY bridgeclimb.com)

어둠이 펼쳐지면 오페라하우스와 하버브리지가 총천연색 옷으로 갈아입고 영상 축제를 벌인다. 최근에는 우크라이나와 연대를 상징하는 파랑과 노란색 국기를 연출하면서 전쟁 종식과 평화를 염원하는 메시지를 보낸다.

왕립 식물원인 로열 보타닉 가든은 18세기 이주민들의 농장이었으나 땅이 비옥하지 않아 식물원으로 조성해 도심 공원이 되었다. 1년 내내 안마당처럼 휴식을 취할 수 있고 3개의 식물원과 미술관은 별도 가이드 투어도 가능하다.

스타벅스 커피가 차의 나라인 중국, 영국, 일본을 비롯한 세계 시장을 평정하면서 불패 신화를 만들고 있지만 유일하게 호주에서는 더부살이로 움츠러들고 있다. 2000년 2월 시드니를 시작으로 화려하게 상륙한 스타벅스가 8년 만에 대다수 가게 문을 닫는 아픔을 겪었다. 이탈리아나 그리스 이민자들이 가져온 진한 맛의 에스프레소에 우유를 가미한 국민커피 플랫화이트Flat White가 호주인 입맛을 사로잡은 지 100년이 넘었기 때문이다. 20세기 초 미국의 금주 운동이 호주에도 파급되어 술 대체재로 커피가 주목을 받으면서 웅장한 규모와 화려한 인테리어의 커피 궁전이 들어섰다. 호주 카페는 프랜차이즈가 아닌, 바리스타 개인의 개성이 담긴 독창적인 메뉴가 대종을 이루고 있으며 자신만의 단골 카페를 갖고 있는 주민이 많다. 호주 스타벅스는 2014년 위더스그룹에 매각되어 지금은 80개 정도 매장을 운영하고 있다.

나는 호주에 가면 늘 마누카 꿀을 찾는다. 마오리족은 외부 상처와 염증, 배앓이, 감기에 이 꿀을 바르고 복용해왔다. 마누카는 우리나라 아파트에서 겨울에도 아름다운 꽃을 피우기에 '호주 매화'로 통한다. 마누카는 황폐한 땅에서 싹을 틔우고 촘촘한 잎과 풍성한 가지로 작은 새와 곤충의 서식지 역할을 해온 마오리족의 개척 식물이다. 민간

치료용으로 수 세기를 이어온 마누카 꿀은 짙은 갈색에 유칼립투스 향이 특징인데, 면역력 강화와 강력한 항균 효과가 있는 천연 항생제로 널리 활용되고 있다.

'호주의 정신', '날아가는 캥거루'라는 별명을 얻은 호주의 콴타스 항공은 세계에서 가장 안전한 비행기로 정평이 나있다. 1951년 이후 한 번도 치명적인 인명 사고가 나지 않았기에 영화 <레인 맨>에서 자폐증을 앓는 수학 천재 더스틴 호프만이 콴타스 비행기가 아니면 탑승하지 않겠다고 끝까지 버티는 장면이 나온다.

호주가 세계 4대 금 생산지라는 것을 기념하여 골드러시의 중심지이던 서호주 퍼스민트 조폐국은 2011년 무게가 1톤이나 되는 세계에서 가장 큰 순금 동전을 제조했다. 이 동전 앞면에는 캥거루가, 뒷면에는 영국 여왕 엘리자베스2세가 새겨져 있다.

호주는 최근 각광받는 전기차 배터리의 핵심 소재인 리튬을 약 50%나 생산하는 자원 부국이기도 하다. 페니실린과 엑스레이 기술 등으로 과학과 의학 분야에서 13명의 노벨상 수상자를 배출한 호주는 자원 부국에서 기술 부국으로 변신을 시도하고 있다.

전 세계에서 생물 멸종율이 가장 높은 곳이 호주라고 하여 요즘 이곳 환경론자들의 걱정이 태산같다. 섬나라이자 열대와 아열대 기후가 혼재해 호랑이나 사자 같은 대형 맹수가 없기에 가장 상위 포식자는 들개 정도이다. 유럽에서 뒤늦게 들어온 여우, 토끼, 낙타, 고양이, 두꺼비 등이 엄청나게 번식을 하면서 생태계를 파괴하고 있다. 기후 온난화로 사막화되고 있는 초원을 2억 마리가 넘는 토끼가 침범하는가 하면, 운송 수단에서 해방된 1만 마리 낙타가 민가로 다가오고, 2억 마리가 넘는 독 두꺼비가 곤충을 닥치는 대로 낚아챈다. 이들의 번식을 억제하는 약물을 사용하기도 하지만 내성이 강해지면서 효과가 별로 없다. 게다가 캥거루와 함께 호주의 상징인 코알라가 서식지의 주택 개발과 기후 변화, 질병 등으로 개체수가 줄어 2022년 멸종위기 동물로 지정되었다. 원주민 말로 '물을 마시지 않는다'라는 뜻의 코알라는 주식으로 먹는 유칼립투스 잎에서 수분을 섭취한다.

호주는 6.25 전쟁 때 전체 군인의 약 4분의 1인 17,000명을 한국에 파견했다. 1951년 4월 가평전투로 서울을 수호하는 데 큰 전과를 올린 우방국이고, 최근에는 아시아·태평양의 국방과 안보, 경제 협력을 공유하는 우리의 중요한 파트너이다.